LA TRAITE DES ENFANTS EN AFRIQUE

L'APPLICATION DES CONVENTIONS INTERNATIONALES RELATIVES AUX DROITS DE L'ENFANT EN RÉPUBLIQUE DU BÉNIN

Dissertation
zur Erlangung des Grades eines Doktors der Rechte
der Rechts- und Wirtschaftswissenschaftlichen Fakultät
der Universität Bayreuth

Vorgelegt
von
Sakinatou Bello
aus
Benin

Dekan: Prof. Dr. Herbert Woratschek
Erstberichterstatterin: Prof. Dr. Ulrike Wanitzek
Zweitberichterstatter: Prof. Dr. Jörg Gundel
Tag der mündlichen Prüfung: 26. Juni 2013

SAKINATOU BELLO

LA TRAITE DES ENFANTS EN AFRIQUE

L'APPLICATION DES CONVENTIONS INTERNATIONALES RELATIVES AUX DROITS DE L'ENFANT EN RÉPUBLIQUE DU BÉNIN

L'Harmattan

5-7, rue de l'École-Polytechnique ; 75005 Paris

http://www.librairieharmattan.com
diffusion.harmattan@wanadoo.fr
harmattan1@wanadoo.fr

ISBN: 978-2-343-06141-2
EAN: 9782343061412

REMERCIEMENTS

En témoignage de ma gratitude, je présente mes sincères remerciements à :

- Bayreuth International Graduate School of African Studies (BIGSAS) de l'Université de Bayreuth (Allemagne) ;
- Prof. Dr. Ulrike WANITZEK, Droit civil, Droit comparé et sociologie juridique; Droit en Afrique, Université de Bayreuth ;
- Prof. Dr. Jörg GUNDEL, Droit public, Droit international et Droit d'Européen, Université de Bayreuth ;
- Prof. Noël GBAGUIDI, Professeur titulaire des Universités du CAMES en Droit, Titulaire de la Chaire UNESCO des Droits de la Personne et de la Démocratie, Université d'Abomey-Calavi ;
- Mes parents, mes amis et à tous ceux qui, de près ou de loin, ont contribué, d'une quelconque manière, à la réalisation de ce travail.

À tous les enfants victimes de traite dans le monde

SIGLES ET ABRÉVIATIONS

ABAEF : Association béninoise d'Assistance à l'Enfant et à la Famille
AFJB : Association des Femmes juristes du Bénin
Al. : Alinéa
APEM : Association pour la Protection de l'Enfance malheureuse
BCAT : Bureau central d'Assistance technique
BIT : Bureau international du travail
CADBE : Charte africaine des Droits et du Bien-être de l'Enfant
CADHP : Charte africaine des Droits de l'Homme et des Peuples
CAE : Comité africain de l'Enfant
CATE-BPM : Centre d'Accueil et de Transit pour les Enfants-Brigade de protection des mineurs
CEDEAO : Communauté économique des États de l'Afrique de l'Ouest
CEDH : Convention européenne des Droits de l'Homme
CESE : Centre d'Éveil et de Sécurisation des Enfants
Cf. : Confère, Conférer
CDE : Convention des Nations unies relative aux Droits de l'Enfant
Const. Constitution
Cour const. : Cour constitutionnelle
Cour EDH : Cour européenne des Droits de l'Homme
CPS : Centre de Protection sociale
CSEA : Centre de Sauvegarde de l'Enfance et de l'Adolescence
DCC : Décision Cour constitutionnelle
DDFSN : Direction départementale de la Famille et de la Solidarité nationale
DEA : Direction de l'Enfance et de l'Adolescence
Déc. : Décision
Dir. : Sous la direction de

Doc. : Document

DPFSN : Direction départementale de la Famille et de la Solidarité nationale

DPJEJ : Direction de la Protection judiciaire de l'Enfance et de la Jeunesse

DUDH : Déclaration universelle des Droits de l'Homme

Éd. : Édition/Éditeur

ESAM : Enfants solidaires d'Afrique et du Monde

GRADH : Groupe de Recherche et d'Action pour le Développement humain

IHRDA : Institut des Droits de l'Homme pour le Développement en Afrique

MENRSC : Ministère chargé de l'Éducation nationale, de la Recherche scientifique et de la Culture

MFSN **:** Ministère de la Famille et de la Solidarité nationale

MJLDH : Ministère de la Justice, de la Législation et des Droits de l'Homme

OEV : Orphelins et Enfants vulnérables

OIT : Organisation internationale du travail

ONU : Organisation des Nations unies

P. : Page/Pages

PDCP : Protocole Relatif aux Droits civils et politiques

PDESC: Protocole relatif aux Droits économiques, sociaux et culturels

PIDCP : Pacte international relatif aux Droits civils et politiques

PIDESC : Pacte international relatif aux Droits économiques, sociaux et culturels

PNUD : Programme des Nations unies pour le développement

PR : Procureur de la République

RI : Règlement intérieur

Rec. : Recueil

Réf. : Référence, Réfère

S A A : Service des Affaires administratives

Svt. : Suivant

T. : Tome

TPI : Tribunal de Première instance

UA : Union africaine

UE : Union européenne

UIP : Union interparlementaire

UNESCO : Fonds des Nations unies pour l'éducation, la science et la culture

UNFPA : Fonds des Nations unies pour la population

UNICEF : Fonds des Nations unies pour l'enfance

V. : Voir

Vol. : Volume

RÉSUMÉ

Avec la codification des droits de l'homme, les Conventions relatives aux droits de l'enfant ont connu une adhésion quasi universelle dans le système du cadre des Nations unies et au niveau régional, notamment africain à travers l'Union africaine et autres organisations. Le constat est donc unanime, les droits de l'enfant jouissent d'une protection normative affirmée.

Dès lors, ne serait-on pas en droit de croire à l'effectivité desdits droits ? Sans doute, oui. Mais en réalité, une telle vision des choses perdrait de vue les difficultés liées à la mise en œuvre des Conventions dans le droit interne des États parties. C'est justement pour aller au-delà d'une telle perception, du droit international des droits de l'homme, que nous avons opté pour un sujet qui permet de jauger la capacité des Conventions internationales relatives aux droits de l'enfant à protéger effectivement ses destinataires, aussi bien dans la sphère internationale que nationale, que notre réflexion a porté sur *la traite des enfants et l'application des Conventions internationales relatives aux droits de l'enfant en République du Bénin.*

Le travail a donc fait le tour de la problématique de la mise en œuvre des Conventions relatives aux droits de l'enfant au niveau international, mais particulièrement sur le territoire des États parties dont la République du Bénin a servi d'exemple. Le choix de la traite des enfants vient, quant à lui, éviter le risque du confinement dans une analyse purement théorique pour une ouverture sur la pratique afin d'évaluer de façon objective la capacité des Conventions à les protéger contre ce qui est qualifié de « pires violations des droits de l'enfant » par les instances internationales : la traite des enfants.

Pour planter le décor, un chapitre introductif, ouvre la porte d'accès aux deux parties de la recherche. Il éclaire, sur les aspects sociologiques et juridiques de la protection des droits de l'enfant et de la traite des enfants en Afrique de façon générale et au Bénin en particulier.

La première partie, intitulée *une influence perceptible des Conventions relatives aux droits de l'enfant au Bénin,* lève le voile sur les apports positifs des Conventions internationales relatives aux droits de l'enfant sur l'arsenal juridique de protection des droits de l'enfant au Bénin, en passant par l'analyse du cadre théorique général de protection.

Quant à la seconde partie intitulée *une influence limitée des Conventions internationales relatives aux droits de l'enfant au Bénin*, elle met en évidence les faiblesses des systèmes desdites Conventions dans la protection des enfants contre la traite. D'abord, sur la base des facteurs qui résultent du droit national et ensuite sur le système international de protection.

En somme, cette recherche a mis l'accent sur le paradoxe, richesse normative, institutionnelle et financière en matière de protection des enfants contre la traite, et les graves violations dont font l'objet leurs droits. Des pistes de réponses aux difficultés ont été identifiées pour favoriser l'efficacité dans la protection et la prise en charge des enfants victimes par les familles, instances gouvernementales, régionales et internationales.

Introductif

Aspects sociologiques de la traite des enfants au Bénin

I- L'objet de l'étude

A- Situation

État de l'Afrique de l'Ouest, la République du Bénin (ex Dahomey) est une ancienne colonie française qui a accédé à la souveraineté internationale le 1er août 1960. Elle est limitée au nord-est par le Niger, au nord-ouest par le Burkina-Faso, au sud par l'océan Atlantique, à l'est par la République fédérale du Nigéria et à l'ouest par la République du Togo.

Le Bénin s'étend sur une superficie de 114 763 kilomètres carrés,[1] sur laquelle il a été dénombrée, en 2013, une population de neuf millions neuf cent quatre-vingt-trois mille huit cent quatre-vingt-quatre (9 983 884) habitants, dont plus de la moitié est âgée de 0 à 19 ans.[2]

Dès son accession à l'indépendance, le Bénin a dû faire face à une instabilité politique[3] qui aboutit à l'adoption en 1972 du marxisme-léninisme comme idéologie d'État et de gouvernement.[4] Ce régime se transformera, par la suite, en une dictature où le déni des droits et libertés s'établira comme la règle. Dans ce contexte d'embrigadement des libertés et de la crise économique des années 1980, le peuple béninois se révoltera

---

1 Voir le deuxième rapport périodique du Bénin au comité des droits de l'enfant, 2005, p. 8.

2 Institut nationale de la Statistique et de l'Analyse économique (INSAE), Résultats provisoires RGPH4. En ligne sur le site : www.insae-bj.org

3 En effet, de 1960 à 1972, la République du Bénin a connu une succession de coup d'État. Voir. De MEDEIROS, François (1981). « Armée et instabilité politique au Bénin », in A.ROUQUIE, *La politique de Mars. Les processus politiques dans les partis militaires*. Paris : Le Sycomore.

4 Pour plus de détails sur cette période, se référer entre autres à AGBOTON, Gaston A.M. (1997). *Culture des peuples du Bénin*. Paris : Présence Africaine.

à travers des revendications animées par des mouvements d'étudiants, des syndicats de travailleurs, etc., au cours de l'année 1989[5]. Ainsi s'amorça le « … processus de transition et de formation d'un espace public pluraliste »[6] qui aboutit à la tenue (du 19 au 28 février 1990) de la Conférence nationale des Forces vives de la Nation, avec la participation de près de cinq cents personnes[7]. À l'issue de cette conférence, le Bénin se dota d'une nouvelle Constitution, adoptée par référendum, le 11 décembre 1990. Cette nouvelle Constitution, inspirée des principes démocratiques, accorde une importance capitale au respect et à la protection des droits humains et prend en compte l'intégralité de la Charte africaine des droits de l'homme et des peuples. Ainsi, de par sa Constitution, le Bénin apparaît comme un État de droit où le respect et la protection des droits humains en général et ceux des enfants en particulier occupent une place de choix.

---

5 DOSSOU, Robert (1993). « Le Bénin : de l'immobilisme à la démocratie pluraliste, un témoignage », in Gérard CONAC (dir.), *L'Afrique en transition vers le pluralisme politique*. Paris : Economica.

6 BANEGA, Richard (2003). *La Démocratie à pas de caméléon, Transition et imaginaires politiques au Bénin*. Paris : Karthala.

7 GBAGO, Barnabé G. (2001). *Le Bénin et les droits de l'Homme*. Paris : L'Harmattan.

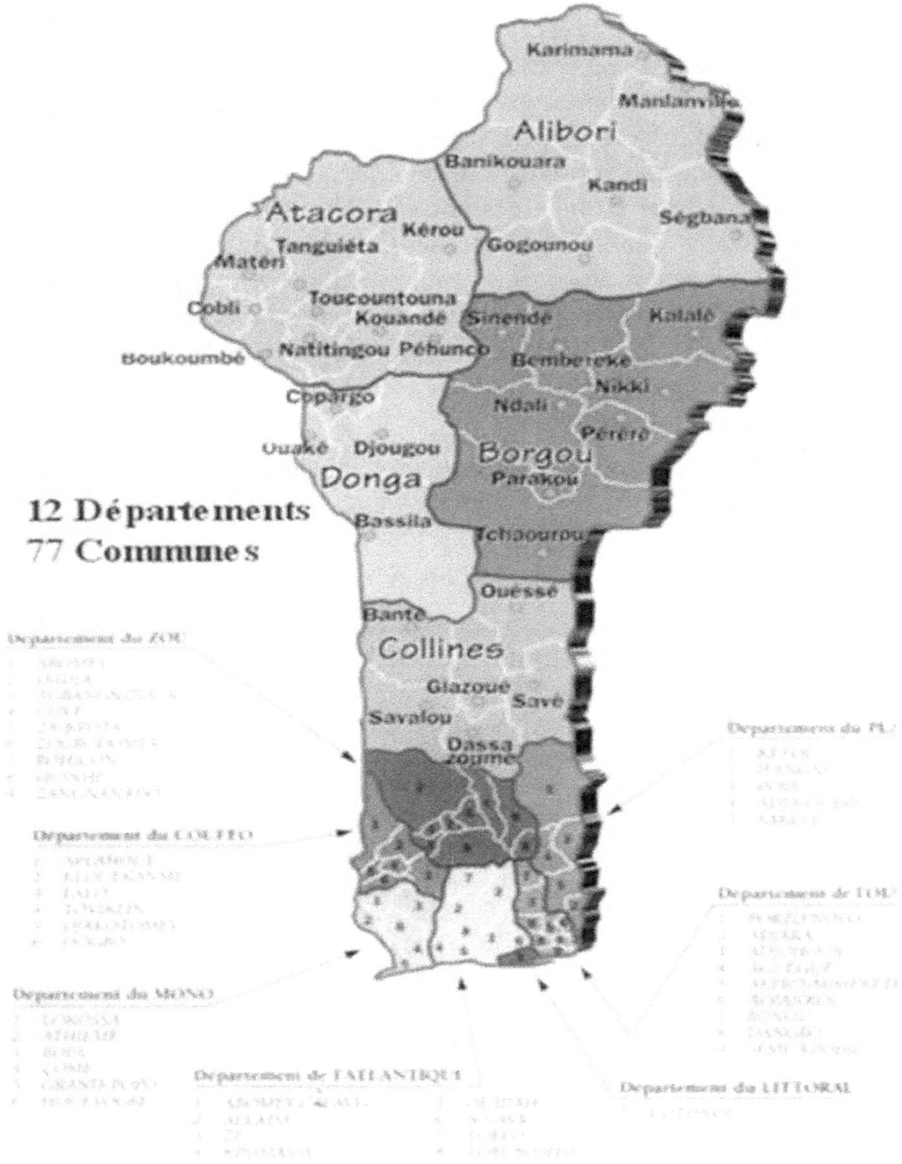

Carte administrative de la République du Bénin.

Source : Site de l'ambassade de la République du Bénin en Allemagne : http://www.ambassade-benin.de/fr/le-benin/organisation-administrative-et-territoriale.html

B- DÉFINITION DU SUJET

Dans un contexte où le Bénin s'est doté d'une Constitution qui se veut respectueuse de la charte des droits humains, et où il s'est également engagé dans le respect des conventions internationales relatives aux droits de l'enfant, il peut paraître étonnant que l'on y retrouve encore des pratiques telles que la traite des enfants.[8] Et pourtant, tout porte à croire que des milliers d'enfants béninois sont victimes de cette pratique. Sur ce point, le Bénin, à tort ou à raison, est aujourd'hui perçu comme un État qui abrite un système de départ, d'accueil et de transit d'enfants victimes de la traite.[9] En effet, l'Organisation des Nations unies pour l'enfance (UNICEF) indique qu'environ 40 317 enfants victimes de traite auraient été identifiés au Bénin en 2006.[10]

Mais avant de développer cette problématique, nous allons d'abord clarifier les concepts de notre sujet : la traite des enfants et les conventions internationales relatives aux droits de l'enfant.

1- La traite des enfants

La clarification de la notion de traite des enfants nécessite la clarification des notions d'« enfant » et de « traite ».

---

8 En effet, le 17 avril 2001 au Bénin, la médiatisation de l'affaire du bateau nigérian *Etireno* révéla au grand jour cette pratique. Ainsi, selon les faits, le bateau *Etireno* aurait quitté le port de Cotonou fin mars 2001 vers la République du Gabon. Les autorités gabonaises et ensuite les autorités camerounaises, l'auraient renvoyé à Cotonou. Après plusieurs jours d'errance en mer, le bateau est finalement arrivé le 17 avril 2001, à 1h 20 du matin, au port de Cotonou avec à bord plus d'une quarantaine d'enfants. Les premières constatations de l'enquête faisaient en effet apparaître que 43 enfants (dont 23 avaient entre 5 et 14 ans) étaient à bord du navire sans leurs parents. (Ces données sont tirées du dossier de présentation de l'affaire *Etireno* par l'ONG « Terre des Hommes » sur le site: www.stopchildtrafficking.org). Ensuite, en 2003, l'affaire des carrières nigérianes vient une fois de plus ébranler les autorités béninoises et les organisations de protection des droits de l'enfant. En effet, en septembre 2003 plusieurs centaines d'enfants béninois (victimes de traite) avaient été retrouvés dans des carrières de pierres des États d'Ogun, Oshun et d'Oyo au Nigéria où ils étaient exploités. (Cf. Terre des Hommes, « Les petites mains des carrières de pierre, Enquête sur le trafic des enfants entre le Bénin et le Nigéria. », décembre 2005).

9 Étude nationale sur la traite des enfants au Bénin, réalisée par le gouvernement béninois en collaboration avec l'UNICEF en 2006, ou Note d'information de l'UNICEF sur « La traite au Bénin : des chiffres et des faits » juillet 2006.

10 *Ibid.*

a- La notion d'enfant

Étymologiquement, l'« enfant » vient du mot latin « infants » qui signifie « qui ne parle pas », et correspondrait à ce que nous considérons aujourd'hui comme la petite enfance ou l'enfant en bas âge[11]. De façon générale, on note que la conception que l'on a eue de l'enfant ainsi que sa place dans les sociétés ont connu une longue évolution dans le temps. En effet, la conception romaine de la soumission de l'enfant au "pater familias", après avoir longtemps dominé la tradition juridique occidentale, a évolué vers la reconnaissance de l'enfant comme faisant partie d'un univers autonome et différent, soumis à des besoins et à des lois qui lui sont propres.[12] Cette reconnaissance a progressivement pris corps au XVIIIe siècle. À cette époque, les enfants étaient considérés comme les « futurs bâtisseurs » ou les « richesses de demain de la société des lumières », et non plus comme la possession du père ou comme une propriété quelconque.[13] Mais le XIXe siècle marquera une étape importante dans la perception de l'enfant et de ses droits. En effet, de Janusz KORCZAK,[14] à Philippe ARIÈS,[15] en passant par Églantine JEBB,[16] nombreux étaient ceux qui s'intéressaient à l'enfant et à l'amélioration de sa condition d'existence. Cependant, il a fallu attendre l'adoption, en 1989, de la convention des Nations unies relative aux droits de l'enfant pour que ce dernier devienne un sujet de droit.

En Afrique, on note que la notion d'enfant dans les coutumes africaines n'est pas aisée à cerner. Et il serait exagéré de prétendre fournir ici une

---

11 DEKEUWER-D., Françoise. (2010). *Les Droits de l'enfant.* Que sais-je?, 9e éd. Paris : PUF.

12 Idem, (2004). *Les Droits de l'enfant*, Coll. Que sais-je?, 6e éd., Paris : PUF : 11-25.

13 MEUNIER, Guillemette (2002). *L'Application de la Convention des Nations-Unies relatives aux droits de l'enfant dans le droit interne des États parties.* Paris : L'Harmattan.

14 De son vrai nom : Henryk GOLDSZMIT est perçu comme l'un des précurseurs de la protection des droits de l'enfant en 1920. V. Janusz KORCZAK, *Les Droits de l'enfant au respect,* traduit et adapté du polonais par Lydia WALERYSZAK, Paris, éd. Fabert, 2009.

15 Philippe ARIÈS est perçu par l' « *Encyclopédie Universalis* » comme celui à travers qui, l'enfance est devenue effectivement objet d'histoire, à travers la publication en 1960 de son ouvrage « L'Enfant et la vie familiale sous l'Ancien Régime », www.universalis.fr, consulté le 4 janvier 2013.

16 Eglantyne JEBB a marqué l'histoire des droits de l'enfant par la rédaction d'une déclaration des droits de l'enfant (Children's Charter) en 1923 qui sera adopté en 1924 par la Société des Nations et devint la déclaration de Genève. V. www.aidh.org, *Les droits de l'enfant/1948-1989 Nations unies.*

définition exhaustive de la notion d'enfant dans le contexte traditionnel africain. Par exemple, il est de coutume au Bénin, que l'individu demeure enfant tant que ses parents biologiques vivent, et de ce fait, il peut faire l'objet de châtiments corporels, quel que soit son âge.[17] Dans ce sens, il apparaît que l'enfance désigne une relation familiale entre l'enfant et ses géniteurs. Aussi, l'on considère comme enfant, « toute personne non mariée »[18] ou encore « tout individu qui, quel que soit son âge chronologique ou de naissance, dépend encore de ses parents (géniteurs ou sociaux) ».[19] Dans le même ordre d'idées, JOHN E. & NJOKU écrivent que : *In all societies, traditional and modern, there is some cognition that children and young people pass through stages physical growth, leading eventually to maturity,*[20] et Mead M. ajoute que: *The Ngoni Malawi recognize three stages of childhood, each marked by physical change: (1) Babyhood, from birth to weaning. (2) The little child, from weaning to second teeth. (3) Children, to the onset of puberty.*[21]

C'est dire que la définition de l'enfance dans les coutumes africaines est plurielle et il serait difficile de lui en donner une de façon précise.

En ce qui concerne sa place dans la société et l'éducation qu'il recevait dans les coutumes africaines, l'enfant était une source de joie pour sa famille et tout était mis en œuvre pour lui donner une éducation qui lui permettrait d'être un membre utile à son clan.[22] Ainsi, l'éducation de

---

17 D'OLIVEIRA, Bonaventure (2000). « Aperçu socio-anthropologique de la maltraitance en Afrique » : 59-63, in Thérèse Agossou (éd), *Regards d'Afrique sur la maltraitance.* Paris : Karthala.

18 Marc PILON & Kokou VIGNIKIN, *op.cit.*, p. 57.

19 MALEMBA-M. N., Gilbert (2003). *Enfants dans la rue. Le sans et le hors famille.* Lubumbashi : Presses Universitaires de Lubumbashi.

20 EBEREGBULAM, John E. NJOKU, (1993). *African Childhood. Poor Social and Economic Environment.* New York, USA: The Edwin Mellen Press, Lewinston.

21 Mead Margaret, *Children of Their Fathers*, Waveland Press Inc. Illinois, 1987, p.60, Cited by John E. EBEREGBULAM, NJOKU (1993). *African Childhood. Poor Social and Economic Environment.* New York, USA: The Edwin Mellen Press, Lewinston.

22 Comme en témoignent Aderanti A. et Wariana M. dans leur article sur la famille africaine, *In the traditional African cultural setting, a child is regarded as both a symbol of joy and an economic asset from birth through adolescence and up to the time when he or she is capable of supporting an aged parent. Children are productive assets and parents usually derive immense satisfaction from having them. While the child is an extra mouth to be fed and clothed when young, even at that age he or she is regarded hopefully as a potential member of the family labour pool – restricted, of course, by clearly defined sex roles. Around of age of six, the child is gradually integrated into the family's productive activities: running errands, doing menial household chores and looking after the younger ones. As the children mature, they*

l'enfant dans les coutumes africaines passerait par sa socialisation par le travail. L'enfant, tout en étant une source de joie pour sa communauté, doit prendre part aux activités familiales. Mais l'éducation qu'il recevait était adaptée aux réalités d'alors et de ce qu'attendait de lui la société. Car l'enfant, dans les coutumes africaines, a droit à la protection de sa famille qui doit lui assurer soin, repas, toit et surtout une bonne éducation. En effet, si dans ce contexte familial traditionnel africain, avoir de nombreux enfants était considéré comme une source de richesse, la famille, et surtout le père, doit veiller sur la personne et les biens des membres de toute la famille et diriger l'éducation des enfants. Il doit, dans ce cadre, protéger, nourrir et habiller toutes les personnes qui sont sous son autorité. Lorsqu'il ne s'acquitte pas de ces obligations, ses enfants, frères et femmes, peuvent le quitter pour aller habiter chez d'autres parents, se faire aider par ceux-ci et obtenir de ces derniers ce qui leur est dû, c'est-à-dire la protection.

Au plan juridique, la notion d'enfant est considérée sous le terme de « minorité » en droit positif béninois. Cette minorité varie suivant le domaine (civil, pénal, social, et électoral, etc.). Ainsi selon l'art. 459 du Code des personnes et de la famille, le mineur est considéré comme toute personne qui n'a pas encore 18 ans accomplis. Selon la loi électorale, seules les personnes âgées de 18 ans révolus peuvent être électeurs, ce qui suppose donc qu'en matière électorale, le mineur est toute personne ayant moins de 18 ans. Au plan social, la loi n°98-004 du 27 janvier 1998, portant Code du travail en République du Bénin dispose en son article 166 que : « Les enfants ne peuvent être employés dans aucune entreprise avant l'âge de 14 ans. » Cette disposition n'offre pas a priori, une définition de l'enfant, mais le Code en son article 167 a préféré l'appellation « jeunes travailleurs » à « enfants » pour désigner les personnes âgées de 14 à 21 ans. En effet, cet article 167 dispose : « Les jeunes travailleurs âgés de 14 à 21 ans ont les mêmes droits que les travailleurs de leur catégorie professionnelle... » Dès lors, nous pouvons affirmer que l'enfant, du

---

follow their parents to the farm (if they are farmers), help in cooking, fetch water from the stream and do many other tasks which enable the parents to concentrate on more arduous ones. They also sow seeds, harvest and transport small quantities of farm produce- as well as having the general responsibility for carrying firewood and water home in the evening. This is to be expected since, in a subsistence economy, labour is the most crucial factor of production. Voir ADEPOJU, Aderanti, et MBUGUA, Wariana (1997). "The African family: an overview of changing forms": 41-59, in Aderanti Adepoju, (ed.), *Family, Polulation and Developpemnt in Africa*. London: Zed Books Ltd.

moins celui qui ne peut encore travailler, est toute personne n'ayant pas atteint l'âge de 14 ans.

Au regard de tout ce qui précède, l'on note que la notion d'enfant n'est pas clairement définie. Néanmoins, l'on retrouve à travers la loi n°2006-04 du 05 avril 2006, portant conditions de déplacement des mineurs et répression de la traite d'enfants en République du Bénin, une définition de l'enfant, qui s'aligne sur celle des conventions internationales relatives aux droits de l'enfant. En effet, selon l'article 2 de cette loi, « le terme "enfant" désigne toute personne âgée de moins de dix-huit (18) ans ».

Étant donné que notre travail porte en partie sur les conventions internationales relatives aux droits de l'enfant, nous allons considérer, dans le cadre de ce travail, la définition donnée par la loi 206-04 du 05 avril 2006 sur le déplacement des mineurs au Bénin. Ainsi, l'enfant sera considéré ici comme toute personne âgée de moins de 18 ans.

b- La notion de traite

Le développement de la traite des enfants au Bénin serait le résultat d'une évolution négative de la pratique du placement d'enfants qui existait dans les sociétés traditionnelles. En effet, l'expression « vidomegon » qui signifie littéralement « enfant chez les gens » ou « enfant placé » en langue Fon, l'une des plus parlées au Bénin, désigne en fait les enfants qui ne vivent pas avec leurs parents biologiques. Aujourd'hui, l'expression « vidomegon » est directement liée à la traite des enfants au Bénin. En effet, comme le souligne si bien Erdmute ALBER :

> The condemnation of child trafficking was also expressed in the local languages, having recourse to existing words in these languages. The best known is the word vidomegon in Fongbe. Literally vidomegon means "child placed with someone" and originally it was a neutral term used to refer to children who do not live with their biological parents, in other words foster children or apprentices. When warnings are given in Benin today on radio and television or in leaflets against letting children grown up as vidomegon, this is a new use of the word. Today vidomegon is almost exclusively used to refer to exploited housemaids.[23]

Les enfants ne sont pas vendus, du moins pas dans l'entendement de leurs parents. Ils sont envoyés hors du village pour aller faire fortune,

---

23 ALBER, Erdmute (2011). "Child Trafficking in West Africa?": 71-92 in Anna Marta González and others (ed), *Frontiers of Globalization: Kinship and Family Structures in Africa*. New Jersey: Africa World Press.

disent ces derniers. Et, une fois la richesse amassée, ils devraient, soit retourner dans leur village, ou élire domicile dans le pays d'accueil et faire rejaillir donc de près ou de loin le fruit de leur richesse sur leurs parents. Ainsi, le « vidomegon » dans sa conception actuelle diffère de la pratique du placement d'enfant qui avait cours dans les coutumes africaines et béninoises. Comme le témoigne cette phrase d'Ulrike WANITZEK : « Under African customary laws, the role of parent is not only to be played by the child's parents but also by other relatives, such as aunts, uncles, elder siblings, or grandparents. ».[24] En effet, dans la plupart des coutumes africaines, l'enfant appartient, dès sa conception, à sa communauté et ses parents biologiques n'ont pas de droit exclusif sur lui.[25] Ainsi, les autres membres de la famille sont autorisés à donner leur point de vue sur sa conduite et sur son avenir. Dans un tel contexte, il est donc normal qu'une tierce personne assure l'éducation de l'enfant, et de ce fait, la notion du placement d'enfant trouve son sens. D'un autre côté, la pratique du placement d'enfant se faisait aussi pour d'autres raisons aussi variées que le renforcement des liens au sein des groupes de parenté (paternelle et maternelle), expression de solidarité à des couples sans enfants, etc.[26]

En somme, le placement d'enfant dans les coutumes africaines n'avait pas pour but de sacrifier leur avenir ni de les maltraiter. Mais la détérioration de la solidarité traditionnelle et la pauvreté de l'environnement économique vont prédisposer prématurément les enfants à l'exploitation économique.[27] Ainsi, la pratique traditionnelle du placement d'enfant, qui était un symbole de solidarité, va progressivement se transformer en une pratique d'exploitation, au cœur de laquelle les enfants seront pris au piège. Mains-d'œuvre bon marché, *Bonnes* à tout faire dans les ménages, vendeuses dans les marchés des villes semblent être aujourd'hui le sort de ces enfants et le cadre favorable pour leur traite.

La traite des enfants est la nouvelle formule consacrée pour désigner ce qu'on appelait dans un passé récent, « le trafic des enfants ».[28] Selon le

---

24 WANITZEK, Ulrike (2009). « Legal pluralism under the influence of globalisation: a case study of child adoption in Tanzania »: 465-491, in Peters, Anne, and others (eds), *Non-state actors as standard setters.* Cambridge University Press.

25 Cf. EZEMBE, Ferdinand (2009). *L'Enfant africain et ses univers.* Paris : Karthala.

26 Marc PILON et Kokou VIGNIKIN, *op. cit.*

27 Alain F. ADIHOU, cité dans : UNICEF, ministère de la Famille et de l'Enfant, Rapport d'analyse de l'*Étude nationale sur la traite*, novembre 2007.

28 En effet, c'est ce qui ressort de la pratique des organisations internationales, des Nations unies de protection des enfants Comme le Fond des Nations unies pour l'enfance, et l'Organisation internationale du travail.

Dictionnaire des droits de l'homme,[29] la traite trouverait « son origine dans un arrangement international du 18 mai 1904 qui réprimait "la traite des blanches" puis, en 1921, le champ d'action est élargi aux femmes, sans autre précision, et aux enfants. Comme les droits de l'homme, le second conflit mondial fait apparaître des formes nouvelles de traite, notamment en matière de travail obligatoire…». On note donc que le phénomène n'est pas récent, même si sa conception a évolué avec le temps. Il n'est pas facile de définir juridiquement la notion de traite des enfants, compte tenu de ses multiples interprétations. Néanmoins, nous allons nous adonner à cet exercice en nous fondant sur deux normes juridiques : le Protocole visant à prévenir et punir la traite des personnes, en particulier des femmes et des enfants, additionnel à la convention des Nations unies contre la criminalité transnationale organisée le 15 novembre 2000[30] (communément appelé Protocole de Palerme), et la Loi N°2006-04 du 05 avril 2006 portant conditions de déplacement des mineurs et répression de la traite au Bénin.

Aux termes de l'article 3-a) du Protocole de Palerme, la « "traite des personnes" désigne le recrutement, le transport, le transfert, l'hébergement ou l'accueil de personnes, par la menace de recours ou le recours à la force ou à d'autres formes de contrainte, par enlèvement, fraude, tromperie, abus d'autorité ou d'une situation de vulnérabilité, ou par l'offre ou l'acceptation de paiements ou d'avantages pour obtenir le consentement d'une personne ayant autorité sur une autre aux fins d'exploitation. L'exploitation comprend, au minimum, l'exploitation de la prostitution d'autrui ou d'autres formes d'exploitation sexuelle, le travail ou les services forcés, l'esclavage ou les pratiques analogues à l'esclavage, la servitude ou le prélèvement d'organes ». Trop vague et trop générale, cette disposition de l'article 3 alinéa a), ne permet pas d'avoir une idée précise de la notion de traite. À la limite, nous avons l'impression qu'elle énumère un certain nombre de critères pouvant entrer dans la définition de la "traite des personnes". Cependant, il précise à l'alinéa b), que « le consentement d'une victime de la traite des personnes à l'exploitation envisagée, telle qu'énoncée à l'alinéa a) du présent article, est indifférent lorsque l'un quelconque des moyens énoncés à l'alinéa a) a été utilisé ». À l'alinéa c) le protocole précise que « Le recrutement, le transport, le transfert, l'hébergement ou l'accueil d'un enfant aux fins d'exploitation sont

---

[29] ANDRIANTSIMBAZOVINA, Joël et autres. (2008). *Dictionnaire des Droits de l'Homme*. Paris : PUF.

[30] http://treaties.un.org/doc/publication/mtdsg/volume%20ii/chapter%20xviii/xviii-12-a.fr.pdf

considérés comme une ‘‘traite des personnes’’ même s’ils ne font appel à aucun des moyens énoncés à l’alinéa a) du présent article. »

Pour toute analyse faite de ces dispositions, il ressort de la notion de traite retenue par le Protocole de Palerme, trois éléments essentiels. D’abord, la traite des personnes entraîne le déplacement d’une personne par une autre personne ; et elle doit impliquer l’exploitation de la personne déplacée. En ce qui concerne le premier élément : “le déplacement d’une personne”, elle implique que la personne victime soit déplacée d’un point de départ vers un autre point de destination. Le deuxième élément quant à lui, implique l’intervention d’une tierce personne dans le déplacement ; ce qui implique un intermédiaire (le trafiquant) qui ferait usage de tromperie, de force, de fraude, d’enlèvement, d’abus d’autorité, etc., sous réserve des dispositions de l’alinéa c). Enfin, le troisième élément implique “l’exploitation de la personne déplacée” (la victime de la traite). Cette dernière condition implique l’exploitation sexuelle de la personne déplacée, le travail ou service forcé, la servitude de la personne exploitée et le prélèvement d’organes sur son corps, sous réserve de l’alinéa ‘b’.

Ainsi, aux termes du Protocole de Palerme, la traite des personnes désignerait, le déplacement contraint ou non d’une personne par une autre en vue de son exploitation forcée ou non. Or l’al. d) de l’article 3 du Protocole stipule que “l’enfant” « désigne toute personne âgée de moins de 18 ans ». Par conséquent, la traite des enfants désignerait le déplacement de toute personne âgée de moins de 18 ans par une autre personne sous la contrainte ou non (selon le cas) en vue de son exploitation forcée ou non (selon le cas). Relevons cependant que la convention des Nations unies relative aux droits de l’enfant et la Charte africaine des droits et du bien-être de l’enfant n’ont pas défini la notion de traite des enfants. Mais elles l’ont abordée aux articles 35,[31] pour la Convention des Nations unies relative aux droits de l’enfant, et 29[32] pour la Charte africaine des droits et du bien-être de l’enfant.

---

31 La convention des Nations unies relative aux droits de l’enfant en son article 35 dispose en effet que : « Les États parties prennent toutes les mesures appropriées sur les plans national, bilatéral et multilatéral pour empêcher l’enlèvement, la vente ou la traite d’enfants à quelque fin que ce soit et sous quelque forme que ce soit. »

32 Quant à l’article 29 de la Charte africaine des droits et du bien-être de l’enfant il dispose que : « Les États parties à la présente Charte prennent les mesures appropriées pour empêcher : a) l’enlèvement, la vente ou le trafic d’enfants à quelque fin que ce soit ou sous toute forme que ce soit, par toute personne que ce soit, y compris leurs parents ou leur tuteur légal [...] ».

Quant à la loi n°2006-04 du 05 avril 2006 portant sur la répression de la traite des enfants au Bénin, elle dispose en son article 3 alinéa 1er que « sont qualifiées de traite d'enfants, toutes les conventions ayant pour objet d'aliéner, soit à titre gratuit, soit à titre onéreux, la liberté ou la personne d'un enfant ». Autrement dit, elle concerne tous les accords qui auront pour objet de priver un enfant de sa liberté ou de disposer de sa personne moyennant paiement ou non. L'alinéa 2 ajoute qu'« on entend également par traite d'enfants, le recrutement, le transport, le transfert, le placement, l'accueil ou l'hébergement d'un enfant aux fins d'exploitation quel que soit le moyen utilisé ». Cette seconde définition de la loi béninoise nous paraît plus claire que celle proposée par le Protocole de Palerme, dans la mesure où elle permet d'identifier aisément les éléments constitutifs. Comme nous l'avions déjà souligné plus haut, aux termes de l'article 2 de la loi, « le terme enfant désigne toute personne âgée de moins de dix-huit ans ». Il en résulte donc que la traite des enfants consiste à recruter, transporter, placer, accueillir ou héberger une personne âgée de moins de 18 ans aux fins de son exploitation.

Somme toute, nous retenons de ces deux définitions proposées par les deux normes juridiques (Protocole de Palerme et l'alinéa 2 de la l'art.2 de la loi béninoise) deux éléments essentiels dans la qualification de la traite de l'enfant : le déplacement de l'enfant et son exploitation.

Que renferment concrètement ces deux termes ?

- Le déplacement est l'action de changer de place à quelque chose ou à quelqu'un.[33] Ceci implique le changement d'endroit, de lieu, etc. Ainsi, pour qu'on parle de traite il faut que la victime ait été déplacée d'un point A vers un autre point B. Ceci exclut de la définition de traite des enfants, ceux exploités dans leur milieu d'existence habituel. Ce qui laisse croire que les enfants exploités par leurs parents ou tuteurs ne font pas partie de la catégorie des victimes de traite d'enfant.

- l'exploitation, quant à elle, se conçoit comme l'action d'abuser de quelqu'un à son profit ou de tirer profit du travail d'autrui[34]. Il est donc important de déterminer l'existence du profit tiré par l'exploitant. Le profit pouvant être en nature ou pécuniaire, il importera donc de déterminer son existence afin d'établir l'exploitation de la victime.

De tout ce qui précède, on retiendra que la traite des enfants est le déplacement d'un mineur de 18 ans en vue de son exploitation. Ce qui exclut de fait, de reconnaître comme victime de traite d'enfant, un mineur

---

33 Dictionnaire *Le Robert*, 2009.

34 *Ibid.*

qui serait exploité par ses géniteurs ou répondants légaux, tout simplement parce que la condition de déplacement ne serait pas remplie. Or, à y voir de plus près, l'exploitation semble être l'élément qui cause le plus de préjudices à l'enfant. Si l'enfant déplacé n'est pas exploité par la personne l'ayant recueillie, cela veut dire qu'il est aux soins de cette dernière, et l'on ne saurait la réprimer pour traite, à la limite elle pourrait tomber sous le coup des dispositions visant le déplacement illégal d'enfants. C'est dire donc que l'élément le plus important visé par les normes juridiques est l'exploitation. Si tel est le cas, il nous semble judicieux d'y inclure l'exploitation de l'enfant par ses géniteurs dans le sens du contenu des normes. Ainsi sommes-nous tentés de redéfinir la traite des enfants comme : l'exploitation d'une personne âgée de moins de 18 ans (l'exploitation étant entendue dans le sens des normes précédemment citées).

Ceci étant, il importe d'apporter quelques clarifications conceptuelles entre la notion de traite des enfants et quelques notions voisines avant d'en aborder les causes.

c- *Quelques clarifications conceptuelles et causes de la traite des enfants au Bénin*

Très souvent utilisée comme synonyme de « travail d'enfants », « placement d'enfants », ou encore d'« exploitation économique des enfants », les éléments constitutifs de la traite des enfants que sont le déplacement et l'exploitation la distinguent cependant de ces notions citées. Nous allons d'abord différencier, dans le point suivant de notre étude, les différents types de traite d'enfants, avant de distinguer cette dernière de quelques notions voisines ou assimilées.

✓ Différents types de traite d'enfants

Le déplacement de l'enfant victime de traite, que prend en compte l'établissement des normes juridiques dans la définition de la traite des enfants, peut s'effectuer d'une part, au plan interne et d'autre part, au plan externe. Ces deux aires distinguent donc la traite interne de la traite externe ou internationale.

- La traite interne

La traite interne est celle qui se pratique à l'intérieur des frontières d'un même État. Autrement dit, lorsqu'on parle de traite interne, on sous-entend que le point de départ et la destination finale de la victime de la traite se situent sur le territoire du même État. Dans ce cas, les enfants victimes de la traite au plan interne sont souvent déplacés des villages et campagnes d'un pays vers les grandes villes du même pays. Comme le souligne le rapport de Human Rights Watch établi en 2003,[35] les enfants victimes de la traite interne sont souvent destinés à travailler sur les marchés comme domestiques. Généralement, les filles sont les plus asservies à ces emplois, car il est courant de rencontrer dans les marchés africains des petites filles avec des plateaux chargés de produits à commercialiser sur la tête. Au Bénin, le phénomène est courant, car il suffit de faire quelques pas dans les rues pour rencontrer ces « enfants-commerçants » ou aller dans les marchés pour les trouver, aux jours et heures où ils sont censés être à l'école pour leur éducation. En effet, selon une étude menée par le gouvernement béninois avec la collaboration de l'Unicef en 2006,[36] environ 40 317 enfants étaient victimes de la traite au moment de l'enquête. Au plan interne, les filles victimes de la traite sont surtout utilisées à des fins de travaux domestiques et d'exploitation sexuelle, tandis que les garçons sont exploités comme travailleurs dans les plantations, vendeurs ambulants, ouvriers sur les chantiers de construction et dans le secteur de l'artisanat. »[37] En dehors des enfants exploités au plan interne, d'autres enfants sont amenés hors du territoire national pour être exploités.

- La traite internationale

En ce qui concerne la traite internationale, nous distinguerons la traite régionale ou transnationale (sur le même continent) et la traite intercontinentale ou transatlantique.

Dans le premier cas, les enfants victimes sont recrutés dans un État et sont conduits dans un autre État destinataire ; les deux États sont du même continent. Dans ce processus, les enfants peuvent traverser un ou plusieurs États de transit avant la destination finale.[38] En ce qui concerne le Bénin, les enfants victimes de traite sont envoyés dans d'autres pays africains, et souvent, les filles sont surtout utilisées à des fins de travaux domestiques et d'exploitation sexuelle, tandis que les garçons sont exploités dans les mines et les carrières de pierre[39]. Selon une étude du Bureau international

---

35 Rapport Human Right Watch, *Aux frontières de l'esclavage. Traite des enfants au Togo*, mars 2003, Vol.15, N°8 (A), p. 1.

36 Unicef, Note d'information. *La traite au Bénin : des chiffres et des faits*. Ce document peut être consulté sur le site : www.unicef.org /wcaro/WCARO_Benin_Factsheet_Fr_TraiteDesEnfants.pdf

37 US Embassy, *Rapport 2009 sur la traite des personnes*, peut être consulté sur le site : http://cotonou.usembassy.gov/utils/

38 Le Rapport de Human Rights Watch, *op. cit.*

39 US Embassy, *Rapport 2009 sur la traite des personnes*, cf. site: http://cotonou.usembassy.gov/utils/eprintpage.html

du travail (BIT) la majorité des enfants victimes de la traite transnationale sont convoyés du Bénin vers le Nigeria et le Gabon, bien que certains soient également envoyés au Cameroun, au Togo, en Côte d'Ivoire, au Ghana, au Congo, en République centrafricaine, et probablement en Guinée-Bissau. Un petit nombre d'enfants victimes de traite vivants au Bénin proviennent d'autres pays, surtout du Togo, du Niger et du Burkina Faso.[40]

Dans le second le cas, les enfants victimes de traite sont convoyés d'un continent vers un autre. « Au niveau transatlantique, il est établi que les pays du golfe arabo-persique (Liban, Arabie Saoudite) et les pays d'Europe (Italie, France, Allemagne, Belgique) accueillent des victimes de traite en provenance du Bénin. Ces régions attirent les personnes à la recherche de meilleures opportunités. »[41] Cependant, l'on assiste quelquefois à des mouvements de migration simple ou illégale impliquant les mineurs et il est important de distinguer ces migrations de la traite, afin d'éviter tout amalgame.

✓ Distinction entre traite et migration légale ou illégale

Si la migration peut être considérée comme un déplacement de populations d'un pays à un autre, pour s'y établir,[42] il faut noter qu'elle peut être interne ou internationale. Tout comme la traite, la migration interne se déroule à l'intérieur d'un même État et celle internationale va au-delà des frontières étatiques (régionales et transcontinentales). Elle peut être légale ou illégale. Dans le premier cas, la migration s'effectue dans le respect des normes en vigueur dans le pays de départ et dans le pays de destination. Par contre, la migration illégale se fait dans la clandestinité, au mépris des lois réglementant les migrations. Les clandestins prennent fréquemment des risques importants pouvant mettre leur propre vie en péril afin de rejoindre des pays présentant des conditions de vie qu'ils espèrent meilleures. Ils n'hésitent donc pas à tout abandonner pour tenter l'aventure souvent par l'intermédiaire de passeurs peu honnêtes qui leur font payer un prix exorbitant pour les convoyer jusqu'aux portes du pays visé. Tout ceci, dans des conditions très dangereuses qui, dans certains cas, coûtent la vie aux migrants clandestins. Selon l'Organisation internationale pour les migrations (OIM), « le phénomène migratoire compte parmi les grandes questions mondiales qui jalonneront le XXIe siècle, tant il est vrai que les personnes en mouvement de par le monde sont aujourd'hui plus

---

40 US Embassy, *Rapport 2009 sur la traite des personnes.*

41 UNESCO et le Programme Intersectoriel Élimination de la Pauvreté, *op.cit.* p. 23.

42 Le Dictionnaire *Le petit Larousse* 2010.

nombreuses qu'elles ne l'ont jamais été. On estime à environ 192 millions de personnes qui se trouvent aujourd'hui hors de leur pays de naissance, ce qui représente à peu près 3 % de la population mondiale. »[43] De nos jours, on estime à, près de 200 millions le nombre de personnes vivant de manière temporaire ou permanente hors de leur pays d'origine.[44]

De tout ce qui précède, il ressort qu'en ce qui concerne les migrations légales, elle se fait par un libre choix des personnes et très souvent, on ne l'associe pas à la traite. Par contre, la migration clandestine ou illégale impliquant des enfants, même si en apparence, elle se fait librement, peut déboucher sur la traite des enfants. En effet, il arrive que les candidats à l'immigration illégale ou clandestine soient pris au piège par leurs intermédiaires qui les exploitent. C'est dire que les migrations et la traite ont des points communs en ce qui concerne la mobilité des personnes et que les migrations clandestines peuvent être source de traite.

Cependant, que ce soit la traite ou la migration illégale, les personnes victimes sont souvent à la recherche d'un avenir meilleur, soit de leur propre volonté ou sous l'effet de la pression exercée sur eux par leurs géniteurs. Ceci nous amène à aborder quelques causes qu'on lie à la traite des enfants.

d- Quelques causes liées à la traite des enfants

Plusieurs causes peuvent expliquer l'existence de la traite des enfants. Parmi celles-ci, nous nous focaliserons sur les causes socio-économiques et les facteurs liés à l'éducation des enfants.

- Les facteurs socio-économiques

La principale cause qui revient souvent, lorsqu'on parle de traite des enfants, c'est naturellement la « pauvreté ». Ce facteur central trouverait sa source dans la paupérisation des populations des villages et des campagnes et l'effritement des mœurs qui a perverti le placement d'enfants ainsi que la pratique du « vidomègon »,[45] qui était jadis, un système de renforcement des liens de la collectivité.[46] Avant de revenir sur cet aspect de la traite, il nous faut reconnaître que la pauvreté des familles qui laissent leurs enfants

---

[43] V. *À propos de migrations*, sur le site: www.iom.int/jahia/Jahia/about-migration/lang/fr

[44] Voir www.encyclopedie-dd.org/Migrations-Pour-un-Pacte-mondial

[45] Le « vidomègon » est en effet une expression de la langue fon, l'une des langues les plus parlées au sud du Bénin. Elle désigne souvent les enfants placés chez autrui, parents ou tierce personnes.

[46] SEKO, Amidou (2008).- *Les Atteintes aux droits de l'enfant: Cas de la traite des enfants dans la municipalité de Parakou.*- Mémoire de maîtrise ès sciences juridiques : FDSP. 61

aux mains des trafiquants est un facteur essentiel. Cependant, d'autres causes, tout aussi importantes, comme la non-scolarisation des enfants (même si elle est liée à la première) favorisent cette pratique.

D'abord, nous relevons ici comme conséquences l'accroissement d'une main-d'œuvre infantile ces dernières années, face au développement du secteur commercial informel au Bénin ; ensuite la paupérisation des familles, surtout nombreuses, face à la dégradation du niveau de vie et la perte des sources de revenus, généralement agricoles. À tout cela, il serait important d'ajouter l'absence de service social de prise en charge des populations démunies. En outre, si ces facteurs jouent un rôle important dans la pratique de la traite des enfants, nous devons relever malheureusement que certains parents cupides livrent leurs enfants à la traite, juste pour satisfaire leurs ambitions ou améliorer leur condition de vie. En effet, nous avons noté lors de nos recherches de terrain, dans les départements du Zou et du Borgou au Bénin, que certains parents n'hésitent pas à livrer leur progéniture à la traite, dans le but de s'offrir quelques feuilles de tôles pour refaire le toit de leur maison (qui était en paille), d'avoir un poste de radio, un vélo, etc. (qu'un enfant du village a ramené à ses parents ou que les parents de ce dernier, ont reçu en cadeau en échange de leur enfant).[47]

- Les facteurs liés à l'éducation

La plupart des études sur la traite des enfants s'accordent à reconnaître que très souvent, les enfants victimes de traite n'ont, soit jamais été scolarisés, soit ils ont très tôt quitté l'école. En effet, de façon générale, l'adoption de l'éducation formelle n'a pas été une réalité pour tous dans les États africains. Au lendemain de la colonisation, l'admission dans le système scolaire formel s'est faite de façon progressive, notamment dans les zones côtières où le pouvoir colonial était présent. Malheureusement, les indépendances des États africains, notamment du Bénin n'ont pas permis à tous les enfants d'avoir accès à l'éducation formelle.

Sur ce point, Jeannett MARTIN note que :

> The French established the first colonial school in 1894. Since then, the number of pupils in Benin attending primary or secondary school has grown continually. Compared to 1901, when just 3,937 children were in school, the number of pupils (primary and secondary level, all public and private schools) had grown to 84,618 by 1960 and to 1,033,007 by

[47] Il faut noter que dans les villages du Bénin, et surtout dans le nord du Bénin, avoir une case dont la toiture est faite en feuille de tôle, est un signe de prestige et de réussite sociale.

> 1997/98 (Jahn [2006: 3], according to Glélé [1969: 39] and Ahanhanzo [2001: 12]. Since the beginning of colonization, the northern part of the country has had fewer state and missionary schools than the south, due to the lower presence of the colonial administration in the northern parts (the French were more interested in the palm oil plantations in the south) and to a stronger resistance from the northern Muslim population to Christian missionaries. This imbalance in educational opportunities (resulting from fewer and more poorly equipped schools) is prevalent even today (John [2006: 3], according to Asiwaju [2001: 195]).[48]

Même si ces dernières années, on note une nette augmentation du nombre d'enfants qui accèdent à l'école, grâce à l'instauration de la gratuité de la scolarisation à l'école maternelle et primaire, l'éducation formelle est encore loin d'être effective pour tous les enfants béninois.

Selon l'étude nationale sur la traite des enfants réalisée au Bénin en 2007,[49] environ 318 360 enfants âgés de 6 à 17 étaient des déscolarisés ou des non scolarisés au moment de l'enquête. Parmi eux, 254 343 vivaient avec au moins un de leurs géniteurs tandis que les autres (environ 60 364) ne vivaient avec aucun parent biologique. Ces derniers seraient des migrants ayant changé de commune (environ 38 076) ou des enfants restés dans la même commune avec changement d'arrondissement (environ 22 288).

Une autre enquête nationale, réalisée au Bénin en 2008 sur le travail des enfants,[50] révèle au moment de l'enquête, que 1 952 227 enfants âgés de 5 à 17 ans dont 501 531, soit 25,7 % du nombre total ne vont pas à l'école et dans cette catégorie, on dénombre environ 130 460 enfants qui ne vivent avec aucun parent biologique.[51]

À travers ces études, il semblerait en effet, que les enfants, ne vivant pas avec leurs géniteurs, sont ceux qui sont les plus exclus du système éducatif formel. Ceci pourrait se comprendre par le fait que le déplacement de ces enfants répond tant à un besoin de leur ménage d'origine qu'à un besoin du ménage d'accueil. Par ailleurs, au titre des motifs du déplacement de l'enfant on peut retenir : l'exécution des travaux domestiques dans le ménage d'accueil, la réduction des charges pour sa famille d'origine, l'apprentissage, etc. Dans de nombreux cas, l'engagement à mettre les

---

48 MARTIN, Jeannett, Bénin, *op.cit.* p. 2-3.

49 Source: UNICEF, *Ministère de la Famille et de l'enfant, Rapport d'analyse de l'Étude nationale sur la traite*, novembre 2007, pp.18-24.

50 Programme IPEC du BIT et INSAE, *Enquête nationale sur le travail des enfants au Bénin*, 2008.

51 *Ibid*, p. 51.

enfants en apprentissage ou à leur faire bénéficier des fruits de leur travail n'est pas respecté ; et on dénombre parmi les 130 460 enfants qui ne vivent pas avec leurs parents, 67 437 enfants qui effectuent des travaux à abolir.[52]

e- L'organisation de la traite

La traite externe des enfants au Bénin implique plusieurs États des sous-régions ouest-africaines et du centre, qui très souvent sont des pays d'accueil des enfants béninois victimes de traite. Cette prédisposition des pays de ces sous-régions a certainement favorisé le développement de la traite des enfants au Bénin ces dernières années. En effet, selon les statistiques de la Brigade de protection des mineurs (BPM) à Cotonou, les interceptions et les récupérations de certains enfants victimes de la traite montrent que le Nigeria, le Gabon, la Côte d'Ivoire, le Congo, le Cameroun et d'autres pays sont concernés par le phénomène. Ainsi, selon les données recueillies lors de notre séjour de recherches de terrain en 2010 au Bénin, nous avions obtenu les chiffres suivants auprès de la Brigade de protection des mineurs à Cotonou.

Ces données ne représentent qu'une vue partielle des mouvements d'enfants victimes de traite pendant les périodes prises en compte, puisque la brigade de protection des mineurs n'opère qu'à Cotonou et dans les villes proches. Les mouvements observés à l'intérieur du pays ne sont pas pris en compte. Cependant, en ce qui concerne les retours officiels des enfants victimes de traite, ces derniers sont presque toujours convoyés à la BPM.

En conclusion, quelles que soient son origine et les causes qui la sous-tendent, la question de la traite des enfants est une réalité qui mine les sociétés africaines d'aujourd'hui et handicape l'avenir de milliers d'enfants issus des couches défavorisées de la société.

Face à cette réalité, on note avec satisfaction des efforts de la communauté internationale et des États africains, notamment béninois, à adopter un cadre légal pour réprimer et endiguer le phénomène. Cette préoccupation a d'abord conduit le système des Nations unies à proposer une définition consensuelle du phénomène à travers le Protocole de Palerme, pour renforcer le cadre juridique de protection des enfants existant, et ensuite à travers l'adoption de la loi n° 2006 sur le déplacement des mineurs et la répression de la traite des enfants en République du Bénin. Cependant, la résolution de la traite des enfants, telle que nous

---

[52] Programme IPEC du BIT et INSAE, *Enquête nationale sur le travail des enfants au Bénin, 2008.*

l'avons définie et au regard des causes qui la sous-tendent, ne saurait se limiter à l'adoption d'un cadre légal de répression au plan interne. Ceci implique donc que les États africains en général, et l'État béninois en particulier doivent accepter d'assumer leur part de responsabilité dans cette situation.

En effet, le constat que l'on fait aujourd'hui au Bénin est que la plupart des enfants exploités ou « victimes de traite » ne sont pas toujours forcés de quitter leur famille. Les conditions difficiles d'existence et la recherche du pain quotidien les poussent à l'aventure et à la recherche de meilleures conditions de vie.[53]

Ainsi, comme l'indique ALBER,

> In existing studies, two groups are always mentioned as being affected by child trafficking: on the one hand under-age housemaids recruited by brokers, and on the other boys who work for farmers. Minors from the Republic of Benin work in both of these areas, within Benin and in other countries. Boys from Benin frequently go to work on farms in Nigeria (…). In northern Benin there is a continuous national movement of migrant labourers from the Departement of Atakora to Borgu, a centre of cotton farming. In Benin, girls also work on both the national and the international labour markets. (…). The recruitment of children by brokers is widespread in Benin, but takes certain forms in certain regions. One of these is the Atakora region in the northwest of the country. From this area come most of the housemaids who are recruited to work in Parakou, the biggest town in northern Benin[54]

Dans ces conditions où les enfants sont obligés de se faire exploiter pour survivre, on peut légitimement conclure à une défaillance de l'État sur le plan social.

2- Les Conventions internationales relatives aux droits de l'enfant

Qu'entendons-nous par conventions internationales relatives aux droits de l'enfant ? Pour mieux comprendre cela, nous procéderons par une clarification de la convention internationale.

a- La convention internationale

La convention internationale est, la plupart du temps, l'œuvre des États qui s'accordent sur un certain nombre de principes et de valeurs. Dans la

53 Il faut néanmoins reconnaître que de plus en plus, certains parents qui, a priori, peuvent prendre soin de leurs enfants, n'hésitent pas à les envoyer travailler dans les pays de la sous-région.

54 ALBER, Erdmute. "Child Trafficking in West Africa?" *op.cit.*

pratique, plusieurs appellations peuvent désigner les conventions internationales telles que : Traité, Accord, Protocole.

Par exemple, l'article 2, alinéa 1er de la convention de Vienne de 1969 sur le droit des Traités définit le terme « Traité » comme suit :

> L'expression « traité » s'entend d'un accord international conclu par écrit entre États et régi par le droit international, qu'il soit consigné dans un instrument unique ou dans deux ou plusieurs instruments connexes, et, quelle que soit sa dénomination particulière.

C'est dire que les conventions internationales désignent l'ensemble des accords internationaux, conclus par écrit entre les États, et soumis aux règles du droit international.

Dès lors, il importe de définir ce que nous entendons par « droits de l'enfant » avant d'aller plus loin dans nos réflexions.

b- Les droits de l'enfant (protection internationale)

La protection internationale des droits de l'enfant a été formellement établie au XXe siècle, car c'est à cette époque que les droits de l'enfant ont été consacrés, faisant de ce dernier l'objet d'une préoccupation internationale. En effet, déjà le 10 décembre 1948, les droits de l'enfant étaient pris en compte dans la *Déclaration universelle des Droits de l'Homme*.[55] Il faut noter que la *Déclaration universelle des Droits de l'Homme* est une « feuille de route garantissant les droits de chaque personne en tout lieu et en tout temps ».[56]

Le besoin de protéger les droits de l'enfant n'est donc pas récent. Cependant, face à leur exploitation grandissante, la nécessité de la mise en place d'une protection spécifique au plan international s'est imposée. Ainsi, l'adoption, le 20 novembre 1989, de la convention des Nations unies relative aux droits de l'enfant marque le point de départ d'une nouvelle ère pour les droits de l'enfant. Cette convention apparaît comme le premier instrument juridique international ayant force obligatoire.[57] On passera donc d'un droit déclaratoire à un droit contraignant.

Aujourd'hui, les droits de l'enfant sont entièrement protégés par un large éventail d'instruments internationaux et régionaux. Au plan

---

55 L'on peut se référer aux articles 25 et 26 de la *Déclaration universelle des droits de l'homme* : www.unhchr.ch

56 Voir en ce sens, *Histoire de la rédaction de la déclaration des droits de l'homme* à l'adresse www.un.org/french/aboutun/dudh/history.htm

57 Voir « *La convention relative aux droits de l'enfant* » sur le site: www.unicef.org/french/crc/index/html

international, les enfants bénéficient des droits contenus dans les traités généraux tels que le Pacte international relatif aux droits civils et politiques de 1966, le Pacte international relatif aux droits économiques, sociaux et culturels de la même année et leurs Protocoles additionnels.

Outre la convention relative aux droits de l'enfant, il existe d'autres instruments spécifiques au plan international pour une meilleure protection des droits de l'enfant. On peut citer dans ce cadre :

- Le Protocole facultatif à la convention relative aux droits de l'enfant, concernant la participation des enfants aux conflits armés, adopté en 2000 et entré en vigueur le 12 février 2002[58].
- Le Protocole facultatif à la convention relative aux droits de l'enfant, concernant la vente d'enfants, la prostitution des enfants et la pornographie mettant en scène des enfants, adopté en 2000 et entré en vigueur le 18 janvier 2002[59].
- Le Protocole additionnel à la convention des Nations unies contre la criminalité transnationale organisée visant à prévenir, réprimer et punir la traite des personnes, en particulier des femmes et des enfants (8 janvier 2001)[60].
- La convention n° 138 de l'OIT concernant l'âge minimum d'admission à l'emploi (de 1973), entrée en vigueur le 19 juin 1976[61].
- La convention n° 182 de l'OIT concernant les pires formes de travail des enfants et l'action immédiate en vue de leur élimination (1999) entrée en vigueur le 19 novembre 2000[62].

Au plan régional, les États se sont également dotés de normes de protection des droits de l'enfant à travers des organisations à caractère régional qui sont :

- l'Organisation de l'Unité africaine, devenue Union africaine, qui a adopté en 1990, la Charte africaine des droits et du bien-être de l'enfant, entrée en vigueur le 29 novembre 1999[63] ;
- le Conseil de l'Europe, qui a adopté la convention européenne sur l'exercice des droits de l'enfant en 1996, entrée en vigueur le 1er juillet 2000[64] ;

---

[58] Site officiel des Nations unies, www.un.org.
[59] *Ibid.*
[60] *Ibid.*
[61] *Ibid.*
[62] *Ibid.*
[63] Voir site de l'Union africaine : www.africa-union.org.
[64] Cet instrument peut être consulté sur le site du Conseil de l'Europe : www.coe.int.

- et enfin, l'Organisation des États américains qui a, à son actif, quatre conventions sur les droits de l'enfant à savoir : [65]

- la Convention interaméricaine sur le retour international des enfants (1989), entrée en vigueur le 4 novembre 1994 ;

- la Convention interaméricaine sur le trafic international des mineurs (1994), entrée en vigueur le 15 août 1997 ;

- la Convention interaméricaine sur les obligations alimentaires (1989), entrée en vigueur le 6 mars 1996 ;

- et enfin, la Convention interaméricaine sur les conflits de lois en matière d'adoption de mineurs (1984), entrée en vigueur le 26 mai 1988.

Ces différents instruments juridiques montrent l'intérêt que porte la communauté internationale à la protection des droits des enfants dans le monde.[66]

À ce jour, la quasi-totalité des États au monde a ratifié ou adhéré à la Convention des Nations unies relative aux droits de l'enfant.[67] Or, selon la Convention de Vienne de 1969 sur le droit des traités, la « ratification » ou l'« adhésion » est l'acte international par lequel l'État établit son engagement à être lié par une convention.[68] Ainsi, l'État accepte d'être juridiquement lié par les dispositions de la Convention.

Pour le cas de la convention internationale relative aux droits de l'enfant, notons qu'elle dispose en son article 2, alinéa 1 que :

> Les États parties s'engagent à respecter les droits qui sont énoncés dans la présente Convention et à les garantir à tout enfant relevant de leur juridiction, sans distinction aucune, indépendamment de toute considération de race, de couleur, de sexe, de langue, de religion, d'opinion politique ou autre de l'enfant ou de ses parents ou représentants légaux, de leur origine nationale, ethnique ou sociale, de

---

65 Les documents sont disponibles sur le site : www.oas.org/main/french.

66 Notons par ailleurs que la convention sur la protection des enfants et la coopération en matière d'adoption internationale adopté en 1993 ne sera pas prise en compte dans notre étude.

67 À ce jour, il y a 140 États qui ont signé la convention et 193 États sont liés par la Convention. Parmi les États signataires, seuls les États-Unis et la Somalie ne l'ont pas ratifiée. Notons cependant que ce point ne prend pas en compte le Soudan du Sud. Pour plus de détails, voir : http://treaties.un.org/pages/ViewDetails.aspx?src=TREATY&mtdsg_no=IV-11&chapter=4&lang=fr#17. Consulté le 10 février 2013.

68 Art. 2 al.1.b de la convention de Vienne de 1969 sur le droit des traités. Disponible en ligne : http://untreaty.un.org/ilc/texts/instruments/francais/traites/1_1_1969_francais.pdf. Dernière consultation le 29 août 2014

leur situation de fortune, de leur incapacité, de leur naissance ou de toute autre situation.

On peut en déduire que la quasi-totalité des États est juridiquement liée par la convention des Nations unies relative aux droits de l'enfant, et que tous les États parties ont pris l'engagement de faire appliquer les droits des enfants sur leur territoire.

Au plan régional, comme nous l'avons souligné plus haut, le continent africain s'est doté de la Charte africaine des droits et du bien-être de l'enfant. À ce niveau, en décembre 2012, on dénombre quarante-cinq (45) États (dont le Bénin) qui ont ratifié la Charte sur un total, de cinquante-quatre (54) États.[69]

Il en découle donc qu'en dépit du fait que les parents ont le devoir moral et juridique d'éduquer et de protéger leurs enfants, les États africains se sont engagés à prendre toutes les mesures pour les accompagner dans leur mission et d'assurer l'éducation et la protection de tous les enfants sur leur territoire.

II- Intérêt et justification du sujet

Malgré le large éventail des normes de protection des droits de l'enfant, on note de façon générale une certaine dégradation de la situation des enfants partout dans le monde et particulièrement en Afrique. Au Bénin, les divers témoignages recueillis sur le terrain et nos propres constats renforcent ce paradoxe entre la profusion des normes relatives à la protection des droits de l'enfant et la situation concrète des enfants. Ce constat témoigne de l'ineffectivité de certains droits de l'enfant. Une telle situation ne peut qu'interpeller toute personne soucieuse de la protection des droits de l'enfant. L'intérêt pour ce problème n'est donc pas le fruit d'un hasard, car la traite des enfants constitue de nos jours l'une des graves violations des droits de l'enfant. L'aborder sous son angle juridique nous permettra d'aller au-delà des justifications sociales du phénomène.

Le Bénin, qui s'est doté d'une Constitution respectueuse des droits humains avec l'intégration de la Charte africaine des droits de l'homme et des peuples le 11 décembre 1990, s'est donné les moyens juridiques pour le respect des droits humains sur son territoire. Au-delà de cela, l'on note avec satisfaction que le Bénin est signataire de la quasi-totalité des conventions internationales de protection des droits de l'homme en général

---

69 Avec l'indépendance du Soudan du Sud. Ces données peuvent être consultées sur le site de l'Union africaine : www.africa-union.org, consulté le 19 décembre 2012.

et celles relatives aux droits de l'enfant en particulier. En effet, il est partie : à la Convention des Nations unies relative aux droits de l'enfant, ratifiée le 3 août 1990,[70] au Protocole facultatif à la Convention contre la criminalité, communément appelé Protocole de Palerme, ratifié le 30 août 2004,[71] à la Convention n° 138 de l'OIT sur l'âge minimum du travail des enfants, ratifiée le 11 juin 2001,[72] à la Convention n° 182 de l'OIT sur les pires formes de travail des enfants, ratifiée le 6 novembre 2001,[73] à la Charte africaine des droits et du bien-être de l'enfant, ratifiée le 17 avril 1997.[74]

En nous référant à la convention de Vienne de 1969 portant sur le droit des traités, celle-ci dispose que : « tout traité en vigueur lie les parties et doit être exécuté par elles de bonne foi »[75] et tout traité lie les parties à l'égard de l'ensemble de leur territoire.[76] Dès lors, à travers la ratification de ces différentes conventions, le Bénin affirme son engagement à assurer la protection juridique des enfants contre toutes violations des droits protégés par lesdites conventions, sur toute l'étendue de son territoire. Mieux, la Constitution béninoise du 11 décembre 1990 dispose en son article 147 que : « Les traités ou accords régulièrement ratifiés ont, dès leur publication, une autorité supérieure à celle des lois... » C'est dire que les conventions internationales de protection des droits de l'enfant, ratifiées par le Bénin doivent dès leur publication au Journal officiel (J.O), faire corps avec le droit interne et avoir une prépondérance sur les lois nationales. Il en résulte donc que ces conventions font partie intégrante du système interne de protection des droits de l'enfant. Ainsi, les autorités politico-administratives et judiciaires doivent prendre toutes les mesures pour faire de leur contenu une réalité. Quant aux citoyens, ils ont la possibilité de s'en servir pour réclamer la réparation de leurs droits violés.

Mais en dépit de tout cela, force est de constater qu'en 2011, soit plus de vingt ans après l'engagement des États au plan international à rendre effectifs les droits contenus dans les diverses conventions relatives à la

---

70 Documents en ligne sur le site officiel de l'Organisation des Nations unies (ONU), http://treaties.un.org/pages/ViewDetails.aspx?src=TREATY&mtdsg_no=IV-11&chapter=4&lang=fr#17.

71 Disponible sur le site officiel de l'ONU, http://treaties.un.org/Pages/ViewDetails.aspx?src=TREATY&mtdsg_no= XVIII-12-a&chapter=18&lang=fr&clang=_fr

72 Informations en ligne sur le site de l'OIT www.ilo.org et sur www.un.org.

73 *Ibid.*

74 Documents en ligne sur le site officiel de l'Union africaine www.au.org.

75 Art.26 de la convention de Vienne de 1969 sur le Droit des Traités.

76 Art.29 de la convention de Vienne sur le Droit des Traités.

protection des droits de l'enfant sur leur territoire, l'on semble loin des objectifs visés par celles-ci, notamment dans les États africains. Cette situation interpelle donc sur la capacité des conventions internationales à s'imposer aux États parties. En effet, l'exploitation des enfants et leur traite sont aujourd'hui des maux qui minent la société béninoise et mettent en péril la vie des milliers d'enfants béninois.

Face à ce malaise persistant en matière de protection des droits de l'enfant, nous nous posons la question de savoir quelle est l'influence de ces conventions internationales relatives aux droits de l'enfant, ratifiées par le Bénin, au plan interne sur la traite des enfants? Nous entendons par « influence » l'effet que les conventions internationales ont sur les États parties dans la mise en œuvre de mesures de protection des enfants contre la traite et la capacité de ces conventions à renforcer le cadre juridique national en matière de protection des enfants contre la traite, notamment au Bénin.[77] En d'autres termes, ces conventions permettent-elles une protection effective des enfants contre la traite ?

III- Hypothèses de recherche

Face à cette problématique, nos analyses se focaliseront autour de deux hypothèses. La première part du constat que, a priori, les conventions internationales relatives aux droits de l'enfant ont eu une influence perceptible sur le système béninois de protection des enfants contre la traite. Toutefois, notre seconde hypothèse se fonde sur le constat que cette influence n'a qu'un impact limité, dans la pratique, sur la protection des enfants contre la traite au Bénin.

IV- Domaine de recherche

Cette recherche se situe dans le cadre du droit international public, dans son aspect des droits de l'homme, et du droit public interne béninois. Parler de traite des enfants et d'application des conventions internationales de protection des droits de l'enfant dans le contexte béninois peut, a priori, susciter quelques interrogations sur la pertinence d'une telle recherche en droit international public. Mais les États africains, en s'engageant aux conventions internationales relatives aux droits de l'homme en général et celles relatives aux droits de l'enfant en particulier, témoignent qu'ils

[77] Pour la notion d'influence, voir aussi les dictionnaires : *Le grand Larousse de la langue française*, Tome 4, 1975 p. 2688 ; *Le Nouveau Robert de la langue française*, 2008, p.1328 ; *Dictionnaire Hachette pratique* 1987.

adhèrent à la vision prônée à travers ces conventions et ont, dès lors, l'obligation morale et juridique de les mettre en pratique.

Dès lors, les États africains, en général, et le Bénin, en particulier, ne sauraient faire exception à l'application des conventions internationales relatives aux droits de l'enfant auxquelles ils se sont librement engagés.

V- DÉMARCHE MÉTHODOLOGIQUE

Pour confirmer ou infirmer nos deux hypothèses de recherche et apporter notre point de vue sur les mesures qui s'imposent, nous adopterons une démarche méthodologique qui prend en compte le dogmatisme et la casuistique. À travers l'approche dogmatique, nous analyserons les doctrines sur la question de la protection des droits de l'homme en général, et celle des droits de l'enfant en particulier afin de faire le point sur l'état de la doctrine en matière de protection des droits de l'enfant et spécifiquement la question de la traite des enfants. L'approche casuistique, quant à elle, nous permettra de confronter l'état actuel de la doctrine aux réalités à travers la pratique du Bénin en matière de protection des enfants contre la traite afin de déceler les incohérences qui rendent difficile la protection effective des enfants contre cette traite.

Dans ce cadre, nous avons effectué un séjour de recherche de terrain de six mois au Bénin, de juillet 2010 à janvier 2011. Lors de ce séjour, nous avons organisé des entretiens et visites de terrain dans six chefs-lieux de département que sont Cotonou, Porto-Novo, Lokossa, Abomey, Parakou et Natitingou. Au niveau de chaque chef-lieu de département, nous avons réparti nos cibles en trois catégories :

- Magistrats et personnels judiciaires au niveau des cours et tribunaux et du ministère de la Justice de la Législation et des Droits de l'homme.
- Personnels de l'administration centrale et décentralisée (notamment du ministère de la Famille et de la Solidarité nationale, et du ministère du Travail).
- Acteurs interétatiques et non étatiques œuvrant dans la protection des enfants, avec un volet traite des enfants.

Outre les entretiens avec les trois catégories d'acteurs ci-dessus, des recherches en bibliothèque ont été effectuées à l'Université de Bayreuth depuis octobre 2008, à l'Université Montesquieu Bordeaux IV, de novembre à décembre 2009 (lors d'un séjour de recherche au Centre d'Études et de Recherches sur les Droits africains et sur le Développement institutionnel des pays en développement, CERDRADI), à l'Université d'Abomey Calavi et à l'Université de Parakou entre les mois d'août et de décembre 2010 au Bénin, à l'Université de Cape Town (Afrique du Sud) et à l'Université de Moncton (Canada). Aussi, nous avons pris part à des conférences internationales en 2010 au Bénin, en 2011 en Afrique du Sud et en 2012 à Bruxelles. Enfin, nous avons également pris part, en 2012, à une université d'été internationale sur les droits de l'enfant à l'Université de Moncton au Canada.

Ainsi, pour la bonne conduite de ce travail, nous avons pris en compte les résultats des recherches de terrains effectuées au Bénin, auprès des organes judiciaires béninois, l'administration, les organisations internationales de protection des droits de l'enfant, les organisations non gouvernementales locales qui œuvrent dans la lutte contre la traite des enfants et les recherches effectuées dans les bibliothèques. De même, notre étude prendra en considération les conventions internationales et les normes internes de protection des droits de l'enfant sans oublier les connaissances acquises au cours des différentes conférences internationales et les formations.

VI- STRUCTURE DE LA THÈSE

Notre étude est articulée en deux grandes parties. La première a pour objectif de montrer qu'avec l'engagement de la République du Bénin aux conventions internationales relatives aux droits de l'enfant, le système interne de protection des droits de l'enfant s'est globalement amélioré tant au plan institutionnel que normatif, d'où une influence perceptible des conventions relatives aux droits de l'enfant au Bénin. Mais malgré cette influence positive, la protection des droits de l'enfant, dans la pratique, demeure problématique, notamment dans la mise en œuvre de ces droits. Cette situation engendre l'inefficacité des conventions internationales relatives aux droits de l'enfant à assurer une protection des droits de l'enfant dans la pratique. D'où une influence limitée des conventions relatives aux droits de l'enfant, dans la protection contre la traite des enfants au Bénin. C'est cette contingence qui fera l'objet essentiel de la deuxième partie de notre travail.

PREMIÈRE PARTIE

UNE INFLUENCE PERCEPTIBLE DES CONVENTIONS RELATIVES AUX DROITS DE L'ENFANT AU BÉNIN

Acteurs du droit international, les États signataires des diverses conventions internationales s'engagent par leur accord à reconnaître et à respecter les obligations juridiques qui découlent des normes. Ce faisant, ils sont amenés à rendre lesdites normes applicables sur leur territoire ou à y conformer leur législation nationale. Cela ne peut se faire sans influer, d'une certaine manière, sur le droit national de l'État partie.

L'influence peut être positive ou négative. Mais pour notre part, nous allons déceler, dans cette partie, les apports positifs des conventions internationales au Bénin.

Ainsi, une influence positive des conventions internationales au Bénin se traduira, d'une part, par l'amélioration du cadre législatif de protection des droits de l'enfant en général, en particulier les normes de protection contre la traite des enfants et d'autre part, par le renforcement du mécanisme général de protection des enfants contre les méfaits de la traite au Bénin. Ce qui nous amène à aborder dans un premier titre, « l'influence des conventions relatives aux droits de l'enfant sur l'arsenal juridique de protection des enfants contre la traite au Bénin » et dans un second titre, « l'influence des conventions relatives aux droits de l'enfant sur les mécanismes internes de protection des enfants contre la traite ».

TITRE 1

L'INFLUENCE DES CONVENTIONS RELATIVES AUX DROITS DE L'ENFANT SUR L'ARSENAL JURIDIQUE DE PROTECTION DES ENFANTS CONTRE LA TRAITE AU BÉNIN

Les accords internationaux entre États sont généralement le fruit d'une volonté politique à travers laquelle ils s'engagent les uns envers les autres. De cet engagement, il découle que chaque partie est liée par l'objet de l'accord que nous appelons ici la convention.[78] De fait, les conventions constituent des obligations qui réglementent, au plan international, le comportement de chaque État vis-à-vis des autres. Mais qui est l'État ? En général, l'on se réfère à trois éléments pour définir l'État (en tant que pays) : le territoire, la population et un gouvernement, qui n'est rien d'autre que le pouvoir politique souverain. Il se définit donc comme le pouvoir politique qui exerce sa souveraineté sur un territoire bien déterminé et sur la population qui s'y trouve. De ce fait, l'État apparaît comme une personne morale. C'est dire donc que l'engagement de l'État, au plan international, n'est en réalité que celui des organes politiques qui exercent leur souveraineté sur une population et un territoire bien défini. Dès lors, les engagements de l'État lient ses populations qu'il ne fait que représenter sur la scène internationale. Ainsi, il est primordial pour l'État d'introduire, dans son ordre juridique interne, les engagements pris au plan international. Autrement dit, l'État qui s'engage au respect des conventions internationales doit les faire admettre par ses organes internes. Ainsi, que l'engagement porte sur les normes internationales à caractère général ou sur celles spécifiques sur les droits humains, le principe est (*à notre sens*) le même.

Dans ce premier titre, il s'agit de faire le point sur les apports des conventions internationales de protection des droits de l'enfant (auxquelles le Bénin est partie) sur le cadre légal de protection des enfants. Pour le

[78] Quelle que soit son appellation, les parties, se doivent de respecter les termes de l'accord vis-à-vis d'eux-mêmes et vis-à-vis de leurs populations.

faire, nous abordons dans un premier chapitre, le cadre théorique de la relation entre les conventions internationales et les normes internes, afin de nous fixer sur le choix du Bénin en matière d'introduction des conventions internationales en droit interne et la place qu'elles y occupent. Ensuite, un second chapitre vient nous éclairer sur l'état des conventions qui protègent les enfants contre la traite au Bénin.

CHAPITRE 1

LE CADRE THÉORIQUE GÉNÉRAL

Les conventions internationales relatives aux droits humains, quelle que soit leur nature, n'en demeurent pas moins des accords internationaux qui doivent être soumis aux règles du droit international général.[79] En effet, comme l'écrivait Karel VASAK, le droit international des droits de l'Homme est une branche du droit international général, et de ce fait il se sert des mêmes catégories juridiques.[80] Ainsi, l'État qui s'engage aux normes relatives aux droits humains accepte d'être soumis aux règles du droit international qui régissent l'objet de son engagement.

Si nous considérons que la finalité des conventions relatives aux droits humains en général et celles portant sur les droits de l'enfant en particulier est de voir l'État partie assurer une protection effective des droits promus et protégés sur son territoire, alors ces conventions, pour jouer leur rôle, doivent être valides dans le système juridique interne de l'État en question. Or, si en droit international la ratification d'une convention engage déjà la responsabilité juridique de l'État partie,[81] l'existence juridique de cette convention en droit interne n'est pas aussi automatique. Elle requiert, souvent, des formalités d'introduction de la convention ratifiée en droit interne. Dès lors, le respect de l'engagement pris par l'État passera par l'introduction de la convention internationale dans son ordre juridique interne. Ceci étant, le droit international n'impose pas aux États les voies et moyens d'introduire l'objet de leur engagement dans leur droit interne. En effet, la règle en droit international est que chaque État dispose d'un pouvoir discrétionnaire pour intégrer le droit international dans son droit

---

79 Nous faisons ici référence aux différentes théories qui distinguent le droit international et le droit international des droits humains.

80 VASAK, Karel (1974). « Le Droit international des droits de l'homme », in *Recueil des Cours de l'Académie de Droit International* : 335-415.

81 Art.24 de la Convention de Vienne de 1969 sur le droit des traités, *op.cit.*

interne.[82] Cette liberté laissée aux États de choisir les moyens appropriés d'introduire la convention internationale dans l'ordre juridique interne peut avoir un impact sur l'efficacité de celle-ci au plan interne, selon les cas. Mais malgré cette liberté accordée aux États parties pour introduire la convention internationale en droit interne, il faut noter que le non-respect des obligations découlant de la convention ratifiée engage la responsabilité internationale de l'État partie. C'est dire donc qu'au-delà des mesures à prendre par l'État partie pour introduire la convention internationale en droit interne, le droit international accorde plus d'intérêt au résultat : la concrétisation de l'engagement conventionnel.

Dans ce chapitre, nous nous proposons d'aborder la question des obligations de l'État qui découlent de son engagement aux conventions internationales, notamment celles relatives aux droits de l'enfant (section 1), ensuite de faire l'analyse de la méthode adoptée par la République du Bénin pour se conformer à ses engagements internationaux (section 2).

SECTION 1 : LES OBLIGATIONS DE L'ÉTAT FACE À SON ENGAGEMENT AUX CONVENTIONS INTERNATIONALES RELATIVES AUX DROITS DE L'ENFANT

La convention de Vienne de 1969 sur le droit des traités, même si elle utilise l'expression « traité », n'authentifie aucune appellation particulière de l'engagement des États en droit international, et laisse la dénomination de l'engagement conclu entre les parties contractantes à leur entière discrétion.[83] Ainsi rencontre-t-on une diversité d'appellations pour désigner l'acte sur lequel porte l'engagement de l'État au plan international, telles que : Convention, Accord, Charte, etc. Toutefois, quelle que soit son appellation, l'engagement de l'État à une norme internationale témoigne de sa volonté de se soumettre aux exigences de celle-ci.

Les conventions internationales relatives aux droits de l'enfant sont soumises, en tant que Normes du droit international,[84] aux mêmes règles

[82] GONIDEC, Pierre-François (1996). « Droit international et droit interne en Afrique », in *Recueil Penant* (820) : 241-257. ; voir aussi CARREAU, Dominique (1986). *Droit international.* Paris : éd. A. Pedone. p. 440 et suivantes.

[83] CARREAU, Dominique, et MARRELLA, Fabrizio (2012). *Droit international.* Paris : éd. Pedone. p.147 et suivantes.

[84] Voir VASAK, Karel (1972). *Le Droit international des droits de l'homme*, Recueil des Cours de l'Académie de Droit international. Tome 140 : 333-415.

que les autres conventions. Cependant, leur particularité les exempte de certaines règles prévues par le droit des traités ; cette particularité est liée au fait qu'elles assurent la protection de l'être humain.[85] Ainsi, l'État signataire d'une convention relative aux droits de l'enfant a l'obligation de la rendre effective sur son territoire, à travers une procédure d'introduction de son choix.

PARAGRAPHE 1 : L'EFFECTIVITÉ DE LA CONVENTION RATIFIÉE EN DROIT INTERNE

« Tout traité en vigueur lie les parties et doit être exécuté par elles de bonne foi. »[86] Mais étant donné que les normes relatives aux droits humains en général constituent des engagements de l'État au plan international vis-à-vis de ses propres citoyens, l'effectivité et l'efficacité des normes de ce genre, ratifiées par l'État, passeront par leur introduction dans l'ordre juridique interne, quelle que soit la procédure utilisée à cette fin.

I- L'INTRODUCTION DES CONVENTIONS RELATIVES AUX DROITS HUMAINS DANS L'ORDRE JURIDIQUE INTERNE

L'obligation d'introduire la convention internationale ratifiée découle de l'article 26 de la convention de Vienne de 1969 portant droit des traités. Il fait obligation à l'État partie d'exécuter la convention en vigueur. Ainsi, en ce qui concerne les conventions internationales relatives aux droits de l'enfant, leur exécution passe par leur introduction en droit interne.[87] Cependant, si le droit international, comme nous l'avons déjà mentionné, laisse aux États parties la liberté du choix des moyens pour introduire la convention ratifiée dans leur ordre interne, le choix du moyen doit respecter certaines conditions pour ne pas détourner la convention de ses objectifs. Ainsi, aborderons-nous dans la section suivante, la question de la

---

85 Karel VASAK, écrira à ce propos que l'objet même du droit international de l'être humain que constitue la protection internationale de l'être humain, amène au fur et à mesure à remettre en cause certaines notions traditionnelles telles que le principe de la réciprocité.

86 Article 26 de la Convention de Vienne de 1969 sur le droit des traités. (Règle : *Pacta Sunt Servanda*).

87 En effet, l'art.2 de la Convention des Nations unies relative aux droits de l'enfant fait obligation à l'État partie de respecter les droits énoncés dans la Convention à tous les enfants qui relèvent de sa juridiction, en ce sens il doit prendre toutes les mesures nécessaires qui s'imposent ; c'est aussi le cas de l'art. 1 de la Charte africaine des droits et du bien-être de l'enfant.

liberté du choix des moyens laissée à l'État et ensuite l'introduction en substance des conventions relatives aux droits de l'enfant en droit interne de l'État partie.

A- LA LIBERTÉ DU CHOIX DES MOYENS D'INTRODUIRE LES CONVENTIONS EN DROIT INTERNE

« Il n'appartient pas au droit international d'imposer une technique déterminée d'introduction des traités dans leur ordre juridique interne, (...) ».[88] Par ces mots, De VISSCHER montrait déjà que la détermination du mode d'introduction de la norme internationale, par l'État partie dans son droit interne, relève de la compétence de ce dernier. Abondant dans le même sens, Karel VASAK va considérer que, conformément au droit des traités, un État qui a ratifié une convention internationale, s'il est tenu de l'exécuter par rapport à ses cocontractants, peut le faire en utilisant les moyens appropriés dont le choix est laissé à sa discrétion.[89] Au début du 19e siècle où le droit international classique, comme le mentionnait Dominique CARREAU[90], n'était composé que d'environ 15 États (qui étaient relativement homogènes sur le plan politique, connaissaient presque le même niveau de richesse et partageaient pratiquement la même idéologie), on pouvait imaginer l'adoption de mesures imposant les moyens d'introduire les normes internationales en droit interne. Car, comme le souligne par ailleurs Dominique CARREAU, le droit international était sous la domination de cinq pays européens seulement : l'Allemagne, la France, l'Angleterre, l'Autriche, et la Russie, qui constituèrent un « gouvernement international de fait ».[91]

Mais le droit international contemporain est beaucoup plus complexe, tant au regard des acteurs qui le composent qu'en ce qui concerne les divergences sur le plan idéologique, économique, politique, etc. qui opposent les 193 États membres de l'ONU.[92]

---

88 P. De VISSCHER, *Les Tendances internationales des Constitutions modernes*, cité par Joël ADÉLOUI, *L'Insertion des engagements internationaux en droit interne des États africains*, Cotonou, 2012, p.1.

89 Karel VASAK, rapporté par Claudia SCIOTTI-LAM, *op cit.,* p.68.

90 CARREAU, Dominique *op. cit.,* pp. 25 et suivantes.

91 *Idem.* p19.

92 À la date du 10 février 2013, l'Organisation des Nations unies compte 193 États, avec la reconnaissance, le 14-07-2011 du Sud Soudan par l'organisation. Mise au point faite à partir des données des Nations unies le 10 février 2013 à l'adresse URL: www.un.org/fr/members/index.shtml

Dans un tel contexte de pluralité des ordres juridiques internes des États qui constituent la communauté internationale aujourd'hui, il ne serait guère facile d'adopter une même règle en ce qui concerne l'introduction des conventions internationales en droit interne. En effet, les principaux acteurs du droit international que constituent les États[93] doivent, pour l'adoption d'une norme internationale, considérer leur droit interne spécifique pour aboutir à un consensus autour de normes internationales à adopter.

Ainsi, en laissant la liberté du choix des moyens aux États parties, pour l'introduction des conventions internationales en droits internes, le droit international se met à l'abri des difficultés, de blocages qui pourraient résulter d'une harmonisation des pratiques sur ce plan. Pour cette raison, on pourrait dire que le droit international, en matière des normes en vigueur, impose aux États une obligation de résultat. Car la finalité, dans ce cas, est d'exécuter les obligations contenues dans les normes ratifiées, peu importe les moyens internes adoptés par l'État partie. Le Droit des traités, ne fixant pas expressément les moyens par lesquels l'État doit s'acquitter de ses obligations conventionnelles, précise cependant, en son article 27 qu' : « une partie ne peut invoquer les dispositions de son droit interne comme justifiant la non-exécution d'un traité… » Ainsi, il appartient à l'État partie de prendre les mesures nécessaires pour que son engagement au plan international soit respecté. Dans le même temps, lorsqu'on se réfère aux articles 26 et 27 de cette même convention (de Vienne sur le droit des traités), on constate que ces dispositions ne font que fixer les obligations de l'État partie par rapport à un traité. Ainsi, l'art. 26 qui dispose que : « tout traité en vigueur lie les parties et doit être exécuté par elles de bonne foi », fixe les obligations qui découlent de l'engagement de l'État à un traité. Mais pour que l'engagement de l'État produise des effets juridiques, il faut que la norme, à laquelle il a adhéré, entre en vigueur. En effet, la ratification, qui est l'un des moyens par lequel l'État s'engage en droit international, ne suffit pas toujours pour la validité d'un traité. Généralement, chaque traité fixe les conditions de son entrée en vigueur qui marque son existence juridique. Nous disons « existence juridique » en ce sens que le traité, avant son entrée en vigueur, ne produit pas d'effets juridiques. Comme nous l'avons indiqué par ailleurs, la validité d'un traité

---

[93] À l'origine le droit international était interétatique ; il a connu avec le temps, des transformations en ce qui concerne ses acteurs. Néanmoins, les États demeurent à ce jour les principaux acteurs. Voir CARREAU, Dominique (1986). *Droit international.* Paris : éd. A. Pedone. p. 18 et suivantes. Voir aussi, CARREAU, Dominique, et MARRELLA, Fabrizio (2012). *Droit international.* Paris : éd. Pedone.

dépend en premier lieu, des conditions de son entrée en vigueur, qui sont généralement fixées par le traité lui-même.

Ainsi, la Convention des Nations unies relative aux droits de l'enfant fixe en son article 49 les conditions de son entrée en vigueur. En effet, selon cet article, la « (...) Convention entrera en vigueur le trentième jour qui suivra la date du dépôt auprès du Secrétaire général de l'Organisation des Nations unies du vingtième instrument de ratification ou d'adhésion. (...) ». Il en est de même de la Charte africaine des droits et du bien-être de l'enfant qui fixe en son article 47 les conditions de son entrée en vigueur. Elle dispose en effet, au point 3 de son article 47 que : « La présente Charte entrera en vigueur dans les 30 jours suivant la réception, par le Secrétaire général de l'Organisation de l'Unité Africaine,[94] des instruments de ratification de 15 États membres de l'Organisation de l'Unité africaine. »

Par conséquent, la seule adhésion ou ratification ne suffit pas à engager la responsabilité de l'État avant l'entrée en vigueur du traité. Cependant, une fois que le traité remplit les conditions de son entrée en vigueur, il « lie les parties ». Cette deuxième condition engage la responsabilité de l'État vis-à-vis de la convention ratifiée. Autrement dit, les États ayant ratifié ou adhéré à la convention sont soumis aux règles établies par celle-ci, et ont l'obligation de « l'exécuter de bonne foi ». Cette dernière condition vient ainsi affirmer l'obligation de l'État partie à exécuter les engagements contenus dans la convention qu'il a lui-même librement ratifiée.

Cependant, malgré la liberté du choix des moyens laissée aux États, pour introduire la convention internationale en droit interne, ceux-ci ont l'obligation de ne pas dénaturer le contenu de ces conventions.

B- L'OBLIGATION D'INTRODUIRE EN SUBSTANCE LA CONVENTION RATIFIÉE EN DROIT INTERNE

Malgré les dispositions de l'article 26 de la convention de Vienne susmentionnée, qui font déjà ressortir cette obligation, les normes relatives aux droits humains mettent encore l'accent sur la question. Ce qui montre l'importance de cette condition pour la mise en œuvre des droits contenus dans les normes au plan interne.

1- Une condition nécessaire à l'effectivité des conventions relatives aux droits de l'enfant en droit interne

[94] L'Organisation de l'unité africaine est devenue depuis le 11 juillet 2000, Union africaine.

La jouissance des droits, contenus dans les conventions relatives aux droits humains, dépend de leur existence dans le droit interne de l'État partie. En effet, pour se prévaloir d'un droit contenu dans une convention au plan international, en droit interne, il faut que la convention concernée y soit en vigueur. L'importance de cette exigence découlerait du fait que l'État a, en premier lieu, la charge d'assurer le respect des droits humains.[95] Ainsi, comme l'a souligné Claudia SCIOTTI-LAM, l'introduction des conventions relatives aux droits humains dans les législations internes des États, apparaît comme la raison d'être de ces dernières.[96]

Cependant, il faut reconnaître que si cette condition est nécessaire en ce qui concerne les instruments obligatoires, tel n'est pas le cas pour ceux qui n'ont qu'un caractère déclaratoire. L'on peut entendre par instrument à caractère obligatoire, l'ensemble des conventions qui imposent aux États parties l'obligation de leur exécution. C'est dire donc que cette obligation d'exécution doit être contenue dans la convention en question. C'est le cas par exemple de l'article 4 de la convention internationale relative aux droits de l'enfant[97] et de l'article 1er de la Charte africaine des droits et du bien-être de l'enfant.[98] De ce fait, la valeur de ces normes dépend de leur effectivité. En effet, leur particularité fait qu'elles n'auraient aucune valeur sans une mise en œuvre effective, d'où la nécessité pour les États parties de les introduire dans leur droit interne afin de permettre aux autorités judiciaires et administratives de les appliquer et aux populations d'en bénéficier.

Quant aux instruments à caractère déclaratoire tels que la *Déclaration universelle des droits de l'homme* (DUDH) de 1948, ils n'ont pas un caractère contraignant pour les États. En effet, ces instruments de

---

95 Karel VASAK, *op. cit.,* p. 375.

96 SCIOTTI-LAM, Claudia (2004). *L'Applicabilité des traités internationaux relatifs aux droits de l'homme en droit interne.* Bruxelles : Bruylant. p. 45.

97 En effet, selon les dispositions de l'article 4, « Les États parties s'engagent à prendre toutes les mesures législatives, administratives et autres qui sont nécessaires pour mettre en œuvre les droits reconnus dans la présente convention. Dans le cas des droits économiques, sociaux et culturels, ils prennent ces mesures dans toutes les limites des ressources dont ils disposent et, s'il y a lieu, dans le cadre de la coopération internationale ».

98 Quant à la Charte africaine, elle dispose en son alinéa 1er que « Les États (…) parties à la présente Charte, reconnaissent les droits, libertés et devoirs consacrés dans la présente Charte et s'engagent à prendre toutes les mesures nécessaires, conformément à leurs procédures constitutionnelles et aux dispositions de la présente Charte, pour adopter toutes les mesures législatives ou autres nécessaires pour donner effet aux dispositions de la présente Charte. »

protection des droits humains proclament la reconnaissance des droits humains sans pour autant en imposer l'application aux États. Dans ce cas, les États ne sont pas soumis à l'obligation d'exécution des droits reconnus dans ce genre de clauses. Ainsi, ceux-ci ne sont pas soumis à l'obligation de les introduire au plan interne.

Compte tenu de l'importance que revêt l'introduction des normes contraignantes de protection des droits humains en général et celles relatives aux droits de l'enfant en particulier, cette condition, comme nous l'avons mentionné précédemment, est prévue par les Normes elles-mêmes.

2- Une condition prévue par les conventions relatives aux droits de l'enfant

L'État partie à une convention internationale relative aux droits de l'enfant, pour s'acquitter de ses obligations, doit prendre toutes les « mesures nécessaires » qui s'imposent dans ce cadre. En effet, les normes relatives aux droits de l'enfant prévoient généralement l'obligation pour l'État partie de prendre des mesures législatives favorisant leur application dans leur droit interne.

Ainsi, aux termes de l'article 4 de la convention des Nations unies relative aux droits de l'enfant, « Les États parties s'engagent à prendre toutes les mesures législatives, administratives et autres qui sont nécessaires pour mettre en œuvre les droits reconnus dans la présente convention. (...) ». Abondant dans le même sens, la Charte africaine des droits et du bien-être de l'enfant, dispose en son article 1er al. 1 que : « Les États membres de l'Organisation de l'Unité africaine, parties à la présente Charte, reconnaissent les droits, libertés et devoirs consacrés dans la présente Charte et s'engagent à prendre toutes les mesures nécessaires, conformément à leurs procédures constitutionnelles et aux dispositions de la présente Charte, pour adopter toutes les mesures législatives ou autres nécessaires pour donner effet aux dispositions de la présente Charte ». Il apparaît donc que l'État partie, ne doit pas simplement s'abstenir de violer de façon active les droits promus dans ces conventions, mais qu'il se doit d'adopter des normes même internes, au plan civil, administratif, social et pénal pour assurer leur effectivité. C'est dans ce sens que G. MEUNIER fait remarquer : « (...) les normes des droits de l'homme doivent être dûment reconnues dans le cadre de l'ordre juridique national, toute personne ou groupe lésé doit disposer de moyens de réparation ou de recours appropriés, et les moyens nécessaires pour faire en sorte que les pouvoirs publics rendent compte de leurs actes doivent être mis en place »[99]. L'un des objectifs visés par ces mesures est de faire en sorte que les normes soient reconnues dans l'ordre juridique interne des États parties, afin de faciliter la jouissance des droits qu'elles contiennent.

II- L'OBLIGATION DU RESPECT DE LA CONVENTION RATIFIÉE

L'introduction des conventions internationales en droit interne constitue une étape vers la réalisation de la finalité de ces normes. De par son engagement aux conventions internationales, l'État partie est soumis à l'obligation de respecter la convention ratifiée. Ainsi, pour que la convention internationale soit effective au plan interne, l'État partie, en plus de l'introduction de la convention, doit respecter les engagements qui en découlent au regard du droit international. On peut trouver à travers les articles 26, 27 et 29 de la Convention de Vienne de 1969 des obligations qui s'imposent à l'État partie sur ce point. Cependant, nous n'aborderons que le cas des articles 27 et 29, dans les lignes qui suivent.

A- L'OBLIGATION DE L'ÉTAT AU REGARD DE L'ARTICLE 27 DE LA CONVENTION DE VIENNE RELATIVE AU DROIT DES TRAITÉS

« Une partie ne peut invoquer les dispositions de son droit interne comme justifiant la non-exécution d'un traité… » Ainsi se présentent les dispositions de l'article 27 de la Convention de Vienne sur le droit des traités. Il ressort de cet article que l'État partie à une convention internationale a l'obligation de la mettre en œuvre, et ceci en dépit des dispositions contraires de son droit interne. En effet, si l'État ne peut invoquer son droit interne pour justifier le non-respect de son engagement international, ceci traduit le caractère obligatoire de la norme internationale ratifiée et pose surtout le caractère supérieur de la norme internationale sur la norme interne. Ainsi, les conventions relatives aux droits humains, y compris celles portant sur les enfants s'imposent à toutes les normes constitutionnelles, législatives, réglementaires ou des décisions judiciaires.[100] L'État partie a donc l'obligation de les respecter en les rendant effectives sur son territoire.

Nous reviendrons plus loin, sur la question de la suprématie de la norme internationale sur la norme interne.

---

[99] MEUNIER, Guillemette (2002). *L'application de la Convention des Nations unies relative aux droits de l'enfant dans le droit interne des États parties*. Paris : L'Harmattan. p. 110.

[100] CARREAU, Dominique et Fabrizio MARRELLA, « Droit international », *op.cit.* p. 80.

B- Les obligations de l'État au regard de l'article 29 de la Convention de Vienne relative au droit des traités

Il découle de l'article 29 de la Convention de Vienne sur le droit des traités, qu'un traité lie les parties à l'égard de l'ensemble de son territoire, sauf disposition contraire prévue dans la convention.[101] Ainsi, l'engagement des États aux conventions internationales est un acte qui implique l'ensemble des organes de ces États. Il va s'en dire que les engagements internationaux de l'État s'imposent donc à ses organes qui ont, de ce fait, le devoir de les mettre en œuvre. Cette disposition, dans le contexte des droits humains en général, et particulièrement en ce qui concerne les droits de l'enfant, porte tout son sens. En effet, les conventions relatives aux droits de l'enfant ne sont pertinentes qu'une fois qu'elles deviennent effectives au plan interne où se trouvent en réalité les acteurs qui en sont les destinataires. De ce fait, à travers l'article 29 de la Convention de Vienne sur le droit des traités, les traités relatifs aux droits de l'enfant, s'imposent au plan interne des États parties, offrant ainsi à leurs populations la possibilité de revendiquer leur mise en œuvre par les organes de l'État.

Comme nous l'avons mentionné plus haut, il appartient aux États de choisir la méthode appropriée pour introduire les conventions internationales dans leur droit interne. Toutefois, les méthodes adoptées par les uns et les autres sont gouvernées par deux théories classiques, que nous aborderons dans les lignes à suivre.

Paragraphe 2. Les méthodes d'introduction des conventions internationales au plan interne

Selon Hans Kelsen, il existe globalement deux rapports possibles entre le droit interne et le droit international[102] :

- soit on considère le droit interne et le droit international comme deux systèmes de normes, différents et indépendants l'un de l'autre. Dans ce cas, on serait en présence du dualisme ;

---

[101] Art. 29 C. de Vienne : « À moins qu'une intention différente ne ressorte du traité ou ne soit par ailleurs établie, un traité lie chacune des parties à l'égard de l'ensemble de son territoire. »

[102] Kelsen, Hans (1927). « Les Rapports de système entre le droit interne et le droit international public », *RCADI*, 14 : 231-331. Paris : Hachette.

- soit on considère les deux systèmes de normes comme un système universel avec une « certaine unité entre eux » et dans ce cas, on serait en présence du monisme.

I- La théorie dualiste développée par Heinrich Triepel

Heinrich Triepel est perçu comme le père de la théorie dualiste[103] et il sera suivi en cela par d'autres auteurs comme Dionisio Azilotti. Cette théorie dualiste découlerait d'une vision volontariste du droit international et du principe de la souveraineté de l'État.[104] En effet, la conception dualiste entre le droit interne et le droit international se fonde sur l'opposition des deux systèmes juridiques.[105] Ainsi, la validité de la norme internationale en droit interne passera par sa transformation, ce qui, comme nous le verrons, pourrait rendre difficile la jouissance des normes internationales relatives aux droits de l'enfant au plan interne.

A- La distinction entre la norme internationale et la norme interne

Pour soutenir la théorie dualiste entre le droit international et le droit interne, Heinrich Triepel part du principe selon lequel le droit international et le droit interne sont deux systèmes juridiques distincts issus de sources différentes.

En ce qui concerne le caractère distinct des deux systèmes juridiques, il fonde son raisonnement sur « deux bases de distinction » :[106] la première porte sur la différence des rapports sociaux régis par les deux règles juridiques ; et la seconde porte sur la volonté dont les deux règles juridiques émanent. Ainsi, concernant les rapports sociaux régis par les règles juridiques, l'auteur estime que le droit international régit d'autres rapports que le droit interne.[107] En effet, l'État, par son système juridique,

---

103 Triepel, Heinrich (2010). *Droit international et droit interne,* traduction française de la version allemande publiée en 1920 par René Brunet, Paris : éd. Panthéon-Assas, coll. Les Introuvables..

104 KELLER, Helen *Rechtsvergleichende Aspekte zur Monismus-Dualismus-Diskussion,* citée par Claudia Sciotti-Lam, *L'applicabilité des traités internationaux relatifs aux droits de l'homme en droit interne, op. cit.,* p. 116.

105 Triepel, Heinrich (1925). « Rapports entre le droit interne et le droit international », *RCADI,* 1923, tome 1. Paris : Hachette : 77-119.

106 Triepel, Heinrich (1925). « Rapports entre le droit interne et le droit international », *RCADI,* 1923, tome 1. Paris : Hachette : 77-119.

107 L'auteur considère comme droit interne, « tout droit établi à l'intérieur d'une communauté nationale,... c'est-à-dire le droit établi par un État. », Heinrich Triepel *op. cit.* p. 80.

règlerait les relations entre les individus qui sont soumis à sa souveraineté soit du fait de leur nationalité soit du fait de leur présence sur son territoire. À ce niveau, TRIEPEL distinguera deux types de règles juridiques : soit elles régissent les relations réciproques entre les individus (réglementation du droit privé), soit l'État édicte des règles se référant aux relations de ses sujets et d'autres États ou des relations entre ses sujets et lui-même (droit public).

En ce qui concerne la volonté dont émanent les sources des deux règles juridiques, l'auteur estime que le droit interne découle de la volonté d'un seul État tandis que le droit international découle de la volonté de plusieurs États.

Partant donc de cette double opposition, le droit international et le droit interne revêtent une certaine égalité qui ne leur permet pas d'avoir une relation de subordination l'un envers l'autre. Ainsi, selon Heinrich TRIEPEL « le droit international et le droit interne (...) sont deux cercles, qui sont en contact intime, mais qui ne se superposent jamais. »[108]

Cette relation entre le droit international et le droit interne, nous la schématisons de la façon suivante :

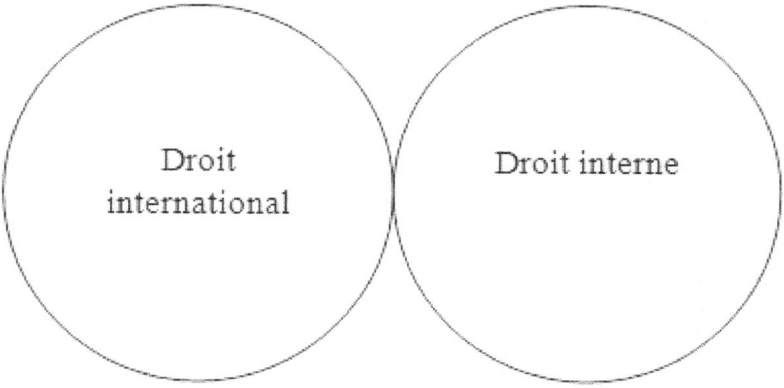

B- LES CONSÉQUENCES DE LA THÉORIE DUALISTE

On peut retenir de la conception dualiste de TRIEPEL – que les deux systèmes juridiques étant opposés sur leur source et les sujets auxquels ils s'appliquent – deux conséquences :

- d'une part, il ne serait pas possible d'imposer directement une norme internationale au plan interne ;

[108] TRIEPEL, Heinrich (2010). *Droit international et droit interne,* traduction française de la version allemande publiée en 1920 par René Brunet, Paris : éd. Panthéon-Assas, coll. Les Introuvables. p.110.

- Et d'autre part, il ne serait pas possible d'assister à un conflit entre la norme internationale et la norme interne. À la limite, comme le dit l'auteur, on pourrait assister au renvoi d'une norme à une autre.

De ces deux conséquences, il découle que la norme internationale et la norme interne ne pourraient en aucun cas régir les mêmes faits. Ceci d'autant plus que le droit international, dans la conception de TRIEPEL, régit uniquement les relations entre les États (hors de la sphère interne). Ainsi, la seule possibilité pour une norme internationale d'être valide au plan interne est sa transformation, qui passera par des mesures spéciales prises par l'État conformément à sa réglementation nationale.[109]

Ainsi présentée, quel sera l'impact de la théorie dualiste sur les normes relatives aux droits de l'enfant ?

1- La transformation de la convention internationale en droit interne

Selon TRIEPEL,

> La formation du droit international public ne peut remplacer la formation du droit interne ; la source du droit interne doit agir par elle-même pour faire en quelque sorte sien le droit créé par la source du droit international. Un traité international n'est donc jamais en soi un moyen de création du droit interne. Il peut seulement constituer une invitation à créer ce droit, mais la formation du droit repose toujours, dans l'État, sur un acte particulier de volonté de l'État, distinct de sa participation au développement juridique international.[110]

De cette vision, nous retenons deux points :

- Les normes internationales, régulièrement ratifiées par l'État, ne peuvent être évoquées au plan interne de l'État partie, sans leur transformation en normes internes.
- L'État, pour respecter ses engagements qui découlent de la norme internationale, doit créer le droit interne conforme à la norme internationale.

Ainsi, en ce qui concerne les conventions relatives aux droits de l'enfant, la théorie dualiste impliquerait deux conséquences. D'une part,

---

109 En effet conformément à la logique d'Heinrich TRIEPEL, on ne saurait en aucun cas admettre la validité d'une norme internationale en droit interne, et de fait on ne saurait parler de réception de la norme internationale en droit interne. Cependant, Heinrich TRIEPEL admet la réception de la norme internationale en droit interne dans les États fédéraux, en ce qui concerne leurs relations avec les États fédérés. Pour plus de détails, se conférer à H. TRIEPEL, « Droit international et droit interne », p.166 et suivantes.

110 TRIEPEL, Heinrich (1925). « Rapports entre le droit interne et le droit international », *RCADI*, 1923, tome 1. Paris : Hachette : 77-119.

qu'elles ne soient pas directement applicables dans l'ordre juridique interne de l'État partie et d'autre part, que l'État, afin de se conformer à ses engagements découlant desdites normes, doit se contenter d'adopter des normes internes prenant en compte ses obligations qui découlent de la convention.

A priori, la théorie dualiste pourrait favoriser l'effectivité et l'efficacité des conventions internationales en droit interne, à condition que l'État partie ait à cœur le respect de ses engagements internationaux et les « exécute de bonne foi ». Ceci, comme nous le verrons, n'est toujours pas le cas, particulièrement en ce qui concerne les conventions relatives aux droits de l'enfant.

2- Une théorie qui rendrait difficile l'application des conventions internationales relatives aux droits de l'enfant en droit interne

La théorie dualiste de TRIEPEL, comme nous l'avons exposée précédemment, repose sur la conception du droit international régissant uniquement des relations entre États, et pour cette raison, ne saurait s'appliquer au plan interne pour régir les relations entre individus ou entre individus et État (sauf transformation). Ce qui est d'ailleurs normal, puisque lorsqu'on se réfère à la période à laquelle l'auteur se réfère, on constate en effet, que le droit international régissait essentiellement les relations entre les États. Or, le droit international des droits de l'homme, comme l'a souligné Karel VASAK, a eu pour point de départ la *Déclaration universelle des droits de l'homme* du 10 décembre 1948.[111]

Les droits humains, certes, répondent aux règles du droit international, mais ils régissent les relations entre L'État et les individus et de ce fait, doivent être valides en droit interne pour être effectifs. Dès lors, l'effectivité des conventions relatives aux droits de l'enfant, selon la théorie dualiste, passera par l'adoption des normes internes qui prennent en compte les droits reconnus et promus par les normes internationales. Ainsi, les bénéficiaires desdits droits ne peuvent évoquer directement les conventions internationales devant les juridictions nationales, de même le juge interne ne pourra se fonder sur ces conventions pour rendre une décision, alors même que, le cas sur lequel il doit statuer relève d'une convention internationale. Dans ce contexte où il n'est pas possible d'invoquer directement la convention internationale au plan interne et où elle n'est pas directement applicable par le juge interne, l'absence

---

[111] VASAK, Karel (1974). « Le Droit international des droits de l'homme », in *Recueil des Cours de l'Académie de Droit International* : 335-415.

d'adoption de normes internes reprenant les obligations de la norme internationale rendrait cette dernière sans effet au plan interne, voire inutile.

Néanmoins, on relève, parmi les mesures de transformation auxquelles TRIEPEL se réfère, pour la validité de la convention internationale en droit interne, la condition de « la publication » de la Norme internationale en droit interne. D'où la question de savoir si la publication d'une norme internationale constitue sa transformation en norme interne ? À cette question, Hans KELSEN[112] a déjà montré que la publication d'une norme du droit international n'en est pas sa transformation en droit interne. En effet, tout comme KELSEN, nous pensons que « pour qu'il y ait transformation, il faut deux actes distincts créateurs de normes, c'est-à-dire deux actes créant deux normes de contenu identique : la création de la norme selon la procédure internationale doit être terminée et cette norme doit être déjà parfaite avant qu'elle ne soit créée une seconde fois selon la procédure de l'ordre interne. »[113] Ainsi perçue, la publication d'une norme internationale en droit interne de l'État partie ne saurait constituer une transformation de ladite convention en droit interne. Pour cause, « la publication ne constitue pas un acte de « transformation » du traité en droit interne, car elle n'est pas un acte créateur de norme. La publication n'a que le caractère d'une simple notification d'une norme, et qui serait sans cette publication, obligatoire pour tous ceux qu'elle concerne. »[114] Dès lors, si la publication de la convention internationale n'est pas une transformation de celle-ci en droit interne, ne peut-on pas affirmer que la théorie dualiste développée par Heinrich TRIEPEL, sur ce point, est du monisme (puisque la norme internationale publiée est seulement portée à la connaissance du public) ou du moins, s'en rapproche beaucoup ?

II- LA THÉORIE MONISTE SELON HANS KELSEN

La théorie moniste, de façon générale, a été soutenue par les auteurs tels que Hans KELSEN, VERDROSS, Léon DUGUIT, Erich KAUFMANN.[115] Opposée à la théorie dualiste, la conception moniste repose sur le postulat

---

112 KELSEN, Hans (1936). « Transformation du droit international en droit interne », *Revue générale de Droit international public. : 5-49.* Paris, Pedone.

113 KELSEN, Hans (1936). « Transformation du droit international en droit interne », *Revue générale de Droit international public. 9 : 5-49.* Tome 9, Paris, Dalloz.

114 *Idem.,* p. 37.

115 TRIEPEL, Heinrich (1923). *Rapports entre le droit interne et le droit international,* RCADI. *op. cit.,* p.84.

selon lequel, le droit international et le droit interne constituent un même ordre juridique et sont, de ce fait, subordonnés l'un à l'autre.

A- LA NORME INTERNATIONALE ET LA NORME INTERNE : UN MÊME ORDRE JURIDIQUE

Selon H. KELSEN, il n'existe qu'une unité scientifique de la totalité du droit et il est ainsi possible de comprendre l'ensemble du droit international et du droit interne comme un système de droit unitaire.[116] Ainsi l'unité formée par le droit international et le droit interne peut être établie scientifiquement de deux façons différentes ; et on ne peut les considérer tous deux comme des ordres de normes obligatoires simultanément valables autrement qu'en les comprenant tous deux en un système unique descriptible en proposition de droit (s) non contradictoire (s), soit de l'une soit de l'autre des façons annoncées.[117] Il découle de cette considération deux cas de monisme entre le droit international et le droit interne : le monisme avec la primauté de la norme internationale sur la norme interne, et le monisme avec la primauté de la norme interne sur la norme internationale.

1- Le monisme avec primauté de la norme interne

La conception moniste avec primauté de la norme interne sur la norme internationale pourrait être schématisée de la façon suivante :

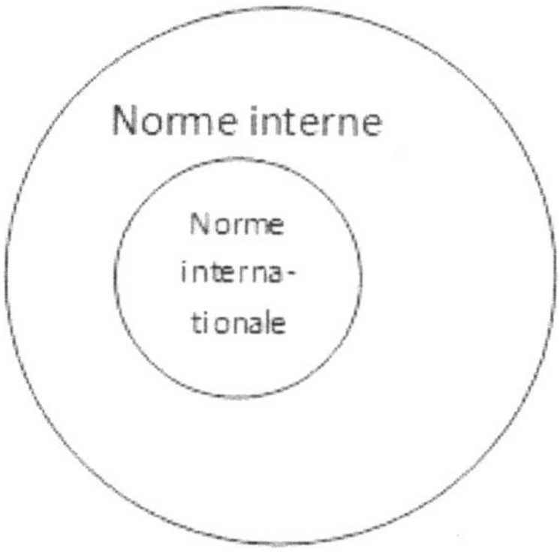

Elle repose, selon ses tenants (Erich KAUFMANN et Max WENZEL entre autres), sur le principe de la souveraineté de l'État. En effet, suivant cette

[116] KELSEN, Hans (1999). *Théorie pure du droit,* traduit par Charles Eisenmann. Bruxelles : Bruylant. p. 318.
[117] *Ibid.*, p. 320.

modalité, la validité de la norme internationale à l'égard d'un État dépend de la reconnaissance par cet État de la norme internationale en question. H. KELSEN la présente de la façon suivante :

> Le droit international qui, du point de vue de la primauté du droit étatique, ou de la souveraineté de l'État – ne vaut que dans la mesure où un État le reconnaît comme obligatoire pour lui-même, – ce droit n'apparaît, par conséquent, pas comme un ordre supra-étatique ; mais il n'apparaît pas davantage comme ordre juridique indépendant et isolé de l'ordre juridique national du juriste ; il apparaît – si du moins on lui reconnaît le caractère du droit – comme une partie de l'ordre juridique national du juriste. Partant de l'idée qu'il règle les relations de l'État « avec l'extérieur », ses relations avec les autres États, certains juristes l'ont baptisé « droit public externe ». (...) Et alors, l'unité du droit international et du droit étatique est fondée sur la base de la primauté du droit étatique. [118]

2- Le monisme avec primauté de la norme internationale

En ce qui concerne la conception moniste avec primauté de la norme internationale sur la norme interne, elle pourrait être schématisée de la façon suivante :

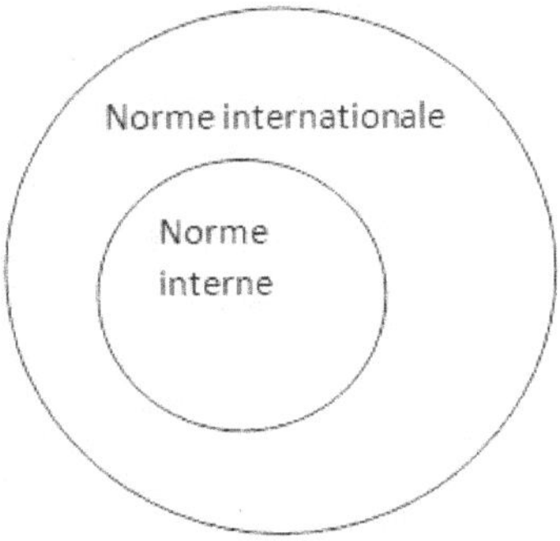

Cette seconde voie du monisme est soutenue par « une école de jurisconsultes autrichiens » dont Hans KELSEN est le maître et porte-drapeau.[119] Ainsi, H. KELSEN présente le monisme avec la suprématie de la norme internationale sur la norme interne, comme suit :

> [...] si l'on part [...] de la validité du droit international, la question qui se pose est de savoir comment, à partir de cette prémisse, il est possible

[118] KELSEN, Hans *Théorie pure du droit*, traduit par Charles Eisenmann, *op. cit.*, p. 324.

[119] TRIEPEL, Heinrich (1923). *Rapports entre le droit interne et le droit international*, RCADI, *op. cit*, p. 84.

de fonder la validité de l'ordre juridique étatique : et alors le fondement de la validité doit être nécessairement trouvé dans l'ordre juridique international. (…) Le principe de l'effectivité, qui est une norme du droit international positif, détermine aussi bien le principe de la validité des ordres juridiques étatiques que leurs domaines de validité territorial, personnel et temporel, et que par suite, ces ordres étatiques doivent être conçus comme des ordres juridiques partiels délégués par le droit international, et par là même subordonnés ou inférieurs à lui, et comme inclus par lui dans un ordre juridique universel, mondial, de sorte que le droit international rend seul possible la coexistence dans l'espace et la succession dans le temps de ces ordres juridiques étatiques. Ces idées se résument dans la formule de la primauté de l'ordre juridique international.[120]

B- Les implications de la théorie moniste

Comme nous l'avons abordé précédemment, le monisme implique l'unité entre le droit international et le droit interne avec une relation hiérarchisée. Cependant, il importe de préciser que cette position de Kelsen est aujourd'hui une position historique que personne ne défend plus. Mais pour mieux appréhender les deux possibilités qu'implique la théorie de Kelsen, nous allons les aborder successivement en commençant par le cas de la primauté de la norme interne sur la norme internationale avant d'aborder le second cas : la primauté de la norme internationale sur la norme interne.

1- Le cas de primauté de la norme interne

Le monisme avec primauté de la norme interne sur la norme internationale prône la suprématie du droit interne sur le droit international. À la lecture de la théorie développée par Hans Kelsen, on retient en ce qui concerne le monisme avec la primauté de la norme interne, que la validité de la norme internationale découle du droit interne de l'État partie, et l'on pourrait en déduire que, dans ce cas, le droit international pourrait être perçu comme le « droit public externe » de l'État. Ainsi, la théorie moniste avec primauté de la norme interne sur la norme internationale se fonde sur le fait que l'État s'engage librement au droit international et décide seul de la manière dont il exécute ses engagements,[121] même s'il lui est interdit de

[120] Kelsen, Hans *Théorie pure du droit*, *op.cit.*, pp. 325-326.

[121] En effet, il est vrai que si le droit international fait obligation aux États de respecter leurs engagements internationaux, il ne leur dicte pas la manière de le faire et laisse ainsi le choix à chaque État d'adopter les mécanismes qu'il juge opportuns pour être en conformité avec ses engagements. De ce point de vue, certains auteurs parlent de « l'obligation de résultat ». Pour plus de détails, se référer entre autres à Dominique

vider la norme ratifiée de son but et de son objet.[122] De plus, cet engagement est souvent organisé par le droit interne qui détermine les personnes compétentes pour conclure des accords internationaux et engager ainsi la responsabilité de l'État. En effet, les constitutions de la plupart des États déterminent les critères de choix des autorités compétentes pour conclure des traités, et organisent, par la même voie, la place des normes internationales en droit interne.[123] Mais peut-on pour cette raison, affirmer que la norme interne a autorité sur la norme internationale ? La pratique actuelle du droit international n'abonde pas dans ce sens. En effet, autant les États sont libres de déterminer la manière d'exécuter leurs obligations internationales, autant le droit international leur interdit de prétexter d'une disposition de leur droit interne pour justifier le non-respect d'un engagement international.[124] Dès lors, la thèse de la primauté du droit interne sur le droit international dans un contexte où le droit interne ne peut justifier le non-respect de l'engagement issu du droit international nous semble difficilement soutenable.

2- Le cas de la primauté de la norme internationale

Selon la théorie moniste avec suprématie de la norme internationale sur la norme interne, la norme internationale apparaît comme supérieure à la norme interne qui lui est soumise. Cette suprématie de la norme internationale qui conditionnerait la validité de la norme interne peut se traduire par le fait que l'État partie à une norme internationale doit se conformer à cette dernière et non le contraire. En effet, la réglementation du droit international ne permet pas à un État partie de mettre en avant son droit interne pour justifier le non-respect de son engagement au plan international. Ainsi, « le droit international l'emporte sur le droit interne »[125]. Mais alors, la question se poserait de savoir si le droit international s'impose à l'ensemble du droit national. Autrement dit, la suprématie du droit international sur le droit interne implique-t-elle la suprématie de la norme internationale sur la Constitution de l'État partie ? Normalement, la question ne devrait pas se poser, lorsqu'on sait que la

---

Carreau, « *Droit international* », *op. cit.* ; Claudia SCIOTTI-LAM, « *L'applicabilité des traités internationaux relatifs aux droits de l'homme en droit interne* », *op.cit.* ; P. De VISSCHER, *« Les tendances internationales des Constitutions modernes »*.

122 Voir art. 18 Convention de Vienne sur le droit des Traités de 1969.

123 Tel est le cas, par exemple, de la Constitution de la République du Bénin, en ses articles 144 à 149. Il en est de même de la Constitution du Burkina-Faso.

124 Se conférer à la Convention de Vienne sur le droit des traités de 1969 en ses articles, 27, 46 et 47.

125 CARREAU, Dominique « *Droit International* », *op. cit.* p. 438.

Constitution d'un État fait partie de son droit interne. Cependant, dans la pratique, la question n'est pas aussi simplement abordée. En effet, il ressort de la pratique de certains États, des réticences à reconnaître la soumission de la Constitution à une norme internationale. De ce fait, ces États conditionnent la ratification des conventions internationales à leur conformité à leur Constitution ou révisent leur Constitution (en cas de contradiction entre les dispositions d'une convention internationale et celles de leur Constitution) avant de ratifier la convention internationale. Ceci, pour éviter que la Norme internationale après ratification ne s'impose à la Constitution au plan interne.[126] Nous reviendrons plus tard sur ce point.

SECTION 2 : L'OPTION DU BÉNIN EN MATIÈRE D'INTRODUCTION DES CONVENTIONS INTERNATIONALES

Le Bénin est membre des principales Organisations internationales[127] comme l'ONU, l'Union africaine, la Communauté économique des États de l'Afrique de l'Ouest (CEDEAO). D'où son engagement à la plupart des conventions adoptées au niveau de ces organisations. Dès lors, il découle de ces engagements la nécessité de la mise en œuvre desdites normes, notamment celles relatives aux droits de l'enfant dans son droit interne. Pour cela, la question se pose de savoir laquelle des théories, précédemment présentées pour la validité des normes du droit international en droit interne, le Bénin a-t-elle adoptée, et permet-elle une meilleure jouissance des droits de l'enfant contenus dans les normes internationales ratifiées par le Bénin sur le plan interne ?

La réponse à ces préoccupations passera d'abord par une analyse de la réglementation de l'introduction des normes du droit international en droit interne par la Constitution du Bénin, avant de se focaliser sur la pratique du Bénin au regard de sa Constitution.

PARAGRAPHE 1. ANALYSE DE LA RÉGLEMENTATION DE L'INTRODUCTION DES CONVENTIONS INTERNATIONALES PAR LA CONSTITUTION DU BÉNIN

Dans ce paragraphe, nous démontrons dans un premier temps que la Constitution du Bénin du 11 décembre 1990 consacre le monisme entre la

---

126 On peut citer par exemple le cas de la République du Bénin.

127 Ceci au sens large du terme, car nous ne tenons pas à faire une distinction entre organisations internationales, régionales et sous-régionales.

norme internationale et la norme interne et dans un second temps, nous déterminons les implications de l'adoption de cette théorie pour les normes internationales relatives aux droits de l'enfant, auxquelles la République du Bénin est partie.

I- LA CONSÉCRATION DU MONISME PAR LA CONSTITUTION BÉNINOISE

Aux termes de l'article 147 de la Constitution du Bénin du 11 décembre 1990, « les traités ou accords internationaux régulièrement ratifiés ont, dès leur publication, une autorité supérieure à celle des lois, sous réserve pour chaque accord ou traité, de son application par l'autre partie. » Cette disposition de la Constitution du Bénin rappelle celle de l'article 55 de la Constitution française de 1958 qui stipule : « Les traités ou accords régulièrement ratifiés ou approuvés ont, dès leur publication, une autorité supérieure à celle des lois, sous réserve, pour chaque accord ou traité, de son application par l'autre partie. »[128] Cependant, lorsqu'on tient compte du fait que la plupart des États francophones de l'Afrique, après leur indépendance, se sont alignés sur le modèle français, cela n'a rien d'étonnant. En effet, « au moment de leur accession à l'indépendance, les États africains ont hérité des États coloniaux la plupart des règles de droit international qui leur avaient été rendues applicables par l'autorité coloniale. »[129]

Ainsi, outre le Bénin, on retrouve, par exemple, la même formulation de l'article 55 de la Constitution française, dans les constitutions du :

Burkina-Faso, « Les traités et accords régulièrement ratifiés ou approuvés ont, dès leur publication, une autorité supérieure à celle des lois, sous réserve, pour chaque accord ou traité, de son application par l'autre partie. »[130]

Mali, « Les traités ou accords régulièrement ratifiés ou approuvés ont, dès leur publication, une autorité supérieure à celle des lois, sous réserve pour chaque traité ou accord de son application par l'autre partie. »[131]

---

[128] Constitution française de 1958 à jour de la révision constitutionnelle du 23 juillet 2008, disponible en ligne sur le site du Conseil constitutionnel français : www.conseil.constitutionnel.fr

[129] GONIDEC, Pierre-François *op. cit.*, p. 244.

[130] Article 151 de la Constitution du Burkina-Faso du 27 janvier 1997.

[131] Article 116 de la Constitution du Mali de 1992, promulguée par le décret n°92-0731 P-CTSP portant promulgation de la Constitution.

Sénégal, « Les traités ou accords régulièrement ratifiés ou approuvés ont, dès leur publication une autorité supérieure à celle des lois, sous réserve, pour chaque accord ou traité, de son application par l'autre partie. »[132]

Cameroun, « Les traités ou accords internationaux régulièrement ratifiés ou approuvés ont, dès leur publication, une autorité supérieure à celle des lois, sous réserve pour chaque accord ou traité, de son application par l'autre partie. »[133]

Niger, « Les traités ou accords régulièrement ratifiés ont, dès leur publication, une autorité supérieure à celle des lois, sous réserve pour chaque accord ou traité de son application par l'autre partie. »[134]

Mais que traduit concrètement la disposition de l'article 147 de la Constitution du Bénin ?

A- REGARD SUR L'ARTICLE 147 DE LA CONSTITUTION BÉNINOISE DU 11 DÉCEMBRE 1990

« Les traités ou accords internationaux régulièrement ratifiés ont, dès leur publication, une autorité supérieure à celle des lois, sous réserve pour chaque accord ou traité, de son application par l'autre partie. »[135]

Il ressort de cette disposition de la Constitution du Bénin, les quatre éléments suivants :

- accords régulièrement ratifiés ;
- la publication ;
- une autorité supérieure à celle des lois ;
- sous réserve (...) de son application par l'autre partie.

1- L'accord régulièrement ratifié et la publication

La ratification est l'acte par lequel la procédure de conclusion d'un traité international est close.[136] Elle se définit comme l'« approbation d'un traité par les organes internes compétents pour engager internationalement l'État (le plus souvent le chef de l'État avec souvent l'autorisation du

---

[132] Article 79 de la Constitution du Sénégal de 1963, modifiée par la loi n°94-55 du 13 juin 1994.

[133] Article 45 de la Constitution du Cameroun du 02 juin 1972, révisée par la loi n°96-06 du 18 janvier 1996.

[134] Article 132 de la Constitution du Niger du 18 juillet 1999, promulguée par décret N°99-320/PCRN du 09 août 1999.

[135] Article 147 de la Constitution du Bénin du 11 décembre 1990.

[136] Dictionnaire, *Le nouveau Petit Robert de la langue française 2008*, Paris, éd. Le Robert, 2007, p. 2125.

parlement, voire l'organisation d'un référendum) ».[137] La première condition que pose la Constitution du Bénin pour la validité de la norme internationale en droit interne est que cette norme soit 'régulièrement' ratifiée. De cette condition nous allons retenir que le constituant a voulu mettre l'accent sur la régularité de l'acte de ratification de la norme internationale. À cet effet, le constituant béninois a donné, à travers l'article 144 de la Constitution, compétence au Président de la République en stipulant :

« Le Président de la République négocie et ratifie les traités et accords internationaux ».[138]

En lui conférant ainsi les prérogatives de la négociation et de la ratification « des traités et accords internationaux » le constituant béninois confère au Président de la République le monopole de la conduite de la diplomatie béninoise. Ceci implique qu'il est le seul à délivrer les autorisations requises, « pleins pouvoirs »,[139] à toute autre personne pour négocier et/ou ratifier « les traités et accords internationaux ». Dans la pratique, le ministère des Affaires étrangères conduit la diplomatie du Bénin et négocie, à travers ses agents (les diplomates), les « traités et accords internationaux ». Cependant, si le chef de l'État détient le pouvoir de la négociation et de la ratification des « traités et accords internationaux », dans la pratique il ratifie la norme internationale après l'accord de ratification donné par le parlement.[140]

Quant à la condition de la publication, l'entrée en vigueur au Bénin des « traités et accords internationaux » est conditionnée par cette condition. Ainsi, une fois la convention internationale ratifiée, sa publication au plan interne suffit pour qu'elle fasse partie de l'ordre juridique interne. Dans le

---

[137] Voir Lexique des Termes juridiques, Dalloz, 16e édition, 2007, p. 542.

[138] L'article 144 de la Constitution béninoise de 1990, reprend les dispositions de l'article 52 de la Constitution française de 1985, qui dispose : « Le Président de la République négocie et ratifie les traités. »

[139] Au terme de l'article 2-1-c de la Convention de Vienne de 1969 sur le droit des traités, les « pleins pouvoirs » s'entendent « d'un document émanant de l'autorité compétente d'un État et désignant une ou plusieurs personnes pour représenter l'État pour la négociation, l'adoption ou l'authentification du texte d'un traité, pour exprimer le consentement de l'État à être lié par un traité ou pour accomplir tout autre acte à l'égard du traité; ».

[140] Notons sur ce point que la procédure de ratification des traités au Bénin s'apparente à celle de la République française sur la base de la Constitution française de 1958, cf. à cet effet, CARREAU, Dominique (1981). « Droit international ». Paris : A. Pedone, p. 102 et suivantes.

contexte béninois la publication des conventions se fait dans le *Journal Officiel* (JO).

Au regard de ces deux conditions requises pour la validité de la convention internationale en droit interne, on peut déjà tirer la conclusion que le Bénin a fait l'option du monisme en ce qui concerne les relations entre son droit national et le droit international. Ainsi, une fois la convention internationale ratifiée, sa publication au JO suffit pour la faire entrer dans l'ordre juridique national. Ceci étant, l'article 147 de la Constitution règle en même temps la question de la place des conventions internationales en droit interne en conditionnant le tout par la réciprocité de l'application de la convention par le ou les autres parties.

2- La condition de réciprocité et de l'autorité supérieure de la convention internationale à la norme interne

La condition de réciprocité apparaît comme la troisième condition de la validité de la convention internationale en droit interne. En effet, en disposant : « les traités ou accords internationaux (...) [ont] une autorité supérieure à celle des lois, sous réserve pour chaque accord ou traité, de son application par l'autre partie », le constituant pose comme troisième condition, le respect de la convention internationale par le ou les autre(s) parties. Cette condition peut s'avérer complexe dans la pratique, car le juge interne aura des difficultés à vérifier si les autres parties à la norme internationale l'appliquent ou acceptent de l'appliquer.[141] Notons cependant que, conformément à l'article 60 al. 5 de la Convention de Vienne sur le droit des traités de 1969, la condition de réciprocité ne s'applique pas aux conventions internationales relatives aux droits humains[142] et par conséquent, ne s'applique pas aux conventions relatives

141 CARREAU, Dominique. *Droit international*, *op. cit.*, p. 480 et suivantes.

142 *Article 60 de la Convention de Vienne, pose les conditions* « extinction d'un traité ou suspension de son application comme conséquence de sa violation » en disposant ce qui suit : « 1. Une violation substantielle d'un traité bilatéral par l'une des parties autorise l'autre partie à invoquer la violation comme motif pour mettre fin au traité ou suspendre son application en totalité ou en partie. 2. Une violation substantielle d'un traité multilatéral par l'une des parties autorise : *a*) Les autres parties, agissant par accord unanime, à suspendre l'application du traité en totalité ou en partie ou à mettre fin à celui-ci : i) Soit dans les relations entre elles-mêmes et l'État auteur de la violation; ii) Soit entre toutes les parties; *b*) Une partie spécialement atteinte par la violation à invoquer celle-ci comme motif de suspension de l'application du traité en totalité ou en partie dans les relations entre elle-même et l'État auteur de la violation; *c*) Toute partie autre que l'État auteur de la violation à invoquer la violation comme motif pour suspendre l'application du traité en totalité ou en partie en ce qui la concerne si ce traité est d'une nature telle qu'une violation substantielle de ses dispositions par une partie

aux droits de l'enfant. Enfin, en ce qui concerne l'« autorité supérieure à celle des lois », celle-ci détermine la place des conventions internationales ratifiées et publiées, et pose en même temps le principe de la supériorité des normes internationales aux normes nationales. Dès lors, aux termes de la Constitution béninoise du 11 décembre 1990, les conventions internationales régulièrement ratifiées et publiées ont une autorité supérieure à celle des lois.

Au regard de tout ce qui précède, nous pouvons donc tirer la conclusion selon la laquelle, le constituant béninois a adopté le monisme avec la suprématie de la convention internationale sur la norme interne. Ceci dit, la suprématie de la convention internationale, adoptée par le constituant béninois, implique-t-elle une suprématie de la convention internationale sur la Constitution du Bénin ?

B- La suprématie de la convention internationale sur les normes internes : une suprématie sur la Constitution ?

À la lecture de l'article 147[143] de la Constitution, il ne fait aucun doute que le constituant béninois a voulu clairement établir le caractère supérieur de la convention internationale sur les lois nationales. Cependant, nous ne saurons, a priori, affirmer que cette suprématie de la convention internationale, à laquelle le Bénin est signataire, sur les lois nationales, implique la constitution du Bénin.

Considéré comme le fondement du droit international, le principe de la supériorité des conventions internationales sur les normes internes est un principe reconnu au plan international. En ce sens, la Convention de Vienne de 1969 sur le droit des traités stipule en son article 27 qu'« une partie ne peut invoquer les dispositions de son droit interne comme justifiant la non-exécution d'un traité. » Ainsi, le principe de la supériorité

---

modifie radicalement la situation de chacune des parties quant à l'exécution ultérieure de ses obligations en vertu du traité. 3. Aux fins du présent article, une violation substantielle d'un traité est constituée par : *a*) Un rejet du traité non autorisé par la présente Convention; ou *b*) La violation d'une disposition essentielle pour la réalisation de l'objet ou du but du traité. 4. Les paragraphes qui précèdent ne portent atteinte à aucune disposition du traité applicable en cas de violation. 5. Les paragraphes 1 à 3 ne s'appliquent pas aux dispositions relatives à la protection de la personne humaine contenues dans des traités de caractère humanitaire, notamment aux dispositions excluant toute forme de représailles à l'égard des personnes protégées par lesdits traités. »

[143] L'article 147 de la Constitution dispose : « Les traités ou accords internationaux régulièrement ratifiés ont, dès leur publication, une autorité supérieure à celle des lois, sous réserve pour chaque accord ou traité, de son application par l'autre partie. »

du droit international sur le droit interne « (...) signifie que le droit international (...) l'emporte sur l'ensemble du droit interne, qu'il s'agisse des normes constitutionnelles, législatives, réglementaires ou des décisions judiciaires ».[144] Dès lors, en cas de contradiction entre la norme internationale et la Constitution, c'est la convention internationale qui l'emporterait. C'est d'ailleurs ce qui ressort de plusieurs décisions rendues au plan international.[145] Mais en cas de contradiction entre une convention internationale et la constitution en droit interne, la question est plus complexe et repose sur l'appréciation du juge interne. C'est donc pour éviter les cas de contradiction entre une convention internationale et la constitution de l'État partie, que certaines constitutions prévoient un contrôle a priori de la conformité de la convention à la Constitution avant sa ratification. Tel est, par exemple, le cas de l'article 146 de la Constitution qui prévoit qu'en cas de non-conformité d'une clause contenue dans une convention internationale, l'autorisation de ratifier ne peut intervenir qu'après la révision de la constitution. À travers cette disposition, le constituant a voulu éviter au préalable, tout conflit entre la convention internationale et la Constitution ou du moins, il s'agit d'une manière indirecte pour lui de méconnaître la suprématie tacite de la convention internationale sur la Constitution au plan interne. C'est également le choix de la Constitution française de 1958,[146] qui a été réaffirmé par le Conseil constitutionnel français dans sa décision n°92-308 DC du 09 avril 1992, où il décide que l'autorisation de ratification, en vertu d'une loi, du traité de l'Union européenne ne peut intervenir qu'après révision de la Constitution.[147] Malgré cette précaution pour éviter des antagonismes entre la convention internationale et la Constitution, il peut arriver que des conventions ratifiées et publiées se révèlent en

---

[144] CARREAU, Dominique et Fabrizio MARRELLA, *Droit international*, *op. cit.* p. 80.

[145] Nous faisons ici référence à trois affaires citées par Dominique CARREAU et Fabrizio MARRELLA, *op. cit.,* p. 81-82 que sont : L'affaire de l' « Alabama » en 1872 (in Lapradelle et Politis, II, p.713 et s.); l'affaire du « Montijo » en 1875 (in Moore, Digest, 1898, II.1440) et l'affaire « Georges Pinson » en 1928 (Tribunal Arbitral Mixte France-Mexique, Arbitre Verzjil, R.S.A., V. 327).

[146] À cet effet, l'article 54 de la Constitution française de 1958 dispose « si le Conseil constitutionnel, saisi par le Président de la République, par le Premier ministre, par le président de l'une ou l'autre assemblée ou par soixante députés ou soixante sénateurs, a déclaré qu'un engagement international comporte une clause contraire à la Constitution, l'autorisation de ratifier ou d'approuver l'engagement international en cause ne peut intervenir qu'après révision de la Constitution. »

[147] Cette décision peut être retrouvée sur le site officiel de Conseil constitutionnel français, www.conseil-constitutionnel.fr

contradiction avec des dispositions de la Constitution. Dans ce genre de situation, la constitution béninoise est restée muette. Mais on peut faire le parallèle avec le cas où une loi promulguée est contraire à la Constitution. Dans ce cas, il n'existe pas de recours direct en inconstitutionnalité de la loi. Cependant, l'article 122 de la Constitution du Bénin offre la possibilité d'un recours indirect dans une affaire en cours de jugement par la procédure d'exception d'inconstitutionnalité.[148] C'est dire qu'en ce qui concerne les lois ordinaires, il est probable qu'elles soient déclarées inconstitutionnelles, donc inapplicables. Cependant la même solution ne semble pas applicable aux conventions internationales ratifiées et publiées au Bénin. En effet, le juge constitutionnel béninois, à travers l'article 146[149] de la Constitution, ne peut connaître de la constitutionnalité d'une convention internationale qu'a priori, c'est-à-dire avant la ratification de la convention. Dès lors, en cas de non-conformité d'une convention ratifiée, le juge constitutionnel ne devrait pas être compétent pour connaître de ce cas. Il en découlerait une situation confuse qui pourrait déboucher sur l'inapplicabilité de la convention internationale.

Mais si la Constitution doit être révisée pour se conformer à une norme internationale avant sa ratification, cela implique, d'une certaine manière, que le droit interne reconnaît la suprématie de la norme internationale sur la Constitution.

II- LES IMPLICATIONS DU MONISME COMME MÉTHODE D'INTRODUCTION DES CONVENTIONS INTERNATIONALES EN DROIT INTERNE

Avec l'adoption de la méthode moniste comme mode d'introduction des conventions internationales en droit interne, les normes du droit international font partie du droit interne sans la prise de mesures supplémentaires ou particulières. À partir de ce moment, le monisme apparaît comme une méthode simple pour introduire la convention internationale en droit interne d'un État partie. Ainsi, il favorise l'application, au plan interne, des conventions internationales relatives aux

---

148 L'article 122 de la Constitution dispose : « Tout citoyen peut saisir la Cour constitutionnelle sur la constitutionnalité des lois, soit directement, soit par la procédure de l'exception d'inconstitutionnalité invoquée dans une affaire qui le concerne devant une juridiction… »

149 « Si la Cour constitutionnelle saisie par le Président de la République ou par le Président de l'Assemblée nationale a déclaré qu'un engagement international comporte une clause contraire à la Constitution, l'autorisation de le ratifier ne peut intervenir qu'après révision de la constitution. »

droits humains en général et en particulier celles relatives aux droits de l'enfant.

A- UNE OPTION FAVORABLE À L'EFFECTIVITÉ DES CONVENTIONS INTERNATIONALES EN DROIT INTERNE

La suprématie du droit international sur le droit interne peut constituer un avantage pour la mise en œuvre des conventions relatives aux droits humains, notamment celles relatives aux droits de l'enfant, dans le droit interne des États parties. En effet, il ressort, par exemple, de l'article 147 de la Constitution du Bénin que la convention des Nations unies relative aux droits de l'enfant, la Charte africaine des droits et du bien-être de l'enfant auront une valeur supérieure à celle des lois ordinaires et que toutes les règles internes contraires aux dispositions de ces conventions devraient être abrogées. Dès lors, on peut en déduire que les conventions internationales ratifiées et publiées acquièrent le caractère de normes internes voire directement applicables par le juge interne. Dans certains cas, elles peuvent être immédiatement applicables dès leur ratification, sans avoir à accomplir la formalité de publication requise par la Constitution.[150]

1- L'applicabilité directe de la convention internationale

Pour Karel VASAK, un traité est directement applicable, lorsque le juge interne n'a pas besoin de mesures d'exécution à cet effet.[151] Ainsi, une fois que la convention internationale est ratifiée par un État et introduite conformément à ses règles internes, le juge national doit pouvoir l'appliquer directement sans recourir à des mesures d'exécution. C'est d'ailleurs la tendance, constitutionnelle, dans la plupart des États francophones d'Afrique qui se sont alignés sur le modèle français.[152] Ainsi, les conventions relatives aux droits de l'enfant ratifiées et publiées par la République du Bénin doivent être directement applicables par le juge interne béninois. C'est par exemple le cas de la Convention des Nations unies relative aux droits de l'enfant de 1989, ratifiée et publiée par le Bénin dans son *Journal Officiel*. Mais malheureusement, et nous le verrons plus tard, ceci n'est pas encore dans la pratique du juge national béninois.

---

[150] Sur ce point, il faut rappeler que le juge constitutionnel béninois à méconnu la validité en droit interne de la convention des Nations unies relative aux droits de l'enfant pour absence de publication, dans sa décision : DCC 03-009 DU 19 février 2003.

[151] VASAK, Karel (1964). *La Convention européenne des droits de l'homme*. Paris : Bibliothèque constitutionnelle et de sciences politiques, LGDJ. p. 229.

[152] En effet, la plupart des constituions des États francophones d'Afrique, comme le Bénin, le Burkina-Faso, la Côte d'ivoire, le Sénégal, le Mali, etc. rendent les « traités et accords » internationaux valides en droit interne juste après leur publication.

2- L'application immédiate de la convention

En ce qui concerne l'application immédiate de la convention au plan interne, il faut noter qu'elle se distingue de l'application directe, par le fait qu'elle suppose que la convention internationale, dont les formalités d'engagement au regard du droit international sont achevées, peut être directement appliquée sans attendre la réalisation de mesures internes d'introduction. Autrement dit, lorsqu'on considère par exemple le cas d'un État qui conditionne la validité de la convention internationale dans son droit interne à la publication, le juge interne devrait pouvoir appliquer la convention internationale sans attendre la publication de cette dernière.

De façon générale, telle n'est pas encore la tendance dans la plupart des États. Cependant il est possible, en ce qui concerne les conventions relatives aux droits de l'enfant, que l'on évolue vers cette pratique qui renforcerait leur jouissance.

B- La non-nécessité de la publication des conventions internationales relatives aux droits de l'enfant

Les conventions relatives aux droits de l'enfant, nous l'avons vu, créent principalement des obligations à la charge des États parties. Ces derniers doivent prendre toutes les mesures nécessaires pour assurer leur jouissance. Ainsi, l'État partie à une convention relative aux droits de l'enfant est le premier débiteur des droits contenus dans celle-ci. Il en découle qu'en cas de non-respect des obligations qui lui incombent aux termes de la convention, l'action en justice sera dirigée contre l'État afin d'obtenir la réparation d'une violation, ou de revendiquer la jouissance d'un droit contenu dans la convention ratifiée.

Dès lors, on pourrait se demander si l'État, qui a négocié et ratifié la convention relative aux droits de l'enfant, peut dénoncer sa non-publication pour s'opposer à son application.

Pour répondre à cette interrogation, nous aborderons dans un premier point, le rôle de la publicité pour ensuite en déduire son caractère subsidiaire sinon inutile, en ce qui concerne la validité des normes relatives aux droits de l'enfant en droit interne.

1- Le rôle de la publication

Dans le contexte béninois, la validité des conventions relatives aux droits de l'enfant, ratifiées, passe par la publication desdites conventions au *Journal Officiel*, du moins si l'on s'en tient à l'esprit de la lettre de l'article 147 de la Constitution béninoise. Cependant, la condition de publication requise par la Constitution n'a rien d'exceptionnel. C'est également la règle, en ce qui concerne les conventions internes. Les lois adoptées par le parlement et promulguées par le Président de la République doivent être publiées au *Journal Officiel*, avant d'être opposables aux particuliers.

En réalité la publication, au plan interne, est un mode de publicité employé en matière d'actes législatifs et réglementaires, et consiste à diffuser la connaissance de l'acte en cause au moyen de modes de communication de masse, en particulier par l'insertion dans un recueil officiel de textes.[153] Ainsi, Fidèle MENGUE définit la publicité comme « une opération permettant de révéler le contenu des actes législatifs et réglementaires à tous ceux qui pourraient y être intéressés ».[154]

En effet, si « nul n'est censé ignorer la loi », il est de la responsabilité des autorités qui adoptent cette loi de la porter à la connaissance du public. Cependant, est-ce pour autant que la non-publication de la convention internationale peut constituer un blocage pour son application ?

Sur ce point, la plupart des auteurs soutiennent que les actes législatifs et réglementaires sont exécutoires dès leur promulgation ou signature.[155] Et, même si la publication de la convention était obligatoire pour son applicabilité, l'administration, qui a la charge d'effectuer celle-ci, peut-elle se prévaloir de sa non-publication pour contester son application ? Sur ce point, l'on est bien tenté de répondre par la négative. En effet, si la publication a pour finalité d'informer le public de l'existence d'une norme, l'administration, qui en est l'auteur, ne peut ignorer son existence et de fait, « le défaut de publicité ne peut être invoqué au sein de l'administration ».[156] Ainsi, l'inapplicabilité d'une convention pour manque de publicité ne peut être invoquée que par les personnes qui ne sont pas à l'origine de sa création et à qui l'on veut l'opposer. Or, comme nous l'avons déjà mentionné, les conventions relatives aux droits de l'enfant ratifiées par l'État béninois créent des droits au profit de ses populations, et la publication, dans ce cas, consiste à porter l'engagement de l'État à la convention, à la connaissance des populations pour que, le cas échéant, ces dernières puissent faire valoir leurs droits. Dès lors, en l'absence de publication de la convention internationale par les organes de l'État, il nous semble que l'on ne saurait opposer à un plaignant, la non-

---

153 « Lexique des Termes Juridiques », Dalloz, 16e édition, 2007, p. 531.

154 MENGUE, M. E. Fidèle (1985). « La publicité des lois et règlements au Gabon », in *Recueil Penant*, Paris (786-789) : 262-276.

155 *Ibid.*, p. 269-270.

156 *Ibid.*, p. 270.

validité de cette convention pour cause de non-publication. Car ce dernier a eu, par ses propres moyens, connaissance de l'engagement de l'État à la convention.

2- Le caractère subsidiaire de la publicité au plan interne pour l'application des conventions relatives aux droits de l'enfant.

À travers ce qui précède, et tenant compte du fait que les États ont normalement l'obligation de publier les conventions internationales relatives aux droits de l'enfant ratifiées, afin de les porter à la connaissance des populations qui en sont bénéficiaires, le défaut de publication ne peut qu'être perçu comme une tentative de bloquer sa mise en œuvre au plan interne. C'est malheureusement le cas du Bénin, qui après la ratification des conventions relatives aux droits de l'enfant n'accomplit pas la formalité de publication requise pour leur validité en droit interne ou met plusieurs années à le faire.[157] Dans un tel contexte, l'absence de publication des conventions relatives aux droits de l'enfant ne devrait pas profiter aux organes de l'État. Car, adopter la position contraire serait, encourager l'État à ne pas assumer ses obligations au plan interne. Dès lors, le juge interne devrait reconnaître la validité d'une convention relative aux droits de l'enfant, ratifiée par l'État et que ce dernier n'a pas voulu publier. Ceci semble en accord avec l'esprit même de la condition de publication requise par le droit interne des États comme le Bénin.

PARAGRAPHE 2. LA PRATIQUE DE LA RÉPUBLIQUE DU BÉNIN DE L'INTRODUCTION DES CONVENTIONS INTERNATIONALES EN DROIT INTERNE

I- DE L'AUTORITÉ COMPÉTENTE QUI ENGAGE LE BÉNIN AU NIVEAU INTERNATIONAL

Comme nous l'avons mentionné plus haut, il revient au pouvoir exécutif d'engager l'État au plan international et de délivrer les « pleins pouvoirs » qui habilitent un organe à négocier au nom et pour le compte de l'État[158].

Au Bénin, la question a été réglée à travers les articles 144 et 145 de la Constitution du 11 décembre 1990.

---

[157] Tel est malheureusement le cas de la République du Bénin qui, après avoir ratifié la Convention des Nations unies relative aux droits de l'enfant depuis 1990, ne l'a publiée qu'en 2010, soit 20 ans après. Quant à la Charte africaine des droits et du bien-être de l'enfant ratifiée depuis 1997, elle est à ce jour non publiée.

[158] Delphine Emmanuel ADOUKI, *op. cit.*, p. 79.

A- Regard sur l'article 144 de la Constitution du Bénin

Aux termes de l'article 144 de la Constitution béninoise du 11 décembre 1990, « Le Président de la République négocie et ratifie les traités et accords internationaux ». Cependant, il est limité dans ses prérogatives dans certains cas.

En conférant les prérogatives de la négociation et de la ratification des conventions internationales au Président de la République, cet article confère au pouvoir exécutif le droit d'engager l'État au plan international, à travers la personne du Président de la République. Cependant, le Président de la République voit ses prérogatives atténuées sur certains aspects.

B- Les limites constitutionnelles : l'article 145 de la Constitution

En dépit du fait que le chef de l'État détient le monopole de la négociation et de la ratification des traités et accords internationaux (art.144 Constitution), ces prérogatives sont atténuées dans certains domaines. Ainsi, aux termes de l'article 145 de la Constitution béninoise, « les traités de paix, les traités ou accords relatifs à l'organisation internationale, ceux qui engagent les finances de l'État, ceux qui modifient les lois internes de l'État, ceux qui comportent cession, échange ou adjonction de territoire, ne peuvent être ratifiés qu'en vertu d'une loi (...). » Il ressort de cette disposition qu'en dehors du chef de l'État, le pouvoir législatif doit nécessairement donner son accord à travers le vote d'une loi qui donnera l'autorisation au chef de l'État d'opérer la ratification des normes internationales qui portent sur ces questions. L'implication du pouvoir législatif, à travers le vote d'une loi, est une manière pour le constituant béninois de s'assurer de l'approbation du peuple, ne serait-ce qu'indirectement.

II- Du processus d'engagement du Bénin aux conventions internationales

Sur ce point, nous nous focaliserons sur le processus et le déroulement de l'engagement du Bénin en droit international.

A- De la négociation à la ratification des normes par le Bénin

Le processus d'engagement du Bénin aux conventions internationales n'est pas en marge de la pratique internationale, surtout que celle-ci est soumise aux règles du droit international qui implique trois étapes : la négociation, la signature et la ratification.

La négociation est la phase d'élaboration du traité qui connaît la participation des représentants habilités des États. Elle a pour finalité d'aboutir à l'élaboration d'un texte qui sera approuvé par les participants. Mais la difficulté majeure qui peut être soulevée à cette étape est liée au choix de la langue dans laquelle les négociations sont faites. Pour le cas des traités négociés aux Nations unies par exemple, l'anglais est actuellement la « langue diplomatique ».[159] Il est donc important que les participants aux négociations aient la maîtrise de cette langue. En effet, c'est donc pendant cette phase que chaque État, qui participe aux négociations, énonce ses positions sur les questions abordées par la future Convention internationale. Il est donc important que les représentants des États soient d'avance bien imprégnés de la vision de leur État sur ces questions afin de défendre ses points de vue. Malheureusement, cela n'est toujours pas le cas en ce qui concerne la plupart des États africains. Cet état de choses influe naturellement sur leur capacité à aborder les négociations dans l'intérêt de leurs populations. En outre, les États les moins développés ou dits « pauvres » subiraient souvent, directement ou indirectement, l'influence des États dits « développés » ou « grandes puissances » qui ont souvent intérêt à orienter les futures conventions dans le sens de la vision et des intérêts de leurs pays respectifs.

À ce propos, il ressort de notre entretien avec le directeur de la législation, de la codification et des sceaux du ministère de la Justice, rencontré le 29 décembre 2010 à Cotonou,[160] que la faiblesse des conventions ratifiées par le Bénin au plan international, est due au fait que lors des négociations, les négociateurs béninois n'affirment pas les positions du Bénin sur les questions abordées parce qu'ils seraient très souvent des participants passifs aux négociations. De même, au cours d'un entretien avec un autre diplomate, ici M. X, membre de la mission permanente de son pays auprès des Nations unies,[161] ce dernier, tout en reconnaissant la passivité de certaines délégations africaines, nous a affirmé que, même lorsque certaines délégations s'efforcent de défendre les intérêts de leur pays, il est courant que des interventions et/ou pressions

---

159 CARREAU, Dominique et Fabrizio MARRELLA, *Droit international*, *op. cit.*, p.165.

160 Int. 5, liste des interviews.

161 La mission permanente est une représentation permanente d'un État auprès d'une organisation internationale pour le représenter et défendre ses intérêts. Ainsi, le Bénin dispose d'une mission permanente auprès des Nations unies à New York et une autre auprès de l'Union africaine.

auprès des gouvernants du pays fassent qu'ils abandonnent leur position et s'alignent sur celle de l'État qui est intervenu auprès des responsables de leur État. Si cette situation peut, sur certains points, être déplorée, en ce qui concerne les normes internationales en général, nous devons reconnaître qu'en ce qui concerne celles relatives aux droits de l'enfant, elle a peut-être eu pour avantage de favoriser l'adhésion des États africains à la plupart des normes du système des Nations unies.

Une fois les négociations closes, il est procédé à la signature du texte adopté. Hormis les accords en forme simplifiée qui ne nécessitent pas la ratification, les États, pour donner leur accord à être liés par la norme signée, doivent la ratifier. La Convention de Vienne sur le droit des traités définit la ratification comme étant l'acte international par lequel l'État établit sur le plan international son consentement à être lié par un traité.[162] C'est donc un acte antérieur à l'entrée en vigueur du traité au niveau de l'État qui ratifie. La ratification s'opère par l'autorité institutionnelle désignée pour exprimer le consentement de l'État à être lié par le traité ou l'accord international. Dans le cas du Bénin, comme il a été plusieurs fois souligné, ce rôle incombe au chef de l'État.

B- LA PRATIQUE DU BÉNIN DES RÉSERVES EN MATIÈRE DES NORMES DE PROTECTION DES DROITS DE L'ENFANT

Aux termes de la Convention de Vienne de 1969 sur le droit des traités, la réserve « s'entend d'une déclaration unilatérale, quel que soit son libellé ou sa désignation, faite par un État quand il signe, ratifie, accepte ou approuve un traité ou y adhère, par laquelle il vise à exclure ou à modifier l'effet juridique de certaines dispositions du traité dans leur application à cet État. »[163]

La réserve est donc l'option qui permet à un État de modifier ou d'exclure certaines dispositions d'un traité et partant, de ne pas être soumis au même régime juridique que les autres États parties au traité. Ceci, conformément au droit des traités et si le traité lui-même le permet.

---

[162] L'art. 2-1-b de la Convention de Vienne de 1969 sur le droit des traités.
[163] Convention de Vienne *op. cit.,* art. 2-1-d.

Tableau 1 : Liste des conventions relatives aux droits de l'enfant signées et/ou ratifiées par le Bénin à la date du 29 août 2014

Liste des conventions relatives aux droits de l'enfant signées et/ou ratifiées par le Bénin à la date de décembre 2012				
Conventions	Date de signature	Date de ratification	Réserve du Bénin	Quelques pays ayant fait des réserves sur au moins une disposition de la Convention lors de sa signature
Convention des Nations unies relative aux droits de l'enfant (CDE)		Août 1990	RAS*	Arabie Saoudite, Allemagne, Argentine, Bangladesh, Botswana, Djibouti, Japon, Mali.
Protocole CDE sur l'implication des enfants dans les conflits armés	22-02-2001	31-01-2005	RAS	Oman, (la plupart des autres Etats dont le Bénin ont fait des déclarations sur au moins un point du Protocole)
Protocole CDE concernant la vente d'enfants, la prostitution des enfants et la pornographie	22-02-2001	31-01-2005	RAS	Etats-Unis, Koweït, Oman, Qatar, Laos.
Convention des Nations unies contre la criminalité transnationale organisée	25-04-1990	03-08-1990	RAS	Afrique du Sud, Chine, Russie, Etats-Unis, Népal, Tunisie, Yémen, Singapour.
Protocole de Palerme	12-12-2000	30-08-2004	RAS	Colombie, Bahamas, Bahreïn, Ethiopie, Syrie, Qatar, Chine, Grèce, Equateur, Afrique du Sud, Algérie.
Convention n°138 de l'OIT sur l'âge minimum d'admission au travail		11-06-2001	RAS	Non disponible
Convention n°182 de l'OIT sur les pires formes de travail des enfants		06-11-2001	RAS	Non disponible
Charte africaine des droits et du bien-être de l'enfant		20-01-1990	RAS	Botswana, Egypte, Mauritanie, Soudan.
Charte africaine de la Jeunesse	27-04-2007	Pas ratifiée		

RAS : Pas de réserves

En ce qui concerne les conventions relatives aux droits de l'enfant, on relève dans le tableau ci-dessus que la République du Bénin n'a jamais émis de réserves. L'absence de réserves aux conventions ratifiées dénote que le contenu des conventions ne pose aucun problème pour l'État béninois dans son droit interne, ou que les autorités béninoises font preuve de légèreté en matière de ratification des conventions internationales.

En conclusion, nous retiendrons, à travers ce premier chapitre, que le droit international fait obligation aux États parties aux conventions relatives au droit de l'enfant de les introduire dans leur ordre juridique interne et de prendre toutes les mesures nécessaires pour assurer leur effectivité. Mieux, le Bénin a adopté l'un des moyens considérés comme les plus favorables à la validation des conventions internationales en droit interne : le monisme avec la suprématie de la norme internationale sur la norme interne. Dès lors, la ratification des conventions internationales relatives aux droits de l'enfant par l'État béninois doit contribuer à enrichir son cadre normatif interne de protection des droits de l'enfant.

Cela dit, quel est actuellement l'état des conventions qui protègent les enfants sur le territoire béninois ? Tel sera l'objet du deuxième chapitre.

CHAPITRE 2

LA RÉCEPTION EFFECTIVE DES CONVENTIONS RELATIVES AUX DROITS DE L'ENFANT AU BÉNIN

Le Bénin est signataire de la plupart des conventions relatives aux droits de l'enfant, tant au plan mondial, régional et sous-régional et dans le même temps, il a fait l'option du monisme avec la suprématie de la norme internationale sur la norme interne. De ce fait, il apparaît normal qu'il dispose d'un cadre juridique assez riche en matière de protection des droits de l'enfant. La richesse du cadre juridique de protection des enfants, au Bénin, est due non seulement au renforcement du cadre normatif interne mais aussi aux multiples engagements de l'État au plan international.

Dans ce chapitre, nous constatons le renforcement du cadre législatif national par les normes internes en matière de protection des droits de l'enfant ; nous passons ensuite en revue l'évolution des engagements internationaux du Bénin en ce qui concerne la protection des enfants.

SECTION 1 : LE RENFORCEMENT DU CADRE NORMATIF INTERNE EN MATIÈRE DE TRAITE DES ENFANTS

L'adoption du monisme avec la primauté de la norme internationale sur la norme interne, par le constituant béninois à travers l'article 147 de la Constitution (du Bénin) du 11 décembre 1990, a pour avantage d'instaurer la validité des normes relatives aux droits de l'enfant au plan interne, dès leur ratification.

PARAGRAPHE 1 : LE POINT SUR LES CONVENTIONS RELATIVES AUX DROITS DE L'ENFANT AU BÉNIN

Le Bénin, qui est perçu comme un exemple de démocratie dans la région ouest-africaine depuis le processus démocratique amorcé en 1990, ne ménage aucun effort pour montrer au plan international son engagement pour la protection des droits de l'homme en général et surtout des droits des femmes et des enfants. C'est donc sans surprise qu'on constate l'engagement de l'État béninois à la plupart des conventions internationales en matière de protection des droits de l'enfant.

Ici, nous passons en revue, dans un premier temps, les engagements du Bénin au niveau du système des Nations unies, puis dans un deuxième temps, ceux pris au plan régional, notamment au niveau de l'Union africaine et d'autres organisations.

I- LES CONVENTIONS DU SYSTÈME DES NATIONS UNIES

Membre des Nations unies depuis le 20 septembre 1960, le Bénin est partie à plusieurs conventions de cette organisation et de l'Organisation internationale du travail (OIT). Ainsi, dans le domaine des droits de l'enfant, le Bénin a ratifié :

- la Convention des Nations unies relative aux droits de l'enfant (CDE), en août 1990 ;
- le Protocole facultatif de la CDE concernant la vente d'enfants, la prostitution des enfants et la pornographie mettant en scène des enfants, le 31 janvier 2005 ;
- le Protocole facultatif de la CDE concernant la participation des enfants aux conflits armés, le 31 janvier 2005 ;
- la Convention 138 de l'OIT sur l'âge minimum d'admission à l'emploi, le 11 juin 2001 ;
- la Convention 182 de l'OIT sur les pires formes de travail des enfants, le 6 novembre 2001 ;
- la Convention des Nations unies sur la criminalité transnationale organisée et ses protocoles additionnels, le 06 novembre 2003.

Cependant, nous traiterons essentiellement des conventions qui portent sur les enfants et qui sont susceptibles de leur apporter une certaine protection contre la traite. Ainsi, nous présentons d'abord la principale convention qu'est la convention des Nations unies relative aux droits de l'enfant de 1989, et nous abordons ensuite d'autres conventions non moins importantes telles que les conventions n° 138 et n° 182 de l'Organisation internationale du travail et le Protocole de Palerme.

A- LA CONVENTION INTERNATIONALE RELATIVE AUX DROITS DE L'ENFANT (CDE)

La Convention internationale des Nations unies relative aux droits de l'enfant a été adoptée par l'Assemblée générale des Nations unies le 20 novembre 1989 et ratifiée par la République du Bénin en août 1990. Aux termes de l'article 147 de la Constitution du Bénin de 1990, elle devrait entrer en vigueur dès sa publication, qui a finalement eu lieu en 2010, selon les déclarations du directeur de la législation.[164]

1- La présentation de la CDE

Hormis le préambule qui rappelle les instruments généraux de protection des droits humains et l'attachement des Nations unies à la protection particulière, nécessaire pour les enfants sans aucune distinction, la convention relative aux droits de l'enfant comprend 54 articles répartis en trois parties.

La première partie prend en compte les articles 1-41. Elle fait état de la notion d'enfant, de droit à la non-discrimination, de l'intérêt supérieur de l'enfant et de l'exercice de ses droits, de l'orientation de l'enfant et de l'évolution de ses capacités. Cette subdivision du document définit également les droits relatifs au nom et à la nationalité de l'enfant, son développement, sa séparation avec les parents, la réunification familiale, le déplacement et le retour illicites, l'accès à l'information appropriée, la responsabilité des parents, la protection contre les mauvais traitements. On y retrouve par ailleurs l'exposé des contours juridiques de la protection de l'enfant privé de son milieu familial, la santé et les services médicaux, la révision du placement de l'enfant par les autorités publiques, de la sécurité sociale, l'éducation et les objectifs qu'elle doit viser. Enfin ce premier chapitre traite de la question des activités récréatives pour les enfants, du travail des enfants, de la vente, de l'enlèvement et de leur traite, de leur exploitation, de la privation de liberté, de l'administration de la justice pour mineur, de la réadaptation et de la réinsertion des enfants victimes de traitements cruels, sévices, etc.

Quant à la deuxième partie, elle couvre les articles 42 à 45 et fait état des obligations des États parties à faire connaître les droits promus par la convention. Elle met surtout l'accent sur la création d'un Comité des droits de l'enfant composé de 10 experts chargés d'assurer le suivi de la Convention et de veiller à son application par les États parties, à travers un système de présentation de rapports périodiques.

Et enfin la troisième partie, qui regroupe les articles 46 à 54, contient les conditions générales d'entrée en vigueur de la Convention.

---

164 Voir. Int.5, liste des interviews. À noter que nous n'avons pas pu trouver le numéro du *Journal Officiel* dans laquelle la publication a été faite, afin d'apporter plus de précisions.

La convention relative aux droits de l'enfant (CDE) ne fait pas de distinction entre les droits civils et politiques et les droits économiques, sociaux et culturels. Néanmoins, comme le souligne Guillemette Meunier, les droits contenus dans la CDE, pour des raisons pédagogiques, sont décrits en 3 « P », c'est-à-dire, Prestation, Protection et Participation.[165] Ainsi, au titre des droits contenus dans la CDE, on peut opérer la classification suivante :

- Droits Prestation : le droit à un nom, le droit à la nationalité, le droit aux soins de santé, le droit à l'éducation ;
- Droits Protection contre : la torture, l'exploitation, la détention arbitraire, le retrait non justifié du droit de garde des parents ;
- Droits Participation : le droit de participation aux décisions les concernant, etc.

2- La portée juridique de la Convention relative aux droits de l'enfant

La Convention relative aux droits de l'enfant est perçue, par la doctrine, comme le premier instrument juridique à caractère obligatoire pour la protection des enfants au plan international. Même si concomitamment l'on déplore son ineffectivité sur le territoire des États. Vue sous cet angle, la convention doit être opposable aux États parties tant au plan international qu'au plan interne. Ainsi, en tant qu'instrument juridique à caractère obligatoire, les juridictions nationales et internationales doivent pouvoir sanctionner sa violation. Mais malheureusement, ceci, est loin d'être le cas. En effet, l'espoir engendré par son adoption en 1989 s'est vite dissipé face au constat du peu d'impact qu'il a sur l'amélioration de la situation des enfants dans le monde, notamment au niveau des États « pauvres ». Claire NEIRINCK[166] fait le constat que, hormis les États développés qui avaient, avant l'adoption de la Convention en 1989, un bon système de protection des droits de l'enfant, le respect des droits de l'enfant n'a quasiment pas connu d'avancée, notamment dans les pays « pauvres ». Ceci, pour mettre le doigt sur son inefficacité malgré son caractère obligatoire. Pour cause, la recherche du consensus qui a abouti à l'adoption de la CDE a facilité un manque de fermeté et de contrainte dans

---

165 MEUNIER, Guillemette (2002). *L'application de la Convention des Nations unies relatives aux droits de l'enfant dans le droit interne des États parties.* Paris : L'Harmattan. p. 43.

166 NEIRINCK, Claire (1993). *Le droit de l'enfance après la Convention des Nations unies.* Paris : Éditions Belfond.

sa rédaction,[167] favorisant ainsi des interprétations diverses quant à sa portée. Ce fut le cas en France « où a éclaté une controverse jurisprudentielle et doctrinale passionnée (...) les uns déplorant la mollesse et les autres souhaitant à cette Convention la portée et la force les plus grandes, (...) et qu'elle ne soit pas reléguée au rang des pieuses déclarations qui satisfont l'esprit en donnant bonne conscience sans rien coûter. »[168]

Mais, malgré ses faiblesses, la CDE constitue aujourd'hui le seul instrument à caractère international qui peut amener la communauté internationale à obliger les États à prendre des mesures au plan interne pour assurer la jouissance des droits qui y sont reconnus et promus.

En dehors de la CDE, d'autres conventions à caractère international, déjà mentionnées, assurent également la protection des enfants.

B- LES AUTRES CONVENTIONS

1- La Convention n° 138 sur l'âge minimum d'admission à l'emploi (OIT)

Adoptée à la cinquante-huitième session de la Conférence générale de l'Organisation internationale du travail, le 26 juin 1973, et entrée en vigueur le 19 juin 1976, la convention sur l'âge minimum du travail est une convention internationale qui doit graduellement remplacer les autres conventions de l'organisation dans le domaine économique en vue d'éradiquer le travail des enfants. C'est un instrument à caractère obligatoire qui engage les États parties à tout mettre en œuvre pour l'appliquer afin de rendre efficace la lutte contre le travail des enfants. Le Bénin l'a ratifiée en 2001.

a- La présentation de la Convention n° 138 sur l'âge minimum de travail

Comptant au total 18 articles, la Convention de l'OIT sur l'âge minimum de travail engage les États parties[169] « à poursuivre une politique nationale visant à assurer l'abolition effective du travail des enfants et à élever progressivement l'âge minimum d'admission à l'emploi ou au travail à un niveau permettant aux adolescents d'atteindre le plus complet

[167] GRANET, Frédérique (1996). « La Convention de New-York sur les droits de l'enfant et sa mise en œuvre en France » : 95-114, in Jacqueline Rubellin-Devichi et Rainier Frank, (dir.) *L'enfant et les Conventions internationales*. Presses Universitaires de Lyon.: 95-114.

[168] GRANET, Frédéric *op. cit.,* p. 96.

[169] Art.1er de la Convention n°138 de l'OIT.

développement physique et moral. » Cette convention a le mérite de couvrir tous les secteurs de la vie sociale et économique du travail des enfants tout en prévoyant des restrictions au regard du degré de développement des pays.[170] Ceci montre son réalisme quant à sa mise en œuvre, car les réalités sociales et économiques de chaque pays seront déterminantes dans les mesures à prendre par les États au plan interne. Ainsi, elle laisse aux États parties la latitude de déterminer l'âge minimum d'admission à l'emploi ou au travail sur leur territoire.[171] Elle sollicite des États de prendre toutes les mesures urgentes en vue de son application effective, à savoir, outre la fixation d'un âge minimum, de prendre des sanctions appropriées, la tenue de registres ou autres documents que l'employeur doit tenir et conserver à sa disposition (ces documents doivent indiquer le nom et l'âge ou la date de naissance, dûment attesté dans la mesure du possible, des personnes employées par lui ou travaillant pour lui, et dont l'âge est inférieur à dix-huit ans).[172] À travers l'article 9 de la loi, les employeurs doivent tenir à jour des registres ou tous documents indiquant le nom et l'âge de toutes personnes âgées de moins de dix-huit ans qu'ils emploient.

Il est important de rappeler ici que la Convention n° 138 de l'OIT s'accompagne de la recommandation n° 146. À travers ces deux normes, l'OIT offre le cadre légal qui peut guider les États parties dans leurs politiques internes en matière de travail des enfants. En effet, si la Convention n° 138 érige les règles auxquelles les États parties doivent se soumettre pour être en phase avec leurs engagements, la Recommandation n° 146 qui l'accompagne oriente les États sur les mesures concrètes qui doivent être prises au niveau national pour atteindre le but visé par la Convention.

En somme, l'Organisation internationale du travail offre aux États signataires de la Convention n° 138 sur l'âge minimum de travail le cadre juridique international pour faire du respect de l'âge minimum d'accès au travail une réalité au plan national. Il ne reste donc qu'aux États parties à se soumettre à ces règles pour respecter leurs engagements vis-à-vis de l'Organisation.

---

[170] SODJIEDO H., Rita-Félicité (2003).- *Travail, placement et trafic des enfants au Bénin : pour une recherche d'une stratégie nationale et internationale de lutte contre l'exploitation.*- Thèse de doctorat : Faculté de droit et de sciences économiques et sociales, Université Catholique de Lyon. p. 163.

[171] Cf. Art.2 de la Convention 138 de l'OIT.

[172] SODJIEDO H., Rita-Félicité, *op.cit.*, p. 163.

b- L'engagement du Bénin à la Convention n° 138 de l'OIT

À travers la ratification de la Convention n° 138 de l'OIT le 11 juin 2001, le Bénin s'est engagé à se conformer aux obligations de cette convention et de la Recommandation n° 146. Plus de dix ans après cette ratification, qu'en est-il de la situation juridique béninoise en matière de travail des enfants ?

En nous référant au Code du travail béninois, on pourra lire en son article 66 que : « Nul ne peut être apprenti s'il n'est âgé de 14 ans révolus (…) » ; en son article 153, il dispose que : « Le travail de nuit est interdit pour les jeunes travailleurs âgés de moins de 18 ans (…) » ; aux termes de son article 166, « Les enfants ne peuvent être employés dans aucune entreprise avant l'âge de 14 ans ». Enfin, les articles 301 et 302 (a) prévoient que : « Sont punis d'une amende de 14 000 à 70 000 francs en cas de récidive, d'une amende de 70 000 à 140 000 francs et d'un emprisonnement de 15 jours à deux mois, ou de l'une de ces deux peines seulement : (…) les auteurs des infractions aux dispositions des articles (…) 16 et 153 ».

Dans le même ordre d'idées, la loi portant statut des agents permanents de l'État au Bénin[173] prévoit en son article 12 alinéa 3 que : « Nul ne peut être nommé à un emploi s'il n'est âgé de 18 ans au moins » ; un peu plus loin, en son article 14, elle dispose qu'« En application de l'article 12 ci-dessus (…) tout candidat à un emploi doit produire outre l'acte de naissance, son certificat médical attestant son aptitude à l'exercice de la fonction (…) ».

À travers les dispositions du Code du travail béninois, on note que le Bénin a retenu 14 ans comme âge minimum d'accès au travail. Cette limite, à la lecture de la Convention n° 138 de l'OIT, correspond à l'âge minimum exceptionnel requis pour les pays en développement (voir tableau ci-dessus). Cependant, en ce qui concerne la nomination à un emploi public, l'âge minimum requis est de 18 ans.

Au regard de toutes ces dispositions, les normes internes du Bénin semblent être en conformité avec la convention n° 138 de l'OIT sur l'âge minimum de travail.

---

[173] Loi n°98-035 modifiant et complétant la loi n°86-013 du 26 février 1986 portant statut des agents permanents de l'État modifiée par la loi n°89-020 du 29 avril 1989.

2- La Convention n° 182 de l'OIT sur les pires formes de travail des enfants

Adoptée lors la 87e session de la Conférence générale de l'OIT en 1999 et entrée en vigueur le 19 novembre 2000, la Convention n° 182 portant sur les pires formes de travail des enfants a été ratifiée par le Bénin en 2001. Comme son nom l'indique, elle vise à interdire et à éliminer les pires formes du travail des enfants. Elle vient donc compléter la Convention n° 138 et sa Recommandation 146.

a- La description de la Convention

Comptant au total 16 articles, la Convention développe en huit points, les obligations des États parties, les notions d'enfant et de pires formes de travail des enfants, et les mesures concrètes à prendre par les États parties.

Ainsi, dans son 1er article, elle oblige les États parties « à prendre des mesures immédiates et efficaces pour assurer l'interdiction et l'élimination des pires formes du travail des enfants (...) ». Les articles 2 et 3 portent sur le sens à donner aux notions enfant et pires formes de travail des enfants, ensuite les articles 4 à 8 abordent les différentes mesures à prendre par les États parties pour se conformer aux exigences de la norme et enfin les articles 9 à 16 abordent les dispositions générales qui découlent de la ratification de cette norme.

À l'instar de la Convention n° 138, la Convention n° 182 sur les pires formes de travail des enfants s'accompagne également d'une Recommandation. En effet, la Recommandation (R) n° 190 sur les pires formes de travail des enfants a été adoptée le 17 juin 1999 pour compléter les dispositions de la Convention n° 182 et doit s'appliquer conjointement avec la Convention. La R.190 aborde les mesures spécifiques à prendre et les politiques à mettre en œuvre par les États parties pour atteindre le but visé par la Convention.

b-L'engagement du Bénin à la Convention n° 182

La Convention de l'OIT sur les pires formes de travail des enfants a été ratifiée par le Bénin le 11 novembre 2001. Depuis lors, l'État béninois s'est engagé à prendre toutes les mesures nécessaires aux termes de la Convention et de sa Recommandation pour faire de l'élimination des pires formes de travail des enfants une réalité sur son territoire.

Quelle est la situation dix ans après cet engagement ?

Au plan normatif, on peut noter des efforts dans le sens de l'interdiction et de la répression des pires formes de travail des enfants. L'une des mesures déterminantes prises par l'État béninois au plan normatif dans ce domaine est sans doute l'adoption de la loi 2006-04, portant conditions de déplacement des mineurs et répression de la traite d'enfants en République du Bénin. L'adoption de cette loi est un grand pas dans la répression de la traite des enfants au Bénin et par conséquent, une réponse positive aux dispositions de la Convention n° 182. Nous reviendrons plus amplement sur cette norme plus tard.

3- Le Protocole de Palerme

Le Protocole additionnel à la *Convention des Nations unies contre la criminalité transnationale organisée*, communément appelé « *Protocole de Palerme* », vise à prévenir, réprimer et punir la traite des personnes, en particulier celle des femmes et des enfants (toute personne âgée de moins de 18 ans. Art. 3 PP). Il a été adopté en 2000 et est entré en vigueur, conformément à son article 17, le 25 décembre 2003. Il compte à la date de décembre 2009, 143 États parties dont la République du Bénin, qui l'a ratifié le 30 août 2004.[174] Conformément à son article 1er, le Protocole de Palerme se veut un complément de la Convention contre la criminalité transnationale et s'applique à la prévention, aux enquêtes et aux poursuites concernant les infractions de traite lorsqu'elles sont de nature transnationale et qu'un groupe criminel organisé y est impliqué, de même qu'à la protection des victimes de ces infractions. Rappelons, cependant, que l'une des particularités du Protocole de Palerme est d'avoir réussi à obtenir un consensus international sur la notion de « traite » des êtres humains, et donc de la traite des enfants.

II- AU PLAN RÉGIONAL

A- LA CHARTE AFRICAINE DES DROITS ET DU BIEN-ÊTRE DE L'ENFANT (CADBE)

Adoptée au lendemain de la convention des Nations unies relatives aux droits de l'enfant en juillet 1990, la Charte africaine des droits et du bien-être de l'enfant apparaît comme le premier instrument juridique régional, au plan africain, en matière de protection des droits de l'enfant. Les États membres de l'Union africaine (à l'époque Organisation de l'Unité africaine) voulaient se doter d'une convention régionale de protection de l'enfant qui prend en compte, comme l'indique le préambule de la Charte,

[174] Pour plus d'information, se référer au recueil des traités des Nations unies, vol. 2237, p. 319.

les vertus de l'héritage culturel africain et les valeurs de la civilisation africaine.[175]

1- Le contenu de la Charte

Globalement, la Charte africaine des droits et du bien-être de l'enfant est restée fidèle à son aînée, la Charte africaine des droits de l'homme et des peuples dans sa forme. Comptant au total 48 articles, elle est divisée en quatre chapitres qui prennent en compte respectivement, les droits et protections de l'enfant (art.1 à 31), la création et l'organisation d'un comité sur les droits et le bien-être de l'enfant (art.32 à 41), le mandat et la procédure du comité (art. 42 à 45) et enfin les dispositions diverses (art. 46 à 48). Elle se veut une Norme progressiste à travers la prise en compte des vertus de l'héritage culturel africain, du passé historique et des valeurs de la civilisation africaine qui devraient, aux termes de la Charte, inspirer et guider la réflexion en matière de droits et de protection de l'enfant africain.[176] Ainsi s'annonce la démarcation voulue par la Charte vis-à-vis de la CDE.

À la lecture de la CADBE on se rend compte de la volonté de précision voulue par celle-ci dans la définition de l'enfant en son article 2, à travers laquelle l'enfant est défini comme « tout être humain âgé de moins de 18 ans ». Nonobstant les critiques que cette disposition suscite quant à son réalisme[177], elle a l'avantage d'être précise.

En ce qui concerne les droits reconnus et promus par la Charte, nous pouvons noter : le droit à la non-discrimination ; la prise en compte de l'intérêt supérieur de l'enfant dans toute action et toute procédure judiciaire ou administrative le concernant ; le droit à la survie et au développement ; le droit à la nationalité ; le droit à la liberté d'expression ; le droit à la liberté d'association ; le droit à la liberté de pensée, de conscience et de religion ; le droit à la protection de sa vie privée ; le droit à l'éducation ; le droit aux loisirs, activités récréatives et culturelles ; le droit à la santé et le droit à la protection et aux soins des parents. Dans le même temps, tout en reconnaissant l'importance de la cellule familiale pour la protection de l'enfant et de l'obligation qu'a l'État de l'assister dans sa mission (art.18), la Charte offre une protection particulière aux enfants handicapés (art.13) ; aux enfants en conflit avec la loi (art.17) ; aux enfants réfugiés (art.23) et aux enfants de mères emprisonnées. De même, elle insiste sur la nécessité

---

[175] Cf. le septième paragraphe du préambule de la Charte.

[176] Cf. 6e point du préambule de la Charte africaine des droits et du bien-être de l'enfant.

[177] Cf. les commentaires de Alain-Didier OLINGA, *op.cit.,* p. 56 sur la définition de l'enfant africain.

pour les États parties de protéger les enfants contre : le travail des enfants (art.15) ; les pratiques négatives sociales et culturelles (art.21) ; l'exploitation sexuelle (art. 27) ; la consommation de drogues (art.28) ; la vente, la traite, l'enlèvement et la mendicité (art.29).

À l'instar de la Charte africaine des droits de l'homme et des peuples, la Charte africaine des droits et du bien-être de l'enfant a eu droit à sa part de devoirs à la charge de ses bénéficiaires (les enfants). En effet, l'article 31 de la Charte, qui boucle le chapitre sur les droits et obligations, énumère quelques responsabilités de l'enfant envers « sa famille, la société, l'État et toute communauté reconnue légalement ainsi qu'envers la communauté internationale. » Ainsi, l'enfant doit :

- œuvrer pour la cohésion de sa famille, respecter ses parents, ses supérieurs et les personnes âgées en toutes circonstances et les assister en cas de besoin ;
- servir la communauté nationale en plaçant ses capacités physiques et intellectuelles à sa disposition ;
- préserver et renforcer la solidarité de la société et de la nation ;
- préserver et renforcer les valeurs culturelles africaines dans ses rapports avec les autres membres de la société dans un esprit de tolérance, de dialogue et de consultation et contribuer au bien-être moral de la société ;
- préserver et renforcer l'indépendance nationale et l'intégrité de son pays ;
- et enfin, il doit contribuer au mieux de ses capacités, en toutes circonstances et à tous les niveaux, à promouvoir et à réaliser l'unité africaine.

Concernant les obligations, Yves MADIOT estime que les devoirs mettent « l'individu au service de la communauté et permettent de justifier toutes les oppressions. »[178] En effet, si pour tous les Africains, le respect des parents, des personnes âgées et la prise en charge des parents par l'enfant,[179] font partie de la culture et de l'éducation reçue, ce n'est sans doute pas le lieu d'ériger ses valeurs en obligations. En effet, si la Charte se

---

178 Yves MADIOT, *Considérations sur les droits et devoirs de l'homme*, cité par Jean-Didier BOUKONGOU, *op.cit.,* p.103.

179 Sur ce point, la Charte donne l'impression de s'écarter de la définition qu'elle a donné de l'enfant, qui se limite à 18 ans. Car en faisant appel aux valeurs culturelles, elle semble justement ignorer le fait que dans les cultures africaines, la notion d'enfant est difficile à déterminer. Dans certaines cultures, par exemple, tant que les parents vivent, l'on est toujours considéré comme enfant et traité comme tel par eux.

veut un instrument juridique obligatoire, sa violation doit être sanctionnée. Dès lors, on peut s'interroger sur la pertinence de ces dispositions. Sauf si, comme l'a mentionné Yves MADIOT, elles pourraient servir de prétexte pour justifier l'impunité en cas de violation de la Charte.[180]

2- La portée juridique de la CADBE

Les effets juridiques de la Charte s'orientent vers trois catégories : l'enfant, la famille (parents) et l'État. Dès lors, le non-respect par une partie de ses obligations doit donner lieu à une revendication de la part des autres. Et on peut se poser la question de savoir comment une partie lésée peut obliger l'autre partie à respecter ses obligations.

En ce qui concerne les obligations à la charge des parents, notamment celles énumérées aux articles 19 et 20, elles sont obligatoires et leur non-observation peut, le cas échéant, donner lieu à une répression. Ici, l'État à qui incombe, en premier lieu, la responsabilité de prendre « toutes les mesures nécessaires » pour la mise en œuvre des droits contenus dans la Charte, peut prendre des mesures de protection et de répression internes, en guise de représailles contre les parents. Par exemple, l'État peut mettre en place des mesures de protection de remplacement qui viseraient à retirer le droit à l'autorité parentale (ceci en tenant compte de l'intérêt de l'enfant). Ou encore si le non-respect de l'obligation parentale est dû à l'absence de moyens des parents, l'État a, dans ce cas, l'obligation de les aider à assumer leurs devoirs envers l'enfant.

Quant aux obligations qui incombent à l'État partie, l'enfant, ses parents ou ses représentants légaux peuvent saisir le juge interne pour constater la violation et appliquer la sanction qui s'impose. Ceci étant, nous devons relever qu'en ce qui concerne les droits dits à « réalisation progressive », il appartiendra au juge interne de déterminer si l'État a œuvré dans « la limite des moyens disponibles » afin de décider de la violation ou non du droit.

B- LES AUTRES CONVENTIONS RÉGIONALES DE PROTECTION DES ENFANTS CONTRE LA TRAITE

Toujours dans le cadre des normes qui renforcent le cadre juridique de protection des enfants au Bénin, nous pouvons noter les Accords multilatéraux et bilatéraux au plan régional.

---

[180] Yves MADIOT, *op. cit.*

1- Les accords multilatéraux de protection des enfants contre la traite

Au nombre des accords multilatéraux conclus par la République du Bénin au plan régional, nous allons retenir ici : l'accord multilatéral de coopération en matière de lutte contre la traite des enfants en Afrique de l'Ouest et l'accord multilatéral de coopération régionale de lutte contre la traite des personnes, en particulier des femmes et des enfants en Afrique de l'Ouest et du Centre.

a- L'Accord multilatéral de coopération en matière de lutte contre la traite des enfants en Afrique de l'Ouest

Cet accord a été conclu à Abidjan, le 27 juillet 2005, par les gouvernements des pays ci-après : Bénin, Burkina Faso, Côte d'Ivoire, Guinée, Libéria, Niger, Mali, Nigeria et Togo. Soit au total neuf États signataires.[181]

L'accord compte au total 29 articles :

- l'article 1 porte sur la définition des expressions spécifiques utilisées dans l'accord ;
- les articles 2 à 5 énoncent les principes de l'accord, qui réaffirment l'interdiction de la traite des enfants, de l'obligation de traiter tous les enfants victimes de traite avec respect et sans discrimination, et de privilégier l'intérêt supérieur de l'enfant et son bien-être ;
- l'article 6 détermine le champ d'application de l'accord, qui s'applique à la prévention, la protection, le rapatriement, la réunification, la réhabilitation, la réinsertion, la répression et la coopération en matière de traite des enfants ;
- les articles 7 à 11 portent sur les obligations des États parties. On y distingue des obligations communes[182] à toutes les parties et celles particulières,[183] selon que l'État partie est le pays d'origine, de transit ou de destination. En ce qui concerne les obligations communes, on peut citer, entre autres : l'obligation de prendre toutes les mesures nécessaires pour détecter la traite des enfants, d'élaborer et de mettre en œuvre des plans d'action et des programmes de lutte contre la traite des

[181] Les États signataires de l'accord sont ceux dont les signatures des représentants figurent sur l'original du document de l'accord. Il est possible que d'autres États soient parties à l'Accord. En effet, selon son article 23, l'adhésion est ouverte à tout pays de la sous-région ouest-africaine. Le document de l'accord peut être consulté en annexe.

[182] Art.7 et 8 de l'Accord.

[183] Art. 9 à 11 de l'Accord.

enfants tant au plan national que régional, de prendre les dispositions nécessaires pour harmoniser les législations en matière de traite avec les autres parties, etc. Les obligations particulières du pays d'origine consistent, entre autres : à mettre en place un dispositif de rapatriement, de réhabilitation et de réinsertion de l'enfant victime ; d'identifier les zones d'origine, de transit et les itinéraires ; de poursuivre et de punir les auteurs et complices de la traite des enfants, etc. En ce qui concerne le pays de transit, il a pour obligations, entre autres : d'identifier les zones d'origine, de transit et de destination ; de poursuivre et de punir les auteurs et leurs complices ; d'organiser, en étroite collaboration avec les autorités administratives et diplomatiques du pays d'origine, le rapatriement de l'enfant victime ; d'assurer la prise en charge provisoire de l'enfant victime de traite avant son rapatriement dans son pays d'origine ; etc. Quant au pays de destination, il a, entre autres obligations : de retirer immédiatement l'enfant victime de la situation de traite ; de poursuivre et de punir les auteurs et leurs complices ; d'organiser le rapatriement de la victime en concertation avec les autorités du pays d'origine ; de récupérer et de restituer à la victime les biens, rémunérations, indemnités et toutes autres compensations qui lui sont dues ; etc. ;

- enfin, les articles 12 à 22 mettent l'accent sur la mise en place d'un mécanisme de suivi : la Commission régionale permanente de suivi (CRPS), dont le secrétariat est basé à Abidjan. Cet organe a pour charge de suivre et d'évaluer les actions menées par les parties dans la mise en œuvre de l'accord (à travers un rapport annuel) et de proposer des approches de solutions aux problèmes rencontrés par les acteurs de la lutte contre la traite des enfants.

b- L'Accord multilatéral de coopération régionale de lutte contre la traite des personnes, en particulier des femmes et des enfants en Afrique de l'Ouest et du Centre

L'accord de coopération de lutte contre la traite en Afrique de l'Ouest et du Centre, a été réalisé à Abuja (Nigeria) le 6 juillet 2006, soit environ un an après celui adopté à Abidjan pour le compte de l'Afrique de l'Ouest. Il a été signé par 26 États[184] dont le Bénin. La particularité de cet Accord

[184] Ce nombre correspond au nombre de signatures apposées sur le document de l'accord qui se trouve en annexe : l'Angola, le Bénin, le Burkina-Faso, le Burundi, le Cap-Vert, le Cameroun, la République centrafricaine, la Côte d'Ivoire, la République du Congo, la République démocratique du Congo, le Gabon, la Gambie, le Ghana, la Guinée, la Guinée-Bissau, la Guinée équatoriale, le Libéria, le Mali, le Niger, le Nigéria, le

réside dans la détermination des objectifs qu'il vise et la prise en compte de l'entraide judiciaire en matière pénale au niveau des États parties. Concernant les objectifs, l'Accord vise à développer un front commun afin de prévenir, supprimer et punir la traite des personnes par la coopération ; protéger, réhabiliter, et réinsérer les victimes de traite ; assurer l'entraide dans les investigations liées à la traite, l'arrestation et la poursuite des coupables à travers les autorités compétentes de chaque État partie ; etc. (art. 2). Quant à l'entraide judiciaire, aux termes de l'article 14 de l'Accord, les États parties doivent prendre les mesures nécessaires pour s'entraider dans la recherche, la poursuite et l'arrestation des personnes impliquées dans la traite des personnes. Dans ce cadre, l'assistance portera sur l'identification et la localisation des personnes suspectées de traite, l'identification et la localisation des victimes de traite, le recueil des témoignages, la signification des actes judiciaires, la perquisition, la saisie, le gel et la confiscation des produits ou des instruments du crime, le transfert temporaire des personnes gardées à vue, l'arrestation et la détention de toute personne impliquée en vue de son extradition, etc.

Au-delà des accords multilatéraux au plan régional, l'État béninois a également conclu des accords bilatéraux avec d'autres États de la sous-région.

2- Les accords bilatéraux

Plusieurs accords de coopération en matière de lutte contre la traite des personnes ont été signés entre le Bénin et le Nigeria[185]. Cependant, nous n'abordons dans ce point que le cas de l'accord de coopération sur « la prévention, la répression et la suppression de la traite des personnes en particulier des femmes et des enfants ». Cet Accord a été signé par les deux parties à Cotonou (Bénin) le 09 juin 2005. Il comporte au total 23 articles dont les articles 1 à 18 déterminent : le sens des termes utilisés (art. 1), le but visé par l'Accord (art. 2), le champ d'application, les modalités d'application de l'Accord art. (4-11) ; l'identification, la protection et la prise en charge des victimes (art. 12-15) ; le rapatriement, la réhabilitation et la réinsertion des victimes. Les articles 19 à 23 quant à eux sont réservés aux dispositions finales de l'Accord.

Rwanda, Sao Tome α Principe, le Sénégal, la Sierra Leone, la République du Tchad et le Togo.

[185] À en croire les données de la brigade de protection des mineurs, le Nigéria serait la principale destination des enfants béninois victimes de traite régionale.

PARAGRAPHE 2. LES RELATIONS ENTRE LES CONVENTIONS INTERNATIONALES DE PROTECTION DES DROITS DE L'ENFANT ET LA TRAITE DES ENFANTS

La traite des enfants est perçue par les organisations internationales de protection des enfants comme l'une des pires violations des droits de l'enfant, au point où elles l'ont désigné sous le vocable d'« esclavage des temps modernes ».

Dans ce paragraphe, nous reviendrons brièvement sur la notion de traite des enfants, les clarifications qui s'imposent pour ne pas la confondre avec d'autres pratiques et les violations des droits de l'enfant qu'elle engendre au regard des Normes internationales relatives aux droits de l'enfant, abordées dans ce travail.

I- LA NOTION DE LA TRAITE DES ENFANTS

Pour rappel, l'article 3 du Protocole de Palerme dispose :

Aux fins du présent Protocole :

> a) L'expression « traite des personnes » désigne le recrutement, le transport, le transfert, l'hébergement ou l'accueil de personnes, par la menace de recours ou le recours à la force ou à d'autres formes de contrainte, par enlèvement, fraude, tromperie, abus d'autorité ou d'une situation de vulnérabilité, ou par l'offre ou l'acceptation de paiements ou d'avantages pour obtenir le consentement d'une personne ayant autorité sur une autre aux fins d'exploitation. L'exploitation comprend, au minimum, l'exploitation de la prostitution d'autrui ou d'autres formes d'exploitation sexuelle, le travail ou les services forcés, l'esclavage ou les pratiques analogues à l'esclavage, la servitude ou le prélèvement d'organes ;
> b) Le consentement d'une victime de la traite des personnes à l'exploitation envisagée, telle qu'énoncée à l'alinéa a) du présent article, est indifférent lorsque l'un quelconque des moyens énoncés à l'alinéa a) a été utilisé ;
> c) Le recrutement, le transport, le transfert, l'hébergement ou l'accueil d'un enfant aux fins d'exploitation sont considérés comme une « traite des personnes » même s'ils ne font appel à aucun des moyens énoncés à l'alinéa a) du présent article ;
> d) Le terme « enfant » désigne toute personne âgée de moins de 18 ans.

Remarquons cependant que le Protocole de Palerme a préféré harmoniser la définition de l'enfant. En le définissant comme : « toute personne âgée de moins de 18 ans » et non comme : « tout être humain âgé de moins de dix-huit ans, sauf si la majorité est atteinte plus tôt en vertu de la législation qui lui est applicable. »[186]

A- DÉFINITION DE LA TRAITE DES ENFANTS

Il ressort de la définition donnée par le Protocole de Palerme, que la traite des enfants signifie *: le recrutement, le transport, le transfert, l'hébergement ou l'accueil de toute personne âgée de moins de 18 ans aux fins d'exploitation.*

Cette définition sera reprise dans la plupart des autres normes internationales et internes en rapport avec la traite des enfants. Nous pouvons mentionner ici le cas des Accords conclus dans le domaine de la traite des enfants au niveau africain, précédemment abordés, et celui de la loi du Bénin sur la traite des enfants.

Ainsi, aux termes de l'art. 1er de l'Accord multilatéral en Afrique de l'Ouest et du Centre, la traite des enfants est définie comme « le recrutement, le transport, le transfert, l'hébergement ou l'accueil d'un enfant aux fins d'exploitation même si les moyens utilisés ne font pas appel à ceux énoncés à l'alinéa a) ».[187]

Quant à l'Accord multilatéral de coopération en matière de lutte contre la traite des enfants en Afrique de l'Ouest, il définit la traite des enfants en son article 1er comme étant : « tout acte de recrutement, de transport, de transfert, d'hébergement, ou d'accueil d'enfant à l'intérieur ou à l'extérieur d'un pays, aux fins d'exploitation quels que soient les moyens utilisés ».

En ce qui concerne la loi portant sur les conditions de déplacement des mineurs et répression de la traite d'enfants en République du Bénin, elle dispose en son article 3 que :

> « Sont qualifiées traite d'enfants, toutes conventions ayant pour objet d'aliéner, soit à titre gratuit, soit à titre onéreux, la liberté ou la personne d'un enfant.
> On entend également par traite d'enfants, le recrutement, le transport, le transfert, le placement, l'accueil ou l'hébergement d'un enfant aux fins d'exploitation quel que soit le moyen utilisé. »

---

[186] Définition retenue par la Convention internationale des Nations unies relative aux droits de l'enfant. Cf. Article 1er de la Convention.

[187] Moyens en question, font appel à : « [la] menace ou le recours à la force ou à d'autres formes de contrainte, par enlèvement, fraude, tromperie, abus d'autorité ou d'une situation de vulnérabilité, ou par l'offre ou l'acceptation de paiements ou d'avantages pour obtenir le consentement d'une personne ayant autorité sur une autre. »

Relevons que l'enfant est défini, dans toutes ces Normes, comme toute personne âgée de moins de 18 ans.

B- Les éléments constitutifs de la traite des enfants

Au regard des définitions susmentionnées, les éléments suivants peuvent être considérés comme communs :

- mineur de 18 ans ;
- déplacement ;
- exploitation ;

Ainsi, toute personne âgée de moins de 18 ans, qui a été déplacée en vue de son exploitation, serait considérée comme étant en situation de traite d'enfants.

Cependant, si la notion d'enfant est sans ambiguïté, il n'en est pas de même pour les notions de déplacement et d'exploitation. D'abord, la première chose qui vient à l'esprit est de savoir si ces deux conditions doivent être cumulativement réalisées, pour la qualification de la traite d'enfants.

Le déplacement, nous le savons, est le changement d'un point A d'où l'on part, pour un point B où l'on arrive. Ce qui implique un point de départ et un point d'arrivée. Il implique (aux termes des conventions) : le recrutement, le transfert, l'hébergement, l'accueil ou la réception de l'enfant.

En ce qui concerne l'exploitation, elle comprend (aux termes des conventions) entre autres : l'exploitation de la prostitution et d'autres formes d'exploitation sexuelle, la pédophilie, le travail des enfants, le travail ou services forcés, l'esclavage ou les pratiques assimilées, la servitude, ou le prélèvement d'organes humains. Cette notion semble être l'élément déterminant dans la qualification de la traite des enfants. En effet, par le but que visent les normes en matière de traite d'enfants, on s'aperçoit que leur finalité est de protéger l'enfant contre l'exploitation.

Dès lors, à quel moment, peut-on considérer qu'il y a traite d'enfants ?

La détermination d'un cas de traite d'enfant prendra en compte la réalisation des éléments constitutifs qui ressortent de la définition qui lui est donnée. Ainsi, lorsqu'un mineur de 18 ans est déplacé et exploité, l'on peut conclure à une situation de traite d'enfants. Cependant, qu'en serait-il en cas de réalisation d'une seule condition ?

En effet, si la finalité de la traite des enfants est d'empêcher leur d'exploitation, qu'en est-il alors des enfants exploités économiquement par leurs parents biologiques ? Ce cas d'exploitation n'implique pas le déplacement de l'enfant d'un point à un autre. Cependant, il maintient l'enfant hors du système scolaire et peut, dans certains cas, mettre sa vie en danger, tout comme le sort des enfants exploités par des tiers. Si nous voulons rester en phase avec la finalité des normes de protection contre la traite des enfants, nous nous devons de considérer ce cas comme un cas de traite d'enfant. En effet, lorsqu'on sait que la notion de « traite d'enfant », comme nous l'avons détaillée dans notre introduction, renvoie au fait d'utiliser l'enfant comme une source de revenus, soit par son travail ou de quelque manière que ce soit, il en découle que l'exploitation de l'enfant, dans les conditions définies par les différentes normes, doit être considéré comme la traite d'enfant, (qu'il ait été déplacé ou non). L'autre élément important qui peut engendrer la traite d'enfants, mais qui est passé sous silence par les normes spécifiques de protection contre la traite d'enfants, est la question de l'adoption d'enfants, susceptible dans certains cas, de camoufler la traite des enfants. En effet, certains cas d'adoptions internationales se sont révélés des réseaux de traite d'enfants (nous reviendrons plus tard sur cet aspect).

II- LES VIOLATIONS DES DROITS DE L'ENFANT ENGENDRÉES PAR LA TRAITE D'ENFANTS

La détermination des violations des droits engendrées par la traite d'enfant se fera non seulement à travers la définition donnée à la traite d'enfant, mais aussi à travers ses conséquences. Ainsi, nous aborderons dans ce paragraphe, d'une part, les violations des droits de l'enfant qui découlent de la traite d'enfant elle-même, et d'autre part, les mesures prises par ces conventions, en cas de violations.

A- LES VIOLATIONS ENGENDRÉES AU REGARD DES CONVENTIONS RELATIVES AUX DROITS DE L'ENFANT

Nous allons répertorier les violations engendrées par la traite d'enfant, au regard des normes internationales ci-après : la Convention des Nations unies relative aux droits de l'enfant, la Charte africaine des droits et du bien-être de l'enfant, la Convention n° 138 de l'OIT, et la Convention n° 182 de l'OIT, dans le tableau ci-dessous.

Relevons, au préalable, que la Convention des Nations unies relative aux droits de l'enfant et la Charte africaine des droits et du bien-être de l'enfant interdisent expressément la traite des enfants, respectivement en leurs articles, 35 et 29.

Tableau 2 : Quelques exemples de violations des droits de l'enfant au regard de certaines Conventions internationales

Les faits découlant de la traite d'enfant et leurs conséquences	**La Convention internationale relative aux droits de l'enfant**	**La Charte africaine des droits et du bien-être de l'enfant**	**La Convention n° 138 de l'OIT**	**La Convention n° 182 de l'OIT**
Déplacement illégal de l'enfant	Art.11, 21	Art.24		
Adoption illégale	Art.11	Art.24		
L'exploitation économique de l'enfant	Art.19, 31, 32, 34, 36	Art.12, 15, 21	Art.1, 3	Art.7 (a)
Violence exercée sur l'enfant	Art.119, 37	Art.15, 16		
Absence de scolarisation ou arrêt précoce.	Art.28	Art.11, 15	Art.2 (3)	Art.7 (c)
Absence de soins de santé	Art.3, 6, 24	Art.14	Art.3	Art.3
Absence de cadre familial adéquat	Art.18, 20	Art.18, 19, 20, 25		
Absence de protection sociale	Art.18, 19, 26, 39	Art.5, 16		Art.7 (b)

Face aux violations engendrées par la traite des enfants, quelle réponse apportent les Conventions ?

B- Les implications de la violation des droits contenues dans les Conventions

Les États parties aux Conventions internationales relatives aux droits de l'enfant sont tenus de respecter les obligations qui en découlent. Cependant, il arrive très souvent que ces obligations ne soient pas respectées, impliquant du coup leur violation. Il en va ainsi de la traite des enfants qui est la conséquence du non-accomplissement, ou de l'insuffisance du respect des obligations qui incombent aux États parties. Les principales normes prévoient, dans ces cas, des mesures pour amener les États parties à accomplir leurs obligations.

Ainsi, au niveau du système des Nations unies, on peut noter que la CDE a fait l'option d'un mécanisme non contentieux en cas de violation de la Norme. En effet, la CDE institue en son article 43, la création d'un Comité des droits de l'enfant, qui a pour mission principale de veiller à l'application de la CDE par les États parties. Il ressort des articles 43 à 45 de la convention que le Comité des droits de l'enfant, en cas de non-respect de la convention par un État partie, ne peut que lui faire des « suggestions » et des « recommandations ». Il en découle donc que le principal organe de suivi de la norme n'a pas de réel pouvoir de pression en cas de violation de cette dernière. Cette option du système des Nations unies sera sans doute l'une des faiblesses dans la mise en œuvre de la CDE, que nous aborderons avec plus de détails dans notre seconde partie.

Au plan régional, on note que le mécanisme africain de protection des droits de l'enfant s'aligne sur le mécanisme des Nations unies. En effet, de la même manière que la CDE, la Charte africaine des droits et du bien-être de l'enfant (CADBE) a fait l'option d'un mécanisme non contentieux, en cas de non-respect de la convention par les États parties. Ainsi, il est mis sur pied, à travers les articles 32 à 46, un Comité de surveillance de la CADBE. Le Comité, dénommé « Comité africain d'experts sur les droits et le bien-être de l'enfant »[188] a pour rôle de veiller à la mise en application de la Charte africaine, à travers une méthode de présentation de rapports périodiques par les États parties. Et tout comme le Comité de la CDE, le Comité de la CADBE ne peut faire que des recommandations aux États en cas de non-respect de leurs engagements au regard de la Charte.

---

[188] Article 32 de la Charte africaine des droits et du bien-être de l'enfant.

SECTION 2 : L'ÉVOLUTION DE L'ADOPTION DES NORMES INTERNES DE PROTECTION DES ENFANTS CONTRE LA TRAITE AU BÉNIN

Il découle de l'engagement des États aux conventions internationales de protection des droits de l'enfant, l'obligation de prendre toutes les mesures « législatives et administratives » nécessaires pour donner effet au contenu des normes. En effet, l'article 4 de la CDE dispose que « Les États parties s'engagent à prendre toutes les mesures législatives, administratives et autres qui sont nécessaires pour mettre en œuvre les droits reconnus dans la présente Convention. (…) ».[189] Par des mesures législatives, l'État partie adopte des normes internes, si besoin en est, pour s'acquitter de ses obligations au regard de la norme internationale ratifiée. À cet égard, nous nous proposons de passer en revue, dans cette section, les avancées réalisées par le Bénin. Nous examinerons d'une part, les normes à caractère général et d'autre part, les normes spécifiques qui entrent dans la protection des enfants contre la traite.

PARAGRAPHE 1. LES LOIS À CARACTÈRE GÉNÉRAL

Au titre des normes à caractère général, nous jetterons un regard sur le Code des personnes et de la famille et le Code du travail.

I- LE CODE DES PERSONNES ET DE LA FAMILLE

Jusqu'à l'adoption du Code des personnes et de la famille en 2004, le droit familial béninois était caractérisé par un dualisme juridique marqué par l'application du Code civil français et le Coutumier du Dahomey.[190] Si le régime du Code civil français ne posait apparemment pas de problèmes majeurs en ce qui concerne les droits de l'enfant, il n'en était pas de même

---

189 On peut également citer le cas de l'article 1 de la Charte africaine des droits et du bien-être de l'enfant « Les États membres de l'Organisation de l'Unité Africaine [actuel Union Africaine], parties à la présente Charte, reconnaissent les droits, libertés et devoirs consacrés dans la présente Charte, pour adopter toutes les mesures législatives ou autres nécessaires, conformément à leur procédures constitutionnelles et aux dispositions de la présente Charte, pour adopter toutes les mesures législatives ou autres nécessaires pour donner effet aux dispositions de la présente Charte. (…) » ; On peut également mentionner l'article 4 al.2 de la Convention 138 de l'OIT sur l'âge minimum et l'article 1er de la Convention 182 de l'OIT sur les pires formes du travail des enfants.

190 Le Coutumier du Dahomey était en effet une compilation des us et coutumes en cours au Dahomey pendant la période coloniale. Cette compilation réalisée par le colonisateur (la France) était réalisée dans presque toutes les colonies françaises et portait le titre : « Coutumiers Juridiques de l'Afrique Occidentale Française ».

pour le Coutumier du Dahomey. En effet, le Coutumier, qui était une compilation des pratiques traditionnelles en cours au Dahomey avant la colonisation, était en contradiction, sur plusieurs plans, avec les engagements de l'État béninois aux normes internationales relatives aux droits de l'enfant. Ainsi, dans certaines coutumes, les femmes ou les filles n'avaient pas le droit d'hériter ;[191] dans d'autres, la fille pouvait être fiancée ou mariée à l'âge de 10 ans.[192] À noter que le mariage était célébré dans la quasi-totalité des coutumes, sans le consentement des futurs époux.[193] Dans ces conditions, l'adoption du Code des personnes et de la famille fut l'occasion, pour le Bénin, de conformer son droit interne à ses engagements internationaux, notamment en ce qui concerne les droits de la femme et ceux de l'enfant.

A- La présentation du Code

La loi n°2002-07 du 24 août 2004, portant Code des personnes et de la famille a été adoptée par l'Assemblée nationale du Bénin le 14 juin 2004[194] et promulguée par le Président de la République le 24 août 2004. Elle comprend au total 1031 articles répartis en quatre livres :

- Livre premier : Des personnes (art. 1er à 112)
- Livre deuxième : La famille (art. 113 à 587)
- Livre troisième : Des successions (art. 588 à 961)
- Et livre quatrième : Application du Code dans l'espace et dans le temps et dispositions transitoires (art. 962 à 1031).

L'adoption du Code de la famille a permis l'harmonisation de l'état des personnes et de la famille, en tournant la page du dualisme juridique en cours jusqu'à son adoption. Des avancées ont été réalisées en ce qui concerne l'état de la femme mariée et de l'enfant (légitime ou non).

- Le livre premier du Code comprend deux titres dont le premier est intitulé « Des personnes physiques et morales ». Il comprend au total quatre chapitres qui abordent respectivement les conditions générales, les conditions de détermination des noms et prénoms de l'individu, les dispositions réglementant la détermination du domicile et enfin les

---

191 On peut par exemple se référer aux points 259 et 270 du Coutumier du Dahomey en annexe pour plus de détails.

192 Les points 42 et 60 du Coutumier sont édifiants sur ce point.

193 On peut se référer ici, aux points 68 à 75 du Coutumier.

194 Rappelons ici que le Code avait été voté une première fois par l'Assemblée nationale le 07 juin 2002 et a dû être revoté une seconde fois pour mise en conformité avec la Constitution (après la décision DCC 02-144 de la Cour constitutionnelle pour mise en conformité à la Constitution).

dispositions portant sur l'absence et la disparition de la personne. Le titre 2 du livre quant à lui, porte sur l'état civil et comprend au total sept chapitres qui abordent respectivement : les dispositions générales, les conditions d'établissement des actes de naissance, les conditions relatives aux actes de mariage, celles relatives à l'établissement des actes de décès, les aspects particuliers concernant l'état civil des militaires et autres, la question du livret de famille et enfin le dernier chapitre porte sur les décisions judiciaires en matière d'état civil.

- Le livre 2 du Code a directement trait à la famille et est le plus important de par son contenu. Il comprend au total sept titres, qui prennent en compte respectivement, la réglementation du mariage, la question du régime matrimonial, les conditions de la dissolution du mariage et de la séparation de corps, les règles qui gouvernent la filiation, la parenté et l'alliance, de l'autorité parentale et des incapacités.

- Quant au troisième livre, il comprend deux titres qui portent sur les règles qui gouvernent les successions, les donations entre vifs et les testaments.

- Enfin, le quatrième livre du Code énumère les règles d'application du Code dans l'espace et dans le temps et les dispositions transitoires.

B- La protection de l'enfant contre la traite

Le Code des personnes et de la famille ne protège pas directement les enfants contre la traite où des situations analogues. Néanmoins, la protection qu'elle offre à l'enfant peut participer indirectement à la protection des enfants contre ces pratiques. Par exemple, nous pouvons mentionner :

- La mise en conformité de la notion d'enfant dans le Code aux normes relatives aux droits de l'enfant. En effet, aux termes de l'article 459 du code, on retient que l'enfant est défini comme toute personne âgée de moins de 18 ans ;
- Au niveau des articles 119, 120, 341, 367, etc., on note que le Code prévoit la prise en compte de l'opinion de l'enfant ;
- Tous les enfants, fille comme garçon, ont droit à parts égales à la succession de leurs parents, et on note également qu'en matière de succession, aucune distinction n'est faite en ce qui concerne l'enfant légitime et l'enfant naturel. (art. 620).

Toutes ces dispositions en faveur de l'enfant peuvent participer à une meilleure prise en charge de l'enfant par ses géniteurs.

II- Le Code du travail

La traite des enfants, nous l'avons vu, engendre l'exploitation et le travail des enfants. Sous cet angle, le Code du travail, qui réglemente les conditions de travail, apparaît comme une norme essentielle qui pourrait, au plan interne, contribuer à limiter la traite des enfants.

La loi n°98-004 portant Code du travail au Bénin a été adoptée le 27 janvier 1998. Elle est applicable aux travailleurs, apprentis et employeurs exerçant leur activité professionnelle en République du Bénin (article 1er). Ainsi aborderons-nous dans ce point, les aspects du Code du travail susceptibles de protéger les enfants contre leur exploitation.

A- Les dispositions protégeant l'enfant

Quelques articles du Code ont retenu notre attention :

- Art. 3 : l'interdiction du travail forcé
- Art. 66 : interdiction d'être apprentis avant 14 ans
- Art. 166 : interdiction d'employer les enfants dans les entreprises avant l'âge de 14 ans
- Art. 167 : égalité de droits entre jeunes travailleurs et les adultes et obligation pour l'employeur de tenir un registre pour les employés de moins de 18 ans.

Parmi ces dispositions, nous retenons ici les articles 3, 66 et 166 qui nous semblent plus déterminants pour la lutte contre le travail et l'exploitation des enfants.

Selon l'article 3, « le travail forcé est un travail ou service exigé d'un individu sous la menace d'une peine quelconque et pour lequel ledit individu ne s'est pas offert de plein gré ».[195] À travers l'interdiction du travail forcé, aucun enfant ne devrait donc être contraint d'exécuter un travail. En ce qui concerne l'interdiction de l'apprentissage en dessous de 14 ans (l'article 66), notons que selon le code,

> « [l] e contrat d'apprentissage est celui par lequel un chef d'établissement industriel, commercial ou agricole, un artisan ou un façonnier s'oblige à donner ou à faire suivre une formation professionnelle méthodique et complète à une autre personne et par lequel celle-ci s'oblige, en retour, à se conformer aux instructions qu'elle recevra et à exécuter les ouvrages qui lui seront confiés dans le cadre de son apprentissage ».[196]

---

[195] Art. 3 al.2 du code du travail du Bénin.

[196] Article 64 du code.

La limitation de l'âge minimum d'apprentissage à 14 ans découlerait du fait qu'on considère que l'enfant doit avoir effectué son cursus scolaire au primaire avant d'accéder à l'apprentissage. En effet, la Constitution ayant rendu obligatoire l'enseignement primaire[197], cela suppose qu'aucun texte ne peut être en contradiction avec cette disposition. De même, selon l'article 2, para.3 de la Convention 138 de l'OIT à laquelle le Bénin est partie, « l'âge minimum (...) ne devra pas être inférieur à l'âge auquel cesse la scolarité obligatoire (...) » Cette disposition nationale s'harmonise donc avec la réglementation de la norme 138 de l'OIT.

Quant à l'article 166, il suit, dans une certaine mesure, la logique de l'article 66 du code. Cependant, nous devons relever que la convention n° 138 de l'OIT sur l'âge minimum d'accès à l'emploi, fixe à 15 ans l'âge minimum requis pour être employé.[198] Néanmoins, elle permet aux États parties, dont le système éducatif n'est assez développé, de fixer l'âge minimum d'accès à l'emploi à 14 ans.[199] Ainsi, nous pouvons avancer que ceci est en accord avec la disposition de la convention n° 138 de l'OIT.

B- Les implications

Au regard des dispositions du Code de travail abordées, l'emploi d'un enfant de moins de 14 ans, dans des travaux qui ne mettent pas en danger sa santé et son développement physique, sera considéré comme une violation de la loi ; il en est de même lorsqu'un enfant de moins 18 ans est employé dans des travaux qualifiés de dangereux ou lorsque l'enfant est contraint d'exercer un travail donné. Dès lors, les auteurs de ces violations devraient subir la rigueur de la loi. Mais cela suppose des dispositions pénales.

Le Code du travail a prévu en ses articles 295 à 312 les sanctions qui frappent la violation de ces dispositions. Ainsi, on note à l'article 303 que la violation de l'article 3 du code, c'est-à-dire le travail forcé, est sanctionnée d'une amende de 140 000 à 350 000 FCFA et d'un emprisonnement de deux mois à un an ou de l'une des deux peines mentionnées. De même, la violation de l'article 166 du Code est sanctionnée d'une amende de 14 000 à 70 000 FCFA et en cas de récidive, le montant de l'amende est de 70 000 à 140 000 FCFA. À travers les dispositions pénales prévues par le Code du travail, les pratiques en

---

[197] Aux termes de l'article 13 de la constitution de Bénin du 11 décembre 1990, l'enseignement primaire est obligatoire et actuellement il est gratuit.

[198] Art.2 para.3 convention n°138 OIT.

[199] Art.2 para.4 convention n°138 OIT.

violation de sa réglementation, à défaut d'être éradiquées, pourront au moins être sanctionnées. Ceci pourra dans une certaine mesure décourager les pratiques qui consistent à exploiter l'enfant, en violation du code.

Ceci étant, au-delà des normes à caractère général, le droit interne béninois dispose des normes spécifiques qui entrent dans la protection des enfants contre la traite dont la principale est la loi sur le déplacement des mineurs et la répression de la traite au Bénin.

PARAGRAPHE 2. LA LOI SUR LE DÉPLACEMENT DES MINEURS ET LA RÉPRESSION DE LA TRAITE DES ENFANTS AU BÉNIN

La loi portant déplacement des mineurs et répression de la traite des enfants au Bénin a été promulguée le 05 avril 2006. Elle a pour but, comme l'indique son titre, de réglementer le déplacement des mineurs mais surtout de réprimer la traite des enfants. Elle comprend au total 30 articles répartis en quatre chapitres. Nous l'abordons ici dans des aspects réglementant le déplacement des mineurs d'une part, et réprimant la traite des enfants, d'autre part.

I- LA RÉGLEMENTATION DU DÉPLACEMENT DE L'ENFANT

La réglementation des conditions de déplacement des mineurs est prise en compte par le deuxième chapitre de la loi, à travers les articles 7 à 13.

A- LES CONDITIONS DE DÉPLACEMENT

Il sera question ici, des conditions de déplacement sur le plan interne et sur le plan externe. Depuis l'entrée en vigueur de la loi en 2006, le déplacement interne et externe des mineurs est soumis à certaines conditions.

1- Le déplacement interne

Les articles ci-après posent les conditions de ce déplacement :

- l'article 7 : le déplacement d'un enfant sans ses parents ou sans la personne ayant autorité sur lui, est interdit lorsqu'il ne s'accompagne pas d'une « ... autorisation spéciale délivrée par l'autorité administrative compétente du lieu de résidence... » ;
- l'article 8 : la loi interdit à toute personne de recevoir un mineur de 18 ans dans un lieu autre que la résidence de ses parents, sans s'assurer de l'accomplissement des formalités administratives requises ;
- l'article 9 : il est interdit à tout enfant étranger non accompagné de ses parents biologiques ou de la personne ayant autorité sur lui et

n'ayant pas sur lui des documents indiquant son identité, sa provenance, sa destination et le motif de son voyage d'entrer sur le territoire de la République du Bénin ;

- à l'article 10 : l'entrée sur le territoire du Bénin est interdite à tout enfant accompagné d'une personne autre que celles prévues à l'article 9, si la personne ne dispose pas, en dehors des pièces requises à l'article 9, d'une pièce d'identité et d'autorisation écrite des parents de l'enfant.

2- Le déplacement externe

En ce qui concerne le déplacement externe des mineurs on note :

- à l'article 12, que le déplacement vers l'extérieur de tout enfant béninois, non accompagné de son père, de sa mère ou de la personne ayant autorité sur lui est conditionné par une autorisation spéciale délivrée par le maire du lieu de sa résidence ;
- et à l'article 13 que, lorsque l'enfant est accompagné de son père, de sa mère ou de la personne ayant autorité sur lui, la personne qui l'accompagne doit se munir d'un document établissant son identité et le lien qui l'unit à l'enfant.

B- LES IMPLICATIONS DES CONDITIONS DE DÉPLACEMENT DE L'ENFANT

Au regard des conditions requises pour le déplacement des enfants énumérées précédemment, nous avons retenu deux éléments dont le défaut pourrait constituer un non-respect de ces dispositions : la possession de pièce d'identité et les autorisations spéciales des autorités administratives.

1- La possession des pièces d'identité pour les parents et les enfants

Que l'enfant se déplace en compagnie de ses parents biologiques ou non, à l'intérieur ou à l'extérieur du territoire de la République du Bénin, la condition de la détention de documents établissant l'identité des parents et de l'enfant est requise. Cette condition qui, a priori peut paraître anodine et dont le respect ne devrait pas poser de problème, est loin d'être facile à remplir pour une grande partie de la population béninoise, notamment celle perçue comme étant plus exposée à la traite des enfants au Bénin. En réalité, la plupart des populations vivant dans les campagnes et villages du Bénin ne disposent pas de pièces d'identité,[200] et malgré les efforts du

[200] Sur ce plan, il faut noter que dans un passé récent, les zones rurales étaient caractérisées par les naissances hors des structures sanitaires, qui y étaient quasi-existantes. Depuis quelques années, la situation s'est assez améliorée, du fait de la dotation de ces zones en structures sanitaires publiques et privées, mais surtout avec la mise en place d'un

gouvernement béninois, ces dernières années, pour doter chaque citoyen d'un acte de naissance, l'objectif visé est loin d'être atteint. Dès lors, on peut se demander comment les parents, qui ne disposent pas de pièces d'identité, peuvent ne pas être en infraction, en cas de déplacement de leur enfant ou avec leur enfant.

Le législateur semble avoir perdu de vue cette réalité, non moins importante dans le contexte béninois. Ce faisant, la loi adoptée montre déjà une faiblesse pour son effectivité. Car, la majorité des populations vivant dans les villages et campagnes, ne disposant pas de pièces d'identité, ne pourra pas, dans la pratique, respecter ces conditions. Ce qui montre déjà que le respect des conditions de déplacement du mineur sera plus difficile pour cette catégorie de la population, qui est pourtant la plus concernée par la traite des enfants.

Outre la condition d'obtention de pièces d'identité, l'autorisation des autorités administratives, requise dans certains cas pour effectuer le déplacement de l'enfant, pose dans la pratique des problèmes.

2- L'autorisation des autorités administratives

Informer les autorités administratives des mouvements des mineurs, dans certaines conditions, ou accomplir certaines formalités au niveau de sa commune de résidence implique dans la pratique, la connaissance de la loi réglementant le déplacement des mineurs par les services concernés. Mais également, les services doivent être en mesure de délivrer les autorisations requises, lorsqu'un citoyen en fait la demande. Cet aspect, lors de nos recherches de terrain, a mis à jour l'ignorance, au niveau de certaines communes, de l'existence même de la loi et du rôle qui est le leur, en matière de déplacement des mineurs. En effet, hormis les mairies de Cotonou et de Porto-Novo, les responsables des communes visitées semblent ignorer leur rôle dans la mise en œuvre de la loi. Ce qui montre qu'au plan administratif, un travail important reste à faire, pour que les structures décentralisées soient outillées pour jouer le rôle que la loi leur a dévolu.

De même, nous avons relevé que certaines personnes, qui a priori devraient être mieux imprégnées du contenu de cette norme pour en informer les populations et les sensibiliser, ne comprennent pas forcément le contenu de la loi. Pour cause, nous avions relevé, au niveau de la commune de Cotonou, une demande d'autorisation de sortie du territoire

---

système d'enregistrement automatique des naissances au niveau des maternités publiques.

national par une dame, député de son état, qui voulait emmener son enfant en vacances en France où réside le père de celui-ci. La question que nous nous sommes posée était de savoir si elle avait besoin d'une autorisation de la mairie pour sortir du territoire national avec son enfant. En nous référant à la loi, telle n'est pas notre compréhension de la réglementation sur le déplacement du mineur hors du territoire national. En effet, il est effectivement requis une autorisation de sortie du mineur du territoire national, mais seulement, lorsque le déplacement ne s'effectue pas en compagnie du père, de la mère ou de la personne ayant autorité sur le mineur (art.12). Lorsque le déplacement du mineur s'effectue en compagnie de l'une des trois personnes susmentionnées, la détention d'un document établissant l'identité de l'enfant et le lien qui le lie à la personne suffit. (Art. 13).

II- La répression de la traite des enfants et des éléments qui la sous-tendent

La question de la répression de la traite est abordée dans le troisième chapitre de la loi, et ceci à travers les articles 14 à 27. L'une des particularités de la loi en ce qui concerne la répression de la traite des enfants est le durcissement de l'infraction. En effet, la traite, aux termes de la loi, est considérée comme un crime.

A- L'aspect pénal de la loi

Nous passerons en revue dans ce point, les dispositions pénales et les implications de l'aggravation de la loi pénale en matière de traite.

1- L'aperçu des dispositions pénales

Il ressort des dispositions pénales les points essentiels suivants :

- Art. 21, « Quiconque s'est livré à la traite est puni de la réclusion à temps de dix (10) ans à vingt (20) ans ». En cas de circonstances aggravantes[201] à la traite des enfants, les coupables sont passibles de la réclusion criminelle à perpétuité. Il en est de même lorsque l'enfant n'a pas été retrouvé avant le prononcé de la condamnation ou si l'enfant est retrouvé mort (art.21 al.2 et 3)

[201] Le recours à la menace, à la force, à l'enlèvement, à la fraude, à la tromperie, à l'abus d'autorité, à l'offre ou l'acceptation de payement ou d'avantage pour obtenir le consentement de l'enfant ou d'une personne ayant autorité sur lui… aux fins de son exploitation (art.23) constituent des circonstances aggravantes. Il en est de même que les voies de faits, la privation d'aliment et de soins, les coups et blessures volontaires, le viol, l'attentat à la pudeur ou à la mendicité d'un enfant (art. 24).

- Art. 16 « Le père ou la mère qui, sciemment, a transporté et/ou a remis son enfant en vue de la traite de celui-ci ou qui a aidé d'une façon quelconque le trafiquant, encourt un emprisonnement de six (6) mois à cinq (5) ans. »

- Art. 17 « Quiconque a déplacé, tenté de déplacer ou accompagné un enfant pour une destination située en République du Bénin hors de la résidence de son père et/ou de sa mère ou de la personne ayant autorité sur lui, sans accomplir les formalités administratives requises est puni d'un emprisonnement d'un (1) an à trois (3) ans et d'une amende de cinquante mille (50 000) francs à cinq cent mille (500 000) francs. »

- Art. 18 « Quiconque a déplacé, tenté de déplacer ou accompagné hors du territoire de la République du Bénin, un enfant autre que le sien ou sur lequel il a autorité sans accomplir les formalités administratives en vigueur, est puni d'un emprisonnement de deux (02) ans à cinq (05) ans et d'une amende de cinq cent mille (500.000) francs à deux millions cinq cent mille (2.500.000) francs. ». Les peines prévues à l'article 18 s'appliquent également à toute personne qui accompagne un ou plusieurs enfants de nationalité étrangère, retrouvée sur le territoire de la République du Bénin alors qu'elle n'y a pas sa résidence habituelle, sans accomplir les formalités requises à l'article 10 de la loi (art.19). Aussi, le transporteur d'un enfant non muni des documents requis, écope des peines prévues aux articles 17 et 18 selon la destination de l'enfant.

- Est également punie d'une amende de dix mille (10 000) francs à cinquante mille (50 000) francs, toute personne ayant connaissance du déplacement frauduleux d'un enfant et qui ne le dénonce pas aux autorités administratives, territorialement compétentes ou à l'officier de police judiciaire le plus proche. (art.20)

- Art. 22 « Quiconque emploie sciemment la main-d'œuvre d'un enfant provenant de la traite, quelle que soit la nature du travail, est puni d'une amende de cinq cent mille (500 000) francs à cinq millions (5 000 000) francs et d'un emprisonnement de six (06) mois à vingt-quatre (24) mois ou de l'une de ces deux peines seulement. »

On relève également à l'article 26, que la tentative des infractions prévues dans la loi, est punissable de la même peine que l'infraction consommée, et à l'article 27, que les complices des infractions visées dans la loi sont punissables des mêmes peines que celles prévues pour les auteurs, et en cas de récidive, la peine prévue est portée à son double (art.25).

2- L'aggravation de la répression de la traite au Bénin

Avant l'adoption de la loi 2006-04 portant conditions de déplacement des mineurs et de la traite d'enfant en République du Bénin, le déplacement des mineurs et la répression de la traite étaient régis par la loi n°61-20 du 5 juillet 1961 relative au déplacement des mineurs de 18 ans au Dahomey (Bénin) et son décret d'application n° 95-191 du 24 juin 1995. À travers les peines requises conformément à ladite loi, la traite était considérée comme un délit. En effet, les peines d'emprisonnement requises n'excédaient pas 10 ans.[202] Mais au regard de la nouvelle loi, les peines requises en cas de traite d'enfant, comme nous l'avons mentionné, sont de 10 ans à 20 ans (art.21, al. 1er), et en présence de circonstances aggravantes, l'auteur de traite d'enfant écope de la réclusion à perpétuité (art.21 al.2). Il en découle donc que le législateur a voulu faire passer l'infraction de traite de délit à crime.[203]

B- Les implications des peines

La répression des déplacements illégaux de mineurs et la traite d'enfants a pour finalité la protection du mineur de 18 ans, à travers la protection de ses droits et la répression des personnes qui commettent des abus à son égard. Sous cette perspective, l'application de la loi doit permettre une protection effective du mineur. Cependant, s'il ne fait aucun doute que les parents ont, à titre principal, l'obligation d'assurer la protection de leur enfant, il arrive malheureusement, plus souvent qu'on ne le croit, des cas où les enfants sont victimes des abus de la part de leurs parents. Dans ce cas, il appartient à l'État d'assurer leur protection, même contre leurs parents si nécessaire.

1- La nécessité d'une protection de remplacement pour l'enfant victime de traite

Selon la loi 2006-04, « Le père ou la mère qui, sciemment, a transporté et/ou a remis son enfant en vue de traite de celui-ci ou qui a aidé, d'une façon quelconque le trafiquant, encourt un emprisonnement de six (06)

[202] Le délit est en effet défini comme une infraction dont l'auteur est puni de peines correctionnelles, n'excédant pas 10 ans d'emprisonnement pour les personnes physiques, voir, entre autres, les articles. 111-1, 131-3, 131-37 du code pénal français.

[203] Le crime est considéré comme une infraction de droit commun qui sanctionne les personnes physiques de la réclusion ou de la détention à temps ou à perpétuité. Les peines criminelles ne peuvent être inférieures à 10 ans d'emprisonnement.

mois à cinq (05) ans. » (art.16). De même, « Les complices des infractions visées dans la présente loi sont punis des mêmes peines que celles prévues pour les auteurs » (art.27). Dans deux articles, les parents de l'enfant peuvent être amenés à être incarcérés. En effet, dans la plupart des cas de traite présumés, les parents sont impliqués puisqu'ils confient eux-mêmes leur enfant. Dès lors, soit ils apparaissent comme auteurs, aux termes de l'article 16 ou soit comme complices aux termes de l'article 17. Dans ces cas, qui aura la charge de l'enfant pour lui prodiguer les soins nécessaires ?

Il est de la responsabilité de l'État de prendre des mesures administratives, éducatives et sociales pour protéger les enfants victimes, entre autres, de mauvais traitements et d'exploitation.[204] De même, l'État a la responsabilité de prévoir une protection de remplacement pour l'enfant privé de son milieu familial.[205] Ainsi, il apparaît que, dans le cas de traite d'enfant, l'État a un rôle à jouer pour une protection effective de l'enfant.

2- Une protection non abordée par la loi

Malheureusement la loi 2006-04, qui a l'avantage de prévoir des dispositions pénales plus rigoureuses concernant le déplacement illégal des mineurs et la répression de la traite des enfants au Bénin, a ignoré l'un des aspects essentiel qui pourrait contribuer à la protection effective des mineurs : la réglementation de la protection de remplacement de l'enfant victime de traite qui ne peut-être réinséré à moyen ou à long terme dans sa famille et les mesures sociales. La loi s'est juste limitée à envisager, en son article 14 alinéa 2, que l'enfant retrouvé seul, hors de la résidence de ses parents et qui tente de se soumettre à l'exploitation soit confié à une institution de protection des droits de l'enfant.

Dans le contexte béninois, cela suppose des institutions non gouvernementales de protection des droits de l'enfant, puisque jusqu'à ce jour, il n'existe aucune institution publique en mesure de recueillir ces enfants, hormis le centre de la brigade de protection des mineurs, dont le fonctionnement et le financement dépendent des organisations non gouvernementales, notamment de l'UNICEF, qui n'est en fait qu'un centre de transit.

Ainsi, l'omission de la réglementation de la protection de remplacement dont les pouvoirs publics sont responsables apparaît comme une manière d'occulter la responsabilité de l'État en ce qui concerne la prise en charge des enfants victimes de traite. Malheureusement l'insuffisance de la

---

[204] Art. 19 de la Convention des Nations unies relative aux droits de l'enfant.

[205] Art. 20, Convention, *op. cit.*

réglementation de la protection de remplacement sera, comme nous le verrons dans la seconde partie de ce travail, l'une des causes liées à l'inefficacité de la loi en matière de répression de la traite des enfants au Bénin.

En somme, le Bénin, à la faveur de ses engagements aux normes internationales relatives aux droits de l'enfant, a fait des efforts allant dans le sens de l'adoption de normes internes de protection des droits de l'enfant en général, mais aussi en matière de protection des enfants contre la traite et ses corollaires.

À travers ce chapitre, nous avons vu aussi que l'option du monisme avec suprématie de la norme internationale sur celle interne, opérée par le constituant béninois, favorise également la validité des normes internationales relatives aux droits de l'enfant ratifiées sur le territoire béninois. Ainsi, une fois les conditions constitutionnelles remplies, le juge interne doit être en mesure d'appliquer ces normes le cas échéant, afin de faire respecter les engagements pris par l'État et dont il est redevable face aux bénéficiaires, que sont les enfants.

Dès lors, il importe de prendre connaissance de la pratique du juge béninois en matière d'application des normes internationales relatives aux droits de l'enfant. Quelle est la position du juge interne en matière de mise en œuvre de ces normes ? Ce sont là les points que nous aborderons dans le second titre de cette première partie.

TITRE 2

L'INFLUENCE DES CONVENTIONS RELATIVES AUX DROITS DE L'ENFANT SUR LES MÉCANISMES INTERNES DE PROTECTION DES ENFANTS CONTRE LA TRAITE AU BÉNIN

À travers l'engagement de l'État béninois aux conventions internationales relatives aux droits de l'enfant, on peut concevoir sa foi en ces droits qui y sont promus et proclamés d'une part, et sa volonté de les mettre en œuvre sur son territoire, d'autre part. Il découle de l'engagement de l'État l'obligation de respect des conventions ratifiées sur son territoire. Or l'efficacité de la mise en œuvre des normes ratifiées dans le droit interne de l'État dépendra de la qualité de son système de protection. Nous entendons par système de protection l'ensemble des organes juridictionnels et administratifs mis en place par l'État et dont le bon fonctionnement lui permettra à terme, d'accomplir ses obligations au regard des Conventions internationales ratifiées. Ainsi, comme l'État partie a pour obligation de prendre toutes les mesures nécessaires pour mettre en œuvre les droits reconnus aux enfants par les Conventions internationales ratifiées, c'est-à-dire assurer leur effectivité au plan interne[206], il va sans dire que l'engagement de l'État béninois au plan international influera sur son système interne de protection.

Dès lors, la question se pose de savoir quelle est l'influence des normes internationales relatives aux droits de l'enfant sur le mécanisme interne de protection des droits de l'enfant au Bénin. Pour apporter un éclairage sur cet aspect, nous aborderons dans un premier chapitre le rôle des organes juridictionnels dans l'application des normes relatives aux droits de l'enfant par le juge interne au Bénin, ensuite nous aborderons la question de l'influence des normes relatives aux droits de l'enfant sur la mise en place des organes administratifs, susceptibles de renforcer la protection des droits de l'enfant au Bénin.

---

[206] Voir sur ce point, les articles 2 et 4 de la Convention des Nations unies relatives aux droits de l'enfant, et l'article 1 de la Charte africaine des Droits et du Bien-être de l'Enfant, en ce qui concerne les obligations de l'État.

CHAPITRE 1

LE RÔLE DES ORGANES JURIDICTIONNELS ET LA POSITION DU JUGE BÉNINOIS FACE À L'APPLICATION DES CONVENTIONS

Un organe s'entend d'une institution chargée de faire fonctionner une catégorie déterminée de service.[207] Quant à la juridiction, elle a trait au pouvoir de juger, de rendre justice.[208] Ainsi, en parlant d'organes juridictionnels, nous faisons allusion aux institutions béninoises qui ont compétence pour statuer ou juger en matière de droits de l'enfant. Dans le même temps, l'on ne saurait dissocier le rôle du juge du fonctionnement de l'organe juridictionnel. Ainsi, aborder la question du rôle du juge interne nous permet d'avoir une vue globale sur la mission dévolue aux organes juridictionnels et leur pratique dans l'accomplissement de leur mission. Pour ce faire, nous abordons dans ce chapitre le rôle dévolu aux organes juridictionnels dans un premier temps, pour ensuite nous focaliser sur la pratique du juge béninois en matière d'application des normes internationales relatives aux droits de l'enfant.

SECTION 1 : LE RÔLE DES ORGANES JURIDICTIONNELS INTERNES DANS LA PROTECTION DES ENFANTS CONTRE LA TRAITE

Il s'agit pour nous d'aborder ici le rôle que jouent les juridictions béninoises dans la mise en œuvre des normes relatives aux droits de l'enfant.

Aux termes de l'article 125 de la Constitution béninoise du 11 décembre 1990, « le pouvoir judiciaire est indépendant du pouvoir législatif et du pouvoir exécutif. Il est exercé par la Cour Suprême, les cours et tribunaux créés conformément à la présente Constitution ». En

[207] Dictionnaire (2008). *Le Nouveau Robert de la langue française.*
[208] *Ibid.*

général, lorsqu'on parle d'organes juridictionnels, on distingue entre l'ordre administratif (les tribunaux administratifs), et l'ordre judiciaire (tribunaux répressifs, et tribunaux civils).[209] Mais dans le contexte béninois, la juridiction constitutionnelle, qui ne fait partie ni de l'un ni de l'autre, apparaît comme un organe qui joue un rôle déterminant dans la protection des droits humains en général.

Ainsi aborderons-nous successivement le rôle que peut jouer la Cour constitutionnelle en matière de protection des droits de l'enfant et l'étude des juridictions de l'ordre judiciaire et de l'ordre administratif.

PARAGRAPHE 1. QUEL RÔLE POURRAIT JOUER LA COUR CONSTITUTIONNELLE DANS LA PROTECTION DES DROITS DE L'ENFANT AU BÉNIN ?

Au regard de ses prérogatives constitutionnelles, la juridiction constitutionnelle joue un rôle déterminant en matière de protection des droits humains en général. En effet, comme nous l'avons maintes fois mentionné, elle a pour rôle, aux termes de l'article 114 de la Constitution béninoise du 11 décembre 1990, de garantir « *[...] les droits fondamentaux de la personne humaine et les libertés publiques* ». De même, on relève au niveau de l'article 117 que la Cour constitutionnelle a pour obligation de statuer sur : « la Constitutionnalité des lois et des actes réglementaires censés porter atteinte aux droits fondamentaux de la personne humaine et aux libertés publiques et en général, sur la violation des droits de la personne humaine ». Il découle de tout ceci que les droits humains occupent une place privilégiée dans la Constitution du 11 décembre 1990 et de ce fait, la cour constitutionnelle apparaît comme un organe clé en matière de protection des droits humains.

I- LA PLACE PRIVILÉGIÉE DES DROITS HUMAINS DANS LA CONSTITUTION BÉNINOISE DU 11 DÉCEMBRE 1990

On note dès le préambule de la Constitution béninoise que le constituant accorde une place privilégiée aux droits humains. Car il y affirme l'attachement du peuple béninois :

> [...] aux principes de la démocratie et des droits de l'Homme, tels qu'ils ont été définis par la Charte des Nations unies de 1945 et la Déclaration Universelle des Droits de l'Homme de 1948, la Charte africaine des Droits de l'Homme et des peuples adoptée en 1981 par l'Organisation

[209] (2007). *Lexique des termes juridiques*. Paris : Dalloz

de l'Unité africaine, ratifiée par le Bénin le 20 janvier 1986, et dont les dispositions font partie intégrante de la présente Constitution et du droit béninois et ont une valeur supérieure à la loi interne.[210]

Dans le même temps, il réaffirme l'importance des droits humains dans le corps même de la Constitution, allant jusqu'à intégrer tous « les droits et devoirs proclamés et garantis par la Charte Africaine des Droits de l'Homme et des Peuples » dans la Constitution.[211]

A- Les droits humains abondamment proclamés dans la Constitution béninoise

Il est courant aujourd'hui de constater une mise en valeur des droits humains dans les Constitutions, notamment africaines. En effet, depuis l'avènement des processus démocratiques, plusieurs Constitutions montrent le caractère fondamental des droits humains et leur attachement à ces droits. Par exemple on peut lire dans le préambule de la Constitution du Sénégal que :

> Le Peuple du Sénégal souverain, [...] ;
> AFFIRME :
> son adhésion à la Déclaration des Droits de l'Homme et du Citoyen de 1789 et aux instruments internationaux adoptés par l'Organisation des Nations unies et l'Organisation de l'Unité Africaine, notamment la Déclaration Universelle des Droits de l'Homme du 10 décembre 1948, la Convention sur l'élimination de toutes les formes de discrimination à l'égard des femmes du 18 décembre 1979, la Convention relative aux Droits de l'Enfant du 20 novembre 1989 et la Charte Africaine des Droits de l'Homme et des Peuples du 27 juin 1981 ; [...][212] ;

et dans la Constitution du Mali, on peut également lire :

> Le peuple souverain du Mali, [...]
> - proclame sa détermination à défendre les droits de la Femme et de l'Enfant [...] ;
> - souscrit à la Déclaration Universelle des Droits de l'Homme du 10 décembre 1948 et à la Charte Africaine des Droits de l'Homme et des Peuples du 27 juin 1981 [...].[213]

---

[210] Paragraphe 7 du préambule de la loi n° 90-32 du 11 décembre 1990 portant Constitution de la République du Bénin. Version éditée par Firmin Medenouvo, Cotonou, Présence béninoise, 2004.

[211] Art. 7 Constitution Bénin 1990 *op. cit.*

[212] Constitution de la République du Sénégal du 22 janvier 2001.

[213] Décret n°92-0731 P-CTSP, portant promulgation de la constitution du Mali.

Au Bénin, hormis l'attachement aux droits humains du peuple béninois mentionné dans le préambule, la Constitution a consacré tout un titre, notamment le Titre II, aux « droits et devoirs de la personne humaine ». À travers ce titre, plusieurs droits sont consacrés pour protéger l'être humain en général et l'enfant en particulier. Tel est le cas par exemple de l'article 7 à travers lequel la Constitution prend en compte tous les droits et devoirs proclamés et promus par la CADHP[214]. Il en est de même de l'article 12 à travers lequel l'État et les collectivités publiques garantissent l'éducation des enfants et créent les conditions favorables à cette fin, ainsi que de l'article 13 à travers lequel l'État a l'obligation d'assurer progressivement la gratuité de l'enseignement public. Cette remarque est aussi valable pour l'article 15 à travers lequel tout individu a droit à la vie, à la liberté, à la sécurité et à l'intégrité de sa personne. Enfin, on peut dire la même chose de l'article 18 à travers lequel nul ne sera soumis à la torture, ni à des sévices ou traitements cruels, inhumains ou dégradants, et de l'article 26 à travers lequel l'État doit protéger particulièrement la mère et l'enfant.

Dès lors, l'importance des droits humains en général et ceux des enfants en particulier, dans le droit positif béninois ne fait plus aucun doute. Mais le constituant béninois de 1990 ne s'arrête pas seulement là. Il va plus loin en prenant en compte l'intégralité de la CADHP dans la Constitution. C'est dire qu'aujourd'hui, les États africains ont conscience de l'importance du respect des droits humains, du moins théoriquement, et la République du Bénin le montre si bien.

B- La constitutionnalisation de la Charte africaine des droits de l'homme et des peuples

Dans un pays de tradition moniste de l'option de l'introduction du droit international en droit interne, comme le Bénin, la ratification et la publication au *Journal Officiel* de la Charte africaine des Droits de l'Homme et des Peuples auraient suffi pour consacrer la validité interne de la Charte. Il en est de même du renvoi à la Charte dans le préambule de la Constitution. Car plusieurs jurisprudences constitutionnelles auxquelles le constituant renvoie dans le préambule ont consacré le caractère constitutionnel des droits de l'Homme.[215] Mais le constituant béninois, après avoir affirmé dans le préambule de la Constitution que « [...] la

---

[214] Charte africaine des Droits de l'Homme et des Peuples.

[215] Rappelons ici la décision n°71-44 DC du 16 juillet 1971 du Conseil constitutionnel français, portant sur la liberté d'association, J.O du 18 juillet 1971, p. 7114 et Rec., p.29. Voir aussi, Claudia SCIOTTI-LAM, *L'applicabilité des traités internationaux relatifs aux droits de l'Homme en droit interne, op. cit.*, p. 257 et suivantes.

Charte Africaine des Droits de l'Homme et des Peuples adoptée en 1981 par l'Organisation de l'Unité Africaine, ratifiée par le Bénin le 20 janvier 1986 et dont les dispositions font partie intégrante de la Présente Constitution », reviendra une fois de plus sur le principal instrument de protection des droits humains en Afrique dans la Constitution. En effet, à travers l'article 7 de la Constitution, le constituant n'a voulu laisser aucune place au doute sur la constitutionnalité de tous les droits reconnus par la Charte africaine des Droits de l'Homme et des Peuples en stipulant : « Les droits et devoirs proclamés et garantis par la Charte Africaine des Droits de l'Homme et des Peuples, adoptée en 1981 par l'Organisation de l'Unité Africaine et ratifiée par le Bénin le 20 janvier 1986 font partie intégrante de la présente Constitution et du droit béninois. »

Dès lors, le caractère constitutionnel des droits promus et protégés par la Charte africaine s'impose à tous dans le système juridique interne de protection des droits humains. À travers cela le constituant met, à titre principal, la protection des droits humains à la discrétion de l'organe constitutionnel béninois.

II- UN ORGANE CLÉ DU MÉCANISME DE PROTECTION DES DROITS DE L'ENFANT AU BÉNIN

Outre la prise en compte de l'intégralité de la CADHP dans la Constitution, nous avons précédemment relevé que la Constitution du Bénin met l'accent sur la protection des droits de l'enfant.[216] Ainsi, à travers les compétences reconnues à la Cour par la Constitution, l'organe constitutionnel apparaît comme un organe clé dans la protection des droits de l'enfant. En effet, en dehors de ses obligations qui découlent de l'article 117 de la Constitution, précédemment mentionné, elle doit également se prononcer « d'office sur la constitutionnalité des lois et de tout texte réglementaire censés porter atteinte aux droits fondamentaux de la personne humaine et aux libertés publiques […] ». Il en découle que la Cour constitutionnelle du Bénin peut jouer un rôle déterminant dans la protection des droits humains en général et par là même dans celle des droits de l'enfant.

[216] Nous nous référons ici aux articles 12, 13 et 26 de la Constitution du Bénin du 11 décembre 1990.

A- Le contrôle de constitutionnalité des normes : une attribution de la Cour qui pourrait limiter la violation des droits de l'enfant

Au regard de ses prérogatives, le contrôle de constitutionnalité des lois apparaît comme la principale activité de la Cour constitutionnelle du Bénin.[217] Dans son rôle de garant de la conformité des normes à la Constitution, le constituant béninois a posé deux procédés à la juridiction constitutionnelle : le contrôle a priori et le contrôle a posteriori.

Le contrôle a priori, au Bénin, peut se décliner en contrôle obligatoire et systématique et en contrôle facultatif.[218] Le contrôle obligatoire et systématique porte sur les lois organiques. Pour J.-P. CAMBY, « la notion de loi organique recoupe deux idées : il s'agit à la fois d'une loi qui a trait aux, "organes de l'État", cette définition étymologique semble évidente, et d'un texte pris pour l'application de la constitution ».[219] Mais certaines lois sont indissociables de la notion de loi organique, il s'agit des lois qui viennent compléter l'organisation institutionnelle posée par la Constitution ou qui viennent préciser leurs modalités de fonctionnement.[220] Au Bénin, ce contrôle trouve son fondement dans l'article 123 de la Constitution qui dispose : « Les lois organiques avant leur promulgation, les Règlements intérieurs de l'Assemblée nationale, de la Haute Autorité de l'Audiovisuel et de la Communication et du Conseil économique et social avant leur mise en application, doivent être soumis à la Cour constitutionnelle qui se prononce sur leur conformité à la Constitution. » En ce qui concerne le contrôle a priori facultatif, il porte sur les lois ordinaires et s'opère sur l'initiative du Président de la République ou de tout membre du parlement, avant la promulgation de la loi. Il trouve son siège à l'article 121 de la Constitution.

Quant au contrôle de constitutionnalité a posteriori, il s'opère après l'entrée en vigueur de la norme. Il s'effectue par saisine directe de la Cour

---

[217] Hormis ce principal rôle, la Cour constitutionnelle du Bénin, doit veiller à la régularité des élections présidentielles et statuer, en cas de contestation, sur la régularité des élections législatives (art. 117 de la Constitution).

[218] AIVO, Fréderic Joël (2006). *Le Juge constitutionnel et l'État de droit en Afrique. L'exemple du modèle béninois.* Paris : L'Harmattan. p.136 et suivantes.

[219] CAMBY, J.-P. (2007). « La loi organique dans la Constitution de 1958 », cité par M. M. MBORANTSUO, « La contribution des Cours constitutionnelles à l'État de droit en Afrique ». Paris : Economica. p. 108.

[220] MBORANTSUO, Marie-Madeleine (2007). *La Contribution des Cours constitutionnelles à l'État de droit en Afrique.* Paris : Economica. p. 108.

constitutionnelle par tout citoyen ou par la procédure d'exception d'inconstitutionnalité invoquée devant une juridiction.[221]

Que l'on soit dans le contrôle a priori ou a posteriori, la Cour constitutionnelle doit veiller à la conformité, à la Constitutionnalité, des lois qui lui sont soumises. Cela implique, naturellement, qu'elle veille à la conformité des lois avec la Charte africaine des Droits de l'Homme et des Peuples, qui fait partie du bloc de constitutionnalité au Bénin. Dès lors, le contrôle de constitutionnalité des lois apparaît comme un moyen d'assurer le respect des droits humains au Bénin. Car en cas de non-conformité constatée par la Cour, la loi en cause, dans ses dispositions, doit être rendue conforme à la Constitution avant son entrée en vigueur, contrôle a priori, ou caduque, contrôle a posteriori.

Ajoutons aussi que dans ce rôle de contrôle de constitutionnalité, le constituant béninois a réservé une place de choix aux droits humains. Il impose que la Cour « [...] se prononce d'office sur la constitutionnalité des lois et de tout texte réglementaire censés porter atteinte aux droits fondamentaux de la personne humaine et aux libertés publiques. Elle statue généralement sur les violations des droits de la personne humaine et sa décision doit intervenir dans un délai de huit jours ».[222]

Dans un contexte de valorisation des droits humains dans la Constitution, le contrôle de constitutionnalité des lois, nous venons de le voir, est une étape importante dans le respect des droits humains en général, mais également des droits de l'enfant. Mais au Bénin, le souci d'une protection constitutionnelle des droits humains va plus loin : la libéralisation de la saisine de l'organe constitutionnel.

B- L'ACCESSIBILITÉ DES PARTICULIERS À LA COUR CONSTITUTIONNELLE : UN ATOUT POUR LE RESPECT DES DROITS DE L'ENFANT

« La saisine [de la Cour constitutionnelle du Bénin] n'est réservée ni à la classe politique ni à l'élite nationale »,[223] elle est ouverte à tout citoyen. C'est en effet, l'une des particularités de la Constitution du 11 décembre 1990. Elle est matérialisée à l'article 122 de la Constitution qui dispose : « Tout citoyen peut saisir la Cour Constitutionnelle sur la constitutionnalité des lois, soit directement, soit par la procédure de l'exception

221 V. article 122 de la Constitution.

222 Article 121 al. 2 de la Constitution. Cependant un aperçu des décisions rendues par la Cour constitutionnelle révèle que ce délai, dans la pratique, n'est souvent pas respecté.

223 AIVO, Frédéric J. « *Le juge constitutionnel et l'État de droit en Afrique. L'exemple du modèle béninois* », *op cit,*. p. 136.

d'inconstitutionnalité invoquée dans une affaire qui le concerne devant une juridiction. […] ».

À la lecture de cette disposition, on s'aperçoit que la Constitution du Bénin va à contresens de la plupart des Constitutions des États de l'Afrique francophone. En effet, dans les Constitutions des pays comme : le Burkina Faso, le Mali, le Sénégal, le Niger, le Togo, pour ne citer que ceux-là, la saisine des Cours ou Conseils constitutionnels est limitée. Ainsi note-t-on dans les Constitutions de ces pays que la saisine directe est réservée à certaines autorités politiques. Tel est le cas de l'article 157 de la Constitution du Burkina Faso,[224] de l'article 88 de la Constitution du Mali,[225] de l'article 112 de la Constitution du Niger,[226] et de l'article 104 de la Constitution du Togo.[227] Ces Constitutions ne favorisent l'accès du particulier à l'organe constitutionnel que de façon indirecte : par voie d'exception d'inconstitutionnalité, c'est-à-dire au cours d'une instance, pendant un procès auquel le demandeur est partie. C'est le cas par exemple

224 Selon l'article 157 de la Constitution du Burkina, le Conseil constitutionnel, qui est chargé aux termes de l'article 152 de la Constitution du contrôle de constitutionnalité des lois, ne peut être saisi que par le Président de la République, le Premier ministre, le Président de l'Assemblée nationale, le Président de la Chambre des Représentants, et un cinquième au moins des membres de l'Assemblée nationale.

225 L'article 88 de la Constitution du Mali, dispose dans ce cadre que : « Les lois organiques sont soumises par le Premier Ministre à la Cour Constitutionnelle avant leur promulgation. Les autres catégories de lois, avant leur promulgation, peuvent être déférées à la Cour Constitutionnelle soit par le Président de l'Assemblée Nationale ou un dixième des députés, soit par le Président du Haut Conseil des Collectivités ou un dixième des Conseillers Nationaux, soit par le Président de la Cour Suprême. »

226 Aux termes de l'article 112 de la Constitution du Niger, « Les lois organiques, avant leur promulgation et le règlement intérieur de l'Assemblée nationale, avant sa mise en application, doivent être soumises à la Cour Constitutionnelle qui se prononce sur leur conformité à la Constitution. Aux mêmes fins, les lois peuvent être déférées à la Cour Constitutionnelle, avant leur promulgation, par le Président de la République, le Président de l'Assemblée nationale, ou un dixième (1/10) des Députés. […] »

227 Il est en effet stipulé à l'article 104 alinéa 2 de la Constitution de la République togolaise que « Les lois peuvent, avant leur promulgation, lui être déférées par le Président de la République, le Premier Ministre, le Président de l'Assemblée Nationale ou un cinquième des membres de l'Assemblée Nationale. »

des dispositions de l'article 113 alinéa 1 de la Constitution du Niger,[228] de l'article 104 alinéa 4 de la Constitution du Togo.[229]

Au regard de ce qui précède, la Cour constitutionnelle du Bénin est sans doute l'une des plus ouvertes et faciles d'accès en Afrique francophone en matière de saisine directe par les particuliers. De ce fait, la juridiction constitutionnelle béninoise est prise d'assaut par les citoyens soucieux de la protection de leurs droits. Ainsi relève-t-on que la Cour a rendu, en matière de contrôle de constitutionnalité, pas moins de 2076 décisions entre 1991 et 2011.[230]

À côté de l'organe constitutionnel, les juridictions de droit commun sont elles aussi appelées à jouer un rôle dans la protection des droits de l'enfant.

PARAGRAPHE 2. LE RÔLE DES JURIDICTIONS DE DROIT COMMUN DANS LA PROTECTION DES ENFANTS CONTRE LA TRAITE

Le pouvoir judiciaire au Bénin est exercé par la Cour suprême, les Cours et Tribunaux[231]. Ainsi, il appartient à ces organes de dire le droit et de rendre justice aux citoyens dont les droits viendraient à être violés, conformément aux lois en vigueur. Dans ce rôle, les juridictions de droits communs doivent œuvrer pour le respect et la protection des droits de l'enfant en général mais encore plus pour leur protection contre la traite, qui est prohibée par des normes internes et internationales en vigueur au Bénin.

Pour mieux appréhender le rôle des juridictions, nous allons distinguer d'une part, le rôle des juridictions administratives et d'autre part, celui des juridictions civiles et pénales.

---

[228] L'alinéa 1 de cet article 103 stipule que « Toute personne partie à un procès peut soulever l'inconstitutionnalité d'une loi devant toute juridiction par la voie d'exception. Celle - ci doit surseoir à statuer jusqu'à la décision de la Cour Constitutionnelle, *décision qui doit intervenir dans un délai de trente (30) jours.* »

[229] On peut en effet lire à l'alinéa 4 de l'article 104 que : « *Au cours d'une instance judiciaire, toute personne physique ou morale peut, «in limine litis», devant les cours et tribunaux, soulever l'exception d'inconstitutionnalité d'une loi. Dans ce cas, la juridiction sursoit à statuer et saisit la Cour Constitutionnelle.* »

[230] Données recueillies sur le site de la Cour constitutionnelle du Bénin, consulté le 23 janvier 2012.

[231] Art. 125. Constitution Bénin.

I- LE RÔLE DES JURIDICTIONS DE L'ORDRE ADMINISTRATIF DANS LA PROTECTION DE L'ENFANT CONTRE LA TRAITE

On entend par juridiction administrative, « [l'] ensemble des juridictions de l'ordre administratif, normalement soumis au contrôle du Conseil d'État soit par la voie de l'appel, soit par voie de la Cassation. L'expression est aussi employée pour caractériser n'importe quelle juridiction de cet ensemble ».[232] Au Bénin, la juridiction administrative se limitait à la Chambre administrative de la Cour Suprême, qui est juge administratif en premier et dernier ressort. Mais depuis l'adoption de la loi n°2001-37 du 27 août 2001 qui a réformé la structure judiciaire du pays, les tribunaux de première instance sont désormais compétents pour connaître du contentieux administratif en premier ressort[233] et les Cours d'appel à en connaître en dernier ressort.[234]

Comment fonctionne la juridiction administrative et quelles en sont les compétences ? Quel rôle peut-elle jouer en matière de protection des enfants contre la traite des enfants au Bénin ? Ce sont là les questions que nous aborderons dans les lignes qui suivent.

A- LA COMPÉTENCE ET LA PROCÉDURE DE LA JURIDICTION ADMINISTRATIVE BÉNINOISE

L'adoption en 2002 de la loi n°2001-37 du 27 août 2002 portant organisation judiciaire du Bénin a modifié la carte judiciaire du pays et mis fin à l'exclusivité de la Chambre administrative de la Cour suprême dans le règlement du contentieux administratif.[235] Ainsi, depuis 2002, outre la chambre administrative de la Cour suprême, il est créé une chambre administrative au niveau de chaque Tribunal de Première instance (TPI) et au niveau de chaque Cour d'appel (CA).[236]

Les tribunaux de première instance, en matière administrative connaissent, en premier ressort, du contentieux de tous les actes émanant des autorités administratives et de leur ressort. L'article 53 de la loi portant

---

[232] Lexique des termes juridiques.

[233] Art 49 et 53 de la loi.

[234] Art 65 et 66 de la loi.

[235] GBAGUIDI, Noel A. *Introduction au système juridique et judiciaire du Bénin, op. cit.*, p.19.

[236] En ce qui concerne la Cour d'Appel, il en existait une seule avant la réforme de 2002 : la Cour d'Appel de Cotonou. Depuis 2002 il a été instauré deux autres Cours d'Appel : la Cour d'Appel de Parakou et la Cour d'Appel d'Abomey, portant ainsi à trois le nombre de Cours d'appel sur le territoire national.

organisation judiciaire distingue cinq domaines de compétence de l'organe administratif :[237]

- le recours en annulation pour excès de pouvoir des décisions des autorités administratives ;
- les recours en interprétation des actes des mêmes autorités sur renvoi des autorités judiciaires ;
- les litiges de plein contentieux mettant en cause une personne morale de droit public sauf les exceptions prévues par la loi ;
- les réclamations des particuliers pour les dommages causés par le fait des entrepreneurs concessionnaires et régisseurs de l'administration ;
- enfin, le contentieux fiscal.

En ce qui concerne les Cours d'appel, elles sont compétentes pour connaître de tous les jugements rendus par les tribunaux de première instance du ressort de la Cour et frappés d'appel conformément aux dispositions de la loi.[238] À l'instar des tribunaux de première instance, leur compétence couvre les cinq catégories prévues par la loi.[239] Ce nouveau schéma de l'organisation judiciaire du Bénin confine la Cour suprême (Chambre administrative) dans le rôle de juridiction de Cassation.

Mais faute d'effectivité des juridictions administratives au niveau des tribunaux de première instance et des Cours d'appel, la Chambre administrative de la Cour suprême reste à ce jour, la seule compétente en matière administrative.[240] Ainsi, elle est juge de droit commun en premier et dernier ressort des décisions prises en Conseil des ministres. Et elle joue le rôle de juge de cassation sur les décisions rendues par les juridictions d'appel et par les juridictions statuant en premier et dernier ressort. Dans certains cas, la Chambre administrative peut se prononcer sur le fond d'une affaire. Notamment lorsqu'il existe des solutions divergentes entre le juge de fond et la Chambre administrative ou lorsque, après cassation, la décision rendue par la juridiction de renvoi est attaquée par les mêmes moyens.[241]

---

[237] Voir aussi l'article 35 de la loi n°2004-07 du 23 octobre 2007, portant composition, organisation, fonctionnement et attributions de la Cour suprême.

[238] Art. 65 de la loi sur l'organisation judiciaire au Bénin.

[239] Art. 66 de la loi *op. cit.*

[240] Conformément à l'article 84 de la Loi n°2001-37 portant organisation judiciaire en République du Bénin.

[241] Article 34 de la loi n°2004-07 du 23 octobre 2007 *op. cit.*

En ce qui concerne son action en matière de recours en annulation pour excès de pouvoir, le justiciable peut directement saisir le juge administratif pour obtenir l'annulation de tout acte administratif qui serait entaché d'illégalité. Quant au contrôle de légalité, il s'opère généralement à travers des voies de recours par lesquelles les requérants saisissent le juge administratif sur l'appréciation de la légalité d'un acte administratif, la question juridique s'étant posée devant une juridiction judiciaire ou au cours d'un procès.

S'agissant de la procédure devant l'organe administratif, elle est d'abord une procédure écrite,[242] ce qui permet au juge administratif de faire un examen attentif des éléments du litige. Elle peut être aussi inquisitoire, dans ce cas, elle sera dirigée par un conseiller-rapporteur désigné par le Président de la Cour suprême.[243] Elle peut être encore contradictoire.[244]

B- Quel rôle pourrait jouer la juridiction administrative dans la protection des enfants contre la traite au Bénin ?

Il ne fait aucun doute que la juridiction administrative a un rôle à jouer en matière de protection des droits humains à travers le contrôle des actes de l'administration.[245] Mais au Bénin, le respect des droits humains par la juridiction administrative se trouve renforcé par leur consécration dans la Constitution du 11 décembre 1990, et surtout, comme nous l'avons déjà mentionné, par l'intégration de tous les droits et devoirs contenus dans la Charte africaine des droits de l'homme et des peuples dans la Constitution. De ce fait, comment peut-elle contribuer à la protection effective des droits de l'enfant au Bénin ?

La protection des droits de l'enfant est consacrée à travers des normes nationales, régionales et internationales. L'engagement du Bénin à la quasi-totalité des conventions régionales et internationales et la consécration du monisme juridique par l'article 147 de la Constitution du pays facilitent la validation des conventions internationales relatives aux droits de l'enfant au plan interne. Le monisme juridique adopté par le constituant béninois, nous l'avons déjà montré, devrait favoriser

---

[242] Article 2 de la loi n°2004-07 du 23 octobre 2007.

[243] Art. 11 et 12 de la 2004-20 du 17 août 2007 portant règle de procédures applicables devant les formations juridictionnelles de la Cour suprême.

[244] Article 18 de la 2004-20.

[245] KHAIR, Antoine (2003). « Le Rôle du juge administratif dans la protection des droits de l'homme » : 345-348, in *Justice et Droits de l'Homme*, dir. Emmanuel Decaux. Paris : Institut international de Droit d'expression et d'Inspiration française.

l'application directe de ces conventions par le juge interne, car elles font partie du bloc de légalité interne. Du coup, la soumission de la juridiction administrative à ces conventions s'entend. Car, comme l'a mentionné Olivier GOHIN, les droits humains trouvent dans la juridiction administrative une protection générale de premier ordre par le biais du recours pour excès de pouvoir.[246]

Au Bénin, parmi les points qui relèvent du contentieux administratif,[247] le recours pour excès de pouvoir est le principal moyen pour assurer l'effectivité des normes relatives aux droits de l'enfant. À travers ce recours, le citoyen peut directement saisir la juridiction administrative pour obtenir l'annulation d'un acte entaché d'illégalité. Ainsi, compte tenu du fait que les normes internationales relatives aux droits de l'enfant, qui ont rempli les conditions de validité requises en droit interne[248] font partie du bloc de légalité et du fait que la CADHP fait partie du bloc de constitutionnalité, la juridiction administrative, dans son rôle de contrôle de la légalité des actes de l'administration, doit veiller à la conformité de ces actes aux conventions citées. Dès lors, on peut normalement s'attendre, en cas de non-conformité des actes administratifs, que la juridiction saisie impose à l'administration de se conformer aux normes, soit en annulant l'acte illégal,[249] soit en lui demandant de prendre des mesures (faire injonction à l'administration) pour être en conformité avec la norme visée. Dans la pratique, les choses ne sont pas aussi faciles en ce qui concerne les droits humains en général et encore moins les droits de l'enfant. En effet, pour arriver à une telle finalité, il faut que la juridiction administrative accorde aux conventions relatives aux droits de l'enfant la valeur de normes obligatoires en droit interne.

II- LE RÔLE DES JURIDICTIONS DE L'ORDRE JUDICIAIRE (PÉNALE, CIVILE)

S'il ne fait aucun doute que la juridiction administrative joue un rôle important dans la protection des droits humains, à travers le contrôle des actes de l'administration, il n'en demeure pas moins que le rôle de gardien

---

[246] GOHIN, Olivier (2003). « Les Principes directeurs du procès administratif » : 349-358, in *Justice et Droits de l'Homme*, dir. Emmanuel Decaux. Paris : Institut international de Droit d'expression et d'Inspiration française.

[247] Article 35 de la loi 2004-07 du 23 octobre 2007 portant composition, organisation, fonctionnement et attribution de la Cour suprême.

[248] Selon les dispositions de la Constitution béninoise, notamment l'article 147.

[249] Lorsque le recours porte sur un acte administratif.

des libertés individuelles appartient à la juridiction judiciaire.[250] En ce qui concerne ces libertés individuelles, les juridictions judiciaires ont un rôle déterminant à jouer dans l'effectivité des normes internationales relatives aux droits de l'enfant au plan interne.

Les Conventions relatives aux droits de l'enfant font obligation aux États parties de prendre toutes les mesures législatives, administratives et autres nécessaires pour donner effet aux droits de l'enfant.[251] Dans ce cadre, on note que le législateur béninois a pris au plan interne des lois pour se conformer à certaines dispositions des normes internationales relatives aux droits de l'enfant ratifiées. Ainsi note-t-on par exemple, au plan pénal et civil, que des efforts sont faits par le législateur béninois pour assurer la protection des enfants. Le rôle des juridictions pénale et civile se basera donc sur ces lois adoptées par le législateur. Car elles sont les organes à charge d'appliquer les lois et de les faire respecter.

A- Au plan pénal

Aborder la question de la protection dont peuvent bénéficier les enfants, au plan pénal, contre la traite et l'exploitation au Bénin, nous amène, dans un premier temps, à traiter des mesures répressives prises dans ce domaine. Ces mesures concernent non seulement celles en rapport avec la répression des trafiquants mais aussi celles qui peuvent être commises par les enfants victimes, donc des enfants en conflit avec la loi.

1- Quelle protection pénale pour les enfants ?

De façon générale, le droit pénal béninois continue d'être régi par le Code Bouvenet qui date de 1877,[252] ceci malgré l'introduction à l'Assemblée nationale du Bénin d'un projet de Code pénal depuis 2001.[253] De façon spécifique, d'autres textes interviennent en matière pénale. C'est le cas de la loi n°2006-04 du 05 avril 2006 portant conditions de déplacement des mineurs et répression de la traite d'enfant en République du Bénin, de l'ordonnance n° 69-23/PR/MJL du 10 juillet 1969 relative au

---

250 GOHIN, Olivier (2003). « Les Principes directeurs du procès administratif » : 349-358, in *Justice et Droits de l'Homme.* Paris : Institut international de Droit d'expression et d'Inspiration française.

251 Art. 4 de la Convention des Nations unies relative aux droits de l'enfant, article 1 de la Charte africaine des droits et du bien-être de l'enfant.

252 Le Code Bouvenet est en effet un recueil annoté des textes de droit pénal rendu applicables en AOF par un décret du 06 mai 1877. Cf. Joseph DJOGBÉNOU, *op. cit.,* p. 71.

253 Décret n°2001-189 du 19 juin 2001 portant, transmission à l'Assemblée nationale du projet de loi portant Code pénal.

jugement des infractions commises par les mineurs de dix-huit ans et de la loi n°98-004 du 27 janvier 1998, portant Code du travail en République du Bénin. Mais nous n'aborderons ici que la loi portant répression de la traite d'enfant et l'ordonnance relative aux infractions commises par les mineurs de 18 ans.

En ce qui concerne les infractions commises sur mineur, et notamment en cas de traite d'enfants, la protection des enfants passe par l'application des textes en vigueur pour punir les auteurs des infractions. Ici, c'est la loi 2006- 04, portant conditions de déplacement des mineurs et répression de la traite d'enfants en République du Bénin qui sera évoquée. Cette loi vient remplacer l'ancienne loi n°61-20 du 05 juillet 1961 relative au déplacement des mineurs de 18 ans hors du territoire du Dahomey. Aux termes de la nouvelle loi, qui apparaît plus sévère dans ses dispositions pénales, on note que les auteurs d'infractions relatives au déplacement illégal et à la traite doivent se voir appliquer les dispositions prévues à son chapitre 3. Ce chapitre porte en effet sur les « dispositions administratives et pénales » et court des articles 16 à 27.

Ainsi, l'article 21 condamne toute personne, coupable de traite, d'une « réclusion à temps de dix (10) ans à vingt (20) ans », et l'article 16 condamne le père ou la mère qui livre en toute connaissance son enfant à la traite d'« un emprisonnement de six (06) mois à cinq (05) ans ».

En ce qui concerne les enfants en conflit avec la loi, l'ordonnance 69-23/PR/MJL du 10 juillet 1969 relative au jugement des infractions commises par les mineurs de dix-huit (18) ans s'applique à leur cas. Cette ordonnance, qui fait office de loi pénale pour les mineurs de dix-huit ans, prévoit en son article 1er que les mineurs de 18 ans sont justiciables des tribunaux pour enfants. Ceci étant, il faut relever qu'en ce qui concerne les infractions à la loi pénale, l'ordonnance de 1969 distingue entre le mineur dont l'âge se situe entre 0-13 ans et le mineur dont l'âge se situe entre 13-18 ans. En ce qui concerne les mineurs âgés de 0 à 13 ans, ils bénéficient d'une présomption d'irresponsabilité absolue. Dès lors, l'ordonnance prévoit à leur encontre des mesures éducatives ou de tutelle.[254] Pour les mineurs âgés de 13 à 18 ans, ils peuvent être jugés pour des infractions commises. Néanmoins, en cas de condamnation ils écopent de la moitié de la peine prévue pour l'infraction commise ou d'une sanction plus douce. Dans l'un ou l'autre des cas, le juge des mineurs, qui a compétence pour

[254] Néanmoins, la gravité de l'infraction ou les cas de récidive, peuvent constituer des exceptions à la règle d'irresponsabilité absolue, Art. 23, 24 et 32 de l'ordonnance de 1969.

connaître des infractions commises par les mineurs, instruit et juge les délits commis. En cas de crime, le mineur âgé de 13 ans au moins, est jugé par une Cour d'assises pour mineurs. Jusqu'en fin 2010, la République du Bénin disposait seulement de 2 juges pour mineurs.[255] Dans la pratique le rôle du juge de mineurs était joué par les juges d'instruction dans les autres juridictions du pays, cumulativement à leurs fonctions. Cette situation laisse entrevoir une certaine difficulté dans l'application de la justice pour mineurs au Bénin.

2- Par quelle politique pénale ?

Il n'est pas facile de définir la notion de politique pénale. En effet, David DEROUSSIN fait remarquer que : *les ouvrages théoriques, loin de parvenir à une définition consensuelle, développent chacun leur propre conception de la « politique pénale ». Mais là encore, on peut distinguer deux approches : l'une extensive, et l'autre restrictive. De manière extensive, on estime que la politique pénale peut se décomposer en six éléments majeurs, qui mettent en jeu successivement les trois pouvoirs, à savoir le législatif, l'exécutif et le judiciaire. Ces six éléments seraient : l'élaboration de la norme pénale, qui relève du législateur pour les crimes et les délits et du pouvoir réglementaire pour les contraventions ; la prévention des infractions ; la recherche des auteurs de ces infractions ; le jugement des délinquants et enfin l'exécution de la peine. À côté de cette conception extensive existe aussi une conception restrictive de la politique pénale qui la réduit à la détermination de priorités dans la mise en œuvre de l'action publique. Elle correspond au besoin nécessaire de hiérarchiser le contentieux. Finalement, elle n'est plus qu'une stratégie de poursuite définie, au plus haut, par le Garde des Sceaux chargé d'assurer l'exécution des orientations arrêtées par le gouvernement et coordonnée localement par les parquets.*[256]

De ce qui précède, on peut retenir que la politique pénale est une politique d'application des lois pénales qui doivent déterminer les orientations du déclenchement des poursuites et l'exercice de l'action publique.

Au Bénin, ce rôle revient au Garde des Sceaux, ministre de la Justice, de la Législation et des Droits de l'Homme. Aux termes de l'article 1er du

---

[255] Seuls les tribunaux de première instance de Cotonou (au Sud Bénin) et de Parakou (au Nord Bénin) en étaient dotés. Au niveau des autres juridictions l'un des juges d'instruction cumulativement à son rôle, faisait office de juge pour mineurs.

[256] DEROUSSIN, David. Politique criminelle et politique pénale, Colloque « Parquet et politique pénale depuis le XIXème siècle » Lyon, 10 p, p. 5 et suivantes.

Décret n°2007-491 du 02 novembre 2007, portant attribution, organisation et fonctionnement du ministère de la Justice, de la Législation et des Droits de l'Homme, il anime et contrôle l'exercice de l'action publique[257]. Dans le domaine particulier de la répression de la traite des enfants, nous n'avons pas relevé de trace de document sur l'orientation de la politique pénale. Cependant, selon les informations recueillies auprès des magistrats en 2010, chaque parquet, en cas de besoin et en concertation avec les juges de la juridiction, arrête l'orientation à donner à la loi pénale. Soit durcir les peines, en cas de flambée de l'infraction visée, soit adoucir les peines lorsque les infractions visées ne sont plus une grande menace pour la société.[258]

B- AU PLAN CIVIL

Au plan civil, la protection de l'enfant était assurée par plusieurs normes dont le Code civil français de 1800, le Coutumier du Dahomey, etc. Mais depuis l'adoption de la loi n°2002-07, portant Code des Personnes et de la Famille (CPF) en 2004, la protection civile de l'enfant repose en grande partie sur ses dispositions. D'abord on note qu'en son article 459, le CPF harmonise la notion de mineur, c'est-à-dire enfant, qui s'entend de « [...] la personne de l'un ou l'autre sexe qui n'a pas encore l'âge de dix-huit (18) ans accomplis » avec les autres normes, notamment la Convention des Nations unies relative aux droits de l'enfant, la Charte africaine des droits et du bien-être de l'enfant et la loi 2006-04 portant conditions de déplacement des mineurs et répression de la traite d'enfants au Bénin. À cela, s'ajoutent d'autres articles du CPF, tels que :

- l'article 155, qui met à la charge des deux époux, l'obligation de préparer l'avenir des enfants et de pourvoir à leur éducation ;
- l'article 265 qui impose au juge d'attribuer la garde de l'enfant, en cas de divorce, en prenant en compte uniquement son « intérêt supérieur » ;
- l'article 406 qui met l'enfant sous l'autorité de ses parents jusqu'à la majorité ;
- l'article 407 qui implique dans l'autorité parentale le fait « d'assurer la sécurité de l'enfant, sa santé, son plein épanouissement et sa moralité » ;

[257] Art. 1er al.3.2, Décret n°2007-491 du 02 novembre 2007.

[258] A priori, cette pratique ne porte pas atteinte aux lois pénales. En effet, il est généralement prévu un seuil minimum et un seuil maximum des peines pour la répression des infractions commises.

- ➢ l'article 425 qui dispose : « si la santé, la sécurité, la moralité du mineur non émancipé sont en danger ou si les conditions de son éducation sont gravement compromises […] le tuteur, le gardien ou le ministère public peuvent saisir le président du tribunal du domicile du mineur, par une simple requête écrite ou verbale, pour demander que des mesures d'assistance éducative soient ordonnées. »
- ➢ l'article 439 qui stipule : « peuvent être totalement ou partiellement déchues de l'autorité parentale, en dehors de toute condamnation pénale, les personnes exerçant l'autorité parentale, qui mettent en danger la sécurité, la santé ou la moralité de l'enfant, soit :
  - par des mauvais traitements,
  - par un défaut de soins ou un manque de direction.

  La même sanction est applicable au débiteur de l'obligation alimentaire qui s'est abstenu volontairement et sans motifs graves d'exécuter l'obligation qui lui incombe pendant plus de deux mois. »

Au regard de tout ce qui précède, la juridiction civile au Bénin dispose des moyens légaux pour assurer la protection de l'enfant contre les abus des adultes voire de ses parents. Toutefois, il importe de relever que l'existence des normes ne permet pas nécessairement leur effectivité. Ainsi, si nous considérons l'existence de la norme comme le premier jalon vers son effectivité, l'application de la norme sera, à nos yeux, la phase décisive pour concrétiser son effectivité. Cette phase dépend de la place que le juge lui accorde dans l'exercice de ses fonctions.

Section 2 : La position du juge béninois face à l'application des Conventions internationales relatives aux droits de l'enfant

Les points précédents montrent que le Bénin est doté de normes pour assurer une protection des enfants en général, mais de les protéger contre des pratiques telles que la traite des enfants et l'exploitation. Dans le même temps, nous avons relevé que les instances juridictionnelles, qui doivent favoriser leur mise en œuvre sont également en place et accessibles aux victimes potentielles. Mais, en dépit de tous ces atouts, l'effectivité des normes relatives aux droits de l'enfant dépend encore plus de la place que le juge interne lui accorde dans la pratique. Ainsi, l'efficacité et l'effectivité des normes dans la protection des victimes de violations de droits de l'enfant reposent sur leur application par le juge national.

Ici, nous aborderons d'abord le rôle du juge constitutionnel béninois dans la protection des droits humains, ensuite nous analyserons la position du juge de droit commun face à l'application des Conventions relatives aux droits de l'enfant.

PARAGRAPHE 1. LE RÔLE DU JUGE CONSTITUTIONNEL BÉNINOIS DANS LA PROTECTION DES DROITS DE L'ENFANT

> « [...] est protection des droits de l'homme tout système comportant, à l'occasion d'une allégation d'une ou de plusieurs violations d'un principe ou d'une règle relatifs aux droits de l'homme et édictés en faveur d'une personne ou d'un groupe de personnes, la possibilité pour tout intéressé de soumettre une réclamation, de déclencher l'examen de cette réclamation et éventuellement de provoquer une mesure tendant à faire cesser la ou les violations ou à assurer aux victimes une réparation jugée équitable. ».[259]

Au Bénin, c'est au juge constitutionnel que le constituant de 1990 impose le devoir de protection des droits humains élevés au rang constitutionnel, à travers les articles 114, 117, 120, 121 et 122 de la Constitution du 11 décembre 1990. Même si, aux termes de l'article 125 de la Constitution, la juridiction constitutionnelle ne fait pas partie de l'organisation judiciaire du Bénin[260], il n'en demeure pas moins qu'elle reste à ce jour la principale juridiction, voire l'unique à rendre des décisions pour violation des droits humains. Elle le fait en tant que garante des droits humains, même si dans le même temps il existe des limites à son action dans la protection effective des droits de l'enfant.

I- LE JUGE CONSTITUTIONNEL BÉNINOIS, GARANT DES DROITS DE L'HOMME EN GÉNÉRAL

Le juge constitutionnel peut être perçu comme l'institution juridictionnelle qui a pour compétence de régler en dernier ressort,[261] avec l'autorité de la chose jugée, les litiges en conformité à la Constitution.[262]

---

[259] M'BAYE, Keba (1992). *Les Droits de l'homme en Afrique.* Paris : A. Pedone.

[260] Au Bénin, le pouvoir judiciaire est exercé par la Cour Suprême, les Cours et Tribunaux. Art.125 al.2 Constitution 1990.

[261] Rappelons qu'en matière constitutionnelle, les décisions du juge constitutionnel sont sans recours. Sur ce point l'article 124 stipule : « Une disposition déclarée inconstitutionnelle ne peut être promulguée ni mise en application. Les décisions de la Cour Constitutionnelle ne sont susceptibles d'aucun recours. Elles s'imposent aux pouvoirs publics et à toutes les autorités civiles, militaires et juridictionnelles. »

[262] Communication du Bénin : «Le juge Constitutionnel et l'opinion publique » ; à la sixième Conférence des chefs d'institutions, Niamey, 3-4 novembre 2011. En ligne sur le site : www.accpuf.org

Ce rôle de garant, le juge constitutionnel l'assume à travers les prérogatives constitutionnelles dont il jouit, mais la garantie effective des droits humains dépend de la pratique qu'il fait de ses attributions.

A- La protection des droits de l'homme par le juge constitutionnel

De par la place privilégiée accordée à la protection des droits humains dans la Constitution par le constituant béninois, le juge constitutionnel apparaît comme l'une des chevilles ouvrières du système de protection des droits humains au Bénin.[263]

À travers ses prérogatives, le juge constitutionnel a l'obligation, non seulement de veiller à la conformité des normes internes, aux droits et libertés garantis par la Charte africaine des droits de l'homme et des peuples, mais aussi de faire en sorte que le non-respect desdits droits soit condamné, quels que soient les auteurs. Cette mission du juge sera renforcée par la saisine directe et indirecte accordée à tout citoyen. En effet, l'accès au juge constitutionnel reste un élément déterminant dans la protection des droits humains au Bénin. Sinon, comment obtenir du juge constitutionnel qu'il fasse cesser une violation de droits humains ou qu'il mette fin à la validité des normes contraires aux droits humains qu'il est censé garantir ? Sur ce plan, le constituant béninois de 1990 ne s'est pas trompé. Il a libéralisé l'accès au juge constitutionnel à travers l'article 122 de la Constitution déjà mentionné. Dans ce cadre, on notera qu'autant le Président de la République, les associations ou organisations non gouvernementales de défense de droits humains, que n'importe quel citoyen peut saisir le juge constitutionnel et lui transmettre toutes lois ou actes réglementaires censés porter atteinte aux droits humains.[264] De même, l'accès au juge constitutionnel a été facilité par une procédure de saisine simple, à la portée de tous. Il s'agit pour tout intéressé de saisir le juge constitutionnel, par une simple lettre comportant ses nom, prénoms et adresse précise.[265] Pour cela, le Béninois n'a besoin que d'une feuille et d'un stylo pour saisir son juge constitutionnel.[266] Dans la pratique, on note que le citoyen béninois averti ne reste pas indifférent à ce « droit

---

263 AIVO, Fréderic Joël (2006). *Le Juge constitutionnel et l'État de droit en Afrique. L'exemple du modèle béninois*. Paris : L'Harmattan. p. 67.

264 Art.22 de la loi n° 91-009 du 04 mars 1991, portant loi organique sur la Cour constitutionnelle, modifiée par la loi du 31 mai 2001.

265 Art. 24 de la loi n°91-009 du 04 mars 1991.

266 Horace ADJALOHOUN, *op. cit.*

fondamental »[267] de saisine directe que lui accorde l'article 122 de la Constitution. Il en use abondamment imposant de fait un certain dynamisme au juge constitutionnel en matière de droits humains.

B- Le dynamisme du juge constitutionnel béninois et de l'effectivité de la protection des droits humains

La constitutionnalisation de tous ces droits humains et le droit de saisine directe reconnu à tout citoyen, par une forme de saisine très simple,[268] vont favoriser l'engouement des citoyens pour la justice constitutionnelle. Bien plus encore, et contrairement aux procédures très longues que l'on note au niveau des juridictions judiciaires, le constituant béninois fait obligation au juge de rendre ses décisions dans un délai de quinze (15) jours en cas de saisine d'une plainte en violation des droits de la personne humaine et des libertés publiques.[269] Toutes ces conditions favorables ont eu pour conséquence heureuse la multiplication des requêtes introduites par des particuliers auprès de la haute juridiction constitutionnelle[270], entraînant de fait, l'essor de la jurisprudence constitutionnelle. D'où le dynamisme manifeste du juge constitutionnel béninois.

En effet, depuis son installation le 7 juin 1993,[271] la Cour constitutionnelle a rendu environ deux mille trois cent quatre-vingt-neuf (2 389) décisions, dont mille sept cent dix-sept (1717) en matière de contrôle de constitutionnalité.[272]

En matière de droits de l'homme, la juridiction a rendu par exemple :[273]

267 La Constitution du 11 décembre 1990, fait en effet partie des rares Constitutions au monde qui accorde un accès direct à la juridiction constitutionnelle.

268 En effet, toute requête adressée à la Cour constitutionnelle, doit seulement porter les nom et prénoms du requérant, son adresse complète et sa signature ou une empreinte digitale, en ce qui concerne les personnes physiques.

269 Article 120 de la Constitution du 11 décembre 1990. Néanmoins, un perçu des décisions rendues par la Cour nous amène à remarquer que dans la pratique les décisions ne sont pas rendues dans le délai établi.

271 Présentation du Président de la Cour constitutionnelle du Bénin : « La Cour constitutionnelle du Bénin : L'influence de sa jurisprudence sur le constitutionnalisme et les droits de l'homme », lors du sommet mondial sur la justice constitutionnelle à Cape Town du 23 au 24 janvier 2009, p. 3.

272 *Ibid*, p.12

273 Ce point a été fait à partir des données en ligne sur le site de la Cour constitutionnelle du Bénin : www.cour-constitutionnelle-benin.org/, consulté en juillet 2011.

- 67 décisions en matière de traitements cruels, inhumains et dégradants ;
- 49 décisions en matière de principe d'égalité ;
- 30 décisions en matière de respect de droits de l'homme ;
- 14 décisions en matière de violation des droits humains « sans spécificité » ;
- et 06 décisions en matière de violation des droits de l'homme.

Cependant, nous devons reconnaître que l'engouement des citoyens pour la justice constitutionnelle est également dû à une certaine satisfaction que procurent les décisions du juge constitutionnel qui statue en premier et dernier recours en matière constitutionnelle. Mais aussi parce que les décisions du juge constitutionnel s'imposent à tous les pouvoirs publics et à toutes les autorités civiles, militaires et juridictionnelles.[274]

Mais malgré tous ces atouts, l'action du juge constitutionnel reste limitée, au regard même de ses prérogatives constitutionnelles.

II- LES LIMITES DES DÉCISIONS CONSTITUTIONNELLES EN MATIÈRE DE PROTECTION DES DROITS HUMAINS

« La justice est rendue par les Tribunaux de première instance, les Cours d'appel, les Cours d'assises et la Cour suprême ».[275] Dès lors, on peut, à juste titre, dire que le juge constitutionnel n'a pas pour vocation de rendre justice. Si tel est le cas, comment peut-il empêcher la violation des droits humains ? Et comment peut-il rendre justice aux victimes de violation de droits humains ? Ces questions posent la problématique du rôle du juge constitutionnel béninois qui doit garantir le respect des droits humains tout en ne faisant pas partie des organes judiciaires du pays.

A- LES LIMITES CONSTITUTIONNELLES DE LA DÉCISION DU JUGE

N'ayant pas pour vocation de rendre justice, les décisions du juge constitutionnel se trouvent limitées aux simples constats de violation ou non de la Constitution. En conséquence, pour certains, cette situation confine le juge constitutionnel béninois dans un rôle de « réparation morale »[276] aux victimes de violation des droits humains.

Ainsi, si l'efficacité des décisions du juge constitutionnel, en ce qui concerne le contrôle de constitutionnalité des normes internes ne fait aucun

---

[274] Art. 124 Constitution Bénin

[275] Article 125 de la Constitution et articles 2 et 11 de la loi n°2001-37 portant organisation judiciaire en République du Bénin.

[276] V. en ce sens, Horace ADJOLOHOUN, *op. cit.*

doute[277], il n'en est pas de même des décisions portant sur la violation des droits humains dont les particuliers sont victimes. En effet, comme l'a fait remarquer ADJALOHOUN,[278] le juge constitutionnel se contente généralement de statuer sur la violation des Droits Humains dont les particuliers sont victimes, de la même manière qu'il procède en ce qui concerne le contrôle de conformité des lois. C'est-à-dire qu'il constate la conformité ou non des faits à la Constitution et notifie ensuite la décision aux parties intéressées. C'est, du moins, ce qui ressort de ses décisions sur la violation des droits humains.

Quelques décisions pour illustrer cette pratique du juge constitutionnel béninois :

- la décision DCC 01-1 du 17 mai 2001 portant sur la requête de madame Jocelyne TINGBO et autres, pour dénoncer « *les conditions d'arrestation de leur frère René TINGBO et les traitements dont il a fait l'objet de la part de son employeur Sébastien AJAVON* ». Ici, le juge rend sa décision en deux articles :

> Article 1er- Les tortures, sévices et traitements cruels, inhumains et dégradants infligés à monsieur René TINGBO par monsieur Sébastien AJAVON, Directeur de société Comptoir mondial de Négoce (COMON), constituent une violation de la Constitution.
> Article 2- La présente décision sera notifiée aux nommés Charles TINGBO, Léonard TINGBO, Fidèle TINGBO et Jocelyne TINGBO, au Procureur général près la Cour d'appel, à monsieur Sébastien AJAVON et publiée au *Journal Officiel*.

- la DCC 02-014 du 19 février 2002 portant sur une requête de monsieur Gbaguidi BORIS contre le pouvoir royal de la Sous-préfecture de Dassa-Zoumè « pour sévices corporels et violation de la personne humaine », le juge décide :

> Article 1er-Les agissements de sa « Majesté » le Roi EGBAKOTAN II et de sa cour constituent une violation de la Constitution.
> Article 2- La présente décision sera notifiée à monsieur Boris Gbaguidi, au Roi EGBAKOTAN II de Dassa-Zoumè et publiée au *Journal Officiel*.

---

[277] Rappelons ici que selon les prévisions de l'article 124 de la Constitution, une disposition déclarée inconstitutionnelle ne peut être promulguée ni mise en application et s'impose aux pouvoirs publics et à tous les autorités civiles, militaires et juridictionnelles.

[278] ADJOLOHOUN, Horace (2011). *Droits de l'Homme et Justice constitutionnelle en Afrique : Le modèle béninois.* Paris : L'Harmattan. p.103.

Cette pratique du juge constitutionnel, on le voit, se limite à constater la violation de la constitution sans pour autant se prononcer sur la réparation ou les sanctions possibles. Ceci est conforme aux prérogatives que la Constitution lui accorde. Néanmoins, le juge constitutionnel, sous la présidence de madame Conceptia OUINSOU, ira au-delà du simple constat de violation de la Constitution, pour ouvrir droit à réparation aux victimes de violation de droits humains.

B- UNE CERTAINE AVANCÉE DES DÉCISIONS DU JUGE CONSTITUTIONNEL

L'année 2002 va marquer la montée en puissance du juge constitutionnel en matière de protection des droits humains. En effet, elle fait date à travers plusieurs décisions du juge constitutionnel qui ouvrent un droit à réparation aux victimes. Et mieux, ces décisions portent sur des abus commis par des autorités publiques, notamment les forces de l'ordre, faisant du coup ressortir la volonté du juge constitutionnel de réaffirmer son indépendance vis-à-vis du pouvoir exécutif. Deux cas peuvent étayer cette situation : il s'agit de la DCC 02-052 du 31 mai 2002 et la DCC 02-058 du 04 juin 2002.

Dans le premier cas (DCC 02-052 du 31 mai 2002), le sieur Fanou LAURENT saisit la haute juridiction pour « arrestation illégale et détention arbitraire » et pour « traitements cruels, inhumains et dégradants orchestrés par un groupe de 4 policiers ». Dans son arrêt, la Cour constitutionnelle a reconnu :

> Article 1er que « Les violences exercées sur la personne de Monsieur Laurent FANOU par les agents de police (…), constituent des traitements inhumains et dégradants au sens de l'article 18 alinéa 1 de la Constitution ».
> Article 2 que « La détention de Monsieur Laurent FANOU dans les locaux de la Sûreté nationale du 22 au 28 août 2001, au-delà de quarante-huit (48) heures, est abusive et constitue une violation de l'article 18 alinéa 4 de la Constitution. »
> Article 3 que « Les violations citées aux articles 1 et 2 de la présente décision ouvrent droits à réparation au profit de Monsieur Laurent Fanou. »

Dans le second cas (DCC 02-058 du 04 juin 2002), Dame Favi ADÈLE saisit la Cour constitutionnelle pour porter plainte contre la garde rapprochée du Président de la République pour « traitement inhumain et barbare ». En l'espèce, Dame FAVI, qui revenait de son lieu de travail le 06 février 2002 aux environs de 20 heures, a été arrêtée par des militaires de la garde présidentielle, au moment où elle voulait traverser la route. Ceux-ci lui ont « porté des coups de pied sans que l'arrivée du chef de l'État ne soit encore annoncée ». Et ayant pris la fuite, elle a été poursuivie et rattrapée et a « subi des bastonnades, des coups de pied de rangers, des chicotes et traînée par terre jusqu'à une distance de 50 mètres, avant d'être laissée inerte sans connaissance ».

La Cour décide :

> Article 1er « Les sévices et traitements cruels, inhumains et dégradants infligés à Madame Adèle FAVI le mercredi 06 février 2002 par une équipe de la garde rapprochée du président de la République, constituent une violation de la Constitution » ;
> Article 2 « Madame Adèle FAVI a droit à réparation pour les préjudices qu'elle a subis ».

De façon globale, et au regard des décisions de la juridiction constitutionnelle à ce jour, on retient que le juge constitutionnel béninois reste fidèle au constat de la violation ou non de la Constitution par l'acte portant atteinte aux droits humains. Cependant, une fois que la violation des droits de l'homme est constatée au regard de la Constitution, le ou les bénéficiaire (s) de ladite décision peuvent s'en prévaloir auprès des autres juridictions à qui la décision s'impose.[279] Dans ce cadre, nous pouvons distinguer deux techniques. Soit la violation des droits de l'homme relève de la compétence de la juridiction judiciaire qui devra déterminer le genre de réparation. Soit la violation porte sur un acte administratif, et là elle est du ressort des juridictions administratives. Au Bénin, il faudra saisir la chambre administrative de la Cour suprême[280] qui doit, à travers le recours pour excès de pouvoir, anéantir l'acte jugé inconstitutionnel, pour être en conformité avec l'article 124 de la Constitution.

Le cas Dame FAVI est édifiant à plus d'un titre dans la mesure où elle s'est servie de la décision de la Cour constitutionnelle pour obtenir la

---

[279] Rappelons ici que les décisions de la Cour constitutionnelle sont sans recours. Cf. art. 124 de la Constitution.

[280] Depuis la réforme opérée par la loi n°2001-37 du 27 août 2001 portant organisation judiciaire en République du Bénin, les tribunaux de première instance doivent abriter les juges de droit commun en premier ressort en matière administrative, et les Cours d'appel, des juridictions de dernier ressort. Mais jusqu'en 2010, les chambres administratives de ces juridictions n'étaient pas encore installées. De ce fait, la Chambre administrative de la Cour suprême continue de jouer son ancien rôle en la matière. V. Communication de la Chambre administrative de la Cour suprême : « Le contrôle des actes administratifs par les Cours et tribunaux administratifs », 10e Congrès de l'Association internationale des Hautes juridictions administratives (AIHJA), Sydney, mars 2010.

condamnation de l'État par le juge de droit commun. En effet, sur la base de la décision DCC 02-058 du 04 juin 2002 de la Cour constitutionnelle, dame FAVI Adèle a assigné l'État béninois, et a réclamé le paiement de 25 000 000 FCFA pour « toutes causes de préjudices confondus ». Le juge saisi va finalement condamner l'État béninois par le jugement n° 007/04/4è Chambre civile du 09 février 2004, à payer la somme de cinq millions FCFA. Par la suite, ce jugement sera exécuté par l'État béninois représenté par l'Agent judiciaire du trésor (AJT) qui, par le protocole d'accord N° 285/AJT/BGC/SA, s'engage à payer la somme de cinq millions FCFA à dame FAVI Adèle, pour « toutes causes de préjudices confondues en exécution du jugement N° 007/04/4e Chambre civile du 09 février 2004 ».[281]

Mais le rôle déterminant du juge constitutionnel béninois, dans la protection des droits humains, se limite aux droits reconnus dans la Constitution du 11 décembre 1990, qui implique les droits et devoirs proclamés et garantis par la Charte africaine des Droits de l'Homme et des Peuples. Du coup, l'on peut désespérer de la compétence du juge constitutionnel béninois de connaître de la violation des droits de l'enfant. Fort heureusement, l'enfant en tant qu'être humain bénéficie des droits garantis par la CADHP.[282] Aussi, la CADHP en son article 18 (3) fait obligation à l'État « [...] d'assurer la protection des droits de la femme et de l'enfant tels que stipulés dans les déclarations et conventions internationales. » Ainsi, ces obligations qu'impose la Charte aux États parties sont de la compétence du juge constitutionnel béninois du fait de la constitutionnalisation de tous les droits et devoirs garantis par la CADHP par le constituant de 1990. Dès lors, nous pouvons nous permettre d'avancer que le juge constitutionnel béninois a ainsi la charge de garantir la protection des droits de l'enfant à travers les Conventions internationales ratifiées par le Bénin.

---

[281] Art. 2 du protocole d'accord entre Dame FAVI Adèle et l'État béninois, du 25 février 2005.

[282] De façon plus spécifique, les obligations de l'État liées aux articles 5 (protection contre l'exploitation et la traite), art. 17 (le droit à l'éducation), et l'art 18 (protection de la famille...) Même s'il nous faut reconnaître la plupart de ces droits ne sont pas d'une grande utilité pour les enfants, qui ont des besoins plus spécifiques. C'est d'ailleurs ce qui justifie l'adoption de normes spécifiques pour certaines catégories. Comme les femmes, les enfants et les minorités.

Paragraphe 2 : Quel rôle peut jouer le juge judiciaire béninois dans la protection des enfants contre la traite ?

Le rôle du juge est d'appliquer la loi et de sanctionner sa violation. Ce qui implique que les citoyens doivent être en mesure de demander réparation d'un préjudice subi, sur la base des lois en vigueur au plan interne. Dans ce rôle, le juge judiciaire doit être le garant des normes internationales relatives aux droits de l'enfant ratifiées par la République du Bénin et en vigueur dans ce pays, conformément à la procédure interne. En ce qui concerne la traite des enfants, le juge a normalement un rôle répressif à jouer. Une répression fondée sur le non-respect des normes en vigueur. Dans le contexte béninois, comme il a été mentionné maintes fois, l'application des normes internationales relatives aux droits de l'enfant publiées au JO s'impose au juge. Ainsi, la répression pour non-respect des normes en vigueur doit non seulement se baser sur les normes d'origine interne mais également sur celles internationales internalisées. Dès lors, il s'agira pour le juge saisi d'un cas d'identifier les violateurs des normes et de leur infliger la sanction qui s'impose. Mais tel n'est toujours pas le cas dans la pratique.

Nous constatons dans un premier temps que le juge judiciaire est réticent à l'application directe des conventions internationales relatives aux droits de l'enfant, et dans un second temps, nous faisons ressortir que cette position du juge est le fruit d'une certaine méconnaissance des conventions.

I- Le juge judiciaire, réticent à l'applicabilité directe des conventions

En l'absence de jurisprudences pour servir de base d'analyse, ce point se base sur les résultats de recherches de terrain, effectuées au Bénin. Ainsi, il ressort des entretiens avec les magistrats rencontrés, deux raisons qui, selon eux, justifient leur position de « non-applicabilité directe » des conventions relatives aux droits de l'enfant. Il s'agit d'une part, de l'absence de décrets d'application des conventions et d'autre part, de la nature de « droits programmés » dont découle la « non-justiciabilité » des droits contenus dans les conventions relatives aux droits de l'enfant.

A- UNE TENDANCE DU JUGE JUDICIAIRE À INVOQUER L'ABSENCE DES MESURES D'APPLICATION

Le décret peut se définir comme « un texte du pouvoir exécutif, à portée générale ou individuelle, signé par le Président de la République ou par le Premier ministre. »[283] Le décret d'application qui doit permettre l'application, selon certains juges béninois, est donc un texte émanant du pouvoir exécutif, qui doit déterminer les conditions de l'application des Conventions relatives aux droits de l'enfant. Normalement la prise de décret d'application d'une loi est déterminée par la loi elle-même ; c'est-à-dire qu'au moment de l'élaboration de la loi, le législateur précise que l'application de la loi ou certains points de son contenu sera déterminée par un décret. C'est le cas par exemple des art.7, 11 et 12 de la loi n°2006-04 du 05 avril 2006 portant conditions de déplacement des mineurs et répression de la traite d'enfants au Bénin.

Dès lors, la question se pose de savoir si les conventions relatives aux droits de l'enfant ont besoin de décret d'application pour être applicables par le juge béninois. Rien dans la Constitution béninoise, qui régit les conditions de validité des conventions internationales au Bénin, ne va dans ce sens. De même, nous n'avons pas relevé dans le contenu des conventions relatives aux droits de l'enfant, l'exigence de l'adoption d'un décret au plan interne pour leur validité. Ceci n'a rien d'étonnant, lorsqu'on sait que le droit international laisse la liberté du choix des moyens aux États pour introduire les Conventions ratifiées. Mieux, nous avons vu à travers l'article 147 de la Constitution béninoise que le Bénin a fait l'option du monisme comme mode d'introduction des conventions internationales en droit interne avec une suprématie de la norme internationale sur la norme interne.

Il en découle donc qu'en l'absence de règles internes instaurant la nécessité de décrets d'application, pour la validité des conventions ratifiées par le Bénin en général, et celles relatives aux droits de l'enfant en particulier, le juge béninois doit opter pour l'application directe de ces conventions. Quitte à lui de déterminer les voies et moyens pour dire le droit.

Ceci étant, qu'en est-il maintenant du caractère de « droits programmés » et de la « non-justiciabilité » des droits de l'enfant ?

---

[283] BISSARDON, Sébastien (2009). « Guide du langage juridique ». Paris : LexisNexis, p. 209, voir aussi : *Lexique des termes juridiques* 2010, Paris : Dalloz, 17e éd, p. 230, pour plus de détails sur la notion.

B- La nature programmatrice et non justiciable des droits de l'enfant pour justifier leur inapplicabilité directe

Concernant le caractère programmé des droits contenus dans les conventions relatives aux droits de l'enfant, il est basé sur la formulation qui découle par exemple de l'article 4 de la Convention de New York relative aux droits de l'enfant. En effet, on peut lire dans cet article que : « Les États parties s'engagent à prendre toutes les mesures législatives, administratives et autres qui sont nécessaires pour mettre en œuvre les droits reconnus dans la présente Convention. Dans le cas des droits économiques, sociaux et culturels, ils prennent ces mesures dans toutes les limites des ressources dont ils disposent et, s'il y a lieu, dans le cadre de la coopération internationale. » La seconde phrase de cet article, qui semble laisser une marge de liberté aux États dans la mise en œuvre des droits économiques, sociaux et culturels, fait donc que lesdits droits sont considérés comme programmés et donc pas immédiatement réalisables. Mais de là, peut-on affirmer que même dans le contexte africain, la notion de « droits programmés » est synonyme de « droits irréalisables » ?

Il ne fait aucun doute que la formulation « (...) dans le cas des droits économiques, sociaux et culturels, ils prennent ces mesures dans toutes les limites des ressources dont ils disposent (...) » ne facilite guère la détermination de l'existence de violation des droits concernés. Surtout que l'on remarque que la convention est restée muette sur la manière de déterminer qu'un État a tout fait dans « la limite de ses moyens disponibles ». Il est donc clair qu'on fait appel ici à la bonne foi des États parties. Dans un tel contexte, il appartient donc au juge interne d'user de ses compétences d'interprétation de la convention pour déterminer si l'État, qui ne respecte pas ces droits, est de bonne foi ou non, dans les mesures prises pour l'accomplissement de ces droits. Ne pas le faire enlève tout sens à l'existence de ses droits.

Ensuite, le second argument avancé pour justifier la non-application des conventions relatives aux droits de l'enfant est la « non-justiciabilité » des droits sociaux et économiques. La « non-justiciabilité » des droits trouve son fondement dans les deux Pactes de 1966 où l'on distingue dans l'un, les droits civils et politiques et dans l'autre, les droits sociaux, économiques et culturels. La doctrine a très souvent relevé le caractère non obligatoire des droits contenus dans le Pacte international relatif aux droits économiques, sociaux et culturels (PIDESC) et celui obligatoire des droits contenus dans le Pacte international relatif aux droits civils et politiques (PIDCP). Ce qui rend les premiers non justiciables ou difficilement justiciables et les seconds justiciables. Mais cette question de la non-justiciabilité du PIDESC a été remise en cause par le Conseil économique et social et le Comité des droits de l'enfant des Nations unies. En effet, en 2008 l'adoption du protocole facultatif relatif au PIDESC va dans le sens de la justiciabilité des DESC. En ce qui concerne la convention des Nations unies relative aux droits de l'enfant, la question a été résolue par le Comité des droits de l'enfant,[284] à travers les mesures générales d'application de la CDE lors de sa trente-troisième session en 2003.[285] En effet, dans le paragraphe 6 dudit document, le Comité remet l'accent sur le caractère indissociable et indivisible des droits de l'homme en général, et affirme dans le même temps, que les droits économiques, sociaux et culturels contenus dans la convention des Nations unies relative aux droits de l'enfant sont justiciables.

II- UNE MÉCONNAISSANCE DES CONVENTIONS PAR LE JUGE INTERNE ?

En réalité, le juge béninois a une assez bonne connaissance des Conventions internationales relatives aux droits de l'enfant applicables au Bénin. Mais les insuffisances relevées chez certains magistrats, lors de nos entretiens, trouvent bien leur source dans le manque d'initiative personnelle pour se tenir au courant de l'évolution du droit international de l'homme en général, mais surtout du droit international de l'enfant. En effet, comme il a été mentionné dans le point précédent, malgré la justiciabilité de tous les droits de l'enfant reconnue par les organes internationaux de suivi, certains juges béninois continuent de considérer le caractère de « droits programmés » en les rendant non-justiciables. Du coup, la violation de ces droits, contenus dans les Conventions internationales relatives aux droits de l'enfant, ne peut être sanctionnée par le juge interne.

---

[284] Les mesures générales d'application ont en effet clarifié le contenu de l'article 4 de la CDE, notamment sa deuxième phrase qui semble faire une distinction entre les droits civils et politiques et les droits sociaux, économiques et culturels. Art. 4 CDE : «Les États parties s'engagent à prendre toutes les mesures législatives, administratives et autres qui sont nécessaires pour mettre en œuvre les droits reconnus dans la présente Convention. Dans le cas des droits économiques, sociaux et culturels, ils prennent ces mesures dans toutes les limites des ressources dont ils disposent et, s'il y a lieu, dans le cadre de la coopération internationale. »

[285] Voir document : CRC/GC/2003/5 du 27 novembre 2003 du Comité des droits de l'enfant des Nations unies.

A- Les droits à réalisation progressive : synonyme de non-applicabilité du droit dans l'ordre interne

Ce qui est programmé doit connaître à un moment donné sa réalisation, c'est-à-dire aboutir à un résultat. Ainsi le « droit programmé » est le fait de prévoir et d'organiser ce droit dans le temps pour aboutir à sa réalisation complète, qui est le résultat visé.[286] En ce qui concerne le « droit à réalisation progressive », il faut le comprendre comme un droit qui évolue dans le sens de son amélioration pour atteindre la finalité visée. Ainsi, les droits à « réalisation progressive » n'impliquent-ils pas des droits dont on doit justifier, tout au moins, un début de réalisation ? Dans tous les cas, qu'il s'agisse de « droits programmés » ou de « droits à réalisation progressive », l'engagement de les respecter impose que des actions concrètes soient prises.

Mais lorsqu'on s'en tient à la position de certains magistrats béninois, on croit que les « droits programmés » ou « droits à réalisation progressive », contenus dans les normes internationales relatives aux droits de l'enfant, ne doivent justifier d'aucune action de la part du débiteur des droits en cause. Du coup on ne peut lui opposer le non-respect de l'engagement pris. C'est en tout cas ce qui ressort de leur position de non-justiciabilité desdits droits. Ainsi, pour ces magistrats, tout porte à croire que les droits à « réalisation progressive » ne peuvent jamais être revendiqués.

En effet, il est difficile de comprendre que, plus de vingt ans après l'engagement de l'État béninois à mettre en œuvre ces droits sur son territoire, des juges continuent de considérer le caractère « réalisation progressive » desdits droits comme un empêchement à sanctionner leur violation. Il est donc nécessaire que le juge prenne conscience du rôle prépondérant qui est le sien, dans la mise en œuvre de l'application des conventions internationales relatives aux droits de l'enfant. Sa mission ne sera sans doute pas facile dans un contexte africain où les gouvernants, malgré le régime de séparation des pouvoirs et de l'indépendance du pouvoir judiciaire reconnus dans la plupart des Constitutions,[287] influencent fortement le pouvoir judiciaire. Cependant, le juge ne doit pas perdre de vue que les normes relatives aux droits de l'enfant en vigueur au Bénin doivent être opposables à l'État et à ses démembrements en cas de

---

[286] Dictionnaire « Le Petit Robert 2008 ».

[287] Par exemple art. 125 Constitution Bénin.

non-respect. Ne pas le faire revient à aller à l'encontre de la Constitution qui les soumet à l'autorité de la loi.

B- UNE MÉCONNAISSANCE DES DISPOSITIONS DE L'ARTICLE 126 DE LA CONSTITUTION PAR LE JUGE BÉNINOIS ?

Après la reconnaissance de la justiciabilité de tous les droits de l'enfant par le Comité des droits de l'enfant des Nations unies,[288] et compte tenu du fait que la Convention des Nations unies relative aux droits de l'enfant fait partie du bloc de légalité au Bénin,[289] le juge béninois est-il fondé à méconnaître sa violation ?

« La justice est rendue au nom du peuple béninois. Les juges ne sont soumis, dans l'exercice de leurs fonctions, qu'à l'autorité de la loi. [...] ».[290] De cette disposition il découle que le juge a l'obligation, dans l'exercice de ses fonctions, non seulement d'appliquer les lois en vigueur mais aussi de les faire respecter. Dès lors, on voit bien que le fondement juridique du juge pour méconnaître la justiciabilité des droits dits à « réalisation progressive » sera difficile à trouver. Car au pire des hypothèses, s'il est saisi d'un cas de violation de tels droits, par l'État ou ses démembrements, il devra tout au moins déterminer que l'État n'est pas en mesure de respecter le/les droit (s) en cause pour avoir tout fait dans « la limite de ses moyens ». C'est ce qui pourrait justifier, à nos yeux, une condamnation du violateur.

À travers ce chapitre, nous venons de voir que l'État béninois dispose sur son territoire des organes juridictionnels nécessaires, malgré leur nombre insuffisant, pour assurer la mise en œuvre effective des droits contenus dans les normes internationales relatives aux droits de l'enfant. En raison de leur accessibilité à tout citoyen, les juridictions béninoises peuvent jouer pleinement leur rôle de protection des droits de l'enfant. Cependant, le rôle des juges qui animent ces juridictions sera déterminant dans l'effectivité de la protection des enfants en général, mais surtout contre la pratique de la traite au Bénin. Mais pour cela il faut que les victimes saisissent le juge pour connaître des cas de violation de leurs droits. Car c'est à travers ses décisions qu'on pourra véritablement juger la position du juge par rapport à l'applicabilité directe des normes relatives aux droits de l'enfant en vigueur au Bénin.

---

[288] Doc CRC/GC/2003 du 27 novembre du comité des droits de l'enfant, déjà mentionné.

[289] Conformément à l'article 147 de la Constitution.

[290] Article 126 de la Constitution.

Le juge constitutionnel nous a montré qu'au Bénin il est possible de demander réparation aux pouvoirs publics pour violation des droits humains. Même si telle n'est pas sa vocation première. Et le juge de droit commun, en exécutant la décision de la juridiction constitutionnelle, a montré également sa capacité à résister aux pressions politiques, en condamnant l'État pour violation des droits de l'homme. Il a donc pleinement joué son rôle conformément au régime de séparation des pouvoirs du Bénin. Car, comme l'a écrit Gérard CONAC, « [...] la logique des systèmes constitutionnels fondés sur la séparation des pouvoirs conduit à soutenir que toute autorité doit éventuellement répondre de ses actes devant un juge indépendant. »[291]

[291] CONAC, Gérard (1990). « Le juge de l'État en Afrique francophone » : 13-20, in Afrique Contemporaine, n °156, *La justice en Afrique*, dir. Jean du Bois de GAUDUSSON et Gérard CONAC. Paris : La Documentation française. pp. 13-20, p.13.

CHAPITRE 2

L'APPORT DES CONVENTIONS DANS LA MISE EN PLACE DES ORGANES ADMINISTRATIFS DE PROTECTION DES ENFANTS CONTRE LA TRAITE AU BÉNIN

Dans le chapitre précédent, nous avons montré que le Bénin dispose sur son territoire d'organes juridictionnels à travers lesquels les juges doivent connaître de la violation des droits contenus dans les Conventions internationales relatives aux droits de l'enfant en vigueur au Bénin. Mais la lutte contre la traite des enfants ne saurait se limiter à la sanction judiciaire. Elle doit être l'exception dans la mesure où la règle veut que l'État s'acquitte avec bonne foi de ses obligations de respect et de protection, pour que les enfants ne soient pas victimes de traite. Ainsi, il lui faut mettre en place des structures administratives pouvant lui permettre d'atteindre les objectifs visés par les conventions auxquelles il s'est librement engagé au plan international.

Ces mesures découlent également des conventions internationales relatives aux droits de l'enfant. En effet, obligation est faite aux États parties de prendre les mesures administratives nécessaires au plan interne pour donner effet aux droits de l'enfant.[292] L'exigence des mesures administratives requiert la mise en place des organes administratifs chargés de mettre en œuvre, dans la pratique, les mesures nécessaires pouvant conduire à une protection effective des droits de l'enfant.

Qu'entendons-nous par « organes administratifs » ?

Un organe peut s'entendre d'une institution chargée de faire fonctionner une catégorie déterminée de services. Quant à l'administration, il peut se définir comme une fonction qui consiste à assurer l'application des lois et la marche des services publics conformément aux directives du

[292] On peut par exemple se référer à Art.4 de la Convention des Nations unies relatives aux droits de l'enfant, et aux articles 1, 11, 15 de la Charte africaine des droits et du bien-être de l'enfant.

gouvernement.[293] Partant de là, nous pouvons définir l'organe administratif comme l'institution chargée d'appliquer les lois et d'assurer la marche des services publics conformément aux directives du gouvernement dans une catégorie déterminée. Pour ce qui nous concerne, nous nous référons spécifiquement aux institutions chargées de mettre en œuvre les directives du gouvernement en matière de protection des droits de l'enfant.

Dans quelle mesure l'engagement du Bénin aux conventions internationales relatives aux droits de l'enfant, va-t-il influencer la mise en place des organes administratifs de protection de droits de l'enfant au Bénin ? Et quel est l'apport de ces organes dans la protection des enfants en général et contre la traite des enfants en particulier ? Ce sont là les points qui seront développés dans ce chapitre.

Ainsi, nous allons aborder successivement les organes de protection à caractère général (section 1) et les organes de protection à caractère spécifique (section 2).

SECTION 1 : LES ORGANES DE PROTECTION À CARACTÈRE GÉNÉRAL

L'on note des efforts du gouvernement béninois dans la mise en place des organes de protection de l'enfant au niveau de certains ministères, pour assurer la protection des enfants en général. Nous abordons ici les organes mis en place au niveau du ministère de la Famille et de la Solidarité nationale et ceux créés au niveau du ministère de la Justice, de la Législation et des Droits de l'Homme.

PARAGRAPHE 1 : AU NIVEAU DU MINISTÈRE DE LA FAMILLE ET DE LA SOLIDARITÉ NATIONALE (MFSN)

Le décret n°2009-244 du 09 juin 2009 portant attributions, organisation et fonctionnement du ministère de la Famille et de la Solidarité nationale met à la charge de ce ministère : de concevoir, de mettre en œuvre et d'assurer le suivi-évaluation de la politique de l'État en matière de développement social et de solidarité conformément aux lois et règlements en vigueur au Bénin et conformément aux visions et politique de développement du gouvernement.[294]

En matière de protection sociale, le MFSN est chargé de :

[293] Cf. Dictionnaire *Le Petit Robert.* 2010.
[294] Art. 1 du décret.

- la politique nationale de protection de la famille, de l'enfance et de l'adolescence ;

- la politique nationale de protection et d'intégration des personnes handicapées et d'appui aux personnes âgées ;

- la politique nationale de communication et de mobilisation sociale.[295]

Il est créé aux articles 59 et 81 dudit décret, des directions techniques et des directions départementales. Les directions techniques sont des structures opérationnelles et services déconcentrés du ministère. Elles comprennent entre autres :

- la direction de la famille ;
- la direction de l'enfance et de l'adolescence ;
- la direction de la promotion de la femme et du genre ;
- la direction de la solidarité nationale et de la protection sociale.

En ce qui concerne les directions départementales du ministère, elles assurent la mise en œuvre au niveau de chaque département de la politique nationale en matière de promotion de la famille, de l'enfant, du genre et de la solidarité nationale.

Nous nous penchons ici sur le rôle des directions de la protection de l'enfance et de l'adolescence, et la direction départementale de la famille.

I- La direction de l'enfance et de l'adolescence (DEA) du ministère de la Famille

Comme nous l'avons déjà mentionné, la Direction de l'Enfance et de l'Adolescence (DEA) est l'un des services techniques mis en place au niveau du ministère de la Famille et de la Solidarité nationale. Il intervient, comme l'indique sa dénomination, dans la protection de l'enfance et de l'adolescence. Nous passerons en revue ses attributions et son rôle spécifique en matière de protection des droits de l'enfant.

A- Les attributions de la direction

Comprenant, entre autres, un service de la Réinsertion de l'enfant et de l'adolescent, un service de la protection de l'enfant et de l'adolescent et un service de la statistique, de la recherche et de la législation, la DEA assure,

[295] *Ibid.*

au titre de l'article 63 du décret n°2009-244,[296] l'élaboration, la mise en œuvre des programmes en faveur de l'enfant et de l'adolescent. Pour cette raison, elle est chargée de :

- veiller à la vulgarisation et à l'application effective des textes juridiques sur la protection de l'enfant, en l'occurrence la Convention relative aux droits de l'enfant et les autres instruments juridiques nationaux et internationaux en faveur de l'enfant, ratifiés par le Bénin ;
- élaborer, en relation avec toutes les structures concernées, le programme de soutien et de réinsertion sociale des enfants en situation difficile ;
- définir, en collaboration avec les ministères et organismes concernés, le cadre de référence pour la création et le fonctionnement des institutions de protection des enfants et des adolescents ;
- coordonner les actions des Organismes et des Organisations non gouvernementales qui œuvrent en faveur de l'enfant et de l'adolescent.
- initier, en collaboration avec d'autres départements ministériels, des textes législatifs et réglementaires permettant la mise en application effective des droits de l'enfant et de l'adolescent ;
- assurer le suivi des programmes, des résolutions et recommandations issus des rencontres nationales et internationales relatives à la promotion de l'enfant ;
- et enfin, assurer la surveillance nutritionnelle des enfants de 0 à 5 ans.

À travers ses attributions, la DEA apparaît comme étant l'une des chevilles ouvrières dans la mise en œuvre des conventions internationales relatives aux droits de l'enfant ratifiées par le Bénin, au niveau de l'administration béninoise.

B- Le rôle spécifique de la DEA dans la protection des enfants

De façon spécifique, la DEA, à travers son service de Réinsertion sociale de l'enfant et de l'adolescent, a pour rôle de :

- concevoir, avec les structures déconcentrées, le plan de réinsertion des enfants et des adolescents en situation difficile ;
- accompagner les structures et communautés chargées de la réinsertion sociale des enfants de la rue et des enfants délinquants ;

[296] Voir aussi l'article 1er de l'arrêté 2007 n°1280 /MFFE/DC/SGM/DEA/SA, portant Attribution, Organisation et Fonctionnement de la Direction de l'Enfance et de l'Adolescence.

- assurer le suivi et la coordination des activités des structures intervenant dans l'accueil des enfants victimes de traite et de la réinsertion des enfants en situation difficile ;

- et d'œuvrer à la création d'un centre d'accueil et de transit des enfants en situation difficile.[297]

De même, elle a pour rôle :

- d'œuvrer à l'élaboration et à l'adoption de politique nationale en matière de Protection de l'enfant ;

- d'initier et d'œuvrer à l'exécution de projets et de programmes en faveur des enfants ;

- d'assurer le suivi et la coordination des activités relevant des domaines relatifs au placement précoce, à la traite et à la maltraitance des enfants, aux mutilations génitales et infanticides ;

- d'initier des textes de lois en matière de la protection des enfants et de veiller à l'actualisation et à la vulgarisation des textes existants.[298]

À côté de la Direction de l'enfance et de l'adolescence qui a une compétence nationale, les démembrements du ministère au niveau des départements interviennent aussi dans la protection des enfants. C'est le cas de la Direction départementale de la famille et de la solidarité.

II- LA DIRECTION DÉPARTEMENTALE DE LA FAMILLE ET DE LA SOLIDARITÉ NATIONALE

Depuis la loi n°97-028 du 15 janvier 1999, le territoire béninois est découpé en douze départements,[299] mais les directions départementales de la famille et de la Solidarité nationale ne sont présentes que dans six (6) départements.[300] Sur le terrain, la Direction départementale de la famille qui est présente dans les chefs-lieux des anciens départements[301], couvre deux départements du nouveau découpage.

Selon l'article 82 du décret qui fixe les attributions du ministère, chaque direction comprend six services : un secrétariat, un service administratif et

297 Cf. Art. 7 Arrêté du ministère de la Famille *op. cit.*

298 Art. 9 Arrêté ministère de la Famille, *op. cit.*

299 Article 6 de la loi n°97-028 du 15 janvier 1999, portant organisation de l'administration territoriale de la République du Bénin fixe les douze (12) départements comme suit : l'Alibori, l'Atacora, l'Atlantique, le Borgou, les Collines, le Couffo, la Donga, le Littoral, le Mono, l'Ouémé, le Plateau, le Zou.

300 Ces six départements correspondent, en réalité, aux six départements de l'ancien découpage territorial à savoir: les départements de : l'Atacora, l'Atlantique, Borgou, Mono, Oueme, le Zou.

301 Il s'agit de Natitingou, Cotonou, Parakou, Lokossa, Porto-Novo et Abomey.

financier et du matériel, un service de promotion de la famille, de l'enfant et du genre, un service de la protection sociale et de la solidarité, un service de la mobilisation sociale et un service des études, de la statistique de la programmation et de la documentation. Mais sur le terrain, tous les services énumérés ne sont toujours pas mis en place ou sont cumulés.

Nous abordons ici le rôle de cette institution dans la protection de l'enfant à travers son organisation et à travers les centres de promotion sociale sur le terrain.

A- Le rôle de la direction dans la protection des enfants

En charge d'assurer la mise en œuvre de la politique nationale qui relève de la compétence du ministère de la Famille et de la Solidarité, la Direction départementale doit veiller, au niveau de chaque département, à la réalisation des objectifs du gouvernement en matière de promotion de la femme, de l'enfant, et du genre.

En ce qui concerne la question spécifique de la protection de l'enfant, la direction a la charge de veiller à la mise en œuvre des actions de protection sociale, de veiller à l'application de la législation en vigueur, de promouvoir et d'harmoniser les activités des ONG et associations qui œuvrent dans le domaine de la protection des enfants. Elle a, en outre, pour mission de coordonner, suivre et évaluer les activités des centres de promotion sociale et de veiller à l'exécution correcte des prestations des services sociaux spécialisés. Elle doit enfin contribuer à la lutte contre la pauvreté et les fléaux sociaux, veiller au respect de l'application, par les structures d'accueil, des normes et standards en matière de protection sociale et d'infrastructures et de gérer les secours conformément aux textes en vigueur, etc.[302]

B- Les centres de promotion sociale

Les centres de promotion sociale sont sous la tutelle de la Direction départementale de la famille. Ils constituent des relais de cette dernière au niveau des populations à la base (commune). À ce titre, les centres de promotion sociale appuient le développement des communautés à la base, à travers la prévention et la gestion des risques sociaux encourus par les populations et particulièrement les couches les plus vulnérables dont les enfants.

Sur le terrain, ils ont normalement à charge :[303]

---

302 Art. 81 Arrêté du ministère, *op. cit.*
303 Art. 85 Décret portant attribution du ministère de la Famille, *op. cit.*

- d'identifier, à travers une étude du milieu, les risques sociaux qui entravent le développement humain durable au sein de la communauté desservie ;

- d'œuvrer à la résolution progressive des problèmes sociaux en se basant sur les ressources de l'État, les potentialités du milieu et les appuis des partenaires ;

- de donner des appuis-conseils aux individus, aux familles et élus locaux, en cas de nécessité ;

- de contribuer à l'exécution au niveau des communes des projets et programmes de portée multisectorielle, compatibles avec la mission du ministère ;

- d'appuyer les communautés à la base dans la conception, l'élaboration, la mise en œuvre, le suivi et l'évaluation des projets et programmes de développement ;

- de contribuer, entre autres, à la promotion de la famille, de l'enfant, des orphelins et enfants vulnérables.

Dans la pratique, les centres de promotion sociale sont loin d'assurer ces charges qui leur sont assignées. D'une part, il a été relevé sur le terrain que les CPS ne disposent pas des moyens nécessaires pour assumer leur mission. L'absence de moyens financiers, notamment de budget de fonctionnement, rend les CPS dépendants des ONG. Aussi, les moyens matériels et humains font défaut. Dans la plupart des CPS visités, on remarque que la grande partie du matériel disponible a été fournie par les partenaires comme l'Unicef, l'Union européenne[304]. En outre, le personnel en place varie généralement entre 1 et 4.

En ce qui concerne la protection des enfants, les Centres de Promotion sociale accueillent les enfants victimes de traite, de violences de tous genres (même si telle n'est pas leur vocation). Dans le domaine de la traite des enfants, les CPS sont souvent chargés de l'identification des familles des enfants victimes, des enquêtes sociales diligentées sur les familles des enfants victimes, du suivi des activités des comités locaux de lutte contre la traite des enfants. Relevons également que les CPS ont à charge la collecte des dossiers de « secours aux indigents » et qu'ils collaborent avec les ONG et les centres d'accueil privés.

Compte tenu du manque de moyens logistiques et de personnel qualifié, les CPS sont très limités dans leurs actions sur le terrain.

---

[304] Le donateur prend soin de mentionner son nom sur le matériel en question.

Paragraphe 2 : Au niveau du ministère de la Justice

Le décret n°2007-491 du 02 novembre 2007, portant attributions, organisation et fonctionnement du ministère de la Justice, de la Législation et des Droits de l'homme, crée pour le compte dudit ministère, cinq directions techniques spécifiques au nombre desquelles la direction des droits de l'homme et la direction de la protection judiciaire de l'enfant et de la jeunesse.[305] La direction des droits de l'homme est d'une part, chargée de la promotion et de la vulgarisation des droits de l'homme et d'autre part, elle veille sur la protection et la défense de ces droits sur toute l'étendue du territoire national. Elle doit également veiller à l'élaboration des rapports périodiques d'application des instruments internationaux en matière des droits humains et à leur présentation devant les organes internationaux de contrôle.[306]

Mais nous allons, dans cette section, nous focaliser sur la direction de la protection judiciaire de l'enfance et de l'adolescence et sur le Comité national des droits de l'enfant dont le secrétariat permanent est assuré par la direction.

I- La Direction de la protection judiciaire de l'enfance et de la jeunesse (DPJEJ)

La direction de la protection judiciaire de l'enfance et de jeunesse est une direction sous la tutelle du ministère de la Justice, de la Législation et des Droits de l'homme. Aux termes de l'article 1er de l'Arrêté 2006 n° 0318/MJLDH/DC/SGM/DPJEJ, elle regroupe trois services : le service de la protection de l'enfance et de la jeunesse, le service des associations, services ou organismes publics ou privés, chargés de recueillir les enfants en situation difficile et le service des études et de la communication.

A- La mission de la DPJEJ

De façon globale, la direction de la protection judiciaire de l'enfance et de la jeunesse a pour mission de promouvoir les droits de l'enfant et de veiller à l'application des normes relatives aux droits de l'enfant ratifiées par le Bénin.

Le service de la Protection a à charge de régler les questions relatives à la protection des enfants et des jeunes qui sont en conflit avec la loi, en danger moral ou abandonnés. Ceci en dehors de toute instance judiciaire

305 Article 42 du décret mentionné.
306 Cf. art. 51, *Ibid.*

pour la mise en œuvre des mesures de garde et d'action éducative ordonnées par l'autorité judiciaire. Elle doit également veiller, en concertation avec le ministère de la Famille, au respect des engagements du Bénin découlant des conventions internationales relatives aux droits de l'enfant et traiter les questions juridiques et institutionnelles qui relèvent de son domaine d'intervention.[307]

Quant au service chargé de recueillir les enfants en situation difficile, il est chargé d'étudier toute question ayant trait à l'éducation des mineurs en conflit avec la loi ou en danger moral. Dans ce cadre, il veille au respect des mesures ordonnées par l'autorité judiciaire et les conventions internationales relatives aux droits de l'enfant, par les centres et les établissements intervenant dans le domaine de l'enfant. Le service doit aussi déterminer la politique de formation des personnels de la protection judiciaire de la jeunesse ainsi que le cadre juridique des relations avec le secteur associatif. Il doit enfin superviser les activités du Centre national de Sauvegarde de l'enfance et de l'adolescent et de ces démembrements.[308]

B- Le rôle de la DPJEJ dans la pratique[309]

Dans la pratique, lorsque la Direction de la protection judiciaire de l'enfance et de la jeunesse a connaissance d'un cas de violation des droits de l'enfant ou lorsqu'elle en est saisie, elle contacte la Brigade de Protection des Mineurs (BPM) qui diligente une enquête. Au terme de l'enquête, la BPM lui envoie un rapport ou, en cas de nécessité, la Brigade saisit directement le Procureur de la République. En ce qui concerne les enfants en danger moral, la Direction effectue des enquêtes auprès des parents de l'enfant.[310] Si à l'issue de l'enquête l'enfant peut être ramené dans sa famille, l'on prend soin de sensibiliser les parents avant de l'y réintégrer. Dans le cas contraire, la Direction entre en contact avec les centres de prise en charge des enfants en situation difficile. Sur ce plan, il a été relevé que la Direction s'appuie beaucoup sur les Centres des organisations non gouvernementales, notamment le Centre « Don Bosco »

---

307 Art. 2 : Arrêté portant attribution, fonctionnement et organisation du DPJEJ.

308 L'administration béninoise dispose d'un Centre de sauvegarde des enfants en situation difficile situé à Agblangandan dans la commune de Sèmè-podji (entre la ville de Cotonou et de Porto-novo) et disposant deux annexes, l'une à Lokossa (Département du Mono) et l'autre à Parakou (département du Borgou).

309 Ce point se base sur l'entretien réalisé avec le Directeur de la Protection judiciaire de l'enfant et de la jeunesse et de son adjoint à Cotonou en septembre 2010.

310 L'enquête sociale est en réalité réalisée par le centre de protection sociale du ressort des parents de l'enfant avec qui la direction collabore.

de Porto-Novo. Ce centre semble être le principal partenaire du ministère de la Justice en matière de placement des enfants. On peut y ajouter le Centre des Sœurs Salésiennes qui se charge de l'accueil des filles en situation difficile.

Concernant les enfants en conflit avec la loi, la Direction assure le suivi judiciaire des dossiers des mineurs en conflit avec la loi. Dans ce cadre, lorsque l'infraction commise est mineure, la direction « négocie » avec le juge pour qu'il ordonne une mesure de placement alternative. Cependant, on imagine bien que la direction n'est pas systématiquement informée de tous les cas de mineurs en conflit avec la loi. La DPJEP prend souvent connaissance des cas lors des tournées annuelles qu'elle effectue dans les centres de détention du pays. Au cours de ces tournées, les mineurs en détention, souvent provisoirement, sont interrogés et les informations recueillies peuvent amener la DPJEJ à demander la mise en placement d'un enfant. La Direction assure également la supervision des conditions d'éducation des enfants au niveau des centres publics et privés de placement des enfants, conformément aux normes et standards en vigueur.

En réalité la DPJEJ a souvent du mal à accomplir sa mission. Pour cause, le manque de moyens financiers qui semble être son principal handicap. Nous avions relevé lors de notre passage dans ce service en septembre 2010 que son budget de fonctionnement de l'année en cours n'était pas encore mis à disposition. Ceci malgré la prise en compte de son budget dans celui global du ministère de la Justice. Dans ces conditions, et vu le rôle qu'elle est censée jouer dans la protection des droits de l'enfant, il est difficile à ce service d'accomplir sa mission. Car, comme les autres organes déjà mentionnés, elle dépend aussi du financement des partenaires œuvrant dans la protection des droits de l'enfant. Dans le même temps, la Direction de protection judiciaire de l'enfant et des jeunes abrite le secrétariat permanent de la Commission nationale des droits de l'enfant.

II- LA CRÉATION DE LA COMMISSION NATIONALE DE PROTECTION DES DROITS DE L'ENFANT

Déjà le point 13 des observations finales du deuxième rapport sur le Bénin[311] établi par le Comité des droits de l'enfant souligne « des mesures prises par l'État partie pour améliorer la coordination de la mise en œuvre de la Convention aux niveaux national et local, en particulier de la création du Comité national des droits de l'enfant [...]. Il prend aussi note de la

311 Doc. CRC/C/BEN/CO/2 du 20 octobre 2006.

création de comités départementaux des droits de l'enfant et de l'intention d'instituer des comités municipaux ».[312]

A- La structure de la Commission

Par le Décret N° 99-559 du 22 novembre 1999, le Conseil des ministres a créé la Commission nationale des droits de l'enfant. Elle est placée sous l'autorité du ministère de la Justice, de la Législation et des Droits de l'homme et doit assurer la coordination de la protection et de la promotion des droits de l'enfant.[313] La structure de la commission nationale des droits de l'enfant comprend un Bureau, un Secrétariat permanent, des points focaux sectoriels et des comités départementaux.[314]

Le Bureau, qui se compose du ministre de la Justice, de la Législation et des Droits de l'homme,[315] du ministre de la Famille[316] et du directeur de la protection judiciaire de l'enfance et de la jeunesse,[317] est l'organe de coordination des activités de la Commission nationale de protection des droits de l'enfant. En ce qui concerne le secrétariat permanent, il est l'organe administratif et technique de la Commission. À ce titre il assure, entre autres, la coordination de la mise en œuvre des décisions de la Commission, la préparation des sessions de la commission et des réunions du Bureau, il décentralise les programmes et rapports d'activité des points focaux et des comités départementaux, et soumet des rapports semestriels d'activités à la Commission nationale des droits de l'enfant.[318] Les points focaux sectoriels, quant à eux, sont des correspondants de la Commission au niveau des ministères qui font partie de celle-ci. Ils doivent contribuer à l'élaboration et à la mise en œuvre des activités de la Commission dans les domaines qui relèvent de leur ministère.

En ce qui concerne enfin les comités départementaux, ils sont placés sous la présidence des préfets de chaque département et se composent, outre le préfet, du Procureur de la République, du directeur départemental de la famille et de tous les représentants départementaux des membres de la Commission nationale des droits de l'enfant. Leur mission est de

---

312 Point 13 document portant observations finales, CRC/C/BEN/CO/2 du 20 octobre 2006

313 Art. 1 et 2 du Décret n° 99-559 du 22 novembre 1999.

314 Art.7 Décret *op. cit.*

315 Président du Bureau. Il est le représentant de la Commission et à ce titre, il convoque et préside les sessions.

316 Vice-président. Il remplace le président en cas d'empêchement de ce dernier.

317 Secrétaire permanent. Il est chargé d'établir les procès-verbaux, les rapports des sessions et des séances de la Commission et de son Bureau.

318 Art. 11 Décret n° 99-559 *op. cit.*

décentraliser les activités de la Commission au niveau du département de couverture.

B- Le fonctionnement de la Commission

Parmi ses principales attributions, la Commission nationale des droits de l'enfant doit promouvoir les droits de l'enfant et veiller à la sauvegarde des intérêts de l'enfant dans la mise en œuvre des Conventions internationales relatives aux droits de l'enfant ratifiées par le Bénin. Elle assure l'élaboration et la conduite de la politique nationale de protection judiciaire de l'enfance et de la jeunesse, ainsi que la mise en œuvre des normes internationales relatives aux droits de l'enfant, coordonne et harmonise les activités des structures nationales et internationales intervenant dans la protection des enfants sur le territoire national.[319] Pour son fonctionnement, elle peut faire appel à toutes structures étatiques ou organisations non étatiques dont les compétences peuvent l'aider à accomplir sa mission. Elle doit tenir deux sessions ordinaires par an et soumettre un rapport annuel d'activités au Chef de l'État en Conseil des ministres. Pour accomplir sa mission, la Commission doit être dotée d'un budget prévu au budget général de l'État.

En pratique, les organes mis en place pour intervenir dans la protection générale des enfants sont très loin de jouer leur rôle. Que ce soit au plan national, départemental ou communal, le constat reste le même : les organes mis en place sont à peine fonctionnels. En effet, dans la quasi-totalité des structures visitées, l'absence de moyens, surtout financiers et humains, est désignée comme le handicap majeur par les responsables eux-mêmes. Mais en dehors de l'insuffisance de ces moyens, nous avons relevé que l'une des difficultés majeures de ces organes reste l'absence d'objectifs et de politiques claire à moyen et long termes pouvant permettre d'atteindre les objectifs visés par leur mission.

D'autres organes publics interviennent de façon spécifique sur la question de la traite des enfants au Bénin.

Section 2 : Les organes spécifiques de protection

À côté de ces organes mis en place par l'État béninois en matière de protection des droits de l'enfant, il en existe qui interviennent de façon spécifique sur les questions pratiques, notamment en matière de traite des

---

[319] Art. 2 du Décret *op. cit.*

enfants. Il y a par exemple, la Brigade de protection des mineurs et les Comités de lutte contre la traite des enfants.

PARAGRAPHE 1 : LA BRIGADE DE PROTECTION DES MINEURS (BPM)

Créée par le décret 83-233 du 29 juin 1983,[320] la Brigade de Protection des Mineurs est un service spécialisé de la police nationale. Elle est régie depuis 1990 par le Décret 90-186 du 20 août 1990 portant création, attributions, organisation et fonctionnement de la Direction générale de la Police nationale. Aujourd'hui elle est dénommée Office central de la Protection des Mineurs, de la Famille et de la Répression de la traite des êtres humains.[321]

I- PRÉSENTATION DE LA BRIGADE

Quelles sont les attributions de la BPM en matière de protection des enfants contre la traite et de quels moyens dispose-t-elle pour accomplir sa mission ? Ce sont les deux points qui vont être développés dans les lignes à suivre.

A- LES ATTRIBUTIONS DE LA BRIGADE

Sous l'autorité de la Direction centrale de la Police judiciaire,[322] la Brigade de protection des mineurs a son siège à Cotonou. Elle a pour mission d'assurer la protection de l'enfant et de l'adolescent en danger. Dans ce cadre, elle est appelée à constater les infractions commises sur les enfants (mineurs de 18 ans), de même que les infractions commises par les enfants eux-mêmes. Dans ces cas, elle se doit de rassembler les preuves et d'opérer la recherche des auteurs des infractions commises. Les attributions de la BPM recouvrent trois domaines d'intervention : la prévention, la protection et la répression. Ces trois domaines d'intervention sont répartis à travers les trois services qui composent la BPM, à savoir : le service de la prévention, le service de la répression et le service de la statistique et de la documentation.

En matière de prévention, la BPM a pour mission d'assurer la sensibilisation des acteurs de ses domaines de compétence et de détecter,

---

[320] Décret 83-233 du 29 juin 1983 portant attribution, organisation et fonctionnement du ministère de l'Intérieur, de la Sécurité publique et de l'Administration territoriale.

[321] Art 43, pt. 4 Décret 2008-817 du 31 décembre 2008 portant attribution, organisation et fonctionnement de la Direction générale de la Police nationale.

[322] Arrêté 045/MISPAT/DGPN du 28 février 1991 portant attribution, organisation et fonctionnement de la Direction de la Police judiciaire (DPJ).

de façon préventive, concernant la traite des enfants, les trafiquants potentiels. Pour cela, elle effectue quelquefois des sorties au niveau des zones frontalières, notamment la frontière Bénin-Nigeria. En réalité, la BPM ne réprime pas, car cette prérogative est celle de la justice. Elle contribue à la répression des auteurs d'infractions, en identifiant les auteurs qu'elle défère à la justice pour qu'ils soient jugés. Enfin, elle tient à jour des données statistiques sur les cas relevant de son domaine d'intervention. Dans la pratique, la brigade est saisie pour des affaires relatives à la traite des enfants, à l'exploitation des enfants sous toutes formes, à la maltraitance physique et morale des enfants, aux violences sexuelles, à l'enlèvement d'enfant, aux enfants abandonnés, aux problèmes conjugaux, etc.

B- Les moyens de fonctionnement

La BPM, dont l'unique siège se trouve à Cotonou, comprend[323] treize agents de la police dont : un Commissaire qui est le chef de la Brigade, deux inspecteurs principaux, deux inspecteurs de 2e classe, des inspecteurs stagiaires, un Commandant, un Gardien de la paix et un Sous-brigadier.

Avec l'aide des partenaires, notamment l'Unicef, la BPM a été dotée en 2007 d'un Centre d'Accueil dénommé Centre d'Accueil et de Transit des Enfants (CATE). Ce centre comprend, outre un secrétariat, des dortoirs pour filles et garçons, une infirmerie, une salle de jeux, un réfectoire et des cuisines. Il est dirigé par un personnel à la charge des Organisations non gouvernementales[324] dont : un éducateur psycho-social (GRADH ONG), deux assistants sociaux (1 ONG GARPIS, 1 ONG Terre des Hommes), une infirmière (ONG Terre des Hommes) et quatre animateurs (ONG GARPIS).

En général, le Centre sert de plate-forme de transit, pour les enfants mineurs victimes d'abus des adultes, et quelquefois il accueille des enfants et femmes réfugiés. Dans son rôle, il assure l'assistance psychosociale, l'accueil, l'écoute et la mise en confiance des enfants qui y transitent et en cas de besoins procure les soins nécessaires à ses usagers. À ce jour, le centre de la Brigade de protection des mineurs est le seul centre de transit qui peut être qualifié d'« étatique » dans ce domaine.

---

323 État du personnel en place entre juillet 2010 et janvier 2011.

324 Les ONG mentionnées sont susceptibles de changer, la mise à disposition et la prise en charge du personnel dépend du projet en exécution au niveau de l'ONG.

II- Les actions de la Brigade dans la lutte contre la traite au Bénin

À travers la mission qui lui est assignée, la BPM apparaît comme un organe clé dans la lutte contre le trafic des enfants. À ce titre, elle est aujourd'hui la principale structure étatique de lutte contre la traite des enfants au Bénin.

A- La principale structure publique de lutte contre la traite

La traite des enfants au Bénin est un problème qui touche pratiquement tous les départements du pays. Cependant, certains départements sont plus touchés par le phénomène que d'autres. Ainsi, les départements du Zou, de la Donga, de l'Ouémé et des Collines se révèlent comme les plus grands pourvoyeurs d'enfants en situation de traite. Avec respectivement, un taux de 13⁰/0 pour les deux premiers et 11 et 10 pour cent des enfants en situation de traite.[325] Dans un tel contexte, on doit s'attendre à avoir une structure étatique comme la Brigade de protection des mineurs dans tous les départements du pays. Toutefois, en dépit de sa vocation nationale, la Brigade de protection des mineurs n'est physiquement présente que dans le département du littoral. Ce qui limite d'ores et déjà ses actions de lutte contre la traite au plan national. En effet, l'absence de décentralisation des activités de la BPM, au niveau des départements qui présentent un fort taux de traite, ne favorise guère la répression du phénomène dans ces zones. Seul un service dénommé : *Service des Affaires administratives* et localisé au niveau du Commissariat central des autres localités, est appelé à jouer le rôle de la BPM.

D'un autre côté, la BPM, en tant que principale structure étatique en matière de lutte contre la traite des enfants sur le terrain, dépend pourtant quasiment du financement des Organisations internationales qui interviennent dans ce domaine. En effet, le seul centre d'accueil fonctionne, comme nous l'avions mentionné, grâce aux ONG. Tout l'équipement du centre provient de l'Unicef, qui reste d'ailleurs son principal partenaire. Tout cela pourrait amener à dire que l'unique centre de prise en charge des enfants victimes de traite au Bénin n'aurait jamais vu le jour sans l'engagement des Organisations internationales et non gouvernementales.

---

[325] BIT/INSAE, Rapport final sur l'étude nationale sur le travail des enfants au Bénin 2008, *op. cit.* p. 70 et suivantes.

Cela dit, ce centre joue un rôle non négligeable dans la protection de l'enfant en général mais aussi dans la lutte contre la traite des enfants dans la zone couverte.

B- Le Centre d'accueil et de transit des enfants de la BPM

Principal centre public de transit des enfants victimes de toutes sortes d'abus et de violences, le centre de la Brigade de protection des mineurs accueille les enfants victimes de traite et œuvre pour leur réinsertion dans leur famille d'origine. Des centaines d'enfants transitent chaque année par le CAT/BPM.[326] Parmi eux, on dénombre des enfants victimes de traite, interceptés à Cotonou et ses environs ou rapatriés du Nigeria et d'ailleurs. À en croire les données recueillies sur le terrain, le Nigeria est de loin la principale destination des enfants béninois victimes de traite hors du territoire national.

Il existe aujourd'hui une procédure de prise en charge des enfants victimes de traite au Bénin. Elle a été élaborée par l'UNICEF et le ministère de l'Intérieur, de la Sécurité et de la Décentralisation (la Brigade de protection des mineurs) et le ministère de la Famille, de la Protection sociale et de la Solidarité.

Cette procédure comprend trois phases :

1) la première phase[327] prend en compte la détection, l'accueil et le rapatriement de l'enfant dans son pays d'origine ;[328]
2) la deuxième phase prend en compte, la prise en charge au retour et la réintégration familiale de l'enfant ;
3) et enfin la troisième phase concerne le processus de réinsertion sociale de l'enfant.

- La détection, l'accueil et le rapatriement de l'enfant victime de traite

Cette première phase dure entre un et trois mois. La détection qui peut être faite par les organismes étatiques, les organisations non

[326] Par exemple nous avons relevé au niveau du secrétariat du Centre qu'en 2008, environ 1088 enfants y avaient transité.

[327] Cette première phase se déroule dans le pays où l'enfant est détecté.

[328] Cette première phase doit donner lieu à : un rapport de la police, une fiche personnelle de l'enfant comportant sa photo, une lettre des autorités compétentes du pays de destination informant les autorités béninoises de la situation de l'enfant, une ordonnance de placement de l'enfant dans un centre d'accueil, un procès-verbal des autorités policières relatif à la recherche des auteurs et de leurs complices.

gouvernementales et la communauté du pays d'origine de l'enfant dans le pays de détection, doit permettre d'avoir un dossier sur l'enfant,[329] de l'informer et de l'orienter vers les services compétents.[330] En ce qui concerne l'accueil et le rapatriement de l'enfant, ils doivent se conformer à la procédure mise en place dans le pays où l'enfant est détecté et la durée des actions à mener est d'un mois à trois mois. Trois catégories d'intervenants sont identifiées pour jouer un rôle : la Représentation diplomatique, la Structure d'accueil de l'enfant et la Cellule conjointe de la BPM[331] et de la DFEA.[332] Dans un premier temps, il s'agira d'informer les autorités du MAEIA[333] et du MFPSS[334] et de rechercher les auteurs de la traite de l'enfant victime, tout en veillant à son intérêt supérieur. Ensuite, veiller à l'indemnisation par voie judiciaire de l'enfant victime et organiser son départ vers son pays d'origine. Enfin, informer les partenaires qui doivent intervenir dans l'accueil de l'enfant dans son pays d'origine, coordonner les recherches sur l'identification de ses parents et mobiliser les ressources matérielles, humaines et financières pouvant permettre son accueil.

- **La prise en charge et la réintégration familiale de l'enfant victime de traite**[335]

Cette deuxième phase de la procédure, qui varie entre un et trois mois, doit connaître la participation de la cellule conjointe de la BPM et de la DFEA, les forces de sécurité publique et des structures de protection et d'accueil des enfants et des parents de l'enfant. Au cours de cette phase, la BPM et la DFEA doivent d'abord assurer l'accueil de l'enfant, obtenir une ordonnance de placement de l'enfant, placer l'enfant dans une structure d'accueil et coordonner les actions de recherche des parents de l'enfant ; ensuite, elles doivent faire mener une enquête sociale[336] pour évaluer les possibilités de stabilité de l'enfant dans sa famille, sensibiliser cette

---

329 Le dossier de l'enfant prendra en compte la déclaration de la personne ayant détecté l'enfant, le rapport de police et une fiche personnelle avec la photo de l'enfant.

330 Théoriquement, cette phase doit durer au plus 24 heures.

331 Brigade de Protection des Mineurs.

332 Direction de la Famille, de l'enfant et de l'adolescent.

333 Ministère des Affaires Étrangères et de l'Intégration africaine.

334 Ministère de la Famille de la Protection sociale et de la Solidarité.

335 La deuxième phase de la procédure doit donner lieu à : l'ordonnance de placement, au rapport relatif à l'identification de l'enfant, un dossier médical de l'enfant, un rapport de l'action de poursuite judiciaire des trafiquants et leurs complices, un rapport de suivi de l'enfant au sein de la structure d'accueil, l'inventaire des biens de l'enfant à son arrivée au centre d'accueil, la décision du MFPSS de réintégrer l'enfant dans sa famille.

336 L'enquête sociale est menée par le centre de promotion sociale de la localité.

dernière et les autorités locales. Les forces de sécurité, quant à elles, doivent sécuriser les opérations relatives à l'accueil de l'enfant et assurer la poursuite judiciaire des trafiquants. En ce qui concerne les centres d'accueil de l'enfant, ils doivent, dans un premier temps, héberger l'enfant, le nourrir, l'habiller, lui donner les soins nécessaires, et assurer sa réinsertion dans sa famille,[337] puis assurer son retour dans sa famille d'origine en collaboration avec le ministère de la Famille, de la Protection sociale et de la Solidarité. Enfin, la famille de l'enfant, si elle est identifiée, doit préparer l'arrivée de l'enfant, s'engager à garder et à suivre l'enfant et attester l'avoir reçu des services du ministère de la Famille.

- **Le processus de réinsertion sociale de l'enfant victime de traite**[338]

Enfin, la dernière étape de la procédure de prise en charge de l'enfant victime de traite dure entre deux et trois ans. Elle doit connaître la participation des structures étatiques (le MFPSS notamment), des organisations non gouvernementales, de la famille et de la communauté de l'enfant victime. Au cours de cette phase, les services du MFPSS et les ONG doivent veiller à la réinsertion sociale de l'enfant, coordonner le processus de réinsertion et collecter des informations afférentes. En ce qui concerne la famille de l'enfant, elle doit participer à la recherche et à la mise en œuvre des solutions pour sa réinsertion ; dans son rôle, elle doit être accompagnée par la communauté. D'autres structures peuvent jouer un rôle en ce qui concerne l'appui à la scolarisation et à la formation professionnelle de l'enfant victime.

La mise en place d'une procédure de prise en charge de l'enfant victime de traite constitue sans doute une avancée dans la prise en charge des enfants. Cependant, dans la pratique, ces différentes étapes sont rarement suivies et les mesures prévues ne sont presque jamais respectées. En attendant de revenir, dans la seconde partie de ce travail, sur ces problèmes qui constituent un handicap sérieux pour la lutte contre la traite des enfants au Bénin, nous remarquons déjà que les pouvoirs publics ne jouent qu'un rôle de coordination des diverses actions à mener pour la réinsertion de l'enfant. En effet, les actions déterminantes, qui peuvent participer efficacement à une réinsertion réussie de l'enfant (tel que l'appui à

---

[337] Outre les points énumérés, les centres d'accueil doivent ouvrir un dossier sur chaque enfant reçu, l'encadrer, l'assister juridiquement, etc.

[338] La dernière phase doit aboutir à : un projet de réinsertion de l'enfant victime de traite, l'identification des structures d'appui, un rapport trimestriel de suivi de l'enfant et un rapport d'évaluation des actions entreprises.

l'éducation et à la formation professionnelle), sont laissées à d'« autres structures », notamment les ONG ou « partenaires techniques ».

PARAGRAPHE 2 : LES COMITÉS LOCAUX DE LUTTE CONTRE LA TRAITE DES ENFANTS

Face à la persistance du phénomène de la traite des enfants, l'Unicef-Bénin et le ministère de la Famille ont œuvré pour la mise en place de comités locaux, au niveau des Communes perçues comme étant les plus exposées au phénomène. Mais en réalité, la mise sur pied a été beaucoup plus l'œuvre de l'Organisation des Nations unies pour l'Enfance.

I- LE RÔLE DÉTERMINANT DES ORGANISATIONS INTERNATIONALES DE PROTECTION DES ENFANTS DANS LA MISE EN PLACE DES COMITÉS

Nous abordons dans ce point, le rôle des organisations internationales et non gouvernementales dans la mise en œuvre des comités de lutte contre la traite des enfants et la mission assignée à ces comités, au plan local dans la lutte contre le travail des enfants.

A- UNE INITIATIVE DES ORGANISATIONS INTERNATIONALES

Il ne serait pas exagéré de dire que les Comités locaux de lutte contre la traite des enfants ont vu le jour grâce aux organisations internationales qui interviennent dans la lutte contre la traite des enfants au Bénin. La persistance du phénomène de la traite des enfants, malgré les diverses actions de sensibilisation des organisations non gouvernementales, a fini par faire comprendre l'importance de l'implication des populations à la base dans les actions à mener pour lutter contre cette pratique.[339] Ainsi, la mise en place des comités locaux de lutte contre la traite des enfants finira par voir le jour grâce aux organisations internationales et non gouvernementales qui interviennent dans la lutte contre la traite des enfants au Bénin.

Sur ce plan, l'Organisation des Nations unies pour l'Enfance a joué un rôle déterminant dans la mise en place des structures à la base. En effet, en 2004 par exemple, 840 comités locaux de lutte contre le trafic des enfants

---

[339] Déjà en 2002, L'étude de base pour l'élaboration d'une stratégie de lutte contre la migration et le trafic des enfants dans le Zou, menée par l'Ambassade royale du Danemark au Bénin et le ministère de la Famille et de la Protection sociale et de la Solidarité, mentionnait la mise en place de « Comité locaux de lutte ».

ont été mis en place grâce à l'appui de l'Unicef et du royaume du Danemark, et seulement 81 par le gouvernement béninois.[340]

B- Leur rôle dans la lutte contre la traite des enfants

Les Comités locaux de lutte contre la traite des enfants sont « un groupe de personnes ressources chargées de veiller à l'exécution du plan de lutte contre l'émigration et le trafic des enfants ».[341] Ils ont pour rôle, entre autres, de répertorier et d'impliquer, dans la lutte contre la traite, les familles dont les enfants sont des candidats potentiels à la traite ; de remplir des fiches de collecte conçues à cet effet. Par ailleurs, ils doivent organiser des séances de sensibilisation de proximité avec les familles cibles ; transmettre au responsable du centre de protection sociale les fiches pour le suivi régulier de leurs activités.[342] En outre, leur mission est de sensibiliser les parents et les populations sur les thèmes relatifs aux droits et devoirs des enfants (tels que l'enregistrement et la scolarisation des enfants) ; de dénoncer les cas de trafic d'enfants et d'enfants victimes d'abus ; d'assurer le suivi des enfants réinsérés après avoir été trafiqués ou placés.[343]

La composition des comités locaux varie entre 4 et 6 membres selon l'ampleur de la traite des enfants dans le village concerné et comprend nécessairement le chef du village. Selon Unicef-Bénin, la création des comités locaux se déroule en trois étapes :

- la première étape est l'identification de la commune comme zone pourvoyeuse ou ayant des enfants à risque pour la traite ; elle est suivie des séances de sensibilisation de la communauté sur les droits de l'enfant ;
- la deuxième étape consiste à organiser des échanges et des débats avec la communauté pour identifier les violations des droits de l'enfant dans leur milieu et des solutions pouvant permettre d'y mettre un terme ;
- enfin, les membres du Comité local sont désignés et installés par la communauté.

---

340 Prospectus du MFPSS et de l'Unicef, 2004 sur « Les comités locaux de lutte contre le trafic des enfants au Bénin ».

341 Ministère de la Famille de la Protection sociale et de la Solidarité et l'Ambassade royale du Danemark, « Étude de base pour l'élaboration d'une stratégie de lutte contre la migration et le trafic des enfants dans le Zou », Août 2002, p. 40.

342 *Ibid.*

343 Voir prospectus MFPSS et Unicef, *op. cit.*

Mais sur le terrain, les membres des comités locaux ne sont pas toujours désignés par la communauté.[344]

Pour accomplir leur mission, certains membres des comités locaux bénéficient d'une formation initiale[345] dispensée par l'Unicef en partenariat avec les structures gouvernementales sur le terrain. Ce qui leur permet d'acquérir une connaissance plus approfondie de leur rôle. Ils reçoivent aussi du matériel de travail,[346] souvent mis à disposition par les partenaires[347] de l'État béninois dans la lutte contre la traite des enfants. Les membres des comités locaux effectuent leur travail en tant que bénévoles et doivent collaborer avec la Brigade de protection des mineurs et les Centres de protection sociale. Mais sur le terrain, le manque de moyens logistiques et financiers handicape le travail de ces comités qui cessent de fonctionner, en général peu de temps après leur installation.

II- Des comités à peine fonctionnels

Les informations recueillies en 2010 sur le terrain auprès des Centres de promotion sociale, chargés de superviser le travail des comités villageois de lutte contre la traite des enfants, font état de l'inactivité des comités locaux de lutte contre la traite des enfants après leur installation.

A- L'inactivité des comités mis en place

Une action conjointe du ministère de la Famille, de la Protection sociale et de la Solidarité et du bureau béninois de l'Unicef a permis, jusqu'en 2004, l'installation de plus de 1044 Comités locaux de lutte contre la traite des enfants dans seize communes, notamment au sud du pays.[348] Les premières années de la mise en place de ces comités ont connu une certaine réussite grâce à la mobilisation des acteurs, notamment les initiateurs qui devaient assurer le suivi sur le terrain pour obtenir des résultats. En effet, l'année 2003 fut marquée par le rapatriement de centaines d'enfants, âgés

---

344 En effet, le rapport final de l'enquête sur l'évaluation de l'action des Comités villageois et des centres de promotion sociale dans la lutte contre le trafic des enfants, CEFORP/Unicef 2004, a révélé que dans certaines localités les populations n'ont jamais vu ni ne connaissent des membres de comités locaux installés. Il arrive que les CPS désignent des membres qu'ils estiment influents.

345 Unicef-Bénin, « Évaluation de l'action des Comités villageois et des centres de promotion sociale dans la lutte contre le trafic des enfants », Rapport final réalisé par le Centre de Formation et de la Recherche en matière de population (CEFORP), juillet 2004, 58 p., p. 26.

346 Souvent constitués de vélos, de bottes, de cahiers et stylos, etc.

347 Entre autres, la DANIDA et l'UNICEF.

348 V. prospectus MFPSS et UNICEF, *op. cit*

de 5 ans et plus, exploités dans des carrières de pierre à Abeokuta au Nigeria. Cette affaire avait mobilisé les organisations de protection des droits de l'enfant et des enquêtes avaient été menées par certaines d'entre elles, en particulier celle conduite par l'ONG *Terre des Hommes* et intitulée « Les petites mains des carrières de pierre ».[349] Il paraissait donc urgent d'agir pour montrer que les actions concrètes sont prises pour mettre fin à ce que d'aucuns qualifient d'« esclavage des temps modernes ». C'est peut-être dans ce cadre que le bureau national de l'Organisation des Nations unies pour l'enfance, principal partenaire du gouvernement béninois pour la mise en place de ces comités, a financé en 2004 la réalisation par CEFORP d'une étude sur : « Évaluation de l'action des comités villageois et des centres de promotion sociale dans la lutte contre le trafic des enfants ». Cette étude[350] révèle que le travail des comités locaux a eu un impact positif sur la diminution de la traite des enfants dans les départements enquêtés.

Les résultats obtenus portent sur les zones où les Comités locaux sont actifs sur le terrain et où, la plupart du temps, on note le suivi du travail par les CPS.[351] En effet, dans les zones où le suivi n'est pas assuré, on constate que les comités installés sont pratiquement inopérants. Lors de la même enquête, il a été impossible aux enquêteurs d'identifier des membres de comités locaux installés dans la commune de Bopa, dans le département du Mono. Les agents de collecte de données de la zone n'ont pu rencontrer un seul membre des supposés comités locaux mis en place qui, de toute évidence, n'ont jamais fonctionné et n'ont jamais été visibles sur le terrain.

Mais de façon globale, nous pouvons dire que l'impact positif qu'a eu la mise en place des Comités locaux de lutte contre la traite des enfants reste beaucoup plus remarquable dans le sud du pays où opèrent la plupart des organisations intervenant dans le domaine de la protection de l'enfant en général et de la lutte contre la traite au Bénin en particulier. Cette proximité favorise le suivi sur le terrain et polarise l'attention des acteurs. Par contre, dans le nord du pays, l'inefficacité des comités locaux de lutte contre la traite est beaucoup plus remarquable. Selon les chefs CPS

---

[349] Terre des hommes, « Les petites mains des carrières de pierre. Enquête sur un trafic d'enfant entre le Bénin et le Nigéria » ; Décembre 2005, 47 p. Disponible sur le site : http://www.tdh.ch/fr/documents/les-petites-mains-des-carrieres-de-pierre-enquete-sur-un-trafic-denfant-entre-le-benin-et-le-nigeria

[350] L'étude a porté sur six départements du sud-Bénin à savoir : l'Atlantique, le Couffo, le Mono, l'Ouémé, le Plateau et le Zou.

[351] Confère rapport final de l'enquête.

rencontrés, les Comités, une fois installés, ne servent plus à rien sur le terrain.

B- Quelques causes liées à l'inefficacité des comités locaux

Il ne fait aucun doute que la mise en place des comités locaux de lutte contre la traite des enfants a eu un impact positif sur la lutte contre cette pratique au niveau des populations concernées, dans les premières années de leurs actions. Cependant, à mesure que le temps passe et notamment avec le relâchement de la mobilisation des organisations non gouvernementales,[352] les comités locaux se sont retrouvés livrés à eux-mêmes, sans moyens d'action.

Les premières causes mentionnées par les CPS en ce qui concerne l'inactivité des comités locaux de lutte contre la traite des enfants sont le bénévolat requis et le manque de moyens logistiques pour mener les actions sur le terrain. À cela s'ajoute, le risque encouru pour dénoncer un membre du village. À côté de ces causes, il y a aussi le sentiment d'impunité des trafiquants dénoncés, qui réapparaissent dans le village quelques semaines, voire quelques jours après leur arrestation, généralement après intervention d'autorités politiques.

Pour toutes ces raisons, certains membres des comités locaux estiment qu'ils ne peuvent pas faire gratuitement le travail sur le terrain au bénéfice de gens « surpayés », dont l'unique rôle se limite à publier les résultats de leurs efforts dans la lutte contre la traite.[353] Mais au-delà des causes avancées, on peut s'interroger par exemple sur la finalité de la dénonciation des parents qui laissent partir leurs enfants.

Quelles sont les mesures prises pour décourager ces parents ? Une assistance sociale pour une meilleure prise en charge de leurs enfants ou la répression pénale pour le non-respect des lois de la République ?

L'une ou l'autre des deux questions n'est vraiment mise en pratique. En ce qui concerne l'assistance sociale, elle est quasi-inexistante sur ce plan et la répression pénale des parents est inopérante, car elle ne ferait

[352] Rappelons que les scandales du bateau « Etireno » et de l'affaire des enfants béninois dans les carrières de pierres à Abeokuta, au Nigéria, avaient été suivis d'une forte campagne de médiatisation au plan interne, mobilisant les organismes de protection de droits de l'enfant et les gouvernants. D'où le financement des actions allant dans le sens de la lutte contre la traite des enfants au Bénin.

[353] Ils font ici allusion aux membres d'ONG.

qu'aggraver la situation, puisque l'État même ne dispose pas de plan alternatif pour ces enfants.

La conclusion majeure qui s'impose au terme de ce chapitre, c'est bien la création et la mise en place des organes administratifs pour la mise en œuvre des droits de l'enfant promus et protégés par les conventions internationales auxquelles le Bénin s'est engagé. À travers la mise en place des organes de protection des droits humains en général et la création de la Commission nationale des droits de l'enfant et ses démembrements sur toute l'étendue du territoire national en particulier, le Bénin compte montrer sa bonne foi aux organes internationaux de mise en œuvre et de contrôle. D'ailleurs, le Comité des droits de l'enfant des Nations unies n'a-t-il pas salué la mise en place de la Commission nationale des droits de l'enfant au Bénin ? C'est dire que, sur le plan institutionnel, le Bénin est sur la bonne voie et se trouve assez bien outillé pour la mise en œuvre des droits de l'enfant et assurer leur protection contre la traite.

Mais la réalité sur le terrain nous met à l'évidence du fait que la République du Bénin est loin d'avoir gagné le pari de la protection des droits de l'enfant sur son territoire. Quelles en sont les causes ? Et comment y faire face ?

Tels seront les points qui feront l'objet de la seconde partie de notre travail.

SECONDE PARTIE

UNE INFLUENCE LIMITÉE DES CONVENTIONS INTERNATIONALES RELATIVES AUX DROITS DE L'ENFANT AU BÉNIN

Les obligations qui découlent de la ratification des conventions internationales relatives aux droits de l'enfant engagent tous les États parties. Cela veut dire qu'il ne doit exister aucune particularité dans la mise en œuvre de ces conventions pour une catégorie d'États parties. Cependant, tout en ayant relevé que le Bénin est partie à la plupart des conventions relatives aux droits de l'enfant, tant au niveau des Nations unies que de l'Union africaine,[354] le constat en ce qui concerne leur mise en œuvre est peu encourageant. Comme en témoigne l'état de la traite des enfants, qui est considérée comme l'une « des pires violations des droits de l'enfant ».[355]

Ainsi, le Bénin est perçu par les organisations internationales de protection des droits de l'enfant, comme un pays d'accueil et de transit tout autant qu'un pourvoyeur d'enfants victimes de traite.[356] Dans un tel contexte, il ne fait aucun doute que le malaise dans la mise en œuvre des

---

[354] Rappelons qu'à l'exception de la Somalie, tous les États africains ont ratifié la Convention des Nations unies relative aux droits de l'enfant de 1989. Au plan régional, sur les cinquante-quatre (54) États membres de l'Organisation de l'Union africaine, la Charte africaine des droits et du bien-être de l'enfant a été ratifiée par quarante et un (41) États, signée et non ratifiée par neuf (9) États et ni signée ni ratifiée par quatre (4) États que sont la RDC, Sao Tome et Principe, le Soudan et le Soudan du Sud.

[355] Déclaration de Carol BELLAMY, Directrice générale d'Unicef. V. doc. Communiqué de presse. Présentation de l'Insight Innocenti : *La traite des êtres humains en Afrique, en particulier des femmes et des enfants*, Embargo le 23 avril 2004.

[356] Voir les documents portant enquêtes nationales sur la traite des enfants et sur le travail des enfants au Bénin organisées par l'Unicef et l'OIT, *op. cit.*

conventions relatives aux droits de l'enfant persiste malgré l'existence d'un système d'introduction des conventions en droit interne favorable et une certaine amélioration au plan normatif et au plan institutionnel, comme nous l'avons montré dans la première partie.

Dès lors, comment expliquer cet état des choses ? Ne serait-ce pas là une manifestation des limites de l'influence des conventions internationales relatives aux droits de l'enfant au plan national ? Si tel est le cas, quelles en sont les causes ? Et comment y faire face ?

Ce sont là les points d'ancrage de cette seconde partie, dans laquelle seront successivement abordées : les difficultés internes limitant l'efficacité des conventions relatives aux droits de l'enfant (Titre 1er) puis, les difficultés liées au système international de protection des droits de l'enfant et les approches de solutions possibles (Titre 2e).

TITRE 1

LES DIFFICULTÉS INTERNES LIMITANT L'EFFICACITÉ DES CONVENTIONS

La persistance du malaise dans la protection des droits de l'enfant, malgré un cadre juridique et institutionnel acceptable, suscite des interrogations quant aux facteurs qui sous-tendent cette situation. En effet, s'il découle des conventions relatives aux droits de l'enfant que les États parties sont soumis à l'obligation de mise en œuvre des droits reconnus et promus dans lesdites conventions, leur ineffectivité au plan interne découlerait aussi des obstacles non favorables à la protection des enfants sur la base des droits protégés par les conventions.

Dans ce premier titre, nous nous efforçons de faire ressortir des éléments qui peuvent justifier les difficultés liées à la protection des droits de l'enfant en général, et en particulier la protection des enfants contre la traite au Bénin.

Ainsi montrons-nous dans un premier temps, la persistance de la traite des enfants malgré l'engagement de l'État aux conventions relatives aux droits de l'enfant, (chapitre 1), et dans un second temps nous abordons les causes internes de l'inefficacité des conventions ratifiées, (chapitre 2).

CHAPITRE 1

LA PERSISTANCE DE LA TRAITE DES ENFANTS MALGRÉ L'ENGAGEMENT DE L'ÉTAT BÉNINOIS AUX CONVENTIONS INTERNATIONALES RELATIVES AUX DROITS DE L'ENFANT

bien qu'il soit partie à la quasi-totalité des conventions internationales relatives aux droits de l'enfant,[357] le Bénin a du mal à faire face à la traite des enfants sur son territoire. Ceci explique la persistance de cette pratique. Et pourtant, des actions sont menées sur le terrain par les organisations de protection des droits de l'enfant. Pour se faire une idée plus précise de l'état des lieux de la traite des enfants sur le territoire béninois, nous ferons dans ce chapitre, le point sur les données mettant en relief la persistance de la traite des enfants, à travers les recherches des organisations de protection des droits de l'enfant, en l'occurrence l'Unicef, l'OIT et des organes étatiques (Section 1). Ensuite, nous allons identifier les causes probables de la persistance du phénomène au plan interne (Section 2).

SECTION 1 : L'ANALYSE DES RECHERCHES SUR LA TRAITE DES ENFANTS AU BÉNIN

Depuis plus d'une dizaine d'années, plusieurs recherches sont menées sur la traite et le travail des enfants au Bénin. Souvent menées avec le financement ou par des organisations internationales de protection des droits de l'enfant, notamment des Nations unies, ces recherches visent à évaluer l'ampleur de la traite des enfants. Cependant, il faut relever que compte tenu de la nature clandestine du phénomène, les données sur la traite sont souvent incertaines, et ne peuvent donc pas relever avec exactitude le nombre de personnes victimes. Cela dit, cette section aborde

[357] On peut mentionner par exemple, la Convention des Nations unies relative aux droits de l'enfant de 1989, la Charte africaine des droits et du bien-être de l'enfant de 1990, la Convention des Nations Unies sur la criminalité transnationale et son protocole relatif à la traite des êtres humains.

les recherches menées par les organisations du système des Nations unies, notamment le Fonds des Nations unies pour l'enfance (Unicef), l'Organisation internationale du travail (OIT) et celles menées par les organes étatiques.

PARAGRAPHE 1 : LES RECHERCHES DES ORGANISATIONS DU SYSTÈME DES NATIONS UNIES

I- LES RECHERCHES DE L'UNICEF

Le Fonds des Nations unies pour l'Enfance a mené plusieurs recherches sur la traite des enfants dans le monde et sur le territoire béninois. Ces recherches sont la plupart du temps l'œuvre du centre *Innocenti*, qui est le centre de recherches de l'Unicef. Mais en dehors du centre *Innocenti*, l'UNICEF-Bénin a également mené des recherches sur le Bénin, souvent en collaboration avec des institutions de l'État béninois.

A- LE CENTRE DE RECHERCHES « INNOCENTI »

Le centre de recherches *Innocenti* de l'Unicef, encore connu sous le nom de Centre international de développement de l'enfant, basé en Florence (Italie), a été créé en 1988 pour renforcer les capacités de recherches de l'Unicef dans ses domaines d'action. À ce titre, il approfondit les domaines de recherche du Fonds et promeut l'application de la convention des Nations unies relative aux droits de l'enfant. Les recherches du centre couvrent les domaines d'intervention de l'Unicef, même si certaines de ses publications peuvent ne pas correspondre à la vision de l'organisation.[358]

Le centre a publié plusieurs recherches sur la traite,[359] avec un intérêt particulier pour le cas des enfants. Parmi ces recherches, on peut citer :

- Child Trafficking in the Nordic Countries: Rethinking strategies and national responses, en 2011;
- Trafficking for sexual exploitation and other exploitative purposes, en 2011;
- South Asia in action: Preventing and responding to child trafficking. Analysis of anti-trafficking initiatives in the region, en 2009;
- Child trafficking in Europe. A broad vision to put children first, en 2008;

---

[358] Centre de recherche Innocenti, *La traite des êtres humains en Afrique, en particulier des femmes et des enfants*, Insight Innocenti, 2004, p. iii. Document PDF téléchargeable sur le site : www.unicef-irc.org

[359] Les publications sont disponibles en ligne sur le site : http://www.unicef-irc.org/publications/. Consulté le 10 mai 2012.

- Young People's Voice on Child Trafficking: Experiences from South Eastern Europe, en 2008;
- Trafficking in human beings, Especially women and children, in Africa, en 2004;
- Child Trafficking in we*st Africa – Policy Responses*, en 2002.

Les deux dernières recherches qui couvrent spécifiquement la zone africaine seront plus détaillées.

En 2002, en effet, il fut lancé une recherche globale sur la traite dans cinquante-trois (53) pays africains. Cette étude, dont la seconde édition a été publiée en 2004 en français sous le titre « La traite des êtres humains en Afrique, en particulier des femmes et des enfants »,[360] a voulu donner une vue globale sur les principales questions se rapportant à la traite des femmes et des enfants sur le continent africain.[361] Mais en réalité, elle s'est beaucoup plus focalisée sur le cas des enfants compte tenu du mandat de l'Unicef. On y apprend par exemple que la traite existe dans presque la moitié des pays africains, environ quarante-neuf pour cent (49 %).[362] Parmi les pays touchés par le phénomène, soixante-dix pour cent (70 %) sont des pays de l'Afrique occidentale et centrale.[363] Mais malgré l'existence de ce phénomène, l'étude note que la traite n'est pas perçue de la même manière dans tous les pays africains. Alors qu'elle est considérée comme étant un véritable problème par des pays de l'Afrique orientale[364] et australe[365] (33 %), en Afrique Occidentale, par contre, elle n'est pas jugée aussi grave.[366] Mais nonobstant les divergences des points de vue sur la question, il n'en demeure pas moins que la traite des enfants reste contraire aux conventions internationales de protection des droits de l'enfant tant au plan universel que régional.[367]

---

360 Centre de recherche Innocenti, *La traite des êtres humains en Afrique, en particulier des femmes et des enfants*, *op. cit.*

361 *Ibid.*, p.1

362 *Idem.*, p. 9

363 *Ibid.*

364 Si nous tenons compte du découpage de l'Unicef, l'Afrique Orientale se compose des États de l'Afrique de l'Est. Mais généralement, elle est attachée à l'Afrique Australe et appelée « Afrique de l'Est et Afrique Australe ».

365 L'Afrique Australe quant à elle regroupe les pays se trouvant au sud de l'Afrique (Afrique du Sud, Angola, Botswana, Comores, Lesotho, Madagascar, Malawi, Maurice, Mozambique, Namibie, Swaziland, Zambie et le Zimbabwe.)

366 *Ibid.*

367 Rappelons ici, par exemple, l'article 35 de la Convention des Nations unies relatives aux droits de l'enfant qui fait obligation aux États parties de prendre toutes les mesures

Quant à l'étude : "Child Trafficking in west Africa – Policy Responses" (La traite des enfants en Afrique de l'Ouest. Réponses politiques) effectuée en 2002, elle a porté sur les orientations politiques en matière de traite des enfants dans huit pays de la sous-région ouest-africaine, dont la République du Bénin.[368] Dans ces pays perçus comme gravement touchés par le phénomène de la traite des enfants, l'étude visait à faire une analyse approfondie des politiques et des programmes existant afin d'élaborer des stratégies efficaces contre la traite des enfants.[369] Au terme de l'étude, des recommandations, au plan général, au plan régional et au plan national, sont faites.

Au plan général :

- Accroître la compréhension du phénomène de la traite.
- Reconnaître le trafic d'enfants comme un problème complexe comprenant le recrutement, le transport, l'hébergement illégal ou la vente, et le placement de l'enfant dans un contexte d'exploitation.
- Adopter une définition régionale commune du trafic d'enfants, inspirée par la définition établie dans le Protocole de Palerme.
- Développer la recherche sur le trafic d'enfants et harmoniser les méthodologies.
- Renforcer la collaboration interinstitutionnelle.

Au regard des actions menées sur le terrain, on peut se permettre de dire que ces recommandations sont prises en compte par certains États africains et les organisations du système des Nations unies qui œuvrent pour la lutte contre la traite des enfants en Afrique. C'est le cas par exemple de l'accord multilatéral de coopération régionale de lutte contre la traite des personnes, en particulier des femmes et des enfants en Afrique de l'Ouest et du Centre, qui a été développé dans la première partie du présent travail. Cet accord reconnaît la gravité de la traite des enfants et reprend à son compte la définition de la traite donnée par le Protocole additionnel à la Convention des Nations unies contre la criminalité transnationale organisée, visant à prévenir, réprimer et punir la traite des personnes, en particulier des femmes et des enfants (Protocole de Palerme). De même,

---

pour empêcher la traite des enfants à quelque fin que ce soit. Il en va de même de l'article 29 de la Charte africaine des droits et du bien-être de l'enfant de 1990.

368 Les autres pays sont : le Burkina-Faso, le Gabon, la Côte d'Ivoire, le Togo, le Nigeria, le Cameroun et le Mali.

369 Marta SANTOS, directrice du centre de recherche Innocenti et Rima SALAH, Directrice du bureau régional Unicef pour Afrique de l'Ouest et du Centre, dans l'Avant-propos à *La traite des enfants en Afrique de l'Ouest : Réponses politiques*, centre de recherche Innocenti-Unicef, 2002.

les organisations du système des Nations unies, telles que l'Unicef et l'OIT, collaborent plus étroitement, comme nous le verrons plus tard, dans le cadre des actions qu'elles mènent sur le terrain.

Au plan régional

- Garantir une meilleure diffusion et discussion du contenu et des recommandations stratégiques de la plate-forme commune d'action de Libreville et du Plan d'action de la Communauté économique des États de l'Afrique de l'Ouest (CEDEAO).
- Reconnaître le trafic d'enfants comme un problème international nécessitant des accords à la fois régionaux et bilatéraux ainsi qu'une action coordonnée.
- Veiller à une symétrie institutionnelle internationale en tant que base de stratégies cohérentes et globales.

De façon générale, on constate que les États ont fait des efforts quant à la prise en compte de ces recommandations. En effet, il existe aujourd'hui des plans d'action et accords bilatéraux et régionaux entre les États de l'Afrique de l'Ouest. Tel est le cas, par exemple, de l'accord, déjà mentionné, de coopération bilatérale entre le Bénin et le Nigeria signé en 2005, qui porte sur la prévention, la répression et la suppression de la traite des personnes en particulier des femmes et des enfants et de l'accord multilatéral de coopération en matière de lutte contre la traite des enfants en Afrique de l'Ouest, signé le 27 juillet 2005.

Et enfin, au plan national :

- Ratification et application effective des conventions et des protocoles internationaux en la matière.
- Adaptation de la législation nationale aux normes internationales.
- Instauration d'organes interministériels en tant que principaux mécanismes de coordination.
- Amélioration des activités de sensibilisation et des stratégies de communication.
- Reconnaissance de l'éducation comme mesure de prévention fondamentale contre le trafic d'enfants.
- Intensification de la mise en valeur du potentiel à tous les niveaux, y compris celui des communautés locales.
- Renforcement des capacités de contrôle.

On remarque que les recommandations faites au plan national appellent des actions concrètes et la prise de mesures spécifiques sur le territoire de l'État concerné. À cet égard, on constate, en ce qui concerne le Bénin, que la prise en compte des recommandations est mitigée. En effet, s'il n'est plus à prouver que le Bénin a beaucoup montré sa disponibilité à ratifier les conventions relatives aux droits de l'enfant et que des efforts ont été faits au plan institutionnel et normatif, des difficultés demeurent quant à l'application effective des conventions internationales et leurs protocoles ratifiés.

B- Les recherches au niveau d'Unicef-Bénin

De façon spécifique, des enquêtes ont été menées sur le territoire béninois sur la traite des enfants par le bureau national de l'Unicef, souvent en collaboration avec les organes de l'État béninois et d'autres organisations internationales qui œuvrent dans la protection des enfants au Bénin. Ici, il est question de l'étude nationale sur la traite des enfants réalisée en 2007 par l'Unicef et le ministère de la Famille et de l'Enfant du Bénin.[370]

Selon le rapport d'analyse, cette étude a pour objectifs de :

- faire une estimation fiable du nombre d'enfants victimes de la traite par âge et par sexe ;
- faire une analyse de l'évolution annuelle de la traite de 2000 à 2005 ;
- réaliser une cartographie des trajectoires de la traite interne au Bénin et externe du Bénin jusqu'à la destination finale ;
- réaliser une revue et une documentation des mécanismes de recrutement et des modalités de déplacement du point de départ jusqu'à la destination ;
- présenter le profil sociodémographique des enfants victimes de la traite interne et externe ;
- présenter les secteurs d'activités des demandeurs de cette main-d'œuvre ainsi que les conditions de travail ;
- présenter les causes et facteurs favorisant le développement de la traite des enfants et les conséquences sur les enfants et l'économie du pays à court et à long termes ;
- faire une identification et une appréciation des interventions en cours et des expériences réussies ayant le plus d'influence sur la prévention ;
- faire une évaluation de la capacité fonctionnelle des structures de lutte et de prise en charge des enfants victimes de la traite.[371]

On peut voir, à travers ces objectifs, que l'étude a voulu faire le tour de la problématique de la traite des enfants au Bénin. Elle révèle que le

---

370 Ministère de la Famille et de l'Enfant et Unicef-Bénin, *Étude nationale sur la traite des enfants*, 2007.

371 *Ibid.*

nombre d'enfants âgés de 6 à 17 ans victimes de traite sur le territoire béninois au moment de l'enquête est estimé à quarante-mille-trois-cent-dix-sept (40 317). Mais nous allons nous attarder quelque peu sur le profil des enfants victimes, ainsi que sur les causes, les conséquences, les conclusions et les recommandations de l'étude.

Selon le rapport de la recherche, le profil des enfants victimes de traite au Bénin peut se présenter comme suit (voir tableau ci-dessous).

Tableau 3 : Profil des enfants victimes de traite au Bénin[372]

Sexe		Nationalité		Tranche d'âge			Niveau de scolarité	
Fille	Garçon	Béninois	Autres	6 à 9 ans	10 à 14 ans	15 à 17 ans	Jamais scolarisé	Scolarisation partielle (en moyenne 3 ans)
86 %	14 %	93,60 %	6,40 %	18,70 %	46 %	35,30 %	70,70 %	29,30 %

À travers ces données, il apparaît que sur les 40 317 enfants victimes relevés par le rapport, 93,6 % sont des enfants béninois, 86 % des victimes sont des filles, 70,7 % des victimes n'ont jamais été scolarisées alors que seulement 29,3 % ont bouclé trois ans dans l'enseignement primaire.

L'évidence qui en ressort est que le déficit de la scolarisation de ces enfants favorise la traite. Les enfants, qui n'ont pas eu l'opportunité d'accéder à l'éducation primaire, pourtant obligatoire aux termes de la Constitution béninoise de 1990,[373] sont donc les premiers à être des victimes de la traite des enfants. Ce qui explique pourquoi les enfants de la tranche d'âge de 6 à 14 ans représentent 64,7 % des victimes de traite sur la période enquêtée dans le rapport. Outre ces constats, la situation des filles ne saurait être passée sous silence dans la mesure où celles-ci représentent 86 % des enfants victimes de traite au Bénin. Ceci s'explique, au regard des observations sur le terrain, par le fait que les filles sont plus demandées pour servir dans les foyers comme bonnes à tout faire, vendeuses ambulantes et parfois dans des réseaux de prostitution.

L'étude n'a pas omis de faire ressortir les causes et conséquences de la traite des enfants au Bénin. C'est bien entendu la pauvreté, une fois de

---

372 Données issues du Rapport 2007 de l'enquête nationale sur la traite des enfants au Bénin.

373 Article 13 de la Constitution du 11 décembre 1990.

plus, qui est perçue comme étant la principale cause du phénomène,[374] ce qui justifierait pourquoi les enfants victimes proviennent « des familles pauvres des zones déshéritées ».[375]

À la fin de l'étude, des recommandations sont faites pour apporter des solutions aux problèmes recensés par l'enquête.

Outre l'Organisation des Nations unies pour l'enfance qui, comme nous l'avons mentionné, a pour mission principale de s'occuper des questions relatives à la protection des enfants dans le monde, l'interconnexion entre la traite des enfants et le travail des enfants fait intervenir dans la lutte contre la traite des enfants l'organisation internationale du travail (OIT).

II- LES RECHERCHES DE L'OIT

Il est impossible aujourd'hui de déconnecter le travail des enfants de la traite des enfants, car l'élément déterminant qui a été identifié dans la notion de traite des enfants est leur exploitation. Dès lors, il est presque incontournable que l'Organisation internationale du travail (OIT), qui a élaboré des normes (notamment la Convention n° 138 et la Convention n° 182) pour lutter contre l'exploitation des enfants dans le monde, ne s'y intéresse point. C'est donc sans surprise qu'on constatera qu'après l'UNICEF, l'OIT, à travers le BIT,[376] est la seconde Organisation du système des Nations unies qui mette la lutte contre la traite des enfants au cœur de son action.

Les programmes de lutte contre la traite des enfants de l'Organisation internationale du travail se font à travers le programme international pour l'éradication du travail des enfants (Programme IPEC). Mais en ce qui concerne la lutte contre la traite des enfants en Afrique de l'Ouest et du Centre, elle s'opère à travers le Programme de lutte contre la traite des enfants à des fins d'exploitation de travail en Afrique de l'Ouest et du Centre (Programme LUTRENA). Ainsi, nous abordons dans la suite le programme LUTRENA (A), puis les recherches sur le travail des enfants par l'OIT (B).

A- LE PROGRAMME LUTRENA

Mis sur pied pour appuyer les mandants du BIT dans la mise en œuvre de la Convention 182 sur l'élimination des pires formes de travail des enfants, le Programme de lutte contre la traite des enfants à des fins

---

[374] V. résumé exécutif du Rapport, p. xiv.

[375] Ministre de la Famille et de l'Enfant, v. Encadré 4.

[376] Bureau international du travail.

d'exploitation de travail en Afrique de l'Ouest et du Centre, LUTRENA, est un programme qui a pour rôle de faciliter le processus d'élimination de la traite des enfants d'une part, et d'agir à travers les principaux acteurs[377] qui interviennent dans le domaine en renforçant leur capacité, d'autre part.

Géographiquement, il couvre neuf pays qui sont : le Bénin, le Burkina-Faso, le Cameroun, la Côte d'Ivoire, le Gabon, le Ghana, le Mali, le Nigeria et le Togo.[378] Lancé pour sa première phase en 1999, il devait faire le point de la situation de la traite des enfants, déterminer les problèmes régionaux, et développer des stratégies nationales et régionales à mettre en œuvre pendant sa deuxième phase. Cette deuxième phase, qui fut lancée en juin 2001, prévoyait entre autres, des projets de protection au niveau communautaire, la construction de capacités garantissant l'application des lois, la promotion des accords frontaliers multi et bilatéraux entre les pays de la région, l'établissement d'un réseau entre les principaux acteurs, de programmes de réhabilitation et de réintégration des enfants victimes, ainsi que la mise en place d'activités génératrices de revenus.

Le programme LUTRENA vise essentiellement quatre objectifs dans l'accomplissement de sa mission en Afrique de l'Ouest et du Centre.

- créer, au niveau national, un environnement juridique plus favorable et renforcer les capacités nationales des acteurs concernés par la traite des enfants ;
- mettre en œuvre des programmes d'action directe ayant pour but la prévention et la réhabilitation des enfants victimes de traite ;
- accroître les connaissances relatives à la traite des enfants dans sa zone d'intervention, renforcer les réseaux de lutte contre la traite des enfants et assurer la formation des exécutants des programmes qui s'y rapportent ;
- mettre en place un modèle de coopération afin de prévenir la traite des enfants et créer un mécanisme de retrait et de réintégration des enfants dans les pays sélectionnés.[379]

Sur les objectifs visés, on voit bien que les orientations de l'UNICEF et de l'OIT convergent. Mais pour mieux analyser les démarches des deux principales organisations du système des Nations unies dans la lutte contre

---

377 Ces acteurs comprennent, outre les principaux acteurs de l'OIT que sont les gouvernants, les employeurs et les travailleurs, les ONG et associations qui interviennent dans le domaine de la lutte contre la traite des enfants.

378 OIT, « LUTRENA » document PDF en ligne sur le site officiel de l'OIT : www.ilo.org

379 Pour plus de détail, v. le site de l'OIT. www.ilo.org

la traite des enfants au Bénin, nous abordons d'abord les recherches effectuées sur le Bénin par l'OIT.

B- LES RECHERCHES SUR LE TRAVAIL ET LA TRAITE DES ENFANTS AU BÉNIN (OIT)

Plusieurs recherches ont été menées pour les programmes de l'OIT dans lutte contre le travail et la traite des enfants au Bénin. Dans ce cadre, nous pouvons mentionner, à tire d'exemple, l'étude réalisée en 2007 intitulée « La traite des enfants à des fins d'exploitation de leur travail au Bénin. Enfants victimes : caractéristiques sociodémographiques » ;[380] l'Enquête nationale sur le travail des enfants au Bénin en 2008 ;[381] et l'Étude préparatoire pour l'élaboration d'un plan d'action nationale pour l'élimination du travail des enfants au Bénin, réalisée en 2010.[382] Mais nous n'abordons que les deux premières enquêtes.

En ce qui concerne l'enquête sur la traite des enfants à des fins d'exploitation de leur travail au Bénin en 2007, nous retenons du rapport d'étude les données suivantes :

- environ 150 858 enfants âgés de 6 à 17 ans sont victimes de traite à des fins d'exploitation de leur travail ;
- 81 660 sont des filles et 69 198 des garçons ;
- 1 200 des enfants victimes de la traite ont fini leur cursus de l'enseignement primaire.

Parmi les raisons qui seraient à l'origine du départ des enfants de leur milieu on note :

- le désir de réunir les moyens financiers nécessaires en vue d'apprendre un métier ;
- le placement d'enfant, généralement appelé au Bénin « vidomègon » ;
- le mieux-être.

En même temps, le rapport fait apparaître que les enfants victimes viennent des villages et sont victimes de traite à l'intérieur du territoire

---

[380] Bureau international du travail, *La traite des enfants à des fins d'exploitation de leur travail au Bénin. Enfants victimes : caractéristiques sociodémographiques*, Rapport d'enquête, Presse de l'imprimerie Saint-Paul, Dakar, 2007.

[381] BIT et INSAE, *l'Enquête nationale sur le travail des enfants au Bénin – 2008*, Rapport final, Cotonou, OIT, 2009.

[382] Programme IPEC-Bénin et Ministère du Travail et de la Fonction publique, *Étude préparatoire pour l'élaboration d'un plan d'action national pour l'élimination du travail des enfants au Bénin*, Cotonou, juillet 2010.

national, environ 87,4 %, notamment dans les villes des départements de l'Atlantique et du Littoral, environ 54,6 % des enfants victimes.

L'enquête nationale sur le travail des enfants au Bénin en 2008, pour sa part, révèle que sur environ 3 567 744 enfants âgés de moins de 18 ans (soit environ 52,7 % de la population nationale),[383] 34 % sont occupés économiquement sur le territoire national.[384] On note que les départements de la Donga (dans le nord du pays) et des Collines (dans le centre du pays) sont les plus touchés par la pratique, avec respectivement un taux de 76,1 % et 70,2 % [385](des enfants âgés de moins de 18 ans vivant dans les départements concernés).[386]

L'enquête nationale sur le travail des enfants au Bénin révèle également qu'en réalité, si la traite des enfants existe au Bénin, les départements de la Donga et des Collines sont les plus touchés.

En conclusion, toutes ces enquêtes réalisées par les principaux organismes du système des Nations unies montrent que la traite des enfants et leur exploitation demeurent une réalité sur le territoire béninois. Mais le constat qui s'impose entre les deux études nationales réalisées par les deux organisations est que d'une part, l'étude nationale réalisée par l'UNICEF estime à 40 317 (en 2007) le nombre d'enfants de moins 18 ans victimes de traite sur le territoire national, alors que l'étude nationale de l'OIT estime à 150 858 (2008) enfants âgés de 6 à 17 ans victimes de traite à des fins d'exploitation économique. L'écart entre les deux études est énorme et peut susciter des interrogations, même si les études ont été réalisées à un an d'intervalle. Et on pourrait croire que la traite des enfants a considérablement progressé, malgré les actions de lutte contre le phénomène sur le terrain. Mais en réalité, il est difficile de dire quelle enquête détient les vrais chiffres ou du moins les chiffres approximatifs. Ce qui vient confirmer, comme précédemment mentionné, qu'il est difficile d'avoir des données fiables sur les enfants victimes de traite de façon générale.

Outre les recherches menées par les organisations internationales, certaines organisations, non gouvernementales nationales et structures étatiques, ont également réalisé des recherches, très souvent avec le financement d'autres organisations.

---

383 Selon le RGPH réalisé en 2002.

384 BIT et INSAE, *l'Enquête nationale sur le travail des enfants au Bénin – 2008*, Rapport final, Cotonou, OIT, 2009, p. xv.

385 *Ibid.*

386 *Ibid.*

PARAGRAPHE 2 : QUELQUES DONNÉES DES STRUCTURES INTERNES ET AUTRES ONG DE LUTTE CONTRE LA TRAITE DES ENFANTS

Au niveau des organes étatiques de protection des enfants, l'évaluation des enfants victimes de traite se base sur les cas des enfants interceptés par les services concernés. Dans ce registre, la brigade de protection des mineurs et le centre de protection sociale ont servi de cadre de collecte des données. Mais il est difficile d'évaluer le nombre d'enfants victimes de traite au niveau de ces services, car l'enregistrement des données n'est souvent pas systématique.[387] Néanmoins, nous présentons un aperçu de la situation à travers les données de la BPM, qui concerne en général la traite régionale, c'est-à-dire la traite des enfants du Bénin vers d'autres pays de la région ou de ces pays vers le Bénin et ensuite quelques données recueillies au niveau des Centres de protection sociale, qui concernent beaucoup plus la traite interne.

I- AU NIVEAU DE LA BPM

Les données qui seront présentées dans ce point ne prennent pas en compte tous les cas de traite des enfants dans la période de référence, elles sont très loin de là. Elles concernent uniquement les cas dont la Brigade de protection des mineurs a été saisie.

A- LE POINT SUR LA TRAITE DES ENFANTS AU BÉNIN DE LA CRÉATION DE LA BRIGADE À 1990

Si, comme nous l'avions mentionné dans la première partie de ce travail, la Brigade de protection des mineurs a été créée en 1983, les premières données sur la traite des enfants recueillies au niveau de celle-ci remontent à 1988. Ainsi, le tableau qui suit prendra en compte les données sur la traite de 1988 à 2009.

[387] Ceci étant, la Brigade de protection des mineurs fait des efforts pour tenir à jour des données concernant les enfants qui transitent par son centre.

Tableau 4 : Les données de la traite des enfants au niveau de la BPM de 1988 à 2009.

Année	**Enfants victimes de traite récupérés par la BPM**	**Année**	**Enfants victimes de traite récupérés par la BPM**
1988	79	2002	173
1989	393	2003	406
1990	39	2004	260
1991	109	2005	198
1992	137	2006	Non disponible
1993	223	2007	190
1994	117	2008	238
1995	413	2009	265
1996	669	2010	241
1997	802	2011	887*
1998	1059	2012	777 *
1999	678	2013	677*
2000	324		
2001	279		

*Les données de 2011 à 2013 sont des données des enfants hébergés et pris en charge par le centre d'accueil et de transit de la BPM. Elles peuvent ne pas refléter la réalité du nombre d'enfants victimes de traite pris en charge par le centre.

Source : Données de terrain : Brigade de protection des Mineurs Cotonou 2011 et 2014.

À partir des données présentées ci-dessus, issues de la Brigade de Protection des mineurs, on constate qu'à partir de 1996 le nombre d'enfants victimes de traites interceptés par la BPM a amorcé une progression jusqu'en 1999, avec la plus grande progression en 1998 (environ 1059 cas). À partir de 2000, les chiffres ont commencé à baisser atteignant parfois moins de 200 dans l'année. Ainsi, à première vue, on peut croire que la baisse du nombre d'enfants interceptés est due à l'efficacité des mesures mises en place dans la lutte contre la traite des enfants au Bénin. Mais en réalité, ces données peuvent traduire plusieurs situations qui n'ont rien à voir avec l'efficacité des mesures de lutte contre la traite des enfants. On peut, par exemple, mentionner que, durant les périodes de forte mobilisation des ONG contre la traite des enfants, les cas d'interception sont plus nombreux et peuvent expliquer les données de 1996 à 1999.[388] Nous avons aussi relevé sur le terrain que les trafiquants changent souvent d'itinéraires pour sortir les enfants du territoire national, ce qui empêche donc les interceptions, même en cas de forte mobilisation contre la traite.[389] Dans l'un ou l'autre cas, la traite des enfants résiste aux mesures mises en place pour la combattre.

B- LES DONNÉES DE LA BPM : QUE RETENIR ?

Les données répertoriées dans le point précédent reflètent uniquement les cas des enfants qui ont été interceptés et conduits à la BPM. Elles sont donc loin de donner un aperçu exhaustif des données quantitatives sur les enfants victimes qui transitent par la ville de Cotonou. Ceci étant, on peut présumer que plus le flux est grand plus le nombre de cas interceptés s'accroît. Sur cette base, nous constatons que, durant l'année 1989, le nombre d'enfants interceptés a considérablement augmenté, 393 enfants contre 97 l'année précédente. Il ne serait pas exagéré d'attribuer cela à la crise économique et politique qu'a connue le Bénin dans les années 1980 et dont le point culminant se situe entre 1988 et 1989.

Ensuite, l'augmentation du nombre d'enfants interceptés de 1995 jusqu'en 1999 peut se justifier par la mobilisation des Organisations internationales et non gouvernementales dans la lutte contre la traite des enfants au Bénin. En effet, les cas du bateau « Etireno » et des enfants des carrières de pierres d'Abeokuta, fortement médiatisés, ont favorisé le renforcement de la lutte contre la traite des enfants. Mais la tendance à la baisse des interceptions observées après les années 2000 ne saurait signifier une baisse conséquente des cas d'enfants victimes de traite. Car, selon les informations concordantes recueillies sur le terrain, la tendance est de plus

---

[388] V. Int. 9, liste des interviews.

[389] *Ibid.* C'est également le point de vue du chef CPS d'Aplahoué (Int. 42, liste des interviews).

en plus au changement de trajectoires pour les destinations extérieures. Ce qui rend un peu plus difficile l'évaluation de l'impact réel de la lutte déclenchée il y a plus de dix ans.

II- Au niveau des centres de promotion sociale (CPS)

Les CPS sont, comme nous l'avons mentionné, les relais du ministère de la Famille et de l'Enfant au niveau des communes. À ce titre, ils sont les premiers en contact avec les populations à la base et donc souvent saisis pour les cas de traite d'enfants, maltraitance et autres.

Mais de façon globale, nous avons relevé que les données n'étaient pas systématiquement enregistrées au niveau des CPS visités. De ce fait, les données recueillies çà et là ne reflètent pas toujours la totalité des cas signalés au niveau des CPS, et il n'a pas été possible d'obtenir des données au niveau des CPS visités. Ainsi présenterons-nous dans ce point les données des CPS des départements du Borgou et de l'Alibori (au Nord Bénin) et des départements du Zou et des Collines.

A- Les données de quelques CPS des départements du Borgou et de l'Alibori

Les données recueillies par les CPS sont souvent répertoriées par le service de statistique de la Direction départementale de la femme et de l'enfant. Au niveau de la DDFE Borgou-Alibori, l'enregistrement des données semble plus élaboré, en ce qui concerne les enfants ayant besoin de mesures particulières de prise en charge. Cela nous a permis d'obtenir les données de l'année 2009 et du premier semestre 2010 (la suite était en cours de saisie lors de notre passage sur les lieux en 2010). Ainsi avons-nous :

Tableau 5 *:* Les données du 1er janvier au 31 décembre 2009 les données suivantes

N°	Thématiques	Nombre total
1	Traite et travail d'enfants	396
2	Maltraitance	64
3	Enfant handicapé	43
4	Mutilation génitale féminine	9
5	Abus sexuel	4
6	Harcèlement sexuel	3
7	Orphelin et enfant vulnérable	478
8	Enfant en conflit avec la loi	19
9	Enfant de la rue	6
10	Enfant dans la rue	12
11	Infanticide	4
12	Enlèvement	6
13	Mariage précoce ou forcé	37
14	Malnutrition	22
15	Enfant dit sorcier	1
16	Autres cas	15
Total		1119

Source : données de terrain. Direction départementale de la famille Borgou-Alibori.

Le tableau ci-dessus montre bien qu'après la catégorie *des enfants orphelins et vulnérables* (478 cas), la traite et le travail des enfants représente ce dont les enfants accueillis par les CPS des départements du Borgou et de l'Alibori sont le plus victimes avec 396 cas relevés en 2009. Au total, les deux départements à eux seuls ont relevé plus de mille cas (1119 au total) pour la seule année 2009, sans oublier que tous les enfants victimes de traite ou enfants vulnérables n'ont pas été signalés au CPS.

Et du 1er janvier au 31 juin 2010 nous avons :

Tableau 6 : Données du 1er janvier au 31 juin 2010.

N°	Thématiques	Nombre total
1	Traite et travail d'enfants	91
2	Maltraitance	24
3	Enfant handicapé	2
4	Mutilation génitale féminine	0
5	Abus sexuel	2
6	Harcèlement sexuel	2
7	Orphelin et enfant vulnérable	2
8	Enfant en conflit avec la loi	3
9	Enfant de la rue	1
10	Enfant dans la rue	2
11	Infanticide	0
12	Enlèvement	3
13	Mariage précoce ou forcé	6
14	Malnutrition	1
15	Enfant dit sorcier	0
16	Autres cas	9
Total		148

Source : Données de terrain. Direction départementale de la famille Borgou-Alibori.

Les données du premier semestre 2010 mettent en tête de liste la traite et le travail des enfants, comme phénomènes dont les enfants recueillis sont victimes, avec 91 cas sur les 148 toutes catégories d'enfants vulnérables confondues.

Au regard de ces données, nous pouvons nous permettre de dire que les départements du Borgou et de l'Alibori sont confrontés à la traite des enfants.

B- Les données des départements du Zou et des Collines

Pour l'année 2008 :

Tableau 7 : Les données 2008 au niveau des départements du Zou et des Collines.

N°	Thématiques	Nombre
1	Traite et travail d'enfants	56
2	Maltraitance	46
3	Enfant handicapé	96
4	Mutilation génitale féminine	0
5	Abus sexuel	1
6	Harcèlement sexuel	3
7	Orphelin et enfant vulnérable	1888
8	Enfant en conflit avec la loi	1
9	Enfant de la rue	2
10	Enfant dans la rue	9
11	Infanticide	0
12	Enlèvement	2
13	Mariage précoce ou forcé	15
14	Malnutrition	16
15	Enfant dit sorcier	0
16	Autres cas	8
Total		2143

Source : Données de terrain. Direction départementale de la famille et de l'enfant, départements Zou-Collines.

Au niveau des départements du Zou et des Collines, la traite et le travail des enfants apparaissent en troisième position, pour l'année 2009 avec seulement 56 cas d'enfants victimes.[390] Ici, les enfants vulnérables et orphelins occupent une place de choix avec près de deux mille (1888) cas au cours de la même année. Les données plus ou moins faibles relevées au

[390] Les données pour l'année 2009 n'étaient pas disponibles lors de la collecte des données au niveau de la DDPFE Zou-Collines.

niveau des départements du Zou et des Collines, dans le domaine de la traite et du travail des enfants, nous interpellent dans la mesure où cette faiblesse se répète en 2010 (tableau ci-dessous). Ces départements sont perçus, d'après les enquêtes nationales présentées plus haut, comme l'un des plus touchés par la traite des enfants. Ainsi, nous supposons que ces données sont dues au manque de dénonciation des enfants victimes de traite.

Tableau 8 : Les données 2010 des départements du Zou et des Collines.

N°	Thématiques	Nombre
1	Traite et travail d'enfants	36
2	Maltraitance	2
3	Enfant handicapé	17
4	Mutilation génitale féminine	0
5	Abus sexuel	1
6	Harcèlement sexuel	2
7	Orphelin et enfant vulnérable	221
8	Enfant en conflit avec la loi	2
9	Enfant de la rue	1
10	Enfant dans la rue	1
11	Infanticide	1
12	Enlèvement	1
13	Mariage précoce ou forcé	6
14	Malnutrition	3
15	Enfant dit sorcier	0
16	Autres cas	0
Total		294

Source : Données de terrain. Direction départementale de la famille et de l'enfant, départements du Zou et des Collines.

Les données collectées au niveau des Directions départementales du ministère de la Famille proviennent, comme nous l'avons mentionné, des CPS répartis au niveau des communes. Mais ces données sont loin de faire apparaître de façon exhaustive le nombre d'enfants victimes de traite. En effet, selon nos observations sur le terrain, les CPS ne disposent pas de moyens pouvant leur permettre de faire ce travail de collecte. Les données dont les CPS disposent portent sur les enfants qui ont été conduits dans ces centres.

En somme, que ce soit les recherches effectuées par les Organisations du système des Nations unies ou les données dont disposent les structures étatiques, l'évidence reste l'existence de la traite des enfants et leur exploitation malgré les actions de lutte menées depuis plus de dix ans au Bénin. Dès lors, on ne peut que s'orienter vers les causes d'une telle persistance du phénomène. Cette démarche nous amène à nous interroger sur le rôle de l'État dans la prise en charge des enfants victimes identifiés.

SECTION 2 : L'ABSENCE D'UNE PRISE EN CHARGE DES ENFANTS VICTIMES DE LA TRAITE PAR DES STRUCTURES DE L'ÉTAT

La traite des enfants au Bénin a pour cause principale la pauvreté des familles d'où proviennent les enfants victimes. C'est ce qui ressort des différents rapports et de nos propres observations sur le terrain. Dans cette situation, les parents décident eux-mêmes de laisser partir leurs enfants, parce qu'ils sont confrontés, la plupart du temps, à des difficultés de subsistance quotidienne. Dans ces conditions, il serait difficile d'imaginer une lutte efficace contre la traite des enfants sans prendre en compte ce paramètre et cela, avec une politique de l'État pour accompagner ces familles des enfants victimes. C'est dire donc que l'État a un rôle déterminant à jouer pour une lutte efficace contre la traite des enfants au Bénin. Joue-t-il ce rôle dans la lutte enclenchée depuis plus de dix ans maintenant ?

Nous le verrons à travers la procédure de prise en charge élaborée par l'État béninois et ses partenaires, en l'occurrence l'UNICEF. Cela nous amène à montrer qu'en réalité, la pratique actuelle porte à croire que l'État a laissé la prise en charge des enfants aux mains des organisations non gouvernementales.

PARAGRAPHE 1 : LA PROCÉDURE DE PRISE EN CHARGE DES ENFANTS VICTIMES DE TRAITE

En 2005, l'État béninois a élaboré, en partenariat avec le Fonds des Nations unies pour l'enfance au Bénin, une procédure de prise en charge des enfants victimes de traites récupérés ou rapatriés des États où ils étaient exploités. Cette procédure regroupe trois étapes[391] que nous allons aborder en deux points. D'abord une phase qui prend en compte le retour de l'enfant et son intégration familiale et ensuite une seconde phase qui se rapporte à la réinsertion sociale de l'enfant.

I- LE RETOUR ET LA RÉINTÉGRATION FAMILIALE DES ENFANTS VICTIMES

La phase portant sur le retrait et/ou le retour des enfants victimes de traite jusqu'à leur réintégration familiale, nécessite l'existence de structures d'accueil et de prise en charge, des enfants concernés, en attendant leur identification et leur retour dans leurs familles d'origine.

A- LA QUESTION DES STRUCTURES D'ACCUEIL DES ENFANTS VICTIMES

À la lecture de la procédure de prise en charge élaborée, on note que la prise en charge et la réintégration de l'enfant dans sa famille durent entre un et trois mois. Et ce rôle est confié aux structures d'accueil. Dans la pratique, il consiste entre autres, à héberger l'enfant, à le nourrir, à l'habiller, à lui donner des soins médicaux et à assurer sa réinsertion dans sa famille. Ainsi, on peut dire que les structures d'accueil des enfants victimes de traite ont un rôle déterminant à jouer dans le processus de lutte contre le phénomène. Dès lors, la disponibilité de telles structures devient incontournable dans ce processus.

Mais paradoxalement, devant ce rôle déterminant qu'ils ont à jouer dans la lutte contre la traite des enfants, on note jusqu'à présent une absence de structures étatiques de prise en charge des enfants victimes.[392] D'après nos constats sur le terrain, ce rôle est confié aux structures non gouvernementales locales. C'est le cas par exemple du foyer St. Joseph,[393]

---

391 Ces trois étapes déjà mentionnées dans la première partie prennent en compte : la détection, l'accueil et le rapatriement ; la prise en charge au retour et la réintégration familiale ; et, pour finir, le processus de réintégration sociale.

392 La Brigade de protection des mineurs qui est normalement un centre de transit, se retrouve dans la pratique à jouer le rôle de centre d'accueil, avec un personnel limité fourni par les ONG et financé par l'UNICEF.

393 À Parakou.

du centre des Sœurs salésiennes dans plusieurs localités du pays[394] et du centre Don Bosco, également dans plusieurs localités. La plupart du temps, ces structures ne disposent ni de personnel qualifié ni des moyens nécessaires (matériels et financiers) pour jouer pleinement ce rôle de prise en charge des enfants victimes de traite. Pour cause, elles sont créées et gérées par des personnes non qualifiées dans le domaine d'intervention et leur fonctionnement repose sur le financement des organisations internationales telles que l'UNICEF, Plan Bénin, l'Union européenne et l'Agence danoise pour le développement international (DANIDA). Cet état de choses laisse la place à l'improvisation dans le processus de réinsertion des enfants victimes interceptés, qui se limite la plupart du temps à l'identification des parents à qui l'on retourne l'enfant intercepté après quelques conseils.[395] Comme conséquence de cette pratique, on observe que tous les enfants interceptés ne sont pas réinsérés, et ceux qui le sont retombent dans le cercle de la traite. Par exemple en 2009, sur les 396 cas d'enfants victimes récupérés dans les départements du Borgou et de l'Alibori, seulement 10 % ont été retournés à leurs familles, soit environ 40 enfants.[396] Les responsables des CPS que nous avons rencontrés sur le terrain et qui ont à charge d'assurer le suivi des enfants insérés dans leurs familles reconnaissent que la plupart des enfants insérés disparaissent de leur village quelque temps après.[397] C'est dire que la réinsertion des enfants victimes de traite après leur interception par les acteurs de la lutte contre ce fléau est loin d'être un succès. Ce qui revient à dire qu'en soi, la réinsertion est inefficace dans la lutte contre ce phénomène. Ce constat d'inefficacité révèle que des aspects importants du problème ne sont pas pris en compte dans le processus de réinsertion des enfants victimes de traite.

B- Quels préalables pour la réintégration de l'enfant dans sa famille ?

Peut-on se contenter de retourner l'enfant victime de traite à sa famille pour que ce dernier soit à l'abri du phénomène ? Le constat fait sur le

---

394 Porto-Novo, Kandi, etc.

395 Sur le terrain, aussi bien les CPS, les centres d'accueil locaux, les commissariats de police (notamment le Service des Affaires administratives), etc., se retrouvent dans ce rôle.

396 Ce sont les propos recueillis auprès du chef de service des Études statistiques, de la planification et de la documentation de la DDFSN, Borgou-Alibori en 2010.

397 C'est qui ressort des propos du chef CPS de Zakpota, Hlouékanmè et de Parakou, rencontré en 2010 et en 2011.

terrain nous amène à répondre par la négative. D'abord, parce que les causes initiales du départ de l'enfant n'ont pas disparu mais aussi parce que le suivi des enfants insérés n'est pas assuré. Ces deux points se justifient par la quasi-absence de l'intervention de l'État dans ce processus.

Dès lors, la procédure de prise en charge telle qu'élaborée, du fait qu'elle met le processus de réintégration des enfants victimes récupérés à la charge des organisations non gouvernementales, apparaît comme une faiblesse qui appelle un remède. Car s'il est vrai que les ONG peuvent intervenir dans ce processus, il semble irresponsable de la part de l'État d'en faire les principaux acteurs. Ce faisant, il se désengage indirectement de son rôle de protecteur des enfants victimes. Pire, il ne dispose pas de moyens de contrôle des conditions d'accueil des enfants dans les centres non étatiques au sein desquels certains abus peuvent être commis sur les enfants qui y séjournent.

II- La réinsertion sociale de l'enfant victime de traite

Selon la procédure de prise en charge des enfants victimes de la traite, la réintégration familiale doit aboutir au processus de réinsertion sociale de l'enfant. Ce processus dure entre deux et trois ans. Les acteurs identifiés pour intervenir dans ce processus sont multiples. Il s'agit du ministère de la Famille, des ONG, de la famille de l'enfant, de la communauté de l'enfant, et d'autres structures non clairement définies. Mais que met-on concrètement dans la réinsertion sociale ? S'agit-il de faire en sorte que l'enfant retrouve sa condition d'avant la traite ? Si tel est le cas, on imagine aisément que le problème de cet enfant est loin d'être résolu. En réalité, le processus de réinsertion sociale de l'enfant consiste à créer les conditions favorables à sa prise en charge par ses parents et sa communauté tout en lui permettant d'accéder à l'école ou à l'apprentissage d'un métier selon son âge. Ce qui nécessite des mesures d'accompagnement allouées aux parents ainsi qu'un suivi de l'enfant.

A- L'absence des organes de l'État pour le suivi des enfants réinsérés dans leur famille

Quant au processus de réinsertion sociale de l'enfant, le ministère de la Famille doit le coordonner et collecter les informations relatives à sa réinsertion. À cet égard, les CPS ont le rôle d'assurer le suivi des enfants réinsérés. Mais comme nous l'avons mentionné, ces centres ne disposent pas des moyens adéquats pour jouer ce rôle. Résultat, le suivi des enfants réintégrés dans leur famille n'est presque jamais assuré[398], ce qui fait que le processus de réinsertion sociale des enfants réintégrés dans leur famille est inefficace, dans la plupart des cas.

Mais il a été relevé sur le terrain que quelques cas d'enfants victimes réintégrés dans leur famille sont suivis. Ces cas sont essentiellement pris en compte par les ONG qui exécutent des projets spécifiques dans ce sens. C'est le cas par exemple de l'ONG APEM à Parakou[399] dans le Nord du Bénin et de l'ONG GRADH[400] au Sud et au Nord du Bénin.

Dans ces conditions où la réinsertion sociale est un échec, il est difficile de veiller à l'éducation ou à la formation des enfants réintégrés dans leur famille.

B- QUEL RAPPORT AVEC L'ÉDUCATION DE L'ENFANT ?

Les différentes enquêtes menées sur la traite des enfants au Bénin montrent, comme nous l'avons relevé, que la majorité des enfants victimes n'ont jamais été scolarisés et ceux qui l'ont été n'ont pas achevé les études primaires. À en croire le rapport national sur l'éducation au Bénin en 2004[401], cette situation n'est pas seulement due au manque de volonté des parents d'envoyer leurs enfants à l'école. En effet, la non-proximité des écoles et l'absence des six classes obligatoires dans l'enseignement primaire au niveau de certaines écoles, font partie des causes d'abandon de la scolarité.[402] En 2004, le rapport faisait état de ce que 38,61 % d'écoles primaires publiques ne disposent pas des six classes requises pour ce niveau.[403] Pourtant, au Bénin, l'enseignement primaire est obligatoire, et sa gratuité doit être assurée (l'article 13 de la Constitution du 11 décembre 1990). C'est dire donc que l'État avec son déficit de scolarisation a sa part de responsabilité dans la traite des enfants. Car, si tous les enfants non scolarisés ne sont pas victimes de traite, ceux qui en sont victimes n'ont

---

398 Les chefs CPS rencontrés ont reconnu que le suivi d'un enfant réintégré dans sa famille n'est pas systématique. Les descentes sur le terrain pour rencontrer les parents d'enfants victimes, sont faites de façon ponctuelle à la demande des organisations internationales qui financent en même temps le travail demandé.

399 Information reçue auprès du chargé de programme APEM/ONG à Parakou. V. liste des interviews : Int.66.

400 Information reçue auprès du coordonnateur GRADH/ONG Parakou. V. liste des interviews : Int.72.

401 Ministère chargé de l'Éducation nationale, de la Recherche scientifique et de la Culture, *Rapport national sur le développement de l'éducation*, Porto-Novo, INFRE, 2004.

402 Ministère chargé de l'Éducation nationale, de la Recherche scientifique et de la Culture, *Rapport national sur le développement de l'éducation, op. cit.,* p.68.

403 *Ibid.*

pas pu y avoir accès pour des raisons aussi diverses que préoccupantes, qui passent aussi bien par les conditions de vie des parents ou les conditions de vulnérabilité de l'enfant que par le déficit des actions de l'État dans ce domaine.

Mais depuis octobre 2006, le gouvernement béninois a marqué une avancée importante dans le domaine de l'enseignement de base en décrétant la gratuité de l'enseignement maternel et primaire dans les écoles publiques. A priori cette seule mesure, même si elle va favoriser la scolarisation des enfants, ne peut garantir la scolarisation de tous les enfants en âge de l'être, car d'autres paramètres tels que la disponibilité d'écoles et d'enseignants en nombre suffisant, et des mesures d'accompagnements, matérielles et/ou financières,[404] doivent être nécessairement envisagées pour les enfants vulnérables en vue de leur maintien à l'école.

Paragraphe 2 : Les insuffisances de la procédure de prise en charge : la démission de l'État face aux causes de la traite des enfants

Il ressort de la lecture intégrale de la procédure de prise en charge des enfants victimes de la traite, l'évidence que cette procédure est réservée aux enfants béninois victimes de traite externe. Ce qui pourrait amener à se demander ce qu'il en est des enfants victimes de ce fléau à l'intérieur du territoire national. De même elle laisse l'impression que les structures étatiques ont un rôle secondaire à jouer dans la prise en charge et la réinsertion sociale de l'enfant victime en laissant les actions déterminantes aux organisations non gouvernementales et aux institutions internationales.

Cette démarche, comme nous le verrons aux points suivants, ne saurait assurer une lutte efficace et durable contre la traite des enfants au Bénin. Ainsi, nous relevons dans un premier temps que les parents de l'enfant victime doivent assurer la prise en charge malgré leur condition de vie misérable. Selon les différentes enquêtes sur la question au Bénin, cette contingence entraîne l'enfant dans la traite sans que l'État n'assume sa part de responsabilité, suivant les termes des conventions internationales ratifiées. Ensuite, nous montrons comment la quasi-monopolisation, par les

[404] Lorsqu'on sait que les enfants victimes de traite proviennent en grande majorité des familles qui vivent dans l'extrême pauvreté, il est clair que la gratuité de l'enseignement doit s'accompagner tout au moins des mesures pouvant permettre à l'enfant d'avoir les fournitures nécessaires pour sa scolarité, de se nourrir, et d'avoir des soins, en cas de maladie.

organisations internationales et non gouvernementales dans la lutte contre la traite des enfants, ne saurait être une démarche pour une protection efficace contre le phénomène.

I- La responsabilisation des parents sans la prise en compte des causes liées à la traite des enfants

Parmi les causes de la traite des enfants abondamment abordées dans ce travail, la pauvreté est apparue incontestablement comme l'élément qui fait l'unanimité. Dès lors, lutter contre cette pratique ne revient-il pas à agir sur cette cause principale ? En effet, dans un environnement ou plus de 51,6 % de la population vivent avec moins d'un dollar US par jour[405] et que 33,3 % sont incapables de se procurer du minimum nécessaire pour leur survie,[406] peut-on lutter contre la traite des enfants sans penser à apporter des solutions aux parents des enfants victimes ? La pratique actuelle de lutte contre la traite semble n'avoir pas pris en compte cet aspect et cela favorise la persistance du problème.

A- La réintégration des enfants victimes dans leurs familles

La réinsertion sociale de l'enfant victime de traite est, selon la procédure de prise en charge des enfants, l'étape finale qui doit suivre sa réinsertion dans sa famille. Elle doit permettre, entre autres, « d'accompagner la famille et l'enfant » et d'apporter « un appui à la scolarisation ou à la formation de l'enfant ». C'est dire donc que l'idée de mesures particulières pour aider l'enfant victime de traite à se maintenir dans sa famille n'est pas entièrement occultée. Mais dans la pratique, les enfants victimes, souvent rapatriés des pays de la sous-région tels que le Nigeria et le Gabon,[407] qui sont pris en charge dans les centres de transit de la BPM ou d'ONG locales (telles que *Terre des Hommes*, *Regard d'Amour*, *etc.*), font l'objet d'une intégration familiale médiatisée par les organisations impliquées et le ministère en charge de la Famille.

Avant l'instauration de la gratuité de l'enseignement primaire, les partenaires techniques et financiers et les organisations non gouvernementales internationales prenaient parfois en charge les frais de

---

[405] UNICEF et OPM, *Étude sur l'état des lieux et les perspectives de la protection sociale au Bénin*, juillet 2010, p.12.

[406] *Ibid.*

[407] En dehors des cas « incontournables » du bateau Etireno (Gabon) et des enfants des carrières de pierres d'Abeokuta (Nigeria), d'autres cas sont intervenus. En 2009 par exemple.

scolarité des enfants pour une durée déterminée, pour ceux qui étaient en âge d'être scolarisés et une prise en charge de l'apprentissage pour d'autres parmi eux. Ces pratiques, sous le coup de la mobilisation du moment, produisent des résultats qu'on peut qualifier d'éphémères. En effet, au début, ces enfants retrouvent effectivement le chemin de l'école ou du centre de formation, mais très peu d'entre eux terminent le cursus de l'enseignement primaire. Car, selon les informations recueillies auprès de certains CPS, ces enfants disparaissent à nouveau quelque temps après du village.

À côté des enfants victimes, dont la réintégration familiale fait l'objet de médiatisation, d'autres enfants victimes de traite sont simplement retournés à leurs parents sans aucune mesure d'accompagnement. En effet, nous avions assisté, lors de notre séjour à Parakou où nous avons eu des entretiens avec les responsables du service des Affaires administratives du Commissariat central de la ville, à un retour d'enfants recueillis quelques jours plus tôt par les agents du service. Après l'identification de leur village d'origine, et les prises de photos, une voiture a été apprêtée pour les ramener chez le chef du village qui les confiera à leurs géniteurs. Mais ce qui était surprenant c'est que, ce n'était pas la première fois que ces enfants étaient interceptés. C'est dire qu'après leur premier renvoi aux parents, les enfants se retrouvent, une fois de plus, dans une situation d'exploitation loin du foyer familial. Ce fait vient corroborer notre position sur l'inadéquation des mesures de lutte contre la traite des enfants.

Depuis plusieurs années, les données sur les enfants victimes de traite interceptés existent. Mais paradoxalement, et malgré le suivi qu'implique la prise en charge de ces enfants, nous n'avons pas pu trouver de données statistiques concernant les enfants victimes de traite réinsérés effectivement et mis à l'abri. Ce qui montre qu'en réalité le suivi des enfants n'est pas assuré ou est mal assuré. Dans ces conditions, on ne saurait dire si les enfants interceptés ont été réellement intégrés socialement. Dès lors, on ne peut que remettre en cause la pratique actuelle de prise en charge récupérée mise en place par l'État béninois et ses partenaires.

B- L'ÉCHEC DE LA RÉINTÉGRATION DES ENFANTS VICTIMES DE TRAITE

Malgré les cas de traite d'enfants interceptés ou rapatriés au Bénin par la Brigade de protection des mineurs et des milliers de cas de traite d'enfants révélés par les différentes enquêtes nationales réalisées par l'État béninois et ses partenaires techniques et financiers, il est quasiment impossible d'avoir une idée globale des enfants mis à l'abri à travers les actions menées sur le terrain.

Cette situation s'explique par la non-prise en compte du rôle déterminant qui incombe à l'État dans la protection des enfants en général mais surtout en ce qui concerne leur traite et leur exploitation. Les conventions internationales relatives aux droits de l'enfant, en particulier la Convention des Nations unies et la Charte africaine des droits et du bien-être de l'enfant, toutes deux ratifiées par la République du Bénin, n'imposent-elles pas à l'État de prendre toutes les mesures nécessaires pour protéger les enfants contre la traite et l'exploitation ? L'État n'a-t-il pas pour obligation d'aider les parents qui éprouvent des difficultés à prendre en charge l'éducation de leurs enfants ? Alors, quelle est la part de responsabilité de l'État dans la prise en charge des enfants victimes de traite ?

Ce qui est certain, c'est que l'option de retourner les enfants victimes de traite récupérés dans leur famille sans mesures d'accompagnement est inefficace. Cette pratique entretient la traite plutôt que de la résoudre. En effet, si comme le montrent les études sur la traite au Bénin, la misère est une cause essentielle des familles des enfants victimes de traite, l'absence de réponses adéquates aux besoins des parents et des enfants victimes explique, pour plusieurs acteurs intervenant dans la lutte contre la traite, le fait que des enfants retournés à leur famille sont obligés de retomber dans l'exploitation ou la traite. Pour nombre de ces enfants, c'est la seule manière de survivre. Pire encore, cette situation semble, selon des informations recueillies sur le terrain, favoriser surtout en ce qui concerne les filles, la prostitution des mineures provenant des villages.[408] Ainsi est-on en train d'assister au développement de la traite pour exploitation sexuelle face à une lutte inefficace contre la traite des enfants pour leur exploitation économique au plan interne.

La persistance de la traite des enfants, contre l'exploitation économique ou le développement de leur exploitation sexuelle, est la résultante de l'absence de réponse adéquate, tant au plan répressif que social des pouvoirs politiques, qui semblent en avoir fait une préoccupation des organisations internationales et non gouvernementales.

---

408 Information donnée par Int 37, chef de service chargé de la lutte contre le travail des enfants. V. liste des interviews.

II- LA LUTTE CONTRE LA TRAITE : UNE PRÉOCCUPATION DES ORGANISATIONS INTERNATIONALES ET DES ONG

Il n'est plus à démontrer ici que la lutte contre la traite des enfants au Bénin et dans les autres États de la sous-région confrontés à ce problème, est devenue une préoccupation « majeure » grâce aux actions des organisations internationales, notamment les partenaires techniques et financiers. Mais est-ce pour autant, face à ce problème aussi grave qui handicape l'avenir de milliers d'enfants, que les gouvernants de ces pays se sentent accessoirement responsables ? Au Bénin, les organisations internationales et non gouvernementales sont non seulement présentes dans tout le processus de lutte contre la traite des enfants mais elles en sont les principaux acteurs. Pourquoi un tel choix ? L'État se sentirait-il non responsable en ce qui concerne la traite des enfants ?

Des divers témoignages reçus auprès des acteurs, il semblerait que l'État béninois, malgré un engagement affirmé dans les discours des autorités politico-administratives, n'arrive toujours pas à prendre des mesures idoines pour apporter des réponses efficaces à la traite des enfants.

En effet, le chef de service chargé de la promotion de la lutte contre le travail des enfants rencontré à Cotonou courant août 2010 rapportait que

> le travail des enfants se déroule plus dans le secteur informel. Lorsqu'on voit des enfants qui sont exploités, en tant qu'inspecteur du travail nous sensibilisons. Exemple des enfants dans le bâtiment qui chargent des briques ; l'environnement social ne facilite pas la répression pénale, notamment les interventions des autorités.[409]

Pour madame le Procureur de la République près le tribunal de première instance de Porto-Novo rencontrée courant décembre 2010, *la répression a un aspect social qu'on ne peut pas ignorer. Lorsque vous prenez un parent complice de traite et si l'on l'envoie en prison, qui va en prendre soin ? L'État a du mal à prévoir.*[410]

Les points suivants montrent comment la lutte contre la traite des enfants au Bénin est devenue davantage l'affaire des ONG et comment se présente la quasi-démission des pouvoirs publics dans la prise en compte des obligations conventionnelles de l'État.

---

[409] V. Int. 37, liste des interviews.

[410] V. Int. 51, liste des interviews.

A- La lutte contre la traite des enfants au Bénin : Un « monopole » des OI et des ONG ?

Il est aujourd'hui impossible d'identifier une activité de lutte contre la traite des enfants au Bénin sans l'appui technique et surtout financier des Organisations internationales et non gouvernementales. L'Unicef, l'OIT, l'Union européenne, l'ambassade du Danemark, le Fonds mondial, l'USAID, etc. font partie des principaux acteurs qui s'investissent dans la lutte contre la traite des enfants.[411]

Au regard des conventions internationales de protection des droits de l'enfant auxquelles le Bénin est partie, la protection des enfants contre la traite et leur exploitation économique est de la responsabilité première des États parties.[412] Cependant, ils peuvent faire appel à la « coopération internationale » pour les accompagner dans la mise en œuvre de leurs obligations de protection. Mais paradoxalement, la pratique de la lutte contre la traite des enfants au Bénin révèle une inversion des rôles. La protection des enfants contre la traite est devenue l'obligation des partenaires au développement (partenaires techniques et financiers et des ONG internationales), l'État et les ONG nationales les accompagnent dans la réalisation de leur mission.

Le cas de l'Unicef nous permet d'illustrer cette perception de la lutte contre la traite des enfants au Bénin. L'Organisation des Nations unies pour l'enfance, nous le savons, a pour vocation de veiller à la protection des droits de l'enfant dans le monde. Pour mener ses actions, elle établit des accords de partenariat avec les États pour déterminer ses domaines d'intervention et développe son plan d'action.

Les actions d'Unicef-Bénin, portent sur trois principaux domaines : la survie de la mère et de l'enfant, l'éducation, et la protection de l'enfant.

De ces trois volets, le volet protection de l'enfant s'occupe des questions relatives à la protection des enfants contre la traite. Sur ce plan l'organisation est, selon le constat fait sur le terrain, le principal acteur. Présente dans tout le processus de la lutte contre la traite, elle est actrice principale dans la détection des enfants victimes, dans l'adoption des normes et règles de coopération et de répression, dans la réintégration des enfants victimes.

---

411 V. le reste dans le répertoire des Organisations intervenant dans la protection des enfants au Bénin en annexe.

412 On peut voir en exemple les dispositions des articles 11 et 37 de la Convention des Nations unies de 1989 relative aux droits de l'enfant.

Ainsi, selon la note de *briefing* sur la protection de l'enfant de la section béninoise de l'Unicef-Benin,[413] ses principaux axes d'intervention sont :

- la connaissance du phénomène ;
- la collecte et l'analyse des données ;
- la prévention ;
- la sensibilisation ;
- le renforcement des capacités communautaires ;
- le renforcement des acteurs ;
- la prise en charge et la réinsertion des enfants ;
- le plaidoyer ;
- la coopération bilatérale.

En ce qui concerne la connaissance de la traite, la collecte et l'analyse des données, l'Unicef a été à la base, comme nous l'avons montré plus haut, de l'étude nationale sur la traite des enfants en 2007, de l'étude sur l'évaluation des comités locaux de protection des enfants contre la traite ; elle a également assuré la mise en place du système triangulaire de production des données statistiques sur les « enfants ayant besoin de mesures particulières de protection », centralisé au niveau départemental par les directions départementales de la famille et de l'enfant.[414]

En ce qui concerne les plaidoyers et la coopération bilatérale, l'Unicef a été à l'origine de toutes des normes internes de protection des enfants contre la traite et des accords bilatéraux de coopération entre la République du Bénin et les pays de destination des enfants béninois victimes de traite. Dans ce cadre, la loi n°2006-04 portant conditions de déplacement des mineurs et répression de la traite des enfants a été faite sur l'impulsion de l'organisation.[415] Il en a été de même du « Code de l'enfant » également réalisé en 2006 sous l'initiative de l'Unicef. Mais ce document, dénommé « Code de l'enfant », n'est en réalité qu'une compilation des normes internes et internationales de protection des droits de l'enfant en vigueur au

---

413 Doc. WCARO, en ligne sur le site de l'organisation et consulté en 2011.

414 Nous avons assisté, en novembre 2011 à la Direction départementale du ministère de la Famille et de l'Enfant des départements du Borgou et de l'Alibori, à la saisie des données envoyées par les CPS et ONG par deux opératrices de saisie externes au personnel de la Direction.

415 Comme en témoignent les déclarations de Philippe DUAMELLE, Représentant du bureau Unicef-Bénin lors d'une interview en 2006, après l'adoption de la loi : « L'Unicef a appuyé le gouvernement béninois pour que soit préparée une loi qui définit la traite des enfants, l'interdit et la punit. » Consulté le 22 avril 2011 sur www.unicef.fr/contenu/actualite-humanitaire-unicef/philippe-duamelle-la-loi-qui-reprime-la-traite-des-enfants-est-un-grand-pas-en-avant-2006

Bénin. La même démarche est suivie par l'Unicef en ce qui concerne les accords de coopération entre le Bénin, le Gabon et le Nigeria qui préparent la forme et le contenu des accords.[416]

Dans le domaine du renforcement des capacités des acteurs de la traite, l'Unicef-Bénin est à la base de l'organisation des séminaires de formation des magistrats,[417] des forces de sécurité publique et même des communautés locales.

Il en est de même dans la prise en charge et la réinsertion des enfants victimes de traite. D'ailleurs, sur ce point, nous avons mentionné plus haut que la procédure de prise en charge des enfants victimes de traite a également été une initiative de l'Unicef. Elle intervient dans tous les cas d'enfants victimes à rapatrier au Bénin.

En somme, comme nous venons de le voir, l'Organisation des Nations unies pour l'Enfance est omniprésente dans tout le processus mis en place pour la protection des enfants contre la traite. Ce système « d'assistanat intégral »[418] a pour corollaire de « désengager » l'État des obligations fondamentales de protection des enfants.

B- La démission des pouvoirs publics

La quasi-mainmise des partenaires techniques et financiers, notamment des organisations du système des Nations unies, dans la lutte contre la traite des enfants au Bénin a pour conséquence la dépendance de toutes les structures étatiques intervenant dans le secteur du financement à l'égard de ces organisations.

L'exemple le plus frappant est le ministère de la Famille et de l'Enfant, qui se trouve être, dans la lutte contre la traite des enfants, le principal partenaire public de l'Unicef. En effet, au moment où la lutte contre la traite des enfants nécessite la mobilisation des fonds pour les aspects sociaux, le budget du ministère de la Famille n'a cessé d'être revu à la baisse pendant que le budget global de l'État n'a cessé d'être revu à la hausse. Cette réduction du budget annuel du ministère de la Famille ces dernières années induit la diminution de ses moyens d'action sur le terrain

[416] Cela justifie d'ailleurs pourquoi tous ces accords sont quasiment identiques.

[417] Par exemple le 2 novembre 2009, l'Unicef a, avec d'autres partenaires du Bénin, assuré la « formation » de 150 acteurs volet pénal, sur les violences faites aux enfants. Source : www.unicef.org/wcaro/2009.

[418] Nous parlons d'« assistanat intégral » dans la mesure où les partenaires techniques et financiers, comme on appelle l'ensemble de ces acteurs, s'occupent de l'identification du problème, des mesures à mettre en place pour l'éradiquer et apportent les moyens, surtout financiers, pour les activités à mener.

et accroît sa dépendance vis-à-vis de l'Unicef et d'autres partenaires dans le domaine. Dans un tel contexte, l'exécution de certaines activités du ministère est conditionnée par le financement de l'Unicef ou, pire encore, ces activités sont programmées sur mesure, juste pour pouvoir obtenir le financement alors même que leur utilité laisse à désirer. Il en résulte une inadéquation entre les besoins des populations concernées et certaines activités menées sur le terrain.

Les entretiens avec ces principaux acteurs révèlent que les deux partenaires se rejettent mutuellement la responsabilité sur les dysfonctionnements de leur collaboration :

- D'une part, les responsables du ministère de la Famille estiment qu'en ne leur donnant pas les moyens nécessaires pour faire face au problème de la traite des enfants, le gouvernement les rend dépendants des partenaires techniques et financiers dont l'Unicef principalement. Mais malheureusement, ils n'ont pas toujours l'appui de ce partenaire pour exécuter certaines activités qu'ils jugent importantes, souvent parce qu'elles n'entrent pas dans le plan d'action de l'organisation et ainsi le ministère est obligé d'aligner ses activités aux possibilités de financement. Bref, selon eux l'Unicef « impose ce qui doit être fait ».

- De l'autre côté, les responsables de l'Unicef-Bénin rencontrés estiment que le ministère de la Famille ne s'approprie pas les activités menées sur le terrain et les considèrent comme « les activités d'Unicef ». Sur ce point, l'exemple du plan annuel des activités a été cité. Ainsi, il nous a été rapporté que, chaque année l'Unicef et le ministère de la Famille élaborent en commun accord, le plan d'action annuel qui lie les deux partenaires. Mais le ministère de la Famille prépare de son côté un autre plan d'action annuel sans associer son partenaire (UNICEF). Ce qui pour l'Organisation des Nations unies est source de problèmes. Car le risque d'un double financement d'une même activité, par le budget national et le financement de l'Unicef, est élevé et compromet la relation de confiance qui doit exister entre les deux partenaires. Aussi, l'Unicef se désole de ne pas sentir l'État béninois se préparer pour prendre efficacement la relève des activités qu'elle mène sur le terrain. La conséquence de cette attitude du gouvernement conduit, selon Unicef-Bénin, à « l'éternel recommencement » des activités.

Dans ces conditions de collaboration, peut-on s'attendre à une efficacité des actions de lutte contre la traite des enfants au Bénin ? Il nous semble que non. Cependant, il serait trop facile de rendre une partie responsable de cette incohérence et des frustrations relevées de part et d'autre. Nous estimons, en ce qui nous concerne, que chacun des deux partenaires y a sa part de responsabilité :

Le ministère de la Famille et de l'Enfant (l'État) :

- pour n'avoir pas pris à cœur la question de la traite des enfants, à travers une analyse approfondie de ses causes socio-économiques, afin d'y apporter des réponses adéquates adaptées aux spécificités locales ;
- pour avoir fait l'option d'une adhésion systématique aux solutions proposées par ses partenaires, sans efforts d'adaptation aux réalités locales ;
- et pour l'absence d'une « vision autonome » et cohérente, à court, moyen et long termes de la protection effective des enfants vulnérables et victimes de traite qui se manifeste par l'opportunisme et l'improvisation des actions menées.

L'UNICEF :

- pour n'avoir pas su développer les programmes d'intervention prenant en compte la responsabilisation progressive et définitive de l'État ; notamment le volet protection sociale de la lutte contre la traite des enfants,
- pour avoir fait le choix de financer des projets à court terme des ONG locales, sans s'assurer que l'État soit en mesure de prendre la relève,
- et pour avoir mis l'accent sur des actions à court terme, difficiles à pérenniser sans son intervention.

Au-delà de ces problèmes, d'autres causes non moins importantes freinent la protection effective des enfants contre la traite au Bénin. Ces causes découlent de l'attitude des bénéficiaires des Conventions internationales relatives aux droits de l'enfant ratifiées par le Bénin.

CHAPITRE 2

LES CAUSES DE L'INEFFICACITÉ DES CONVENTIONS

La revendication de la jouissance d'un droit de même qu'à sa soumission suppose de prime abord que l'on ait connaissance de ce droit. Cependant, au Bénin, la langue officielle qui est le français n'est toujours pas à la portée de toute la population. Environ 65 % des garçons et 58 % des filles ont accès à l'enseignement primaire,[419] et seulement 34 % des garçons et 23 % des filles ont accès à l'enseignement secondaire.[420] C'est dire que, même si les conventions ratifiées sont publiées, elles demeurent hors de la portée d'une grande frange de la population. Plusieurs acteurs de lutte contre la traite des enfants sont d'avis que l'ignorance de l'existence des normes juridiques fait partie des problèmes qui favorisent la traite des enfants au Bénin.

Mais hormis cette faiblesse qui découle des politiques mises en place par les différents pouvoirs exécutifs et législatifs depuis l'indépendance du pays en 1960, d'autres éléments participent également à l'inefficacité des Conventions en vigueur au Bénin, dans le domaine de la traite des enfants. Il s'agit notamment des problèmes liés aux pouvoirs législatif et judiciaire.

Ainsi sont abordées successivement dans ce chapitre, les causes liées au pouvoir exécutif et celles liées aux pouvoirs législatif et judiciaire.

SECTION 1 : LES CAUSES LIÉES AU POUVOIR EXÉCUTIF

L'inefficacité des Conventions relatives aux droits de l'enfant au Bénin, comme précédemment mentionné, est due en partie à la non-connaissance des Conventions par une grande partie de la population. Cette méconnaissance des normes juridiques et celle du fonctionnement de la justice instaurent un sentiment de méfiance de la part des populations. Au demeurant, le mauvais fonctionnement de la justice justifie en grande

---

[419] Données 2005-2010. www.unicef.org/french/infobycountry/benin_statistics.html
[420] *Ibid.*

partie cette situation.[421] Dans un tel environnement, il est clair que le pouvoir exécutif a sa part de responsabilité.

Ainsi verrons-nous dans cette section, comment l'ignorance des conventions par les populations concourt à la poursuite de la traite des enfants dans un premier point, et nous y ferons ressortir ensuite la part du pouvoir exécutif.

PARAGRAPHE 1 : DE L'IGNORANCE DES CONVENTIONS À LA MÉFIANCE ENVERS LA JUSTICE

Connaître les normes qui nous protègent est incontestablement le premier pas qui peut conduire à la jouissance des droits qui en découlent. En effet, comment revendiquer la jouissance d'un droit dont on ignore l'existence ? Mais la règle ne s'applique pas seulement aux droits de citoyens, elle vaut également pour leurs obligations. Car, il est courant que des personnes interpellées pour la violation de la loi réprimant la traite déclarent ignorer son existence et avouent agir pour le bien-être de l'enfant. Les magistrats rencontrés sur le terrain confirment ce point de vue, qui représente selon eux, la raison pour laquelle ils n'appliquent pas systématiquement la loi. C'est dire donc que la connaissance du droit est un élément incontournable pour l'efficacité de la norme, tant pour la dissuasion, la répression que pour la jouissance des droits. Mais malheureusement, l'accès au droit est loin d'être une réalité pour une grande majorité des populations béninoises.

I- LES POPULATIONS FACE AUX CONVENTIONS RELATIVES AUX DROITS DE L'ENFANT

« Nul n'est censé ignorer la loi », c'est un principe précieux pour tout juriste mais il n'en demeure pas moins critiquable,[422] surtout lorsqu'on se retrouve dans un contexte où 75 % de la population est analphabète et n'a pas toujours accès au droit.[423]

Il s'agit ici de montrer comment l'ignorance de l'existence des conventions relatives aux droits de l'enfant par les bénéficiaires (A) et leur

---

421 TIDJANI, Mahaman A. (2001). « La Justice au plus offrant. Les infortunes du système judiciaire en Afrique de l'Ouest. », *Politiques africaines* (83).

422 KAMTO, Maurice (1990). « Une justice entre tradition et modernité », in *Afrique Contemporaine,* « La justice en Afrique », dir. Jean du Bois de GAUDUSSON et Gerard CONAC, Paris : La Documentation Française : pp. 57-64, p. 64.

423 PNUD-Benin (2008). Rapport d'*Étude sur l'habilitation juridique des pauvres : Accès à la justice et État de droit.*

méfiance envers l'organe judiciaire (B) peuvent freiner leur effectivité dans la pratique.

A- LA MÉCONNAISSANCE DES CONVENTIONS

Il est difficile de prétendre jouir d'un droit lorsqu'on n'en a pas connaissance et qu'on ignore les mécanismes pouvant permettre leur jouissance. C'est donc à juste titre que le rapport de l'« Étude sur l'habilitation juridique des pauvres : Accès à la justice et État de droit », réalisée pour PNUD-Bénin en 2008, a révélé que l'ignorance des droits par les populations constitue l'un des blocages à l'accès à la justice au Bénin.[424] La connaissance des conventions relatives aux droits de l'enfant apparaît dès lors comme un élément incontournable, si l'on aspire à leur effectivité. Et c'est sans doute conscient de cette réalité que le constituant béninois a mis un accent particulier sur leur diffusion à l'article 40 de la Constitution du 11 décembre 1990.

Ainsi dispose-t-il :

> L'État a le devoir d'assurer la diffusion de l'enseignement de la Constitution, de la Déclaration universelle des Droits de l'Homme de 1948, la Charte africaine des droits de l'Homme et des Peuples de 1981 ainsi que les instruments internationaux dûment ratifiés et relatifs aux Droits de l'Homme.
> L'État doit intégrer les droits de la personne humaine dans les programmes d'alphabétisation et d'enseignement aux différents cycles scolaires et universitaires et dans tous les programmes de formation des Forces armées, des Forces de sécurité publique et assimilés.
> L'État doit également assurer dans les langues nationales par tous les moyens de communication de masse, en particulier par la radiodiffusion et la télévision, la diffusion et l'enseignement de ces mêmes droits.[425]

Malgré cette disposition constitutionnelle, les Conventions relatives aux droits de l'enfant sont loin d'être connues de la grande majorité de la population, notamment, les enfants et leurs parents. Cela, pour des raisons aussi diverses telles que : le blocage linguistique, l'accès difficile au *Journal Officiel* et l'absence de la diffusion de masse.[426] Ces conditions sont très peu favorables à la connaissance des conventions relatives aux droits de l'enfant, voire même des normes juridiques internes, par les

---

[424] PNUD-Benin, Rapport d'Étude sur *L'habilitation juridique des pauvres : Accès à la justice et État de droit, op. cit.*

[425] Article 40 de la Constitution béninoise du 11 décembre 1990.

[426] On peut aussi se référer à l'étude de Guillaume FOUDA (2000-2001). sur *L'Accès au droit en Afrique*. Bordeaux : Afrilex.

populations. Ceci rend plus difficile la lutte contre la traite des enfants et oblige les acteurs à passer obligatoirement par la sensibilisation des populations concernées.[427]

Ainsi, la méconnaissance des conventions et des lois en vigueur, selon le constat fait sur le terrain, a pour conséquence la continuation de la pratique de la traite par certains parents qui ignorent qu'en agissant ainsi, ils violent des lois et encourent des peines d'emprisonnement d'une part, et les empêchent également de revendiquer la jouissance de leurs droits d'autre part. C'est donc avéré que si « Nul n'est censé ignorer la loi », sa connaissance facilite l'exercice des droits qu'elle prévoit et justifie efficacement les obligations et sanctions qui en découlent.[428]

B- La limitation de la jouissance des droits par les populations

Les conventions relatives aux droits de l'enfant, avions-nous dit, font des États parties les principaux débiteurs des droits promus et proclamés et de leurs populations les principales bénéficiaires. Il en découle que la connaissance desdites conventions par les populations concernées constitue un atout pour leur revendication. Ce qui permet aux populations d'en jouir.

Mais malgré les avantages qu'offre l'adoption du monisme comme mode d'introduction des conventions en droit interne par le constituant béninois, l'effectivité de ces conventions constitue toujours un combat à mener sur le terrain. Non seulement en raison de la réticence des juges à reconnaître leur applicabilité directe, qui s'impose pourtant, mais aussi de l'ignorance des bénéficiaires, peu avertis des droits qui leur sont reconnus et dont ils peuvent exiger le respect ou obtenir réparation devant le juge national, en cas de violation.

La traite des enfants, nous l'avons vu, viole plusieurs dispositions des conventions relatives aux droits de l'enfant en vigueur au Bénin. Au regard de ces violations, nous avons également montré que certaines découlent du non-respect par l'État de ses obligations envers les populations. Par exemple, aux termes de la convention des Nations unies relative aux droits de l'enfant, il doit prendre « ... toutes les mesures appropriées sur les plans national, bilatéral et multilatéral pour empêcher l'enlèvement, la vente ou la traite d'enfants à quelque fin que ce soit et sous quelque forme que ce

---

[427] C'est le cas par exemple de monsieur A. S. coordonnateur de l'ONG APEM à Parakou et de monsieur G. S. responsable de l'ONG GRADH à Parakou. V. liste des interviews.

[428] Fouda, Guillaume (2000-2001). sur *L'Accès au droit en Afrique*. Bordeaux : Afrilex. p. 11.

soit »[429]. L'État doit protéger également « … l'enfant contre toutes autres formes d'exploitation préjudiciable à tout aspect de son bien-être »,[430] sans compter, par exemple, le droit à l'éducation et le droit à la protection sociale qui sont loin d'être une réalité sur le territoire béninois. Dans le même temps, le constat fait sur le terrain montre que le juge béninois n'a jamais été saisi par un citoyen pour violation d'une convention internationale relative aux droits de l'enfant. Hormis, bien entendu, les cas touchant des personnes adultes dont le juge constitutionnel a été saisi et qui ont été développés dans la première partie de ce travail.

C'est dire qu'en présence même de normes garantissant, des droits protégeant les citoyens, leur ignorance constitue un frein à la revendication de ces droits et empêche que les citoyens en jouissent. Mais en dehors de ce facteur important, d'autres viennent handicaper l'effectivité des conventions relatives aux droits de l'enfant au Bénin : il s'agit de certaines idées reçues qui mettent à mal les relations entre la justice et les justiciables.

II- UNE MÉFIANCE ENVERS LA JUSTICE « OFFICIELLE » QUI LIMITE L'APPLICATION DES CONVENTIONS

En dépit de la reconnaissance du droit d'accès à la justice pour tous reconnu par les conventions internationales et nationales en vigueur au Bénin, une bonne partie de la population béninoise reste encore exclue du système judiciaire. L'inaccessibilité des populations à la justice a pour cause l'ignorance des lois, la complexité des procédures et le manque de moyens financiers nécessaires, l'éloignement des tribunaux. Mais ces facteurs sont loin d'être les seules raisons qui handicapent l'accès à la justice pour les populations vulnérables. Cette difficulté découle également d'une certaine méfiance des populations africaines au système judiciaire due, entre autres, à la « … persistance dans l'État africain indépendant de la psychologie coloniale marquée par la soumission craintive à l'autorité administrative »,[431] et à l'idée de corruption selon laquelle seul celui qui a les moyens peut gagner un procès.[432]

[429] Article 35 convention relative aux droits de l'enfant.

[430] Article 36 de la Convention, *op. cit.*

[431] KAMTO, Maurice *Une justice entre tradition et modernité, op. cit.*, pp. 57-64.

[432] TIDJANI, Mahaman *La justice au plus offrant. Les infortunes su système judiciaire en Afrique de l'Ouest, op. cit.*, pp. 59-78.

A- UNE JUSTICE AU SERVICE DES GOUVERNANTS ?

À tort ou à raison, l'idée d'une justice au service des gouvernants est assez développée dans l'opinion publique béninoise[433] et pose la problématique de la dépendance du pouvoir judiciaire à l'égard du pouvoir exécutif. Pourtant, la Constitution béninoise a clairement posé le principe de la séparation des pouvoirs entre le pouvoir judiciaire, le pouvoir exécutif et le pouvoir législatif.[434] Le principe de séparation des pouvoirs impose normalement que le pouvoir exécutif et le pouvoir législatif n'interfèrent pas dans la mission du juge dans l'exercice de ses fonctions.

Les interventions des gouvernants pour faire libérer des personnes impliquées dans la traite des enfants, malgré l'existence des lois pénales, constituent l'une des difficultés majeures de la répression de la traite des enfants. Ce point de vue est unanimement reconnu par les partenaires de l'État béninois dans la lutte contre la traite des enfants et les magistrats rencontrés :

- Pour les partenaires, les trafiquants arrêtés sont souvent libérés parce qu'ils font jouer leurs relations au sommet de l'État, qui pèsent de tout leur poids pour faire classer le dossier au niveau du parquet qui est sous la tutelle du ministère de la Justice ou par le juge théoriquement indépendant.[435]
- Pour les magistrats, il est en effet courant pour le parquet de recevoir des ordres de sa hiérarchie qui ne favorisent pas l'application des textes. Mais le cas des parquets peut être compréhensif au regard de leur dépendance du pouvoir exécutif, mais le cas des juges préoccupe davantage.[436]

En ce sens, un ancien ministre de la Justice témoigne dans un entretien que :

> Le Président Mathieu KÉRÉKOU n'est pas homme à intervenir dans tel ou tel cas au quotidien. Il l'a fait une fois. Mais quand je lui ai expliqué la nécessité, dans l'intérêt général, de laisser faire, il n'a pas insisté. En tout cas, il m'écoutait dans la mesure où il savait que comme collaborateur loyal, je n'avais aucun intérêt à lui mettre les bâtons dans les pieds, ce qui risquait de me faire tomber moi-même. En revanche, à

---

433 Cette assertion découle de nos propres constats sur le terrain.

434 Article 125 de la Constitution béninoise du 11 décembre 1990.

435 C'est le cas, entre autres, des personnes de la liste des interviews : Int. 5, 23, 34, 37, 46, 66, 72 et 77.

436 Tel est le cas par exemple, des personnes de la liste des interviews : Int. 28, 32,36, 41, 51 et 60.

> chaque fois que je remarquais quelques accrocs, j'intervenais de mon propre gré pour avoir été Directeur de Cabinet du ministre de la Justice et surtout Inspecteur général des services judiciaires. Mais dans ces cas, il fallait faire appel à la sagacité des collègues dont la plupart sont intelligents et comprennent comme PLATON : « Avec de bons magistrats, les mauvaises lois peuvent encore être supportables. » En dehors de cela, j'intervenais aussi pour solliciter la clémence des juges en tant qu'homme politique si je me rends compte que l'intervention peut éclairer le jugement de celui qui prend la décision. Je le fais toujours en mettant toutes les précautions ; si cela est conforme à ce qui est dans le dossier. Le reproche qu'on accroche au cou des magistrats est qu'ils sont aux ordres des puissances d'argent. Oui, il y a eu et il y a encore des cas. C'est vraisemblable que ce reproche soit mérité si l'on tient compte des victimes que l'argent occasionne par ces temps-ci. Quand vous lisez certains jugements, vous êtes étonné par ce qui est écrit. Qu'est-ce qui provoque une telle méconnaissance du droit ? L'ignorance du droit ? La mauvaise formulation ? (...).[437]

À travers ces déclarations de l'ancien ministre de la Justice et magistrat, l'immixtion du pouvoir exécutif ne fait pas de doute, surtout lorsque les gouvernants semblent penser que l'action de la justice leur mettra « les bâtons dans les roues ». Dans un tel contexte, on peut comprendre le scepticisme des populations à recourir à la justice, du moment où celles qui n'ont pas des relations privilégiées au sommet de l'État estiment leur cause perdue d'avance.

B- UNE JUSTICE POUR LES RICHES ?

À l'intervention des politiques dans le fonctionnement de la justice, s'ajoute l'idée de corruption généralisée dans l'opinion publique. En témoigne la déclaration de l'ancien ministre de la Justice Joseph GNONLONFOUN : « Le reproche qu'on accroche au cou des magistrats est qu'ils sont aux ordres des puissances d'argent. Oui, il y a eu et il y a encore des cas. »[438] De même, la ministre de la Justice Marie Élise GBEDO déclarait en 2011 sur la chaîne de télévision publique que le corps de la magistrature béninoise est gangréné par la corruption.[439]

---

[437] Entretien avec Joseph GNONLONFOUN. Journal, *Nouvelle Expression* du 27 janvier 2010 ; entretien rapporté également par Joseph JOGBENOU, *Le secteur de la justice et l'État de droit* : p. 63.

[438] DJOGBENOU, Joseph (2010). *Secteur de la justice et État de droit au Bénin*, Une Étude de Afrimap et l'Open Society Initiative for West Africa : p. 64.

[439] Cette déclaration faite par la ministre de la Justice, lors de la journée nationale de lutte contre la corruption le 8 décembre 2011 à la télévision nationale (ORTB), avait pendant

Mais le fait le plus marquant des relations de la justice béninoise avec la corruption reste le dossier des frais de justice criminelle qui a ébranlé il y a quelques années le corps de la magistrature et qui s'est soldé en 2010 par l'éradication de certains magistrats impliqués et condamnés, comme en témoigne la coupure de presse ci-dessous.

> Dossier des frais de justice criminelle : liste complète des magistrats éjectés de l'administration publique :
> Cinq années environ après l'arrêt de la cour d'assises qui a statué sur l'épineux dossier des frais de justice criminelle, le conseil supérieur de la magistrature a pris ses responsabilités. Il s'agit de séparer définitivement le bon grain de l'ivraie au sein de l'appareil judiciaire dont la crédibilité est de plus en plus mise à rudes épreuves par les manœuvres lugubres de ceux-là même qui sont chargés de l'animer. Il vaut mieux tard que jamais a semblé dire, le conseil supérieur de la magistrature qui a procédé à la radiation pure et simple de la fonction publique, de tous les magistrats condamnés à une peine d'emprisonnement ferme et avec sursis. Ceux qui ont été acquittés au bénéfice du doute ont été rétrogradés. Cette décision du conseil supérieur de la magistrature vient mettre fin au laisser-aller qui s'observe depuis la décision du 04 juin 2004, car ces magistrats continuaient par vaquer librement à des occupations même à des échelles plus importantes de l'administration publique.[440]

Il découle de cette convergence de points de vue sur les relations entre la justice et le pouvoir de l'argent que la corruption de la justice béninoise est une réalité. Mais peut-on, à partir de là, affirmer qu'elle est *une justice pour les riches* ? L'affirmer serait ne pas rendre justice à ces magistrats qui se battent dans des conditions de travail difficiles pour accomplir leur mission. Cependant, il est primordial pour les populations de placer leur confiance en la justice, même si le scepticisme demeure. Car, ne pas le faire constituerait un renoncement aux droits dont le corollaire sera la pérennisation du non-respect des normes.

---

plusieurs mois déclenché un bras de fer entre le syndicat des magistrats et le ministre de la Justice. Visualisée à l'époque en ligne : www.benininfo.com

[440] Journal *L'autre Fraternité*, Publication du 11 jan, 2010 de l'Autre Fraternité sur le site d'information sur le Bénin : www.sonagnon.net

PARAGRAPHE 2 : LA RESPONSABILITÉ DU POUVOIR EXÉCUTIF LIÉE AUX CAUSES

À travers le paragraphe précédent, il ressort que plusieurs causes limitent l'application des Conventions relatives aux droits de l'enfant au Bénin. Parmi ces causes certaines semblent directement liées aux insuffisances des actions du pouvoir exécutif dans l'accomplissement de sa mission : nous retenons ici deux d'entre elles à savoir, le droit à l'éducation et l'accès à la justice pour tous.

I- LA QUESTION DE L'ANALPHABÉTISME

L'accès à l'éducation est un droit reconnu à tous par la Constitution béninoise du 11 décembre 1990 et les conventions internationales ratifiées par la République du Bénin. Ainsi la Constitution a-t-elle rendu l'enseignement primaire obligatoire pour tous. Mais dans la réalité ce droit est loin d'être effectif pour tous les enfants en âge d'être scolarisés (A), excluant de fait une frange de la population à avoir connaissance des normes juridiques élaborées dans « la langue de l'école » et dans le même temps le pouvoir exécutif qui a l'obligation de faire connaître ses normes à travers ses services, ne pense pas les rendre accessibles dans les langues connues de ces populations (B).

A- L'INEFFECTIVITÉ DE L'ACCÈS OBLIGATOIRE À L'ÉCOLE

Au regard des conventions internationales ratifiées par la République du Bénin et des normes internes, le droit à l'éducation, notamment primaire, s'impose à l'État béninois. Au niveau des conventions internationales, nous pouvons mentionner à titre d'exemple, l'article 11 de la Charte africaine des droits et du bien-être de l'enfant de 1990[441] et l'article 28 de la Convention des Nations unies relative aux droits de l'enfant de 1989.[442] En ce qui concerne les normes internes, il faut retenir l'article 13 de la Constitution[443] et l'article 24 de la loi n°2003-17 portant orientation de l'éducation nationale en République du Bénin.[444]

---

441 « Tout enfant a droit à l'éducation. (…) [Les États] s'engagent à fournir un enseignement de base gratuit et obligatoire… ». À noter qu'au Bénin l'enseignement de base implique l'enseignement primaire et le premier cycle de l'enseignement secondaire, loi n°2003- 17 portant orientation de l'éducation nationale au Bénin.

442 « [Les États parties] rendent l'enseignement primaire obligatoire et gratuit pour tous ».

443 « L'État pourvoit à l'éducation de la jeunesse par des écoles publiques. L'enseignement primaire est obligatoire … ».

444 Cet article reprend en son premier alinéa les dispositions de l'article 13 de la Constitution : « L'enseignement primaire est obligatoire… ».

En dépit de toutes ces dispositions contraignantes, force est de constater que l'accès à l'éducation primaire est loin d'être effectif pour des milliers d'enfants, comme l'ont témoigné les différentes enquêtes réalisées sur la traite et l'exploitation des enfants.[445] Ainsi, l'ineffectivité de l'accès à l'éducation primaire n'a pas pour seule conséquence la mise au travail précoce des enfants et leur exploitation, voire la traite. Elle constitue également un frein pour le droit à la justice des victimes. Cette situation est la résultante de l'incapacité de l'État béninois à adopter depuis l'indépendance en 1960, une politique nationale de l'éducation publique en mesure d'assurer la couverture nationale nécessaire pour la mise en œuvre de cette obligation. En 1975 l'adoption d'une réforme du système éducatif (l'école nouvelle) a eu un effet positif sur la scolarisation des enfants avant de commencer à décliner dans les années 80 à cause de la crise économique. Mais cette régression résulte surtout du Programme d'ajustement structurel (PAS) imposé par les institutions de Bretton Woods qui avait entraîné des départs volontaires de la fonction publique béninoise. À titre d'exemple, le taux brut de scolarisation dans l'enseignement primaire qui était de 63,2 % en 1983 est passé à 49, % en 1990.[446]

Néanmoins, dans le cadre des objectifs du millénaire pour le développement (OMD)[447] l'accent est de plus en plus mis sur l'éducation au Bénin ces dernières années, même si l'appui des partenaires techniques et financiers, tels que UNESCO, UNICEF, USAID et UE est déterminant dans ce processus. Ce regain d'intérêt pour l'éducation a amené le gouvernement béninois à décréter la gratuité de l'enseignement maternel et primaire en 2006.[448] Cette démarche, qui vient appliquer finalement l'article 13 de la Constitution reste à saluer malgré les difficultés de sa mise en œuvre sur le terrain.[449]

---

[445] Il s'agit entre autres, des enquêtes réalisées par l'UNICEF, l'OIT et le gouvernement béninois sur la traite des enfants et le travail des enfants au Bénin, précédemment mentionnées.

[446] UNFPA-Bénin, *Rapport de suivi sur l'éducation pour tous 2003-2004 : Cas de la République du Bénin.* 8 p. 1.

[447] Objectifs du Millénaire pour le Développement. Notamment le 1er qui constitue à assurer l'éducation pour tous.

[448] Selon l'UNESCO et le gouvernement béninois, la gratuité implique entre autres, la prise en charge des coûts directs et indirects de l'éducation, son accessibilité aux enfants en abolissant les droits d'inscription, la fourniture des incitations financières. Mais dans la pratique la gratuité n'est que partielle. Les parents d'élèves ne sont exemptés que des frais d'inscription.

[449] À la prise de cette décision, il a été au gouvernement de Thomas BONI YAYI, de n'avoir pas préparé le terrain pour que cette mesure soit effective. En effet, bon nombre

Comme nous venons de le voir, l'inaccessibilité de l'école pour des milliers de personnes, à cause des politiques éducatives inadaptées des gouvernants béninois depuis l'indépendance, n'a pas, comme on peut s'y attendre, favorisé la connaissance des droits et devoirs des populations dans un État de droit.

B- LA NON-DIFFUSION DES CONVENTIONS AU NIVEAU DES POPULATIONS LOCALES DANS LEUR LANGUE

Si la connaissance des Conventions par les populations a été un élément important pour les gouvernants béninois, il ne fait aucun doute qu'ils auraient depuis longtemps pris des mesures pour les rendre accessibles aux populations, notamment celles dites analphabètes. Surtout avec l'adoption de l'actuelle constitution en 1990, qui prévoit, à travers l'alinéa 3 de l'article 40, la diffusion en stipulant que « l'État doit également assurer dans les langues nationales par tous les moyens de communication de masse, en particulier par la radiodiffusion et la télévision, la diffusion et l'enseignement de ces mêmes droits ».[450] Cette disposition, comme on peut le constater, indique les moyens par lesquels l'État aurait pu assurer la connaissance des conventions au plus grand nombre de citoyens béninois. En effet, avec la libéralisation de l'environnement médiatique au Bénin après 1990, il existe sur l'ensemble du territoire national des radios communautaires, qui diffusent la plupart du temps des informations en langues locales. Le souci de diffusion des normes aux populations à la base a voulu que les gouvernements mettent en place une plate-forme de collaboration avec ces radios communautaires pour assurer la diffusion des normes en langues locales. Par exemple, la Haute autorité de l'audiovisuel et de la communication (HAAC)[451] qui accorde les autorisations d'installation aux médias et assure leur régulation pourrait prévoir dans les conditions d'accord d'installation l'obligation pour les promoteurs d'assurer la diffusion des normes en vigueur au Bénin, notamment celles

---

d'acteurs estimaient qu'il aurait fallu d'abord construire des écoles et recruter du personnel enseignant dans un contexte où le déficit était criard. De même cette annonce a été faite à la rentrée des classes, prenant de court les responsables d'établissement qui n'avaient pas été préparés à gérer le grand flux d'élèves que cette mesure allait engendrer. Cela, alors même que le gouvernement n'avait pas alloué de subventions complémentaires aux écoles afin de compenser la réduction de leurs budgets subséquente à la suppression des frais d'inscription, surtout en vue de garantir le payement des salaires aux enseignants vacataires à la charge des écoles.

[450] Les langues nationales font référence aux langues locales. C'est le cas par exemple du fon, du goun, du mina, du yoruba, du dendi et du bariba.

[451] Article 142 de la Constitution du 11 décembre 1990.

relatives aux droits humains. Cela aurait comme avantage, la pérennisation de ce volet, contrairement aux actions sporadiques et souvent très coûteuses de sensibilisation et de diffusion effectuées par les ONG et/ou par le financement des OI.[452]

Au-delà de toutes ces mesures qui auraient pu faciliter la connaissance des conventions relatives aux droits de l'homme en général et celles relatives aux droits de l'enfant en particulier, l'accès à la justice, comme nous l'avions vu, reste un élément déterminant dans l'effectivité de la jouissance des droits par les populations. Cependant, on notera que sur ce plan également, la République du Bénin, à l'image des autres États africains, n'a pas su faire face à cette exigence des Normes internes et internationales.

II Les causes liées à l'accès difficile à la justice

La devise de la République du Bénin est « Fraternité-Justice-Travail »,[453] à première vue, l'idée de justice semble être un élément important pour le constituant béninois. Mais si la justice, au sens large du terme, implique le respect des droits et obligations par chaque citoyen, ici, nous faisons allusion au service de justice conformément à l'article 125 de la Constitution.

Dans ce cadre, nous avons retenu deux éléments qui semblent limiter l'effectivité des conventions relatives aux droits de l'enfant : le difficile accès à la justice et le difficile accès aux auxiliaires de justice.

A- Le difficile accès aux cours et tribunaux

« Pour que les droits aient un sens, il faut disposer de moyens de recours utiles pour obtenir réparation en cas de violation ».[454] Mais au Bénin l'accès à la justice n'est pas chose aisée pour une bonne partie de la population. Ainsi relève-t-on qu'au Bénin le difficile accès à la justice se manifeste par la complexité des procédures devant les cours et tribunaux, le coût engendré par la procédure, et une insuffisance des cours et tribunaux sur l'ensemble du territoire national.

---

[452] Des programmes de sensibilisation sont souvent organisés par les ONG locales, telles que l'Association des femmes juristes du Bénin, APEM, GRADH, sur le financement des organisations internationales telles l'UNICEF et l'OIT.

[453] Article 1 de la Constitution.

[454] Doc. Nations unies, CRC/GC/2003/5 du 27 novembre 2003, portant Observations générales N°5 (2003), Mesures d'application générales de la Convention relative aux droits de l'enfant (art. 4, 42, et 44, par. 6), point 24.

Depuis l'adoption de la loi n°2001-37 portant organisation judiciaire au Bénin, il est prévu la création de 28 Tribunaux de première instance (TPI)[455] et trois Cours d'appel au lieu d'une seule précédemment. Mais à ce jour, et malgré la construction des deux nouvelles Cours d'appel, seule la cour d'appel de Cotonou fonctionne pleinement.

Dans ce contexte, la distance moyenne que doit parcourir un justiciable béninois est estimée à 50 km.[456] À cela s'ajoute l'insuffisance du nombre de magistrats. En 2007, par exemple, le nombre des magistrats était de 185 pour une population de plus sept millions d'habitants.[457] Mais selon les dernières informations reçues en 2012, le nombre des magistrats en fonction est de 283 et 27 en attente d'entrer en fonction.[458]

Ainsi, l'éloignement des cours et tribunaux, qui impose aux populations de parcourir plusieurs dizaines de kilomètres pour accéder au tribunal le plus proche, décourage les populations d'y recourir. Ainsi, les victimes de violation des droits de l'enfant, que cela soit au plan civil comme au plan pénal ne se donnent pas la peine de saisir la justice à cause des charges que cette démarche peut engendrer. Elles préfèrent souvent se résigner. Mais à cela, il faut ajouter que le nombre insuffisant de magistrats a pour conséquence directe la lenteur dans le traitement des dossiers.[459] Tous ces facteurs rendent difficile l'accès à la justice béninoise pour des personnes à revenu moyen et celles vivant hors des grandes villes.

Le recours à la justice requiert, dans certains cas, les services d'un auxiliaire de justice. C'est pour cela que le point suivant en fera cas.

B- LE DIFFICILE ACCÈS AUX AUXILIAIRES DE JUSTICE

L'auxiliaire de justice est l'homme de loi dont la mission consiste à faciliter la marche de l'instance et la bonne administration de la justice.[460] On retrouve dans cette catégorie : les avocats, les huissiers de justice, les greffiers, les notaires et autres. Nous nous intéressons ici au cas de l'avocat, compte tenu du rôle important qu'il joue dans l'administration de la justice.

---

455 Parmi les TPI, il y a 3 qui sont de 1ère classe, et 25 de 2e classe, art. 36 de la loi 2001-37 portant organisation judiciaire en République du Bénin.

456 Annuaire statistique 2006 du ministère de la Justice, de Législation et des Droits de l'homme, p. 36 et 37 pour plus de détails.

457 DJOGBÉNOU, Joseph. *Secteur de la Justice et État de droit au Bénin, op. cit.*, p. 65.

458 Information donnée par le service des statistiques du ministère de la Justice de la Législation et des Droits l'homme en juillet 2012.

459 DJOGBÉNOU, Joseph. *op. cit.*

460 Le lexique des termes juridiques, Paris, Dalloz, 2010, p. 76.

L'avocat est un auxiliaire de justice dont les attributions au Bénin découlent de la loi n°65-6 du 20 avril 1965 instituant le barreau béninois. Il a pour principaux rôles : la consultation, le conseil et la rédaction des actes.[461]

Dans le contexte où la justice influe sur le sort du citoyen, comment comprendre l'incapacité des gouvernants à mettre en place un système pouvant favoriser les conditions d'accès à l'exercice des fonctions d'avocat, d'huissier, de notaire, etc. Ces fonctions qui sont des fonctions libérales sont paradoxalement difficiles d'accès, car prises en otage par les corporations des praticiens qui veulent à tout prix limiter la concurrence. Les facultés de droit font pourtant partie de celles qui accueillent chaque année le plus grand nombre d'étudiants.[462]

La réglementation de chaque secteur, nous semble-t-il doit tenir compte des besoins des populations dans ce domaine. Une fois de plus, les gouvernants donnent l'impression de ne pas se préoccuper des intérêts des populations, en faisant le choix de favoriser ceux d'une minorité.

Pour une population estimée à plus de sept millions d'habitants, le Bénin comptait, en 2008, 155 avocats (avocats stagiaires inclus).[463] En 2012 ce nombre est passé à 169 avocats sur toute l'étendue du territoire national.[464] Au même moment, plus de quatre cents (400) étudiants sortent chaque année des facultés de droit munis de leur diplôme de maîtrise en droit. Dans ces conditions, comment comprendre que le nombre d'avocats soit aussi réduit ? Si les contraintes budgétaires ont servi, pendant des années, de prétexte au gouvernement pour ne pas recruter des magistrats, qu'est-ce qui peut justifier le déficit d'avocats qui est une profession libérale ?

La faculté de droit (d'Abomey-Calavi) en collaboration avec le ministère de la Justice et l'Ordre des avocats ont la charge d'organiser chaque année le Certificat d'aptitude à la profession d'avocat (CAPA) par lequel on accède à la profession d'avocat. Mais malheureusement, jusqu'à un passé récent, le CAPA était rarement organisé ; et quand il l'était, une ou deux personnes sont choisies parmi les centaines de candidats en lice.

---

461 Revue de l'ERSUMA, novembre/décembre 2011, p. 5.

462 Il existe actuellement 3 facultés de droit au Bénin. La faculté de droit de l'université d'Abomey-Calavi, la faculté de droit de l'université de Parakou et la faculté de droit de l'université de Tchaourou.

463 DJOGBÉNOU, Joseph. *Secteur de la justice et État de droit au Bénin*, *op. cit.*, p. 65.

464 Information donnée par le service des statistiques du ministère de la Justice, de la Législation et des Droits de l'homme, en juillet 2012.

Cette limitation de l'accès à la profession d'avocat se justifie peut-être par des motivations d'intérêts corporatistes. Si tel est le cas, des mesures doivent être prises par les gouvernants pour ouvrir davantage l'accès à la profession d'avocat aux diplômés des facultés de droit. Ces mesures auront pour avantage de faciliter l'accès à l'avocat pour ceux qui peuvent se permettre de s'offrir leur service. Car, entre le confort des membres d'une corporation et le droit à un avocat, le droit de chaque citoyen à un avocat pour défendre sa cause doit être sauvegardé.

Après avoir abordé les causes liées aux pouvoirs exécutifs, la section suivante s'attèlera sur les causes liées aux pouvoirs législatif et judiciaire.

SECTION 2 : LES CAUSES LIÉES AUX POUVOIRS LÉGISLATIF ET JUDICIAIRE

Le fondement d'une démocratie garantissant un état de droit est la séparation des pouvoirs exécutif, législatif et judiciaire, chacun jouant pleinement son rôle. Au Bénin le principe de la séparation de ces pouvoirs est institué par la Constitution qui a déterminé le rôle de chacun dans un souci de respect de l'état de droit. Mais pour des raisons diverses, ces organes ont du mal à jouer pleinement le rôle que la Constitution leur assigne. Cette situation, comme nous le verrons, ne manque pas de causer des préjudices aux populations.

En ce qui concerne la traite des enfants, les pouvoirs législatif et judiciaire, à travers leurs prérogatives, ont un rôle important à jouer dans une lutte efficace contre cette pratique. Après avoir abordé, dans la première section de ce chapitre, les insuffisances liées au pouvoir exécutif, il est question ici d'aborder les insuffisances liées à ces deux pouvoirs.

PARAGRAPHE 1 : LE POUVOIR LÉGISLATIF

Au Bénin, le Parlement est constitué par une Assemblée unique dénommée « Assemblée nationale » (monocamérisme). Il exerce le pouvoir législatif et le contrôle de l'action du gouvernement.[465] À ce titre, il peut jouer un rôle important dans la protection des droits de l'enfant en général mais surtout veiller à la protection des enfants contre la traite ou victimes de traite à travers l'élaboration et l'adoption de lois adéquates. Mais depuis la mise en place de la première législature en 1991 sur la base de la Constitution du 11 décembre 1990, les problèmes liés à la pratique du

---

[465] Art. 79 de la Constitution.

parlement béninois peuvent expliquer les difficultés d'une protection effective des droits de l'enfant au Bénin.

Nous abordons dans ce paragraphe, dans un premier point, le rôle dévolu au parlement béninois de façon générale et sa compétence de protection des droits de l'enfant, et ensuite nous faisons ressortir les problèmes liés au fonctionnement du parlement.

I- LE RÔLE DU PARLEMENT BÉNINOIS DANS LA PROTECTION DES DROITS DE L'ENFANT

Le parlement en tant qu'organe représentatif du peuple a un rôle important à jouer dans la protection des droits de l'homme en général et particulièrement dans la protection des droits de l'enfant. Au Bénin, deux rôles essentiels lui sont confiés : l'exercice du pouvoir législatif et le contrôle de l'action du gouvernement.[466] Et comme nous l'avions déjà montré, la protection des droits de l'enfant, notamment contre la traite, nécessite un cadre législatif adéquat et leur mise en œuvre. C'est justement dans ce cadre que le parlement béninois aurait pu ou pourrait jouer un rôle déterminant.

A- LES PRÉROGATIVES CONSTITUTIONNELLES DU PARLEMENT BÉNINOIS

Deux rôles majeurs sont confiés au parlement béninois par la Constitution du 11 décembre 1990 : le vote des lois et le contrôle de l'action du gouvernement. Les articles 96,[467] 98,[468] 103,[469] 105,[470] 112,[471]

---

466 Art. 79 Constitution.

467 L'article 96 de la Constitution dispose : « L'Assemblée nationale vote la loi et consent l'impôt. »

468 L'article 98 énumère les règles qui relèvent du domaine de la loi. Sont parties intégrantes de ce domaine, les règles concernant les droits civiques et garanties fondamentales accordées aux citoyens pour l'exercice des libertés publiques, l'état et la capacité des personnes, les régimes matrimoniaux, la détermination des crimes et délits ainsi que les peines qui leur sont applicables, l'organisation des juridictions de tous ordres et la procédure suivie devant ces juridictions, le statut de la magistrature, des offices ministériels et des auxiliaires de justice, etc.

469 L'article 103 fait référence au droit d'amendement dont dispose les députés. Il faut rappeler ici, que le parlement béninois compte 83 membres appelés députés.

470 À travers l'article 105, chaque député peut initier une loi. Les députés et le Président de la République ont ce droit. La loi initiée par le Président de la République est appelée « projet de loi » et celle initiée par un député est appelée « proposition de loi ».

471 Aux termes de l'article 112, l'Assemblée nationale règle les comptes de la Nation et est assistée dans cette tâche par la Chambre des Comptes de la Cour suprême qui exécute toutes les enquêtes et études rapportant à l'exécution des recettes et des dépenses publiques, etc.

113,[472] de la Constitution nous éclairent davantage sur le rôle du parlement. Pour ce qui relève de la loi, le parlement béninois détient le droit de voter toutes les lois applicables au Bénin. L'article 96 de la Constitution, qui est le siège de cette disposition, fait ressortir du coup la place de choix qui est réservée à l'institution parlementaire dans le domaine législatif ; même si les membres du parlement partagent l'initiative de la loi avec le Président de la République (art.105 de la Constitution). On note également que le constituant a pris soin de délimiter les matières qui relèvent du domaine de la loi et les domaines dans lesquels « la loi doit déterminer les principes fondamentaux ». Font partie de ce domaine, l'enseignement et la recherche scientifique, le droit de travail, la sécurité sociale et l'organisation de la production (art. 98 de la Constitution). Dans ces domaines, le parlement est privé des détails nécessaires à l'application de la loi. Ces détails seront ultérieurement fournis par l'exécutif, souvent à travers les décrets d'application de la loi votée par le parlement.

Mais ce détail n'enlève en rien la place prépondérante qu'occupe le parlement béninois en matière législative, qui se réaffirme à travers l'article 103 de la Constitution portant sur le droit d'amendement des députés. Cet article fait du parlement le « maître » de la version finale de toutes les lois qu'il adopte, dans les limites de ses prérogatives. Tout d'abord parce que les députés peuvent ajouter, modifier ou soustraire les éléments qu'ils jugent nécessaires, dans le contenu d'un projet de loi transmis par le gouvernement.

En ce qui concerne le contrôle de l'action gouvernementale, les articles 112 et 113 de la Constitution en sont le siège. En effet, l'article 112 met à la charge du parlement de régler les comptes de la « Nation ». Il joue ce rôle à travers des enquêtes et études se rapportant à l'exécution des recettes et des dépenses publiques.[473] Outre ce rôle de contrôle des finances publiques, l'article 113 de la Constitution vient offrir à l'institution parlementaire des mécanismes de contrôle de l'action du gouvernement à travers une gamme assez variée de moyens énumérés par

[472] À l'article 113 de la Constitution, il est de l'obligation du gouvernement de fournir à l'Assemblée nationale toutes explications demandées par celle-ci en ce qui concerne la gestion et les activités. Il faut noter aussi que l'Assemblée nationale dispose des moyens d'information et de contrôle à travers : l'interpellation, les questions écrites, la question orale avec ou sans débat et la commission parlementaire d'enquête.

[473] Les missions d'enquête et d'étude, aux termes du même article, doivent être confiées à la Chambre des comptes de la Cour suprême qui se charge de leur exécution.

le constituant. Parmi ces derniers on note l'interpellation,[474] la question écrite,[475] la question orale[476] et la commission parlementaire d'enquête.[477]

À travers tous ces moyens, le parlement béninois tire ainsi ses prérogatives de contrôle de l'action gouvernementale, par lesquelles il peut vérifier si les lois de la République sont bien exécutées par le pouvoir exécutif.

En somme, le parlement, à travers ses pouvoirs législatif et de contrôle de l'action du gouvernement, dispose des atouts nécessaires à la mise en place d'un cadre juridique adéquat à la protection effective des droits de l'enfant au Bénin.

Il est question, dans le point suivant, de voir ce que les prérogatives du parlement béninois impliquent pour les droits de l'enfant.

---

[474] L'interpellation est la procédure d'information et de contrôle par laquelle un parlementaire provoque un débat sur la composition ou la politique du gouvernement. Gérard Cornu, Vocabulaire juridique, Paris, PUF, 9e éd. 2011. Au Bénin, le Président de la République ou tout membre du gouvernement peut être interpellé par l'Assemblée nationale (art. 71 Constitution). Les demandes d'interpellation, qui doivent être motivées et signées par au moins dix députés, sont déposées sur le bureau de l'Assemblée nationale en séance publique et doivent être adoptées à la majorité simple des députés présents, art. 113.3 et suivants du Règlement intérieur (RI) de l'Assemblée nationale.

[475] La question écrite s'entend par une demande de renseignements ou d'explications qu'un parlementaire adresse par écrit à un ministre qui y répond de la même manière. (Gérard Cornu, Vocabulaire juridique *op. cit.*). Ainsi tout député qui désire poser une question écrite à un ministre du gouvernement, remet le texte, sommairement rédigé, au président du parlement qui le transmet au Président de la République dans les huit jours, art. 111.1 et suivants du RI de l'Assemblée nationale.

[476] En ce qui concerne les questions orales, elles traduisent la demande de renseignements ou d'explications qu'un membre du parlement adresse à un ministre, en séance de l'Assemblée nationale, et qui donne lieu à un échange de réponses entre l'auteur de la question et le ministre seuls (question orale sans débat) ou avec l'intervention d'autres membres du parlement (question orale avec débat). Gérard Cornu, *Vocabulaire juridique, op. cit.*

[477] La commission parlementaire d'enquête s'entend par la commission qu'une assemblée parlementaire élit en son sein pour recueillir des éléments d'informations sur des faits déterminés afin de soumettre ses conclusions à l'assemblée. Gérard Cornu, *Vocabulaire juridique.* Aux termes de l'article 114 du RI de l'Assemblée nationale du Bénin, la mise en place d'une commission d'enquête résulte du vote d'une proposition de résolution déterminant avec précision, soit les faits qui donnent lieu à l'enquête, soit les services publics ou les entreprises publiques ou semi-publiques dont la commission de contrôle doit examiner la gestion. Cette proposition de résolution est transmise à la commission permanente compétente qui l'examine et rend son rapport dans les trente jours de la session ordinaire suivant l'affectation de la proposition de résolution. La composition d'enquête doit comprendre au maximum dix députés.

B- Les implications des prérogatives parlementaires pour les droits de l'enfant

S'il est vrai que les lois seules ne suffisent pas pour assurer une protection effective des enfants, avoir un cadre législatif adapté aux problèmes susceptibles de mettre en péril leur avenir est sans doute l'étape la plus importante pouvant permettre d'aboutir à leur protection. Mais au-delà de ce cadre législatif, le parlement béninois et ses membres disposent, nous l'avons vu, des prérogatives constitutionnelles pour contrôler l'action du gouvernement et lui demander des comptes sur la gestion des fonds publics, sans oublier, bien entendu, le vote du budget de l'État dont l'institution parlementaire béninois a la charge.[478] Ceci pour dire qu'au-delà des lois, l'institution parlementaire et ses membres disposent des moyens pour amener le gouvernement à faire de la protection des enfants une priorité.

Ainsi, à travers ses prérogatives en matière législative, de contrôle de l'action du gouvernement et de vote du budget de l'État, le parlement béninois peut jouer un rôle déterminant dans la protection des droits de l'enfant au Bénin.

D'abord sur le plan législatif, les membres du parlement ont la possibilité d'élaborer des propositions de lois pertinentes en matière de droits de l'enfant, qu'ils peuvent ensuite adopter. Il est de la compétence du parlement, donc de ses membres, d'initier et de voter des lois spécifiques pour la protection des enfants, des lois répressives contre la violation des droits de l'enfant issues des normes internes et internationales et de déterminer à travers les lois les grandes lignes de la protection sociale des enfants vulnérables. Ceci, bien entendu, dans le respect des exigences de l'article 107 de la Constitution.[479] Le conditionnement de la recevabilité des propositions ou amendements des députés prévu à l'article 107, loin d'être une faiblesse de l'initiative parlementaire, constitue à notre avis une manière pour le constituant de responsabiliser les membres du parlement dans l'accomplissement de leur rôle législatif afin d'éviter que des lois opportunistes soient initiées et votées par le parlement sans se préoccuper de leur impact sur l'action du gouvernement. D'un autre point de vue,

---

[478] Art. 96 et 99 de la Constitution.

[479] L'article 107 de la Constitution dispose : « *Les propositions et amendements déposés par les députés ne sont pas recevables lorsque leur adoption aurait pour conséquence soit une diminution des ressources publiques, soit la création ou l'aggravation d'une charge publique, à moins qu'ils ne soient accompagnés d'une proposition d'augmentation de recettes ou d'économies équivalentes.* »

l'article 107 oblige les membres du parlement à se pencher réellement sur l'état des finances du pays. C'est dire donc que le parlement dispose de tous les moyens nécessaires pour initier et adopter des lois dont la mise en œuvre peut permettre une protection effective des droits des enfants, surtout les plus vulnérables.

De plus, le parlement dispose d'une large liberté pour l'organisation de son fonctionnement, de façon à jouer le rôle qui est sien conformément à la Constitution. Ceci découle des dispositions de l'article 89 de la Constitution selon lequel « Les travaux de l'Assemblée nationale ont lieu suivant un Règlement intérieur qu'elle adopte conformément à la Constitution » (alinéa 1). Le même article, en son alinéa 2, énumère les points qui relèvent du Règlement intérieur du parlement.[480] De cette disposition, deux points retiennent particulièrement notre attention. L'Assemblée nationale détermine : le « nombre, le mode de désignation, la composition, le rôle et la compétence de ses commissions permanentes, ainsi que celles qui sont spéciales et temporaires »,[481] et « la création de commissions d'enquête parlementaires dans le cadre du contrôle de l'action gouvernementale. »[482] À travers ces deux points, le parlement béninois dispose des moyens juridiques pour mettre en place, en son sein, des commissions nécessaires pour couvrir ses domaines de compétences en matière de législation et de contrôle de l'action du gouvernement. En ce qui concerne les droits de l'homme en général et particulièrement pour le cas des droits de l'enfant, l'on doit s'attendre à ce que l'institution parlementaire leur offre une place de choix, compte tenu non seulement de l'importance de ces droits pour les populations représentées par les membres du Parlement mais aussi, et comme nous l'avons montré dans ce

[480] L'article 89 de la constitution dispose : « *Le Règlement intérieur détermine :*
- *La composition, les règles de fonctionnement du Bureau ainsi que les pouvoirs et prérogatives de son président ;*
- *Le nombre, le mode de désignation, la composition, le rôle et la compétence de ses commissions permanentes, ainsi que celles qui sont spéciales et temporaires ;*
- *La création de commissions d'enquête parlementaires dans le cadre du contrôle de l'action gouvernementale ;*
- *L'organisation des services administratifs dirigés par un Secrétaire général administratif, placé sous l'autorité du président de l'Assemblée nationale ;*
- *Le régime de discipline des députés au cours des séances de l'Assemblée ;*
- *Les différents modes de scrutins, à l'exclusion de ceux prévus expressément par la présente Constitution.*

[481] Article 89 alinéa 4 de la Constitution.

[482] Article 89 alinéa 5 de la Constitution.

travail, à cause de la place privilégiée que les droits humains occupent dans la Constitution du 11 décembre 1990.

Mais malgré tous ces atouts dont dispose le parlement béninois pour jouer un rôle déterminant dans la protection des droits de l'enfant au Bénin, on se rendra compte dans la pratique que l'institution parlementaire sous-exploite ses prérogatives.

II- Les faiblesses de l'action parlementaire en matière de protection des droits de l'enfant au Bénin

Adopter les lois et assurer le contrôle de l'action gouvernementale sont les moyens essentiels à travers lesquels le parlementaire béninois est appelé à jouer un rôle déterminant dans la protection des droits de l'enfant. Mais dans un contexte où les parlementaires eux-mêmes reconnaissent que la situation des enfants est préoccupante,[483] au regard de la traite et d'autres violations graves des droits de l'enfant, n'est-il pas un devoir pour le parlement béninois de mettre ces questions au cœur de ses actions ?

Dans la pratique, les membres du parlement béninois sont très peu actifs en ce qui concerne l'initiative des lois de façon générale, et la question de la protection de l'enfant n'est pas au centre de leurs préoccupations (A). Cette faiblesse du parlement béninois sera suivie du modèle allemand de protection parlementaire (B), qui peut inspirer l'institution parlementaire béninoise, dans une démarche qui permet de prendre en compte les besoins urgents de protection des enfants victimes de graves violations de leurs droits tels que la traite des enfants et ses corollaires.

A- Le manque d'initiative du parlement béninois et ses membres en matière de protection des enfants

Le souci d'une protection des enfants contre la traite doit mettre ces questions au centre des préoccupations des membres du parlement béninois. Avoir de telles préoccupations implique de leur part des actions concrètes, conformément à leurs prérogatives parlementaires (initiative des lois et contrôle de l'action gouvernementale dans le domaine de la

---

483 Plusieurs rencontres parlementaires ont été organisées sur le plan national, régional et international sur la question de la protection des enfants. C'est le cas par exemple de la conférence régionale organisée à Cotonou du 26 au 28 mai 2010, par l'Assemblée nationale du Bénin et l'Union interparlementaire (IUP) sur le thème « Pour une action énergique du parlement dans la lutte contre la traite d'enfants aux fins d'exploitation de leur travail en Afrique de l'Ouest et du Centre ». Cette rencontre a donné lieu à la « Déclaration de Cotonou ».

protection des enfants). Le tableau ci-dessous donne un aperçu sur le travail normatif du parlement béninois depuis 1990.

Liste : Répertoire des lois votées par le parlement béninois de 1990 à 2013[484].

Année	Total lois adoptées	Autorisations de ratification diverses	Lois en relation avec les droits de l'enfant	Autres lois
1990	37	0	0	37
1991	15	02	0	13
1992	35	17	0	18
1993	23	13	0	10
1994	30	10	0	20
1995	15	12	0	03
1996	22	18	0	04
1997	44	29	0	15
1998	40	21	02[485]	17
1999	29	20	0	09
2000	21	11	0	10
2001	42	28	0	14
2002	28	17	01[486]	10
2003	23	15	02[487]	06
2004	28	19	0	09
2005	43	29	01	13
2006	19	10	01	08
2007	33	21	00	12
2008	09	04	00	05
2009	27	21	00	06
2010	46	31	00	15
2011	43	36	00	07
2012	42	35	00	07
2013	26	15	00	11

[484] Ce point a été réalisé par nous, à partir des données des archives de la Présidence de la République du Bénin.

À travers le tableau ci-dessus, il apparaît que les lois portant autorisation de ratification occupent la première place au niveau du parlement béninois.[485] Mais l'intérêt de ce point est de faire ressortir qu'en réalité très peu de lois sont initiées par les membres du parlement eux-mêmes. Mis à part les demandes d'autorisation de ratification qui sont toujours transmises par le gouvernement, la quasi-totalité des lois qui sont votées sont initiées par le gouvernement.[486] Ainsi, les membres du parlement béninois usent peu de leurs prérogatives en matière de proposition de lois.[487] Et on pourrait en conclure que le parlement du Bénin se limite, en ce qui concerne le vote des lois, à la réception des projets de lois du gouvernement.

Cette situation a suscité des interrogations sur les raisons qui sous-tendent cet état de chose. Et tout porte à croire que l'absence de vision des partis politiques dans la gestion du pouvoir politique, l'intérêt personnel, la non-maîtrise du rôle du parlementaire, entre autres, justifie la passivité des membres du parlement. Mais parmi ces raisons, la non-maîtrise du rôle du parlementaire mérite plus d'attention. Car, en y remédiant on peut contribuer à renforcer le rôle du parlementaire béninois. Sur ce point, l'exemple du parlement d'Afrique du Sud peut guider. En effet, le parlement sud-africain organise des séminaires pour les nouveaux membres élus afin de les familiariser avec les procédures parlementaires et le cadre juridique de l'exercice de leur fonction.[488] À travers cette démarche, le parlementaire béninois peut avoir une meilleure connaissance de son rôle et de l'importance que ses actions peuvent avoir dans la vie des citoyens qu'il représente.

B- Le modèle allemand de protection parlementaire des droits de l'enfant (Kinderkommission du Bundestag)

A priori, on pourrait se demander quel est l'intérêt de vouloir confronter le modèle de la première puissance économique européenne à celui de l'un des États les plus pauvres du continent africain. Tellement l'écart entre les besoins et les moyens est profond au niveau des deux États. Mais notre intérêt pour le modèle parlementaire allemand de protection des droits de l'enfant n'a pour objectif que de montrer comment le parlement, en tant

[485] Les années 1990 et 1991 ont été marquées par l'adoption de plusieurs lois pour se conformer aux exigences de la nouvelle Constitution.

[486] Selon les propos du parlementaire Tidjani SERPOS, liste des interviews Int. 74.

[487] *Ibid.*

[488] Nations unies et Union interparlementaire, *Droits de l'Homme. Guide pour parlementaires*, n°8 2005, p. 63.

qu'institution politique à charge de légiférer, doit se pencher sur les cas spécifiques de certaines couches de la population, ayant un besoin particulier de protection dans la société. Car, de cette implication découle la recette d'une protection effective de cette catégorie de personnes, qui sont ici les enfants vulnérables. Si « tous les êtres humains naissent libres et égaux en dignité et en droits »,[489] les conditions de vie des enfants sont loin d'être égales, notamment sur le continent africain où le système de protection des couches les plus vulnérables est quasi inexistant, et où la volonté politique, surtout des pouvoirs exécutifs, semble faire défaut.

Dans un tel contexte, comment ne pas se pencher sur le cas du parlement allemand qui s'est doté d'une commission des enfants, malgré l'existence d'un système de protection que les pays du sud considèrent comme un idéal ? C'est dire à quel point le souci d'offrir le meilleur aux enfants est une priorité qui doit inspirer toute nation qui a besoin d'offrir un minimum de bien-être à ses enfants.

En effet, ayant pris conscience de la vulnérabilité des enfants au sein de la société et du rôle important des organes politiques dans l'amélioration de leurs conditions de vie, l'idée de la mise en place d'un organe parlementaire commence à faire son chemin au niveau des forces politiques du *Bundestag*.[490] La Commission des enfants (*Kinderkommission*) fut créée au parlement fédéral allemand (*Bundestag*) [491] en 1988, suite à une décision du Comité des doyens (*Ältestenrat*) en date du 21 avril 1988.[492] Ce fut l'avènement du premier organe parlementaire, au monde, de défense des droits de l'enfant.[493] Selon les informations disponibles sur le site du parlement fédéral, la Commission

489 Article 1 Déclaration universelle des droits de l'homme.

490 Le *Bundestag* est le parlement fédéral allemand dont la première législature date de 1949. Son siège se trouve à Berlin.

491 www.bundestag.de/bundestag/ausschuesse17/a13/kiko/index.jsp

492 Le Comité des doyens est actuellement composé des membres du bureau du *Bundestag* et de 23 parlementaires expérimentés. Il assiste le bureau du parlement fédéral (composé d'un président et de cinq vices-présidents) dans la conduite des affaires du *Bundestag* et statue sur les affaires intérieures du parlement qui se trouvent hors de la compétence du bureau. Il a pour principale tâche d'élaborer le plan de travail du *Bundestag* et l'ordre du jour des séances plénières, et institue les Commissions. Doc. « Le Bundestag dans les faits », en ligne sur le site du parlement fédéral : www.bundestag.de/htdocs_f/index.html

493 GRUß, Miriam. *La politique pour l'enfance en Allemagne – La Commission parlementaire des enfants fête ses vingt*, document non daté, p. 1, en ligne : www.coe.int/t/dg4/youth/Source/Resources/Forum21/Issue_No11/N11_German_child_fr.pdf

des enfants est une sous-commission de la Commission de la famille, des personnes âgées, des femmes et de la jeunesse.[494] Comme le mentionnait l'un de ses membres : « notre objectif majeur est la défense des intérêts des enfants au niveau parlementaire et extraparlementaire : nous voulons être le lobby des enfants et poser de nouveaux jalons dans le domaine de la politique de l'enfance. »[495] Mais concrètement, la Commission des enfants au niveau du parlement fédéral allemand se penche sur les problèmes auxquels sont confrontés les enfants allemands afin d'œuvrer pour leur apporter des réponses favorables. Dans ce cadre, elle collabore avec les acteurs qui peuvent, par leur action, participer à la résolution desdits problèmes. Ainsi œuvre-t-elle pour que des lois soient proposées et adoptées par le parlement dans tel ou tel domaine, ou pour intervenir auprès des sociétés pour la prise en compte de tel ou tel aspect dans leur activité afin que certains besoins des enfants soient satisfaits sans passer par l'adoption d'une loi.

L'exemple allemand, à travers l'aperçu que nous venons de présenter, montre un modèle de l'engagement parlementaire pour la protection des droits de l'enfant.

Cet engagement parlementaire a contribué à renforcer certaines mesures de protection des droits de l'enfant, notamment en ce qui concerne les abus sexuels, les accidents de la circulation et les accidents par strangulation.[496] On constate le même engagement au niveau des *Länder* (régions ou fédérations) comme c'est le cas du *Kinderkommission* de la Bavière.[497]

PARAGRAPHE 2 : LE POUVOIR JUDICIAIRE

Après le pouvoir exécutif et le pouvoir législatif, le pouvoir judiciaire est le troisième pouvoir qui constitue l'État béninois. Il a pour rôle de contrôler l'application des lois et de sanctionner leur violation. À travers ce rôle, le pouvoir judiciaire est un organe fondamental dans la mise en œuvre des droits de l'enfant au Bénin. De ce fait, l'ineffectivité des conventions relatives aux droits de l'enfant implique une certaine responsabilité du pouvoir judiciaire qui mérite de passer en revue son organisation et son

---

494 Die Kommission zur Wahrnehmung der Belange der Kinder [...] ist ein Unterausschuss des Ausschusses für Familie, Senioren, Frauen und Jugend,, traduit par Sakinatou BELLO.

495 GRUß, Miriam. *La politique pour l'enfance en Allemagne – La Commission parlementaire des enfants fête ses vingt*, *op. cit.* p. 2

496 *Ibid.* p. 3

497 www.bayern.landtag.de/de/5278.php

fonctionnement pour déceler sa responsabilité dans l'ineffectivité des conventions en relation avec la protection des enfants.

Au plan organique, le pouvoir judiciaire, au Bénin, est exercé par la Cour suprême, les Cours et les Tribunaux. Au plan fonctionnel, le pouvoir judiciaire est exercé par des magistrats. Il est donc question, dans ce paragraphe, de présenter dans un premier point l'organisation du pouvoir judiciaire au Bénin (I) et dans un second point, son rôle dans l'application des conventions relatives aux droits de l'enfant (II).

I- L'ORGANISATION DU POUVOIR JUDICIAIRE AU BÉNIN

La Cour suprême, les Cours et Tribunaux sont les différents organes qui composent le pouvoir judiciaire au Bénin. Cette composition est soumise à une hiérarchisation pour le bon fonctionnement de l'appareil judiciaire.

A- LA PRÉSENTATION DES ORGANES DU POUVOIR JUDICIAIRE

Au sommet de la pyramide judiciaire du Bénin se trouve la Cour suprême. Plus haute juridiction de l'État en matière judiciaire, administrative et des comptes, la Cour suprême statue en dernier ressort en ces matières. À ce titre, elle dispose en son sein d'une chambre administrative, d'une chambre judiciaire et d'une chambre des comptes. Juste en dessous de cette juridiction se trouvent les cours d'appel qui sont au nombre de trois sur toute l'étendue du territoire national. Chaque cour d'appel dispose en son sein d'une chambre administrative, d'une chambre civile moderne et sociale, d'une chambre de droit traditionnel, d'une chambre correctionnelle, d'une chambre des comptes, d'une chambre d'accusation et d'une chambre commerciale. Il faut noter aussi qu'au niveau de chaque cour d'appel se trouve une cour d'assises. Après les cours d'appel viennent les tribunaux de première instance. Ils sont de deux sortes : les tribunaux de première instance de première classe et les tribunaux de première instance de deuxième classe. Les premiers au nombre de trois se situent dans les chefs-lieux des communes à statut particulier à savoir Cotonou, Porto-Novo et Parakou. En ce qui concerne les tribunaux de première instance de deuxième classe, la loi 2001-37, portant organisation judiciaire en République du Bénin en a institué vingt-cinq, mais il en existe seulement onze sur toute l'étendue du territoire national. Enfin, au bas de la pyramide se trouvent les tribunaux de conciliation qui sont prévus dans chaque commune et dans chaque arrondissement en ce qui concerne les trois communes à statut particulier précédemment mentionnées. Contrairement aux autres cours et tribunaux, les tribunaux de conciliation sont confiés à de simples citoyens qui doivent savoir lire et écrire et jouir d'une bonne moralité. Les tribunaux de conciliation devraient connaître des affaires relevant du droit traditionnel, notamment en ce qui concerne l'état des personnes et leur saisine est facultative. Mais avec l'adoption du Code des personnes et de la famille qui a uniformisé le droit moderne et le droit traditionnel, en ce qui concerne l'état des personnes, ces tribunaux risquent de ne pas être fonctionnels.

Ainsi, à ce jour il existe au total 17 juridictions sur les 31 prévues par la loi 2001-37, portant organisation judiciaire en République du Bénin. Au regard de la répartition territoriale faite par la loi, il apparaît déjà qu'une juridiction de première instance doit couvrir au moins deux communes. Mais avec seulement la moitié des juridictions de première instance en activité, cela implique que chaque juridiction recouvre au moins quatre communes. La conséquence qui en découle est l'accès difficile aux populations du point de vue de la distance mais aussi la lenteur du traitement des dossiers. Ces facteurs constituent des blocages pour le justiciable qui veut recourir à la justice en cas de besoin.

B- Le rôle des organes judiciaires

Les organes judiciaires ont pour rôle d'assurer une bonne administration de la justice. Au Bénin, le pouvoir judiciaire a pour rôle d'assurer la stricte, rigoureuse et égale observation des lois et règlement dans les décisions rendues. À travers son rôle, le pouvoir judiciaire assure le contrôle de l'application des lois et sanctionne leur violation. C'est donc l'organe à travers lequel, tout citoyen peut aspirer au respect de ses droits et être soumis à ses obligations découlant des normes en vigueur dans le pays. Par exemple, en cas de violation des droits d'un citoyen par un autre citoyen ou par l'administration, le pouvoir judiciaire veille à mettre un terme à la violation constatée et, le cas échéant, impute la réparation du droit violé au violateur au profit de la victime conformément aux normes en vigueur. Dès lors, le pouvoir judiciaire assure dans la cité le rôle d'arbitre entre citoyens d'une part, et entre citoyens et l'administration d'autre part, dans la mise en œuvre des normes en vigueur. Il en découle un rôle prépondérant de l'organe judiciaire dans l'effectivité et le respect des normes. Ainsi, le pouvoir judiciaire se trouve au cœur de l'effectivité des lois de la République ainsi que des conventions internationales auxquelles l'État s'est engagé et qui sont introduites dans le droit national conformément aux dispositions prévues.

Mais lorsqu'on se trouve dans un contexte d'ineffectivité des conventions relatives aux droits de l'enfant, notamment celle des Nations unies relative aux droits de l'enfant, devant les organes judiciaires du Bénin, cela pose le problème de la limite de l'organe judiciaire béninois vis-à-vis des conventions internationales relatives aux droits de l'enfant.

II- Le rôle du pouvoir judiciaire dans la mise en œuvre des normes relatives aux droits de l'enfant

Le pouvoir judiciaire, à travers les prérogatives qui sont siennes, est appelé à jouer un rôle important dans la mise en œuvre des Conventions ratifiées par le Bénin et les lois en vigueur dans ce pays. Il sera question ici de faire le point sur le rôle que jouent les organes judiciaires dans l'application de la convention des Nations unies relative aux droits de l'enfant et de la loi 2006-04 portant conditions de déplacement des mineurs et répression de la traite des enfants en République du Bénin, afin d'en déduire ses faiblesses pour le respect des droits de l'enfant.

A- L'application des conventions relatives aux droits de l'enfant devant les juridictions béninoises

En ce qui concerne l'application des conventions internationales par les organes judiciaires, l'expression consacrée par la jurisprudence est : « les traités ont force de loi ». Cela se justifie dans le contexte béninois, dans la mesure où la Constitution béninoise du 11 décembre 1990 pose le principe de la supériorité des traités ou accords ratifiés publiés au *Journal officiel*. Ainsi, les Conventions ratifiées par le Bénin et publiées font partie du bloc de légalité avec une suprématie sur les lois ordinaires. Dès lors, leur application devant les organes judiciaires s'impose aux juges qui ont l'obligation de soumission aux lois. Mais ceci n'est pas toujours le cas en ce qui concerne les conventions relatives aux droits de l'homme en général, donc de la Convention relative aux droits de l'enfant.

En effet, les juges béninois, comme nous l'avons montré plus dans la première partie, sont réticents dans l'application des Conventions relatives aux droits de l'enfant. Or l'on sait que les normes juridiques n'ont de valeur que si leur violation donne lieu à une réparation juste et/ou à une sanction du violateur. Si tel n'est pas le cas, cela veut dire que chacun est libre d'agir selon son bon vouloir en toute méconnaissance des normes en vigueur. Il en découle une certaine inutilité desdites normes. Ainsi, face à une réticence d'application des Conventions relatives aux droits de l'enfant devant les juridictions béninoises, il en découle une ineffectivité desdites Conventions d'où une certaine responsabilité du pouvoir judiciaire dans l'ineffectivité des normes concernées.

B- L'APPLICATION DE LA LOI 2006-04 PORTANT CONDITIONS DE DÉPLACEMENT DES MINEURS ET RÉPRESSION DE LA TRAITE DES ENFANTS EN RÉPUBLIQUE DU BÉNIN

De façon spécifique, en ce qui concerne la traite des enfants, les juridictions béninoises se réfèrent à la loi 2006-04 du 5 avril 2006, portant conditions de déplacement des mineurs et répression de la traite des enfants en République du Bénin. Cependant, certains magistrats interviewés ont reconnu que cette loi est souvent appliquée dans des cas graves mettant en danger la vie de l'enfant. Ce qui veut dire que la loi n'est pas systématiquement appliquée aux infractions auxquelles elle est applicable. On peut alors s'interroger sur les raisons qui sous-tendent une telle option des magistrats béninois dans l'application de la loi. À cette préoccupation, la Procureure de la République près le Tribunal de première instance de Porto-Novo, rencontrée en décembre 2010, dans son bureau, nous disait qu'il est difficile d'appliquer la Loi 2006-04 du 05 avril 2006, portant répression de la traite des enfants au Bénin. Cela, parce que généralement les parents des enfants victimes sont complices et, selon la loi, ce qui veut dire qu'on doit les incarcérer. Or en même temps, il n'est pas prévu de mesures alternatives de prise en charge de l'enfant victime en l'absence de ses parents. Il est donc difficile dans ces conditions, d'appliquer la loi, car, son application crée plus de problèmes. C'est donc l'une des raisons pour lesquelles, en général, les magistrats sensibilisent les parents et les menacent de les enfermer la prochaine fois qu'ils seront interpellés pour la même raison. Mais alors, si la loi portant répression de la traite ne peut être appliquée en l'état, n'appartient-il pas aux juges de trouver des solutions alternatives pour ne pas encourager l'impunité ? Ne peuvent-ils pas engager la responsabilité de l'État (pouvoirs publics) au regard de ses obligations qui découlent des conventions relatives aux droits de l'enfant en vigueur au Bénin, telle que la Convention des Nations unies relative aux droits de l'enfant ?

Pour avoir passé en revue la loi sur la répression de la traite des enfants au Bénin, nous avons identifié que la difficulté majeure qui résulte de son application reste la prise en charge des enfants victimes pour les mettre à l'abri de la traite. Or, le législateur béninois, en adoptant cette loi, a semblé ignorer l'aspect « prise en charge » qui s'impose pour la plupart des enfants victimes de traite, d'où une certaine inefficacité de l'application de la loi. On voit bien qu'au-delà même de la question de l'applicabilité des conventions relatives aux droits de l'enfant par les organes judiciaires béninois, le malaise se situe beaucoup plus du côté de la protection sociale de l'enfant devant ces juridictions.

En dehors des difficultés internes de mise en œuvre des conventions relatives aux droits de l'enfant au Bénin, des insuffisances liées au système international de protection de ces droits sont à prendre en compte. Tel est l'objet du titre suivant.

TITRE 2

LES DIFFICULTÉS RÉSULTANT DU SYSTÈME INTERNATIONAL DE PROTECTION DES DROITS DE L'ENFANT

Plus de vingt ans après, l'avènement du premier instrument juridique à caractère obligatoire de protection des droits de l'enfant, la Convention des Nations unies relative aux droits de l'enfant, qui a connu l'engagement de presque tous les États au monde[498] semble de plus en plus dangereux pour les enfants. C'est du moins, ce qu'a voulu exprimer Claire BRISSET, en intitulant un de ses ouvrages sur les droits de l'enfant : « Un monde qui dévore ses enfants ».[499] En même temps, la liste des instruments juridiques de protection des droits de l'enfant ne cesse de s'allonger tant au plan international que régional. Cette situation qui est la manifestation du paradoxe entre l'existence de conventions relatives aux droits de l'enfant et la protection des enfants contre la violation des droits protégés interpelle à plusieurs égards. Les conventions relatives aux droits de l'enfant sont-elles en mesure de protéger dans la pratique les enfants contre la traite des enfants ? Sinon, quels sont les problèmes qui expliquent la situation ?

Ainsi nous allons aborder, dans un premier chapitre, les questions liées aux difficultés qui ressortent des conventions elles-mêmes et, dans un second chapitre, les faiblesses liées au mécanisme international de protection des droits de l'enfant.

---

[498] Sauf les États-Unis et la Somalie.

[499] BRISSET, Claire (1998). « Un monde qui dévore ses enfants ». Paris : éd. Liana Levi. voir du même auteur, (2009). « Les enfants et la loi de la jungle ». Paris : éd. Odile Jacob.

CHAPITRE 1

LES DIFFICULTÉS RÉSULTANT DU CONTENU DES CONVENTIONS

Nombreuses sont les dispositions des conventions internationales relatives aux droits de l'enfant qui peuvent justifier leur inefficacité en droit interne. Il s'agit d'abord du caractère non immédiat de certains droits contenus dans les conventions, notamment ceux relatifs aux droits sociaux, économiques et culturels. Le caractère non immédiat ou progressif de la jouissance de ces droits justifie, aux yeux des juges béninois par exemple, la non-justiciabilité desdits droits. Mais si cette perception du juge béninois, comme précédemment présentée, est erronée, il n'en demeure pas moins que les conventions visées en offrent l'opportunité. Ensuite, l'autre problème relevé a trait, non pas à la formulation des dispositions de ces conventions, mais à la pratique de la coopération internationale qui constitue l'un des moyens pour favoriser la réalisation des droits de l'enfant au plan national.[500]

Pour mieux appréhender les problèmes posés par ces dispositions, deux conventions font l'objet de nos analyses dans ce chapitre. L'une à caractère universel, la convention des Nations unies relative aux droits de l'enfant de 1989 et l'autre, à caractère régional, la Charte africaine des droits et du bien-être de l'enfant de 1990.

Ainsi, dans une première section, il est question des problèmes posés par le caractère progressif de la réalisation de certains droits puis, dans une seconde section, les problèmes posés dans la pratique de la coopération internationale en matière de mise en œuvre des droits de l'enfant au Bénin.

[500] Article 4 de la Convention des Nations unies relative aux droits de l'enfant.

SECTION 1 : UNE RÉALISATION PROGRESSIVE DES DROITS DE L'ENFANT DANS LES CONVENTIONS INTERNATIONALES ET RÉGIONALES

La difficulté d'application des droits de l'enfant promus et protégés par les Conventions internationales et régionales de protection des droits de l'enfant découle du caractère conditionné de la réalisation des droits économiques, sociaux et culturels. Ce particularisme des droits économiques, sociaux et culturels est clairement affirmé à l'article 4 de la Convention des Nations unies relative aux droits de l'enfant qui dispose : « Les États parties s'engagent à prendre toutes les mesures législatives, administratives et autres qui sont nécessaires pour mettre en œuvre les droits reconnus dans la présente Convention. Dans le cas des droits économiques, sociaux et culturels, ils prennent ces mesures dans toutes les limites des ressources disponibles… » Quant à la Charte africaine des droits et du bien-être de l'enfant, elle n'a pas adopté la même démarche, qui consiste à viser clairement et de façon générale tous les droits économiques, sociaux et culturels. Elle y va article par article. Ainsi peut-on lire par exemple à l'article 13 alinéa 2 que : « Les États parties à la présente Charte s'engagent, dans la mesure des ressources disponibles, à fournir à l'enfant handicapé et à ceux qui sont chargés de son entretien l'assistance qui aura été demandée et qui est appropriée compte tenu de la condition de l'enfant… » et à l'article 20 al. 2 de la même Charte :

> Les États parties à la présente Charte, compte tenu de leurs moyens et de leur situation nationale, prennent toutes les mesures appropriées pour :
>
> a) Assister les parents ou autres personnes responsables de l'enfant, et en cas de besoin, prévoir des programmes d'assistance matérielle et de soutien,
> b) Assister les parents ou autres personnes responsables de l'enfant pour les aider à s'acquitter de leurs tâches vis-à-vis de l'enfant…
> c) Veiller à ce que les enfants, des familles où les deux parents travaillent, bénéficient d'installations et de services de garderie[501].

[501] D'autres dispositions de la Charte sont aussi énumérées dans ce genre. C'est le cas par exemple de l'article 5 al. 2 : «Les États parties à la présente Charte assurent, dans toute la mesure du possible, la survie, la protection et le développement de l'enfant », de l'article 13 al. 3 « Les États parties à la présente Charte utilisent les ressources dont ils disposent en vue de donner progressivement la pleine commodité de mouvement aux handicapés mentaux ou physiques et de leur permettre l'accès aux édifices publics

Ces deux normes, comme nous venons de le voir, d'une certaine manière demandent les efforts des États parties dans la limite « des ressources disponibles » pour la mise en œuvre de certains droits de l'enfant. Cependant, nous allons nous focaliser sur le cas de l'article 4 de la Convention des Nations unies relative aux droits de l'enfant, non seulement à cause de son caractère universel, mais aussi à cause des éléments d'analyse qu'offrent les organes des Nations unies comme le Comité des droits de l'enfant et le Conseil économique et social.

PARAGRAPHE 1 : ANALYSE DE L'ARTICLE 4 DE LA CDE

À la lecture de l'article 4 de la Convention des Nations unies relative aux droits de l'enfant, la principale chose qui interpelle est la distinction entre la réalisation des droits économiques, sociaux et culturels et les autres droits. Cependant, la Convention ne distingue pas explicitement les droits économiques, sociaux et culturels des droits civils et politiques. Mais compte tenu de la classification traditionnelle des droits humains en général et de la mention des droits économiques sociaux et culturels, tout porte à croire que les rédacteurs de la Convention opposent de façon oblique, lesdits droits aux droits civils et politiques. Car, c'est à ce jour les deux catégories de distinction en droits humains matérialisées par les deux Pactes internationaux des Nations unies de 1966, l'un relatif aux droits civils et politiques et l'autre relatif aux droits économiques, sociaux et culturels.

I- LA DISTINCTION DES DROITS CIVILS ET POLITIQUES ET DES DROITS ÉCONOMIQUES, SOCIAUX ET CULTURELS DE L'ENFANT

La spécification faite pour la mise en œuvre des droits économiques, sociaux et culturels par les rédacteurs de la Convention laisse croire à l'idée d'une volonté de distinction entre les deux catégories traditionnelles des droits humains. Ces deux catégories matérialisées dans le Pacte international relatif aux droits civils et politiques et le Pacte international relatif aux droits économiques, sociaux et culturels distinguent d'une part, les droits obligatoires et immédiatement exigibles (droits civils et politiques) et, d'autre part, les droits conditionnés et à réalisation progressive (droits économiques, sociaux et culturels).

---

construits en élévation et aux autres lieux auxquels les handicapés peuvent légitimement souhaiter avoir accès ».

Or, si la doctrine, en matière de droits de l'homme, est restée unanime sur le caractère obligatoire des droits civils et politiques contenus dans le Pacte international relatif aux droits civils et politiques, il n'en a pas toujours été le cas en ce qui concerne les droits économiques, sociaux et culturels du Pacte international de 1966 y relatif. Ces derniers se caractérisent par leur réalisation progressive, donc différée voire non obligatoire, par les États parties.

A- Le caractère obligatoire des droits civils et politiques

Les droits civils et politiques sont répertoriés dans le Pacte international des Nations unies y relatif qui a été ouvert à signature le 19 décembre 1966 et entré en vigueur en 23 mars 1976, après la ratification de 35 États,[502] conformément à son article 49. Comptant au total 53 articles, le Pacte international relatif aux droits civils et politiques énumère une liste de droits protégés.

Les droits mentionnés représentent l'essentiel des droits civils et politiques qui tirent leur caractère obligatoire ou non conditionné de l'alinéa 1 de l'article 2 du Pacte qui dispose : « Les États parties au présent Pacte s'engagent à respecter et à garantir à tous les individus se trouvant sur leur territoire et relevant de leur compétence les droits reconnus dans le présent Pacte, sans distinction aucune, notamment de race, de couleur, de sexe, de langue, de religion, d'opinion politique ou de toute autre opinion, d'origine nationale ou sociale, de fortune, de connaissance ou de tout autre situation. » En effet, il ne fait aucun doute, à la lecture de cette disposition, que les États parties ont l'obligation de mettre en œuvre, sans condition, tous les droits reconnus par le Pacte. Mais parmi les droits civils et politiques répertoriés dans le Pacte, deux articles se réfèrent directement à l'enfant. Il s'agit des articles 23 et 24. L'alinéa 1 de l'article 24 est beaucoup plus explicite sur la protection de l'enfant, puisqu'il stipule que : « Tout enfant, sans discrimination aucune fondée sur la race, la couleur, le sexe, la langue, la religion, l'origine nationale ou sociale, la fortune ou la naissance, a droit, de la part de sa famille, de la société et de l'État, aux mesures de protection qu'exige sa condition de mineur. » Cette disposition, qui met l'accent sur le droit de tout enfant à avoir accès « aux mesures de protection qu'exige sa condition de mineur »[503] laisse croire que les mesures particulières de protection de l'enfant doivent avoir un caractère

---

[502] www2.ohchr.org/french/law/ccpr.htm

[503] Extrait de l'alinéa 1er de l'article 24 du Pacte international relatif aux droits civils et politiques.

obligatoire et non conditionné à l'instar de tous les droits reconnus par le Pacte international relatif aux droits civils et politiques.

Mais si le caractère obligatoire et non conditionné des droits reconnus par le Pacte international relatif aux droits civils et politiques ne fait aucun doute, tel n'est pas le cas de la seconde catégorie des droits humains énumérés dans le Pacte international relatif aux droits économiques, sociaux et culturels.

B- Le caractère conditionné ou progressif des droits sociaux, économiques et culturels

Les droits économiques, sociaux et culturels sont répertoriés dans le Pacte international de 1966 y relatif, entré en vigueur le 3 janvier 1976.[504] Ce pacte compte au total 31 articles.

Le caractère programmé des droits économiques, sociaux et culturels trouve sa source à l'alinéa 1 de l'article 2 du Pacte international relatif aux droits économiques, sociaux et culturels qui stipule :

> Chacun des États parties au présent Pacte s'engage à agir, tant par son effort propre que par l'assistance et la coopération internationale, notamment sur les plans économique et technique, au maximum de ses ressources disponibles, en vue d'assurer progressivement l'exercice des droits reconnus dans le Pacte par tous les moyens appropriés, y compris en particulier l'adoption de mesures législatives.

Cette disposition a été et continue d'être la justification du non-respect des droits contenus dans le Pacte, notamment ceux relatifs aux droits économiques, sociaux et culturels. En faisant le parallèle entre la disposition de l'alinéa 1 de l'article 24 du Pacte international relatif aux droits civils et politiques et l'article 10 du Pacte international relatif aux droits économiques, sociaux et culturels, on se rend compte que ces deux dispositions visent la même finalité : la protection particulière de l'enfant. C'est dire donc que dès l'élaboration des deux Pactes internationaux en 1966, l'importance et le caractère primordial de la protection particulière de l'enfant sont déjà reconnus au point de la rendre obligatoire dans le Pacte international relatif aux droits civils et politiques.[505]

---

[504] www2.ohchr.org/french/law/cescr.htm

[505] Même si nous devons reconnaître que la reprise du même droit dans le Pacte international relatif aux droits économiques, sociaux et culturels porte à confusion, et témoigne d'une certaine indécision des rédacteurs des Pactes.

Ainsi, en reprenant en son article 4 la disposition de l'article 2 al.1 du Pacte international relatif aux droits économiques, sociaux et culturels,[506] la convention des Nations unies relative aux droits de l'enfant a, semble-t-il, ignoré la disposition de l'article 24 du Pacte international relatif aux droits civils et politiques,[507] qui témoigne déjà de l'importance que revêtent les droits de l'enfant au point de les inclure dans le Pacte international relatif aux droits civils et politiques. C'est dire donc que les droits fondamentaux de l'enfant ne peuvent être perçus de la même manière que ceux de l'adulte, ceci compte tenu des besoins particuliers de l'enfant. Ainsi, nous pouvons nous permettre de donner quelques indications sur ce qui peut être considéré comme les droits fondamentaux de l'enfant. Ils peuvent se présenter, entre autres, comme suit : le droit à la famille, le droit aux soins, le droit à l'alimentation, le droit à l'éducation et le droit à la protection sociale. Quelques-uns de ces droits se trouvent dans la Charte des droits fondamentaux de l'Union européenne.[508]

Dès lors, si tous les enfants ne peuvent jouir de leurs droits fondamentaux, que leur reste-t-il comme droits ? C'est dire qu'en réalité la question de la protection des droits de l'enfant doit avoir pour fondement, la protection non conditionnelle des droits que nous avons mentionnés comme étant leurs droits fondamentaux. Or, c'est ce que leur enlève l'article 4 de la Convention des Nations unies relative aux droits de l'enfant. En effet, en prévoyant des mesures particulières qui enlèvent aux droits économiques, sociaux et culturels, leur caractère obligatoire et non conditionnel, pour tous les États parties, l'instrument onusien handicape la jouissance des droits fondamentaux de l'enfant dans les pays que l'on

---

506 Art. 2 al.1 PIDESC : « Chacun des États parties au présent Pacte s'engage à agir, tant par son effort propre que par l'assistance et la coopération internationales, notamment sur les plans économique et technique, au maximum de ses ressources disponibles, en vue d'assurer progressivement le plein exercice des droits reconnus dans le présent "Pacte par tous les moyens appropriés, y compris en particulier l'adoption de mesures législatives.»

507 Art. 24 PIDCP : « 1. Tout enfant, sans discrimination aucune fondée sur la race, la couleur, le sexe, la langue, la religion, l'origine nationale ou sociale, la fortune ou la naissance a droit, de la part de sa famille, de la société et de l'État, aux mesures de protection qu'exige sa condition de mineur.

2. Tout enfant doit être enregistré immédiatement après sa naissance et avoir un nom.

3- Tout enfant a le droit d'acquérir une nationalité »

508 Par exemple l'article 14 sur le droit à l'éducation, l'article 24 sur les droits de l'enfant et l'article 34 sur la sécurité sociale et l'aide sociale de la Charte. *Journal officiel* des Communautés européennes du 18 décembre 2000. C 364. Disponible en ligne à l'URL : www.europarl.europa.eu/charter/pdf/text_fr.pdf

considère, à tort ou à raison, comme des pays pauvres ou à ressources limitées. Cet état des choses pourrait aujourd'hui expliquer la situation accablante des droits de l'enfant dans lesdits pays.

II- L'ARTICLE 4 DE LA CONVENTION RELATIVE AUX DROITS DE L'ENFANT : UNE VIOLATION DU PRINCIPE DE LA NON-DISCRIMINATION ?

L'égalité des États en droit international est un principe posé par la Charte des Nations unies : « L'Organisation [des Nations unies] est fondée sur le principe de l'égalité souveraine de tous ses membres. »[509] Ce principe qui signifie que tous les États membres de l'Organisation des Nations unies ont la même capacité d'exercer des droits et d'assumer des obligations en droit international, nonobstant toutes différences de puissance, de richesse, de développement, entre autres,[510] impose aussi que les États traitent donc l'ensemble de la population qu'ils représentent, de la même manière quel que soit leur développement économique.

Dès lors, instaurer que les droits économiques, sociaux et culturels soient mis en œuvre « ... dans toutes les limites des ressources dont ils disposent... »,[511] cela suppose que chaque État sera évalué, dans la mise en œuvre desdits droits, au regard de sa situation particulière. Ainsi, la Convention relative aux droits de l'enfant pose, dès le départ, une différenciation dans la jouissance des droits de l'enfant entre les États parties. Donc, les enfants vivant dans un pays riche ou un pays pauvre ne peuvent revendiquer la jouissance des mêmes droits. D'où une certaine discrimination.

La discrimination consiste en tout traitement différent qui tend à refuser à des individus, à des groupes d'individus, des droits ou des avantages et qui sont acceptés à d'autres.[512] Le principe de la non-discrimination, présent dans toutes les conventions internationales relatives aux droits humains, refuse pourtant cette différence de traitement, y compris la Convention relative aux droits de l'enfant (qui reprend dès le premier paragraphe de son préambule les principes de la Charte des Nations unies qui sont ceux d'égalité et le caractère inaliénable des droits humains). On peut alors se demander s'il appartient à une convention internationale, qui se veut protectrice des droits de l'enfant au plan universel, de poser la

---

[509] Art 2.1 de la Charte des Nations unies.

[510] CORNU, Gérard. (2011). *Vocabulaire juridique.* Paris : PUF.

[511] Extrait article 4 de la Convention des Nations unies relative aux droits de l'enfant.

[512] CORNU, Gérard. *Vocabulaire juridique, op.cit.*

règle de la discrimination. De toute évidence la réponse est non. Pourtant, la Convention des Nations unies relative aux droits de l'enfant a posé, en son article 4, une règle discriminatoire quant à la jouissance des droits économiques des sociaux et culturels entre les enfants par rapport à leur pays d'existence.

Pourquoi l'enfant de Monaco ou du Liechtenstein[513] doit revendiquer son droit d'aller à l'école et jouir d'une protection sociale alors que l'enfant de l'Érythrée ou de la République démocratique du Congo ne peut revendiquer le même droit ? La République démocratique du Congo apparaît dans le rapport de l'UNICEF comme le pays qui a le produit national brut (PNB) par habitant le plus faible, 180 dollars US en 2010, ce qui fait de ce pays l'un des plus pauvres du monde.[514] Or la République démocratique du Congo est un vaste pays qui regorge de richesses naturelles, notamment les ressources minières et énergétiques, telles que : le diamant, l'or, le cuivre, le cobalt, le pétrole, etc., donc l'un des pays potentiellement les plus riches du continent africain.[515] Au regard de ces données, il ne fait aucun doute que la République démocratique du Congo, au regard des institutions des Nations unies, est un État pauvre ou pays moins avancé (PMA) pour nous conformer à la terminologie de règle. Mais que cache en réalité cette situation de pauvreté d'un pays, potentiellement, aussi riche que la République démocratique du Congo ?

Aujourd'hui, les pays les moins avancés dans le monde sont au nombre de 50[516] et parmi eux on dénombre 34 États africains,[517] dont la République démocratique du Congo et la République du Bénin. Mais si en réalité la corruption et la non-valorisation des ressources au niveau des pays africains[518] ne font plus de doute, la situation la plus énigmatique est celle de la guerre qui caractérise la grande majorité des pays africains

---

[513] Monaco et Liechtenstein sont en tête du classement des pays à revenu national brut (PNB) par habitant élevé en 2010, avec respectivement, 197 460 Dollars US et 136 540 Dollars US. Cf. Rapport UNICEF, *Situation des enfants dans le monde* 2012, pp. 110-115 (tableau 7, indicateurs économiques).

[514] Pour l'Érythrée l'indicateur PNB est de 340 Dollars US, Rapport UNICEF, *Situation des enfants dans le monde* 2012, *op. cit.*

[515] L'agence de presse des Nations unies : www.relations-nations-unies.agence-presse.net sur les 10 pays les plus pauvres du monde en 2010. Consulté le 07 septembre 2012.

[516] Ils étaient 49 en 2009, à ceux-là s'ajoute le Soudan du Sud reconnu comme État par les Nations unies en 2011. « Les pays les moins avancés », en ligne sur : www.unohr.org

[517] Y compris le Soudan du Sud. Car en 2009 le Soudan faisait partie de la liste. V. doc. « Les pays les moins avancés », *op. cit.*

[518] L'agence de presse des Nations unies : www.relations-nations-unies.agence-presse.net sur les dix pays les plus pauvres du monde en 2010. Consulté le 7 septembre 2012.

riches en ressources naturelles.[519] Cette situation a pour conséquence le pillage des richesses nationales par les protagonistes et le maintien des populations dans la misère, ce qui en fin de compte fausse les données sur la richesse des États, donc de leur potentiel économique à assurer les droits économiques et sociaux notamment à leurs populations.

En somme, et comme nous allons le voir dans le prochain paragraphe, l'article 4 de la Convention des Nations unies relative aux droits de l'enfant n'arrange en rien la mise en œuvre des droits économiques, sociaux et culturels des enfants en Afrique.

PARAGRAPHE 2 : LES CONSÉQUENCES DE L'ARTICLE 4 DE LA CDE

De prime abord, l'article 4 de la Convention des Nations unies relative aux droits de l'enfant semble méconnaître le caractère indissociable de tous les droits humains et le traitement égal qui doit leur être réservé. En effet, après l'adoption, en 1966, des Pactes internationaux relatifs aux droits civils et politiques, d'une part, et aux droits économiques, sociaux et culturels, d'autre part, la communauté internationale, à travers le Conseil économique et social, est revenue sur la question en créant, par la Résolution 1985/17 en date du 28 mai 1985 un Comité indépendant de 18 membres, chargé de la supervision et du contrôle des droits économiques, sociaux et culturels contenus dans le Pacte international y relatif.[520] Ensuite le Comité a réaffirmé cette position dans le Protocole facultatif relatif au Pacte international sur les droits économiques, sociaux et culturels.[521]

Mais concrètement, l'article 4 de la Convention des Nations unies relative aux droits de l'enfant pose la problématique de la justiciabilité des droits économiques, sociaux et culturels de l'enfant (I). Sur cette problématique, le Comité des droits de l'enfant déploie des efforts pour affirmer ou réaffirmer le caractère justiciable de tous les droits de l'enfant contenus dans la Convention (II).

---

[519] Comme le témoigne la publication des Nations unies : « Contre les diamants de guerre », les diamants extraits des mines en Afrique ont rapporté sur les marchés du monde entier des milliards de dollars servant à financer des insurrections en Angola, en Sierra Leone et en République démocratique du Congo, www.un.org/fr/africarenewal/vol14no4/diamants.htm.

[520] Document disponible sur le site du Haut-commissariat des Nations unies aux droits de l'homme : www2.ohchr.org/french/bodies.

[521] Le Protocole a été adopté par l'Assemblée des Nations unies par la résolution A/RES/63/117, le 10 décembre 2008. Disponible en ligne sur : www2.ohchr.org/french/law/docs/A.RES.63.117_fr.pdf

I- Les droits économiques, sociaux et culturels de l'enfant, difficilement justiciables

Nous aborderons dans ce point, comment la consécration du caractère non justiciable des droits économiques, sociaux et culturels du Pacte international relatif aux droits économiques, sociaux et culturels (A) va influencer les droits économiques, sociaux et culturels de l'enfant contenus dans la Convention des Nations unies relative aux droits de l'enfant (B).

A- La non-justiciabilité des droits du Pacte international relatif aux droits économiques, sociaux et culturels

La problématique de la justiciabilité des droits économiques, sociaux et culturels, de façon générale, n'est pas nouvelle. Elle découle des divergences entre les pays capitalistes, qui privilégient les droits civils et politiques et ne veulent pas d'un traité sur les droits économiques, sociaux et culturels, et les pays socialistes, qui accordent plus d'importance aux droits économiques, sociaux et culturels.[522] Cependant, vu l'intérêt des uns et des autres pour une catégorie des droits humains, on aurait pu penser que le même traitement leur serait accordé au niveau des Nations unies, pour satisfaire chaque partie. Mais ce ne fut pas le cas. Le combat idéologique entre les deux forces en présence a vite fait de noyer les droits économiques, sociaux et culturels et d'en faire les parents pauvres des droits de l'homme, car « les pays occidentaux avaient peur de donner trop de résonnance à des droits associés à l'idéologie communiste ».[523] Ainsi constate-t-on qu'à l'adoption des deux Pactes internationaux en 1966, seul le Pacte international relatif aux droits civils et politiques s'est doté d'un Comité indépendant chargé des plaintes et des rapports périodiques et d'un mécanisme de plainte, à travers le protocole facultatif au Pacte international relatif aux droits civils et politiques adopté par l'Assemblée générale des Nations unies dans sa Résolution 2200 A (XXI) du 16 décembre 1966 et entrée en vigueur le 23 mars 1976.[524] Quant au Pacte international relatif aux droits économiques, sociaux et culturels, il n'a pas eu droit au même traitement, pas de mécanisme de plainte ni de protocole facultatif. Ils ont été simplement gratifiés d'un simple groupe de travail interétatique chargé d'examiner les rapports des États parties.[525] Dès lors,

---

[522] Amnesty international, www.amnesty.ch/fr/themes/économie-et-droits-humains.

[523] Catarina de ALBUQUERQUE, Présidente du groupe de travail chargé du projet du protocole facultatif au PIDESC, Droits fondamentaux, n°7, janvier 2008-décembre 2009, www.droits-fondamentaux.org.

[524] www2.ohchr.org/french/law/ccpr-one.htm.

[525] ALBUQUERQUE, Catarina de. *Droits fondamentaux*, n°7, *op. cit.*

la non-justiciabilité des droits économiques, sociaux et culturels trouve le canevas idéal pour s'imposer dans la doctrine.[526] Et c'est sans surprise que des décennies après l'adoption du Pacte international relatif aux droits économiques, sociaux et culturels on constate, face à l'ineffectivité des droits promus et protégés, que le mécanisme de protection est un échec.[527] En effet, comme a su bien le dire Jean-Louis BERGEL :

> Quelles que soient la valeur de son inspiration et de ses sources et ses adéquations à son environnement, la raison d'être de tout ordre juridique se mesure à son « effectivité ». On ne peut se contenter de l'établissement des règles de droit par l'organe compétent. Le droit a besoin d'être effectivement appliqué pour exister réellement [...].[528]

Dès lors, on peut dire que ces problèmes liés à la justiciabilité des droits économiques, sociaux et culturels sont hérités par la Convention des Nations unies relative aux droits de l'enfant.

B- LA NON-JUSTICIABILITÉ DES DROITS ÉCONOMIQUES, SOCIAUX ET CULTURELS DES ENFANTS

Les droits économiques, sociaux et culturels contenus dans la Convention des Nations unies relative aux droits de l'enfant représentent ceux pouvant être invoqués en faveur des enfants sur la base de la Convention. Ces droits constituent une quasi-reprise des droits contenus dans le Pacte international relatif aux droits économiques, sociaux et culturels, sur les points concernés. Ainsi, en faisant le parallèle entre la Convention et le Pacte, nous avons :

- le droit au travail, y compris les conditions de travail correct, le droit de constituer un syndicat, l'interdiction du travail des enfants et leur exploitation économique[529] ;

- le droit à la santé, y compris les conditions de vie saines, l'accès aux soins, le repos et les loisirs[530] ;

---

[526] V. ALIPRANTIS, Nikitas (2006). « Les droits sociaux sont justiciables ! » : 158-164 in *Droit social.* Paris. Aussi, l'absence de mécanisme de recours à l'instar des droits civils et politiques au niveau des Nations unies, va influencer l'attitude des juges internes à méconnaître la justiciabilité des DESC au plan national. Sur le cas africain, voir aussi : DEGNI-SEGUI, René (1998). « Les Droits de l'homme en Afrique noire francophone. Théories et Réalités ». Abidjan : Imprimob.

[527] ALBUQUERQUE, Catarina de *Droits fondamentaux*, n°7, *op. cit.*

[528] Jean-Louis BERGEL, (2003). « Théorie générale du Droit ». 4e éd. Paris : Dalloz. p.189.

[529] Aux articles 6, 7, 8 et10 Pacte international relatif aux droits économiques, sociaux et culturels et aux articles 32, 34, 35 et 6 Convention des Nations unies relative aux droits de l'enfant.

- le droit à la formation, y compris l'éducation, l'instruction et la formation professionnelle[531] ;

- le droit à la sécurité sociale, y compris l'assurance sociale, l'assistance et la protection de l'enfant[532] ;

- le droit de participer à la vie culturelle.[533]

Comme on peut le constater, la Convention des Nations unies relative aux droits de l'enfant accorde une place de choix aux droits économiques, sociaux et culturels ci-dessus mentionnés, en leur consacrant la majorité de ses dispositions.[534] Ceci est surtout perceptible à travers le droit à l'assistance et à la protection sociale de l'enfant, l'interdiction du travail des enfants et leur exploitation, le droit aux soins et le droit à l'éducation et à l'accès aux soins.

Au regard de cette place privilégiée accordée à ces droits dans la Convention, on peut se permettre de dire que la valeur de la convention relative aux droits de l'enfant repose sur l'exigibilité de ces droits par les bénéficiaires, donc de leur effectivité en matière de jouissance. Or, les données disponibles sur l'état des enfants dans le monde font état de graves violations de ces droits, donc de leur ineffectivité dans les zones concernées.

Pour illustrer nos propos, nous mentionnons quelques extraits d'une présentation de Claire BRISSET :

Concernant l'accès aux soins :

> À l'heure actuelle, près de 10 millions d'enfants meurent à travers le monde avant l'âge de 5 ans de maladies que l'on sait parfaitement soigner ou prévenir [...]. Actuellement malgré les efforts déployés dans

530 Aux articles 7 et 12 Pacte international relatif aux droits économiques, sociaux et culturels et aux articles 3, 19, 23, 24, 31, 33et 39 Convention des Nations unies relative aux droits de l'enfant.

531 Aux articles 7, 13 et 14 Pacte international relatif aux droits économiques, sociaux et culturels et aux articles 20, 28 et 29 Convention des Nations unies relative aux droits de l'enfant.

532 Aux articles 9 et 10 Pacte international relatif aux droits économiques, sociaux et culturels et aux articles 3, 11, 18, 20, 25, 26, 27 et 39 Convention des Nations unies relative aux droits de l'enfant.

533 À l'article 15 Pacte international relatif aux droits économiques, sociaux et culturels et l'article 30 Convention des Nations unies relative aux droits de l'enfant.

534 En effet, sur les 54 articles qui composent la Convention, les droits promus et protégés courent des articles 3 à 40.

> ce domaine, environ 270 millions d'enfants restent privés de tout accès aux soins.[535]

En matière d'éducation :

> À travers le monde, entre 80 et 100 millions d'enfants restent privés de toute forme de scolarisation, dont plus de la moitié sont des filles. La moitié d'entre eux sont Africains, alors même que l'Afrique subsaharienne ne compte que moins du quart des enfants du monde.[536]

En matière d'exploitation économique et traite d'enfants :

> L'estimation est d'autant plus difficile que certains travaillent une partie de leur temps, le soir, la nuit, d'autres à plein temps. Beaucoup d'incertitudes, donc. Quelques points de repères, néanmoins. Si l'on prend la tranche d'âge 5-14, les enfants exploités au travail seraient au nombre de 150 millions. Si l'on pousse l'analyse jusqu'à l'âge de 18 ans, l'on dépasse les 200 millions. [...] C'est la traite qui affecte, selon les estimations de l'OIT, environ 1,2 million d'enfants chaque année, dont un tiers en Afrique de l'Ouest et du Centre où le Nigeria est une véritable plaque tournante.[537]

Ce tableau peint par Claire BRISSET corrobore d'ailleurs les données que nous avons mentionnées dans l'introduction de ce travail et montre, une fois de plus, que malgré les avancées enregistrées sur le plan normatif, dans les pays parties à la Convention des Nations unies relative aux droits de l'enfant,[538] l'absence de voies de recours pour violations des droits sociaux, économiques et culturels de l'enfant constitue l'une des causes de l'inefficacité de la Convention dans la pratique.

II- LE REVIREMENT DU COMITÉ DES DROITS DE L'ENFANT

Nous verrons dans ce point, comment l'évolution de la justiciabilité des droits économiques, sociaux et culturels des enfants (A) tend vers l'entrée en vigueur d'un nouvel instrument ouvrant la voie au recours pour

[535] Claire BRISSET, lors de sa présentation sur « Les mécanismes de mise en œuvre et d'application de la Convention relative aux droits de l'enfant », 17 août 2012, au Cours d'été international sur les droits de l'enfant, Université de Moncton, Nouveau Brunswick, du 8 au 18 août 2012. http://www2.ohchr.org/french/law/ccpr-one.htm.

[536] Claire BRISSET, *op. cit.*

[537] *Ibid.*

[538] Notre développement sur l'influence de la Convention des Nations unies relative aux droits de l'enfant au plan normatif dans la première partie.

violation des droits de l'enfant : le troisième protocole facultatif relatif aux droits de l'enfant (B).

A- La reconnaissance du caractère justiciable des droits sociaux et économiques de l'enfant par le Comité des droits de l'enfant

Des décennies après l'avènement des Conventions internationales obligatoires pour la protection des droits de l'homme en général (46 ans pour les Pactes internationaux de 1966) et ceux des enfants (23 ans pour la Convention des Nations unies relative aux droits de l'enfant) en particulier, le constat est loin d'être satisfaisant, sinon alarmant.[539] Face au constat de quasi-impuissance des Conventions internationales relatives aux droits humains en vigueur à assurer une protection effective à leurs bénéficiaires, la communauté internationale multiplie des actions pour corriger certaines faiblesses du mécanisme international de protection desdits droits.

Dans ce cadre, c'est d'abord la Conférence mondiale sur les droits de l'homme, qui s'est tenue du 14 au 25 juin 1993 à Vienne, qui a marqué le pas à travers la Déclaration qui en a résulté.[540] En effet, la Déclaration et le programme d'action de Vienne mettent l'accent sur la promotion et la protection de « tous les droits de l'homme et de toutes les libertés fondamentales ».[541] Mais l'élément marquant pour nous vient du point 5 de la Déclaration qui tout en réaffirmant que « Tous les droits de l'homme sont universels, indissociables, interdépendants et intimement liés »[542] précise que « La communauté internationale doit traiter des droits de l'homme globalement, de manière équitable et équilibrée, sur un pied d'égalité et en leur accordant une valeur égale. »[543]

Par la suite, le Comité des droits de l'enfant,[544] à travers les mesures générales d'application de la CDE lors de sa 33e session en 2003,[545]

---

[539] Aperçu présenté sur la situation des enfants dans le I de ce point.

[540] Déclaration et programme d'action de Vienne, 1993. Ce document est disponible sur plusieurs sites des Nations unies dont : www.unhchr.ch

[541] Cette formulation est reprise dans plusieurs points de la Déclaration dont le point 4.

[542] Extrait du point 5 de la Déclaration et programme d'action de Vienne. Cf. Doc. de l'Assemblée générale des Nations unies : A/CONF.157/24 (Part I) 13 octobre 1993, « *Rapport de la Conférence mondiale sur les droits de l'homme* ».

[543] *Ibid.*

[544] Les mesures générales d'application ont en effet clarifié le contenu de l'article 4 de la Convention des Nations unies relative aux droits de l'enfant, notamment sa deuxième phrase qui semble faire une distinction entre les droits civils et politiques et les droits économiques, sociaux et culturels.

affirme la justiciabilité de tous les droits de l'enfant. Ainsi, dans le paragraphe 6 dudit document, le Comité met l'accent sur le caractère indissociable et indivisible des droits de l'homme en général et affirme, dans le même temps, que les droits économiques, sociaux et culturels contenus dans la Convention des Nations unies relatives aux droits de l'enfant sont justiciables tout en revenant sur la question de l'article 4 de la Convention. Ci-dessous, quelques extraits des paragraphes 6 et 25 dudit document :

> Tout en indiquant les obligations générales qui incombent aux États parties en matière d'application, l'article 4 fait apparaître, dans sa seconde phrase, une distinction entre les droits civils et politiques et les droits économiques, sociaux et culturels [...] La jouissance des droits économiques, sociaux et culturels est intimement liée à la jouissance des droits civils et politiques. Comme cela est indiqué au paragraphe 25 ci-dessous, le Comité estime qu'aussi bien les droits civils et politiques que les droits économiques, sociaux et culturels doivent être considérés comme justiciables.[546]
> Le Comité tient à souligner, comme cela a été noté au paragraphe 6 ci-dessus, qu'aussi bien les droits civils et politiques que les droits économiques, sociaux et culturels doivent être considérés comme justiciables. Il est essentiel que la législation interne définisse les droits d'une manière suffisamment détaillée pour que les recours disponibles en cas de non-respect soient efficaces.[547]

Ainsi, le Comité des droits de l'enfant affirme, sans ambages, la justiciabilité des droits sociaux, économiques et culturels contenus dans la Convention des Nations unies relatives aux droits de l'enfant. Mais cette reconnaissance de la justiciabilité des droits économiques, sociaux et culturels de l'enfant par le Comité, en l'absence de mécanismes de recours international en cas de violation des droits de l'enfant, était sans doute plus destinée à attirer l'attention des juges internes des États parties. Il y avait donc un vide au niveau de l'ONU, qui nécessitait que des mesures soient prises pour y remédier. C'est ce qui se fera.

---

545 Document : CRC/GC/2003/5 du 27 novembre 2003 du Comité des Nations unies des droits de l'enfant.

546 CRC/GC/2003/5 du 27 novembre 2003, paragraphe 6.

547 CRC/GC/2003/5 du 27 novembre 2003, paragraphe 25.

B- VERS L'EFFECTIVITÉ D'UN RECOURS INTERNATIONAL POUR LA VIOLATION DES DROITS DE LA CONVENTION DES NATIONS UNIES RELATIVE AUX DROITS DE L'ENFANT

Le 11 juin 2011, le Conseil des droits de l'homme des Nations unies a adopté à l'unanimité le 3e Protocole facultatif à la Convention relative aux droits de l'enfant. Ce Protocole fut ensuite adopté le 19 décembre 2011 par l'Assemblée générale de Nations unies.[548] C'est ainsi que le « Protocole facultatif à la Convention relative aux droits de l'enfant établissant une procédure de présentation de communications »[549] voit le jour.

Après l'adoption du Protocole facultatif au Pacte international relatif aux droits économiques, sociaux et culturels en 2009, seule la Convention des Nations unies relative aux droits de l'enfant ne dispose pas de mécanisme de plainte. En effet, le Comité des droits de l'enfant chargé du suivi de la mise en œuvre de la convention n'a pas cette prérogative.[550] L'adoption du troisième protocole facultatif à la Convention des Nations unies relative aux droits de l'enfant vient donc combler l'insuffisance.

Le Protocole facultatif à la Convention relative aux droits de l'enfant établissant une procédure de présentation des communications comprend au total 24 articles précédés d'un préambule. Les 24 articles sont divisés en quatre parties : La première partie, qui court de l'article 1 à l'article 4, porte sur les « Dispositions générales », la deuxième partie quant à elle prend en compte les articles 5 à 12 qui présentent la « Procédure de présentation de communications », ensuite la troisième partie, qui porte sur la « Procédure d'enquête » comprend les articles 13 et 14, et enfin la quatrième partie du Protocole portant « Dispositions finales » prend en compte les articles 15 à 24.

Le premier apport important du Protocole est d'avoir doté, le Comité des droits de l'enfant, des moyens d'offrir aux bénéficiaires de la Convention des Nations unies relative aux droits de l'enfant et ces deux premiers Protocoles un recours en cas de violation de leurs droits. Ainsi, le Protocole met à la disposition des bénéficiaires un mécanisme de plainte, spécifique aux droits de l'enfant.

Aussi, le protocole, à l'instar de celui relatif aux droits économiques, sociaux et culturels, offre un recourt individuel, c'est-à-dire que tout enfant qui estime que ses droits reconnus par la Convention et les deux premiers

---

548 www.un.org/News/fr-press/docs/2011/AGSHC4029.doc.htm.

549 Doc. Nations unies, A/RES/66/138, Assemblée générale du 27 janvier 2012.

550 Art. 43 à 45 de la Convention des Nations unies relative aux droits de l'enfant.

protocoles sont violés, peut directement ou par l'intermédiaire d'un groupe de personnes ou une association, saisir le Comité des droits de l'enfant. Ensuite, un État partie peut également saisir le Comité des droits de l'enfant pour non-respect par un autre État de ses engagements internationaux découlant de la convention et ses deux premiers protocoles. Ceci bien entendu, sous réserve des conditions prévues par le troisième Protocole.

Mais malgré tous ces apports significatifs, le troisième Protocole à la Convention des Nations unies relative aux droits de l'enfant renferme, à plusieurs égards, des insuffisances sur lesquelles nous allons revenir dans le deuxième chapitre de ce titre. En attendant, il sera question dans la section suivante, des problèmes qui découlent de la coopération internationale en matière de droit de l'enfant.

SECTION 2 : LA COOPÉRATION INTERNATIONALE LE DÉSENGAGEMENT DES ÉTATS POUR LE COMPTE DES ORGANISATIONS INTERNATIONALES DE PROTECTION DES DROITS DE L'ENFANT

Dans cette section, il est question de la problématique de la coopération dans la lutte contre la traite des enfants au Bénin à travers le Fonds des Nations unies pour l'enfance (UNICEF) et deux organisations internationales liées aux Nations unies œuvrant de façon directe ou indirecte dans la lutte contre la traite des enfants : l'Organisation internationale du travail (OIT) et l'Organisation des Nations unies pour l'éducation, la science et la culture (UNESCO).

PARAGRAPHE 1 : CAS DE L'UNICEF

Il sera abordé dans un premier temps le rôle de l'UNICEF dans la protection des enfants, et dans un deuxième temps les actions de l'organisation dans le domaine spécifique de la traite des enfants au Bénin et de l'impact de ses actions.

I- LE RÔLE DE L'UNICEF DANS LA PROTECTION DES DROITS DE L'ENFANT

Que visent les actions de l'UNICEF et comment obtient-elle les moyens dont elle dispose pour agir ? Ce sont les deux points qui vont être développés dans ce paragraphe.

A- LES OBJECTIFS DE L'ORGANISATION

Mandaté par l'Assemblée générale des Nations Unies pour défendre les droits des enfants et répondre à leurs besoins essentiels,[551] l'UNICEF agit, plus de 60 ans après sa création, comme une agence spécialisée des Nations unies dans le domaine de l'enfance[552] et apparaît de ce fait comme la seule Organisation des Nations unies qui se consacre uniquement à la cause des enfants dans le monde. Indépendante sur le plan politique et confessionnel, l'UNICEF élabore et finance des projets de développement et vient en appui aux pays en difficulté. Dans la mise en œuvre de ses actions, l'organisation fonctionne sur la base d'un découpage du globe en huit régions, dont celle de l'Afrique de l'Ouest et du Centre. Cette dernière zone regroupe 24 pays dont le Bénin.[553]

Depuis l'adoption de la Convention internationale relative aux droits de l'enfant en 1989, l'UNICEF s'appuie sur cette dernière pour mener à bien sa mission. Elle concentre ses objectifs sur la protection et le développement des enfants dans le monde avec des axes prioritaires qu'elle a regroupés en cinq domaines d'intervention[554] : survie et développement de l'enfant, basés sur des services basiques à prix accessible pour sauver la vie des enfants ; éducation de base, égalité des sexes, basées sur une éducation gratuite et de qualité pour tous ; VIH/SIDA et les enfants, basés sur la prévention, la transmission parent-enfant, les soins pédiatriques, les enfants affectés par le SIDA ; protection de l'enfant, qui consiste à bâtir un environnement protecteur pour les enfants et enfin, l'analyse de politiques et partenariat, qui consiste à axer la politique publique sur les droits de l'enfant. Au Bénin, les priorités de l'UNICEF sont axées sur la survie, l'éducation et la protection de l'enfant.[555]

Pour accomplir sa mission et atteindre ses objectifs, l'UNICEF a nécessairement besoin de moyens. Il se pose donc la question des sources

---

551 « Mission de l'UNICEF », www.unicef.org.

552 DUMERCQ, Madeleine M (2009).- *Mise en perspective des ambigüités de la communication des organisations intergouvernementales humanitaires : le cas de l'UNICEF dans les stratégies de recherche de fonds*.- Université Bordeaux 3- Michel Montaigne : Thèse de doctorat. p. 138.

553 Outre le Bénin, on a : Burkina Faso, Cameroun, Cap-Vert, République démocratique du Congo, Côte d'Ivoire, Gabon, Gambie, Ghana, Guinée, Guinée-Bissau, Guinée équatoriale, Liberia, Mali, Mauritanie, Niger, Nigéria, République centrafricaine, Sao Tomé- et-Principe, Sénégal, Sierra Leone, Tchad, Togo.

554 Ces cinq domaines d'intervention de l'UNICEF sont disponibles en ligne sur le lien www.unicef.org/french/whatwedo/index.html

555 www.unicef.org/wcaro/Countries_benin.html

de financement de l'organisation et les autres moyens qui lui sont nécessaires.

B- Les moyens d'action

En abordant la question des moyens d'action de l'UNICEF, nous voulons mettre ici un accent particulier sur les sources de financement de l'organisation. Mais avant cela, nous allons faire brièvement le tour des diverses ressources dont l'organisation se sert pour accomplir sa mission.

Nous retiendrons que l'UNICEF dispose d'un réseau de plus de 100 000 bénévoles[556] à travers le monde et d'un réseau de plus de 330 ambassadeurs (de bonne volonté) parmi lesquels on compte des artistes célèbres, des acteurs du cinéma et des sportifs de haut niveau qui s'engagent pour la cause des droits de l'enfant dans le monde.[557] Parmi ces derniers, on compte environ une trentaine d'ambassadeurs internationaux dont le footballeur britannique David Beckham, le footballeur Argentin Lionel Messi, l'acteur chinois Jackie Chan, la chanteuse béninoise Angélique Kidjo, la chanteuse colombienne Shakira Mebarak, le prestigieux orchestre philharmonique de Berlin (Berliner Philharmoniker),[558] une douzaine d'ambassadeurs régionaux et environ 290 ambassadeurs nationaux.

Au-delà de ces personnalités qui mettent leur notoriété au service de l'organisation, l'UNICEF compte plus 10 000 employés dont environ 88 % travaillent directement sur le terrain et le reste au siège.[559]

Au plan financier, le budget annuel de l'UNICEF dépasse les trois milliards de Dollars US depuis 2007.[560] Les recettes de l'organisation

---

[556] Dumercq, Madeleine M. *Mise en perspective des ambigüités de la communication des organisations intergouvernementales humanitaires : le cas de l'UNICEF dans les stratégies de recherche de fonds. op. cit.* p. 42.

[557] www.unicef.org/french/people/people_ambassadors.html, consultée le 13-04-2011

[558] Comptant plus de 120 membres, l'orchestre philharmonique qui, déjà en 2002, est devenu une fondation charitable a été nommé en 2007 comme ambassadeur itinérant de l'UNICEF.

[559] Dumercq, Madeleine M. *Mise en perspective des ambigüités de la communication des organisations intergouvernementales humanitaires : le cas de l'UNICEF dans les stratégies de recherche de fonds. op. cit.* p. 42.

[560] En effet, en 2007 le budget annuel de l'organisation s'élevait à 3 013 millions de dollars US, en 2008 il s'élevait à 3 390 millions de dollar US et en 2009 il s'élevait à 3.256 millions de dollar US. Ces données sont disponibles dans les rapports annuels 2008 et 2009 de l'UNICEF publié par la division de la communication. En ligne sous le lien : www.unicef.org/french/publications/files/UNICEF_Annual_Report_2008_FR_072709.pdf et

s'élevaient en 2009 à 3 256 118 448 dollars US, en 2010 à 3 681 890 741 dollars US, et en 2011 à 3.711.086.493 dollars US.[561] Comme on peut le constater, les recettes de l'organisation ces dernières années ne cessent de s'accroître. Ceci peut s'expliquer par le besoin sans cesse croissant de moyens pour financer ses actions. Le budget de l'UNICEF « est entièrement financé par des contributions volontaires » [562] qui proviennent, selon la classification de l'organisation : des gouvernements, du secteur privé et des organisations non gouvernementales, autres recettes, et des accords inter institutions.[563] Les États membres des Nations unies sont les principaux contributeurs au budget de l'organisation.

L'organisation de Nations unies pour l'enfance intervient aussi en appui humanitaire dans les cas d'urgence.[564] Dans ce cadre, elle intervient dans plus de 250 cas dans le monde chaque année.[565]

Mais comment fonctionne UNICEF sur le terrain et quel rôle joue-t-elle dans la traite des enfants au Bénin ? Ces aspects sont développés dans les points suivants pour permettre de mettre en évidence les faiblesses liées aux actions de lutte contre la traite des enfants au Bénin.

II- Le rôle de l'UNICEF au Bénin

Il est question ici d'aborder dans un premier temps, les actions menées par le Fonds des Nations unies pour l'enfance au Bénin et se focaliser dans un second temps sur les actions qu'il mène dans la lutte contre la traite des enfants.

---

www.unicef.org/french/publications/files/UNICEF_Annual_Report_2009_FR_061510.pdf

561 Ces données sont disponibles dans les rapports de l'UNICEF des années correspondantes et sont disponibles sur le site www.unicef.org/french/publications

562 Selon le rapport 2008 de l'UNICEF, les recettes de l'organisation « sont divisées en ressources « ordinaires » et « autres » ressources. Les ressources ordinaires ne font l'objet d'aucune restriction et elles servent à financer les programmes de pays, l'appui aux programmes et les activités de gestion et d'administration approuvées par le Conseil d'administration de l'UNICEF. Les autres ressources sont sujettes à des restrictions et sont affectées à des activités spécifiques approuvées par le Conseil, dans le cadre des programmes de pays. Ces ressources se subdivisent en contributions « ordinaires » et contributions affectées aux « opérations d'urgence ».

563 Voir rapport 2009 de l'UNICEF, *op. cit.*

564 Selon la procédure d'activation d'urgence, les interventions humanitaires sont classées en trois catégories : du niveau 1 au niveau 3. Cf. doc. «Appui global de l'UNICEF », www.unicef.org/french/hac2012/files/HAC2012_FR_global.pdf

565 www.unicef.org/french/hac2012/hac_global.html

A- Les actions de l'UNICEF au Bénin

Pour mener à bien sa mission sur le terrain, le Fonds des Nations unies pour l'enfance signe des accords de coopération avec les États ou territoires où elle désire opérer.[566] Ainsi, avec le gouvernement de l'État en question, ils « préparent conjointement les programmes dans les différents secteurs pour le bien-être des enfants dans un document appelé « Programme de Coopération ». Chaque partie détermine son rôle, ses responsabilités et sa contribution dans le Programme de Coopération. L'UNICEF apporte l'assistance technique, matérielle et financière et le gouvernement exécute le programme à travers les différents ministères ».[567] Sur ce plan, son travail se trouve facilité par le fait que pratiquement tous les États au monde ont ratifié la Convention relative aux droits de l'enfant. Le Fonds des Nations unies pour l'enfance collabore avec les États parties à la Convention relative aux droits de l'enfant et plaide pour la protection des droits de l'enfant tout en contribuant au développement de cadres juridiques et de politiques internes en matière de droits de l'enfant. Dans le même temps, il « soutient aussi le Comité des droits de l'enfant qui surveille l'application de la Convention et de ses Protocoles facultatifs par les États parties. La Convention lui confère un rôle particulier dans le processus de surveillance. En plus des conseils et de l'assistance qu'il apporte au Comité, il appuie la tenue de vastes consultations au sein des États pour améliorer la précision et l'impact des rapports qui sont soumis au Comité. »[568]

Ainsi, le Fonds des Nations unies pour l'enfance apparaît comme un élément important dans l'application de la Convention relative aux droits de l'enfant et de ce fait, il doit jouer un rôle déterminant dans la lutte contre l'une des pires formes de violation des droits de l'enfant : la traite des enfants.

B- Le rôle de l'UNICEF dans la lutte contre la traite des enfants

En ce qui concerne la traite des enfants, l'organisation entend par enfant victime de traite, « toute personne de moins de dix-huit ans qui est recrutée, transportée, transférée, hébergée ou accueillie aux fins de

[566] À ce niveau, rappelons qu'elle est présente dans 191 pays et territoires, www.unicef.org/french/infobycountry/index.html

[567] www.unicef.org/drcongo/french/about_1054.html

[568] UNICEF en action sur : http://www.unicef.org/french/crc/index_action.html

l'exploitation, à l'intérieur ou à l'extérieur d'un pays donné. »[569] Elle opère dans ce domaine à travers son volet protection et peut jouer un rôle déterminant dans la lutte contre la traite des enfants au Bénin. Ses atouts pour y parvenir sont, entre autres, ses relations privilégiées avec les États et ses moyens (notamment financiers et humains). Ainsi, l'UNICEF peut, à travers ses actions dans le renforcement du cadre législatif et institutionnel des États, aider à l'effectivité de ces normes.

Sur cet aspect, il a été déjà mentionné dans ce travail que l'UNICEF a élaboré une stratégie globale contre la traite des enfants à travers laquelle, le fonds envisage la promotion d'un « environnement protecteur » qui se base sur les points suivants :[570] la proscription de la traite et la punition des trafiquants par les gouvernants, l'adoption de lois suivie d'une application rigoureuse et l'encouragement des accords internationaux pour prévenir la traite et faciliter le retour en toute sécurité des enfants victimes de traite, informer les enfants des dangers de la traite de sorte qu'ils puissent s'en défendre, faire en sorte que toutes les personnes en contact et en rapport avec des enfants soient en mesure de reconnaître les risques de la traite et agir en conséquence, renforcer l'étude, le suivi et la divulgation des cas de traite d'enfants, et faire en sorte que la réintégration et la réinsertion des enfants victimes de la traite soient guidées par leur intérêt supérieur.

À travers cette approche, le Fonds compte aider les États à créer « un environnement protecteur pour les enfants en contribuant à : réduire la pauvreté, soutenir la volonté des gouvernants d'éduquer les enfants, en introduisant l'apprentissage de l'autonomie fonctionnelle dans les programmes scolaires, en encourageant la fréquentation et en prévenant l'abandon, soutenir les ONG, les communautés locales et les parents au moyen de campagnes d'information visant à défendre les droits des femmes et des enfants et à dénoncer la violation de ces droits, plaider pour davantage d'actions politiques gouvernementales pour combattre la traite en renforçant la législation et l'application de la loi, promouvoir la mise en valeur du potentiel des personnels chargés de faire appliquer la loi et de ceux s'occupant des enfants victimes de la traite, soutenir des programmes

---

[569] UNICEF, Fiche d'information sur la protection de l'enfant : La traite d'enfants, mai 2006.

[570] Ces points s'inspirent directement des six points de la stratégie globale de l'UNICEF contre la traite contenu dans le document de la présentation du Centre Innocenti de l'UNICEF à Florence sur « La traite des êtres humains en Afrique, en particulier des femmes et des enfants » le 23 avril 2004 à Embargo. Disponible en ligne sur : www.unicef-irc.org/files/documents/d-3150-La-strat-gie-globale-de-l.pdf

de rétablissement et de réinsertion en faveur des enfants victimes de traite.[571]

Mais une lutte efficace contre la traite des enfants passe par l'éradication de ses causes, que sont, entre autres, la pauvreté, le manque d'opportunité, la demande de la main-d'œuvre infantile.[572] Dès lors, il est primordial que les mesures prises par les États dans le cadre de cette lutte se focalisent sur ces causes. De ce fait, l'efficacité des actions de l'UNICEF dans la lutte contre la traite des enfants sera déterminée par la prise en compte de ses principales causes.

Dans la pratique au Bénin, le Fonds des Nations unies pour l'enfance collabore autant avec le gouvernement que les organisations non gouvernementales dans la lutte contre la traite des enfants.

Au niveau du gouvernement, le principal partenaire du Fonds au Bénin est le ministère de la Famille,[573] même si d'autres ministères bénéficient de l'appui de l'UNICEF, tels que celui de l'Intérieur, dont dépend la Brigade de protection des mineurs responsable d'un centre qui fonctionne grâce à l'appui du Fonds.[574] En ce qui concerne la collaboration avec le ministère de la Famille, nous avons relevé sur le terrain que l'UNICEF a équipé en mobilier de bureau les directions départementales de ce ministère.[575] De même, nous avons constaté, lors de notre passage à la direction départementale du ministère de la Famille des départements du Borgou et de l'Alibori, l'enregistrement informatique des données statistiques sur les orphelins et enfants vulnérables (OEV) dans ces départements, effectué par deux jeunes opératrices de saisie, qui n'étaient pas des agents de la direction. Selon les informations de M. ELECHO, rencontré sur place,[576] ce

---

571 Présentation du Centre de recherche Innocenti de l'UNICEF sur « La traite des êtres humains en Afrique, en particulier des femmes et des enfants », Embargo le 23 avril 2004, 5 p. p.1, en ligne sur : www.unicef-irc.org/files/documents/d-3150-La-strat-gie-globale-de-l.pdf

572 *Ibid.*

573 Depuis le dernier remaniement ministériel en 2012, le ministère de la famille se dénomme « Ministère de la Famille, des Affaires sociales, de la Solidarité nationale, des Handicapés et des Personnes du troisième âge ».

574 Voir ci-dessus, le point sur les actions de l'UNICEF au Bénin.

575 Ce constat est fait à travers le nom du donateur inscrit sur les matériels en question lors de nos visites dans les directions et confirmé par les agents rencontrés. V. liste des interviews.

576 V. liste interview Int. 38.

travail de collecte de données fait partie d'un programme en collaboration avec l'UNICEF.[577]

Du côté de la Brigade de protection des mineurs, le Fonds des Nations unies pour l'enfance semble être le principal acteur du fonctionnement du Centre de transit de la Brigade. En effet, ce centre de transit pour enfants interceptés a été construit et équipé principalement par l'appui financier du Fonds. Les agents du centre proviennent des ONG et sont payés par le même Fonds.[578]

Ce bref aperçu du rôle de l'UNICEF dans la lutte contre les violations des droits de l'enfant montre que le Fonds a de nobles ambitions pour atteindre les objectifs d'un monde digne des enfants. Ses actions sur le terrain ont sans aucun doute un impact positif sur la prise de conscience des gouvernants sur la nécessité d'accorder un intérêt particulier à la cause des enfants. Cependant, malgré les moyens matériels, financiers et humains dont il dispose, il semble bien que le chemin à parcourir soit encore long pour atteindre ses objectifs.

À côté de l'UNICEF, d'autres organisations des Nations unies œuvrent, dans une certaine mesure, pour la protection des droits de l'enfant. Parmi celles-ci, nous nous intéressons au rôle que jouent l'OIT et l'UNESCO en matière de protection et de respect des droits de l'enfant.

PARAGRAPHE 2 : CAS DE L'OIT ET DE L'UNESCO

L'Organisation internationale du travail (OIT) est l'une des institutions spécialisées indépendantes qui collaborent avec les Nations unies. Créée en 1919 après la Première Guerre mondiale, elle avait pour but d'apporter une réponse aux problèmes auxquels les pays industrialisés étaient confrontés. Avec l'accroissement de ses membres, l'organisation a très vite évolué et compte à ce jour, plus de 177 États membres.[579] Quant à l'Organisation des Nations unies pour l'éducation, la science et la culture (UNESCO), elle a été instituée par un acte constitutif signé en 1945 par 36 pays qui est entré

[577] Il s'agit de la base de données *Child Pro* initiée depuis 2007. Cette base de données a pour but de recenser les données concernant les OEV au niveau du ministère de la Famille et de la Brigade de protection des mineurs. Pour plus de détails sur cette base de données, cf. le site de l'OFFE (Observatoire de la famille, de la femme et de l'enfant).

[578] Informations recueillies auprès de M. Akpakla CLÉMENT, v. liste des interviews Int. 09.

[579] Organisation international du travail, « *L'OIT, ses origines, son fonctionnement, son action* », document PDF en ligne sur le site officiel de l'organisation: www.ilo.org, pp. 4-8.

en vigueur le 4 novembre 1946 avec la signature de 20 États,[580] l'UNESCO compte aujourd'hui 195[581] États membres dont la République du Bénin qui y a adhéré le 18 octobre 1960.

Comme déjà annoncé, les points à suivre se focaliseront sur le rôle de ces deux organisations dans le domaine de la protection des enfants. D'abord à travers l'OIT puis ensuite à travers l'UNESCO.

I- L'Organisation internationale du travail

Les activités de l'OIT sont centrées autour de quatre objectifs principaux que sont : promouvoir et faire appliquer les normes du travail ainsi que les principes et droits fondamentaux du travail, accroître les possibilités pour les femmes et les hommes d'obtenir un emploi et revenu décents, étendre le bénéfice, l'efficacité et la protection sociale pour tous, renforcer le tripartisme et le dialogue social.[582] Autour de ces quatre principaux objectifs, l'OIT développe des programmes focaux tels : l'élimination du travail des enfants, la sécurité socio-économique, le dialogue social, la législation du travail et l'administration du travail et la sécurité et la santé au travail.[583]

Mais de façon concrète, l'OIT agit à travers des programmes spécifiques pour la protection des enfants dont, le programme international pour l'élimination du travail des enfants (IPEC) et le Programme de lutte contre la traite des enfants à des fins d'exploitation de leur travail en Afrique de l'Ouest et du Centre (LUTRENA). Ces deux programmes seront successivement abordés dans les points à suivre.

A- Le programme IPEC

Le Programme international pour l'élimination du travail des enfants (IPEC) est un programme mis en place par l'OIT en 1992 pour renforcer son activité en faveur de l'abolition du travail des enfants dans le monde. Présent dans 95 pays[584] dont 40, en Afrique parmi lesquels : le Bénin, la Côte d'Ivoire, le Gabon, le Niger, le Togo, le Nigeria, le Programme IPEC apparaît comme le plus important programme opérationnel de l'OIT.[585] Il a

---

580 Information disponible sur le site officiel de l'Organisation : www.unesco.com

581 Ce nombre prend en compte le territoire palestinien qui a été reconnu cette année par l'organisation et l'État du Sud-Soudan.

582 *Ibid.,* p.12.

583 Informations disponibles sur le site de l'organisation : www.ilo.org

584 Voir « IPEC dans le monde », sur le site : www.ilo.org/ipec/areas/lang--fr/index.htm. Dernière consultation le 29 août 2014.

585 *Ibid.*

pour objectif d'œuvrer pour l'élimination du travail des enfants à travers le renforcement des capacités des États parties aux normes de l'OIT en la matière afin que ces derniers puissent, au mieux, œuvrer dans la lutte contre le travail des enfants sur leur territoire. De même, le programme vise à promouvoir un mouvement mondial de lutte contre le travail des enfants, qui a pour cibles prioritaires les pires formes de travail des enfants, conformément aux dispositions de la convention n° 182.

Depuis la mise en place du programme mondial en 2006, qui appelle les États membres de l'organisation à s'engager à éliminer les pires formes de travail des enfants d'ici 2016, le programme IPEC soutient les États dans leurs actions. En effet, pour faire face à ces défis, l'IPEC s'était fixé en 2008, pour objectifs jusqu'en 2013[586] de : consolider sa position de centre d'excellence de la connaissance et de l'expertise en matière de lutte contre le travail des enfants, auquel les gouvernements, les employeurs, les travailleurs et les acteurs internationaux, entre autres, peuvent demander des services consultatifs ou un renforcement de leurs capacités. En outre, le programme a également de pour objectifs, de maintenir et renforcer sa capacité de recherche et de collecte de données, sur laquelle s'appuient aussi bien les actions ciblées que les services consultatifs, de demeurer le principal programme de coopération technique pour la lutte contre le travail des enfants, de faciliter la coopération technique entre pays de différents continents, de renforcer et redynamiser le mouvement mondial de lutte contre le travail des enfants. Il compte également jouer, au nom de l'OIT, un rôle moteur dans ce mouvement et poursuivre l'intégration de ses activités dans la programmation du BIT, et surtout dans les programmes par pays de promotion du travail décent.

À travers ces objectifs ambitieux, le programme IPEC a le mérite de vouloir jouer un rôle déterminant dans la lutte contre la traite des enfants. Mais compte tenu de la gravité et de l'ampleur du phénomène, un programme spécifique a été mis en place pour renforcer la lutte contre la traite des enfants en Afrique de l'Ouest et du Centre : le programme LUTRENA.

B- Le programme LUTRENA

Mis sur pied pour appuyer les mandants du Bureau international du travail (BIT) dans la mise en œuvre de la Convention n° 182, le Programme de lutte contre la traite des enfants à des fins d'exploitation de

---

586 OIT, « Intensifier la lutte contre le travail des enfants », document PDF en ligne sur www.ilo.org, p.19.

travail en Afrique de l'Ouest et du Centre (LUTRENA) est un programme sous-régional qui a été créé par l'OIT avec le soutien financier du ministère du Travail des États-Unis d'Amérique. Il a pour rôle de faciliter le processus d'élimination de la traite des enfants d'une part, et d'agir à travers les principaux acteurs qui interviennent dans le domaine en renforçant leurs capacités, d'autre part.

Géographiquement, le programme couvre neuf pays qui sont : le Bénin, le Burkina-Faso, le Cameroun, la Côte d'Ivoire, le Gabon, le Ghana, le Mali, le Nigeria et le Togo.[587] Lancé pour sa première phase en 1999, il devait faire le point de la situation de la traite des enfants, déterminer les problèmes régionaux, et développer des stratégies nationales et régionales à mettre en œuvre pendant sa deuxième phase. Cette deuxième phase, qui fut lancée en juin 2001, prévoit entre autres, des projets de protection au niveau communautaire, la construction de capacités garantissant l'application des lois, la promotion des accords frontaliers multi et bilatéraux entre les pays de la région, l'établissement d'un réseau entre les principaux acteurs, de programmes de réhabilitation et de réintégration des enfants victimes, ainsi que la mise en place d'activités génératrices de revenus.[588]

Au Bénin, les actions du programme LUTRENA ont un résultat assez mitigé, au regard du constat sur le terrain. La principale certitude de la réussite des actions menées reste, comme nous l'avons déjà mentionné, l'amélioration du cadre normatif et la coopération régionale. Sans oublier que cela rentre également dans le domaine d'actions d'autres organisations telles que l'UNICEF. Cependant, il est important de mentionner que ce cadre normatif manque encore d'effectivité.

Pour exemple, le bureau OIT au niveau du ministère du Travail, en début de rentrée scolaire en octobre 2011, avait déclenché une action à l'encontre des enfants qui traînaient dans les rues de Cotonou ou vendeurs au marché Dantokpa.[589] Il s'agissait de récupérer ces enfants pour prendre des mesures afin qu'ils retrouvent le chemin de l'école, comme le prévoient les textes. L'action menée avec la collaboration du commissariat du marché Dantokpa n'a malheureusement pas abouti. Pour cause, après avoir récupéré les enfants en âge d'aller à l'école, il s'est posé le problème de leur prise en charge avant de retrouver les parents. Face à ce problème,

---

587 OIT, LUTRENA document PDF en ligne sur le site officiel de l'OIT. www.ilo.org

588 www.ilo.org/public/french/ region/afpro /yaounde /mdtyaounde/tc/ lutrena.htm# Activit% C3%A9s% 20sous-r%C3%A9gionales.

589 Dantokpa est le plus grand marché du Bénin avec une réputation internationale.

l'objectif initial n'a pu être atteint et les enfants ont été relâchés comme si de rien n'était et sans retrouver le chemin de l'école.[590]

Ce cas d'échec n'est pas isolé, et témoigne du manque de planification, dans le cadre des actions à mener, des mesures a priori et a posteriori nécessaires pour la réussite des actions menées sur le terrain. Ainsi, hormis le renforcement des normes au plan national et le renforcement de la coopération entre les États au plan régional, il est difficile de dire que les actions menées sont efficaces. Quoique de notre point de vue, le renforcement des normes et la coopération ne doivent pas nécessiter un grand investissement financier, il a fallu mettre les États parties face à leur responsabilité au regard des conventions ratifiées.

II- L'UNESCO

À première vue, on peut se demander l'intérêt qu'il y a à aborder l'Organisation des Nations unies pour l'éducation, la science et la culture (UNESCO) dans une recherche qui porte sur la traite des enfants. Et pourtant, à travers les missions qu'elle s'est assignées, l'organisation doit directement ou indirectement jouer un rôle non négligeable dans la protection des droits de l'enfant en général et la lutte contre la traite des enfants en particulier.

À travers la signature de la Convention de l'UNESCO, les États s'engagent à assurer à tous le plein et égal accès à l'éducation, la libre poursuite de la vérité objective et le libre échange des idées et des connaissances, décident de développer et de multiplier les relations entre leurs peuples en vue de mieux se comprendre et d'acquérir une connaissance plus précise et plus juste de leurs coutumes respectives.[591] Ainsi, à travers son engagement pour l'éducation, l'UNESCO doit jouer un rôle déterminant dans la lutte contre la traite des enfants. L'accès à l'éducation n'est-il pas l'un des droits essentiels dont les enfants victimes de traite sont privés ? Pour mieux comprendre le rôle qui doit être celui de l'UNESCO dans la lutte contre la traite des enfants, nous abordons d'abord la mission qui est la sienne et ensuite ses actions en matière de protection des enfants.

---

[590] Cette expérience nous a été rapportée par le responsable du bureau OIT du ministère du Travail.

[591] Déclaration des États dans la Convention instituant l'UNESCO.

A- LA MISSION DE L'UNESCO

L'UNESCO a pour objectif de contribuer au maintien de la paix et de la sécurité en resserrant, par l'éducation, la science et la culture, la collaboration entre nations, afin d'assurer le respect universel de la justice, de la loi, des droits de l'homme et des libertés fondamentales que la Charte des Nations unies reconnaît à tous les peuples sans distinction de race, de sexe, de langue ou de religion.[592] Aujourd'hui, à travers sa mission générale, elle œuvre dans le domaine de la protection des enfants, à travers les conventions du système des Nations unies et à travers des normes juridiques qu'elle a adoptées en son sein.

Pour atteindre son but, elle « imprime une impulsion vigoureuse à l'éducation populaire et à la diffusion de la culture : en collaborant avec les États membres qui le désirent pour les aider à développer leur action éducatrice ; en instituant la collaboration des nations afin de réaliser graduellement l'idéal d'une chance égale d'éducation pour tous, sans distinction de race, de sexe, ni d'aucune condition économique ou sociale. »[593] Ainsi, l'éducation pour tous est au cœur de l'action de l'UNESCO.

De façon plus spécifique et détaillée, aux termes de l'article 1 alinéas a, b, c de la Convention l'instituant, l'UNESCO a pour mission, entre autres :

- D'imprimer une impulsion vigoureuse à l'éducation populaire et à la diffusion de la culture : en collaborant avec les États membres qui le désirent pour les aider à développer leur action éducatrice ; en instituant la collaboration des nations afin de réaliser graduellement l'idéal d'une chance égale d'éducation pour tous, sans distinction de race, de sexe, ni d'aucune condition économique ou sociale ; en suggérant des méthodes d'éducation convenables pour préparer les enfants du monde entier aux responsabilités de l'homme libre.

- Aider au maintien, à l'avancement et à la diffusion du savoir : en veillant à la conservation et protection du patrimoine universel de livres, d'œuvres d'art et d'autres monuments d'intérêt historique ou scientifique, et en recommandant aux peuples intéressés des conventions internationales à cet effet ; en encourageant aussi, la coopération entre nations dans toutes les branches de l'activité intellectuelle, l'échange international de représentants de l'éducation, de la science et de la culture ainsi que celui de publication, d'œuvre d'art, de matériel de laboratoire et de toute

---

[592] www.unesco.org/archives/new2010/fr/histoire_unesco.html

[593] www.unesco.org/archives/new2010/fr/histoire_unesco.html

documentation utile appropriés à l'accès de tous les peuples à ce que chacun d'eux publie.

En matière d'éducation, l'UNESCO a pour mission principale d'œuvrer pour faire de l'éducation pour tous, une réalité.

B- La protection des enfants par l'UNESCO[594]

L'UNESCO à travers ses normes offre, sans doute, une protection juridique aux enfants. Dans ce cadre, nous nous référons d'abord à la convention concernant la lutte contre la discrimination dans le domaine de l'enseignement, adoptée par la Conférence générale de l'UNESCO le 14 décembre 1960 et à laquelle le Bénin est partie depuis le 9 juillet 1963, la Recommandation sur l'éducation pour la compréhension, la coopération et la paix internationales et l'éducation relative aux droits de l'homme et aux libertés fondamentales, adoptée par la Conférence générale à sa 18e session le 19 novembre 1974 à Paris, le Cadre d'action de *Dakar-L'éducation* pour tous : tenir nos engagements collectifs, adoptés par le Forum mondial sur l'éducation à Dakar, Sénégal, du 26 au 28 avril 2000.

À travers ces normes, et particulièrement la convention concernant la lutte contre toute discrimination, les États parties s'engagent à prendre les mesures pour éliminer toutes les formes de discrimination dans l'enseignement et œuvrer pour que l'accès à l'éducation pour tous sur leur territoire soit une réalité. Mais lorsqu'on sait que la non-scolarisation des enfants est un facteur qui favorise leur traite, l'organisation peut contribuer à freiner ce phénomène. Car, comme il est écrit sur son site :

> L'éducation est la clé de la prévention du travail des enfants, alors qu'à l'inverse, le travail des enfants est un obstacle à l'éducation. L'accès universel à l'éducation – plus particulièrement à une éducation de bonne qualité, gratuite, obligatoire et assurée jusqu'à l'âge minimal d'admission à l'emploi – est un facteur critique de la lutte contre l'exploitation économique des enfants. À travers ses programmes, l'UNESCO aide les enfants à acquérir une éducation de base et à les scolariser dans le primaire et le secondaire, afin qu'ils soient moins vulnérables et ne soient une proie pour le travail des enfants.[595]

Mais malgré son engagement en matière d'éducation, et la reconnaissance de son importance dans la lutte contre l'exploitation des

---

594 www.unesco.org/new/fr/education/themes/leading-the-international-agenda/right-to-education/normative-action/standard-setting/

595 www.unesco.org/new/fr/education/themes/strengthening-education-systems/inclusive-education/child-workers/

enfants, l'UNESCO nous a semblé quasi absente dans la lutte contre la traite des enfants au Bénin.[596]

En somme, les actions menées par les organisations du système des Nations unies au Bénin sont très loin de venir à bout de la traite des enfants dans ce pays. Cette situation découle du fait que d'une part, les actions menées ne répondent pas aux mesures nécessaires pour lutter efficacement contre la traite des enfants et d'autre part, aux actions dispersées des acteurs sur le même problème. En ce qui concerne l'inadéquation des actions menées sur le terrain, nous pouvons relever par exemple, le processus de rapatriement et de prise en charge et la réinsertion des enfants victimes de traite, présenté plus haut, le financement des ONG pour la prise en charge des enfants victimes de traite ou enfants vulnérables, ou le financement de construction de centres d'accueil pour les ONG.[597] Ce mode de fonctionnement met les ONG au cœur de la protection des enfants, au point de donner l'impression que ce sont plutôt les actions des ONG qui sont accompagnées au détriment de celles de l'État dans la mise en place de mesures durables de protection de l'enfant. En effet, sur ce point, l'Organisation des Nations unies pour l'enfance, avec les autres organismes des Nations unies, auraient pu être efficaces dans la lutte contre la traite des enfants :

- s'ils accompagnent les gouvernants dans la construction de centres d'accueil publics et en formant le personnel adapté pour le fonctionnement de ces centres. Ainsi, outre l'existence de cadre adéquat pour accueillir les enfants vulnérables, cette démarche aurait pour avantage de responsabiliser progressivement le gouvernement dans la prise en charge et la gestion desdits centres dont le personnel sera, à terme, composé d'agents publics ;
- s'ils accompagnent le gouvernement dans l'adoption de lois de protection sociale pour les enfants vulnérables. Cette loi pourrait prévoir, par exemple, la prise en charge des enfants vulnérables, exploités de rue ou dans la rue et victimes de traite par l'État. Ainsi, les enfants en âge d'aller à l'école seraient remis dans le système scolaire et ceux plus âgés mis en formation professionnelle, sous la responsabilité de l'État et progressivement sous la responsabilité des Communes si possible. Cela leur procure la protection de remplacement qu'impose la CDE d'une part,

[596] Il nous faut cependant mentionner qu'en 2007, l'UNESCO a publié une étude sur « La traite des personnes au Bénin : Facteurs et recommandations », Document stratégique série pauvreté n°14.3, Paris, UNESCO, 2007.

[597] Selon les informations du chargé de programme de l'ONG APEM à Parakou, un projet de centre d'accueil serait en exécution. V. liste des interviews Int.66.

et favorise l'application de la loi sur le déplacement illégal et la traite des enfants au Bénin, afin de sanctionner les parents cupides.

- s'ils orientent les actions avec les ONG locales vers les situations d'urgence ou les formations et sensibilisations. En effet, les Organisations non gouvernementales ont l'avantage d'être souvent plus proches des populations à la base, et elles seront plus efficaces pour les actions à court terme.

Ces suggestions peuvent, si elles sont mises en œuvre, apporter des solutions plus efficaces au problème de la lutte contre la traite des enfants.

Cependant, il faut reconnaître que cette démarche n'engrange pas de résultats immédiats. Elle nécessite du temps et de la patience pour obtenir des résultats durables, et mettre effectivement les enfants à l'abri des problèmes comme la traite des enfants. Et c'est là, justement, ce qui semble poser problème aux organisations de protection sur le terrain. Elles donnent l'impression de préférer les actions à résultats immédiats pour contenter les donateurs dans leurs rapports. Or, l'obtention de résultats rapides les amène à agir en surface et laisser le mal qu'elles veulent guérir s'aggraver en profondeur.

Dès lors, on est en droit de se poser la question de savoir ce qui importe réellement. Est-ce la satisfaction des donateurs au détriment de la résolution des problèmes sur le terrain ?

Il nous semble que la résolution des problèmes sur le terrain doit être la priorité. Et si les donateurs n'ont pas la patience qu'il faut pour cela, mieux vaut avoir un seul qui vous permette de résoudre un pan du problème, que d'avoir des centaines qui ne vous laissent pas prendre le temps et les mesures pour régler, ne serait-ce qu'un pan de ce problème. Ceci est d'autant valable pour le système des Nations unies, les partenaires techniques et financiers, que pour les États « bénéficiaires ».

C'est donc à juste titre que Ban Ki-mOON, actuel Secrétaire général de l'Organisation des Nations unies, déclare que : "*The true measure of the success for the United Nations is not how much we promise, but how much we deliver for those who need us most.*"[598]

Mais au fond l'Organisation les Nations Unies n'ignore pas le malaise que posent les actions de ses organismes sur le terrain. En effet, dans le

[598] « Ce n'est pas à ce que nous promettons que se mesure notre réussite, mais à ce que nous faisons pour ceux qui ont le plus besoin de nous. » (Traduction française des NU) Déclaration de Ban Ki-mOON à l'AG lors de son élection au poste de Secrétaire général des Nations unies.

document final du sommet mondial à New York en 2005, les États membres des Nations unies ont « reconnu la nécessité de saisir l'occasion offerte par les réformes en cours pour assurer dans les pays une présence des Nations Unies qui soit plus efficace et cohérente et qui produise de meilleurs résultats. ». [599] Dans ce contexte, un groupe « d'experts de haut niveau » a été mis en place sous la coprésidence de trois premiers ministres[600] désignés par le secrétaire général (SG) des Nations unies. Suite au travail accompli par le groupe des « experts de haut niveau », le rapport intitulé *Unis dans l'action* ou *One UN* a été transmis au SG des Nations unies, Koffi ANNAN, le 9 novembre 2006.[601] Ce rapport a mis en évidence les forces et les faiblesses du système des Nations unies, et appelle à d'audacieuses réformes qui sont incontournables si l'on veut que le système des Nations unies exécute ses mandats avec plus d'efficacité et réagisse mieux face à l'aggravation des problèmes existants et aux nouveaux défis qui surviennent.[602]

Ainsi, cinq recommandations ont été faites dans le rapport :

- cohérence et regroupement des activités des Nations unies à tous les niveaux (pays, régions, sièges), conformément au principe de la prise en main des programmes par les pays ;
- création de mécanismes appropriés de gouvernance, de gestion et de financement rendant possible et facilitant ce regroupement, et subordination du financement des organismes à l'efficacité de leur action et à leurs réalisations ;
- révision complète des pratiques de fonctionnement, visant à centrer l'attention sur les effets escomptés, l'adaptation aux besoins et la production de résultats, le tout mesuré à l'aune de la réalisation des objectifs du Millénaire pour le développement ;
- recherche d'autres possibilités intéressantes concernant le regroupement des activités et l'application effective du principe de l'unité d'action, grâce à une étude approfondie de la question ;

---

[599] Extrait de la note du Secrétaire général de Nations Unies, Koffi ANNAN, v. Doc Nations Unies, Assemblée générale, A/6/583 du 20 novembre 2006, p. 1.

[600] Les trois premiers ministres désignés étaient : celui de la Norvège, Jens STOLTENBERG ; celui du Mozambique, Luísa Dias DIOGO et le celui du Pakistan, Shaukat Aziz. Le « groupe de Hauts experts » étaient composé d'anciens Présidents et chefs de gouvernement, de responsables d'agences et d'organismes de développement, etc.

[601] V. le rapport: "Delivering as One. Report of the Secretary-General's High-Level Panel", disponible sur le site des Nations unies.

[602] V. Lettre des coprésidents du « groupe de haut niveau », doc. Nations unies, Assemblée générale, A/6/583 du 20 novembre 2006, p.6.

- passage à l'action sans retard, mais non à la hâte ou sans préparation, sans quoi les changements risqueraient de ne pas être réels et de ne pas durer.[603]

Outre les problèmes que posent les actions des organismes du système des Nations unies, il reste à mentionner les difficultés qui résultent des mécanismes de protection des droits de l'enfant, notamment les organes de surveillance et de suivi.

[603] Doc. Nations unies, Assemblée générale, A/6/583 du 20 novembre 2006, *op cit.,* p.9.

CHAPITRE 2

LES DIFFICULTÉS RÉSULTANT DU MÉCANISME INTERNATIONAL DE PROTECTION DES DROITS DE L'ENFANT ET APPROCHE DE SOLUTION

Dans ce chapitre nous abordons la question des organes de protection des conventions relatives aux droits de l'enfant : la Convention des Nations unies relative aux droits de l'enfant (CDE) au niveau des Nations unies et la Charte africaine des droits et du bien-être de l'enfant (CADBE) au niveau de l'Union africaine. Hormis ces organes de protection, il est également question des organes juridictionnels pouvant connaître de la violation des droits de l'enfant, tant au plan international que régional.

SECTION 1 : DE L'INEFFICACITÉ DES ORGANES DE PROTECTION

Veiller à la mise en œuvre des conventions relatives aux droits de l'enfant, auxquelles les États sont signataires, participe du rôle assigné aux organes des conventions relatives aux droits de l'enfant. En ce qui concerne la Convention des Nations unies relative aux droits de l'enfant et la Charte africaine des droits et du bien-être de l'enfant, on remarque la création des organes de suivi à l'article 43 de CDE : le Comité des droits de l'enfant et à l'article 32 de CADBE : le Comité des Experts africains. Mais au regard de la situation des droits de l'enfant dans le monde aujourd'hui, il semble que ces organes soient en difficulté pour assurer l'effectivité des conventions relatives à ces droits sur le territoire des États parties. Dès lors, un approfondissement du rôle de ces organes s'impose pour mettre en relief leurs insuffisances.

Ainsi nous allons aborder dans un premier paragraphe, le Comité des droits de l'enfant et les faiblesses de sa mission et dans un second paragraphe, celui du Comité des Experts africains.

PARAGRAPHE 1 : LE COMITÉ DES DROITS DE L'ENFANT ET LES FAIBLESSES DE SA MISSION

Le Comité des droits de l'enfant des Nations unies a été institué par l'article 43 de la CDE qui dispose : « Aux fins d'examiner les progrès accomplis par les États parties dans l'exécution des obligations contractées par eux en vertu de la présente Convention, il est institué un Comité des droits de l'enfant [...] ». Aux termes de l'article 43 de la CDE, le Comité des droits de l'enfant est constitué de dix (10) experts élus par les États parties à la Convention parmi les ressortissants de leurs pays. Mais actuellement, dix-huit (18) membres constituent le Comité.[604] Ils sont élus pour une durée de quatre ans, lors d'un scrutin secret, et siègent à titre personnel pendant la durée de leur mandat. Ils perçoivent des émoluments qui sont prélevés des ressources des Nations unies.[605] Aux termes de l'article 44 de la convention, les États parties ont l'obligation de leur soumettre des rapports sur les mesures prises au plan interne pour la mise en œuvre de la convention.

I- LE COMITÉ DANS UN RÔLE D'« ACCOMPAGNATEUR » DES ÉTATS PARTIES

Comment amener les États parties à la Convention des Nations unies relative aux droits de l'enfant et ses protocoles à respecter leurs engagements ? Le Comité des droits de l'enfant, en tant qu'organe de suivi et de mise en œuvre des conventions qui relèvent de sa compétence,[606] n'a pas pour mission de jouer les gendarmes derrière les États parties. Il les accompagne dans le processus de mise en œuvre à travers une relation de dialogue (A) et d'évaluation de l'état des conventions sur leur territoire : la présentation de rapport (B).

A- LA QUESTION DE LA PROMOTION D'UN DIALOGUE CONSTRUCTIF

Pour promouvoir l'application des droits de l'enfant par les États parties, le Comité des droits de l'enfant, conformément à la mission qui lui est assignée, accompagne les États dans la mise en œuvre des conventions qui relèvent de sa compétence. Dans ce cadre, il explique et clarifie le

---

[604] Le Comité des droits de l'enfant a été constitué de 10 membres jusqu'à l'élection du 10 février 2003 où le nombre est passé à 18 membres. Cf. www.2.ohchr.org/english/bodies/crc/members.htm

[605] Les al.3 et 6 de l'art. 43 de la CDE.

[606] Référence est faite ici à la Convention des Nations unies relative aux droits de l'enfant et ses trois protocoles.

contenu de la convention relative aux droits de l'enfant de façon à amener les États à comprendre telle ou telle autre disposition de la convention. Ainsi ont été élaborées des « Observations générales » sur des mesures d'application de la convention. Nous prendrons ici l'exemple de l'Observation générale (OG) n° 5 portant sur les mesures d'application générales des articles 4, 42, et 44 de la CDE, établie par le Comité lors de la trente-quatrième session en 2003.[607]

Le choix porté sur l'OG n °5 découle du fait qu'elle a levé le voile sur des points importants de la CDE. D'abord, le Comité a clarifié les obligations des États parties sur les mesures à prendre pour l'application de la Convention,[608] ensuite il a tranché en ce qui concerne la problématique de la justiciabilité de tous les droits de l'enfant[609] et par conséquent, il pose la règle de la justiciabilité des droits de l'enfant, y compris les droits sociaux, économiques et culturels. [610]

De façon générale, le Comité des droits de l'enfant a, à travers les OG n° 5, livré aux États le contenu des dispositions abordées, et la portée des notions clés tout en leur indiquant les mesures et démarches à adopter pour accomplir les obligations qui découlent de la ratification de la CDE et de ses deux premiers protocoles facultatifs.

Cette démarche du Comité, que nous qualifions ici de pédagogique, a pour avantage de clarifier le contenu de la convention relative aux droits de l'enfant, dont nous avons montré le caractère vague et trop général de certains points qui servent de prétexte pour la méconnaissance de sa justiciabilité. De même, la question de la coopération internationale dans le cadre de la Convention des Nations unies relative aux droits de l'enfant n'a pas été occultée. Il est rappelé aux États d'en faire un outil pour l'effectivité des droits de l'enfant.[611] Parlant de la coopération internationale dans ce domaine, il faut rappeler que l'aide au développement des pays développés est fixé à 0,70 % du PIB, mais en

---

607 Doc. Nations Unies, CRC/GC/2003/5 du 27 novembre 2003, 23 p., disponible sur le site des Nations Unies, www.un.org

608 V. point introductif du doc. CRC/GC/2003/5, p. 2 et suivantes.

609 Point V du doc. CRC/GC/2003/5, p. 8.

610 V. pour exemples les arrêts (France): Cour cass., Chambre civ. N° 02-16336 Du 18 mai 2005 et cour cass., Chambre soc. N°05-40876 du 16 décembre 2008.

611 V. point sur la coopération avec la société civile, p.15 et suivantes, doc, CRC/GC/2003/5.

2003 et en 2004, elle n'était que 0,25 %.[612] Ce qui amène à dire que, l'aide au développement peine à atteindre le seuil fixé par les États au niveau des Nations unies. Mais, en dépit, de ce constat, l'on ne saurait imputer la situation des droits de l'enfant en Afrique, notamment au Bénin, à la faiblesse du financement au développement. En réalité, et comme il a été, maintes fois, mentionné dans ce travail, la mauvaise gestion des ressources et le manque de vision des dirigeants des pays africains, perçus comme ayant besoin de l'aide au développement, sont les éléments clés qui handicapent la mise en place de politiques protectrices des droits de l'enfant sur le continent africain en général et au Bénin en particulier.

Dans un tel contexte, avoir un dialogue constructif avec les États revient à les convaincre de l'importance de la mise en œuvre des droits de l'enfant, non pas pour la communauté internationale, mais pour leur propre avenir. Ainsi, ce qui doit être une priorité pour tout dirigeant soucieux du devenir de son peuple, devient un poids pour les dirigeants africains qui semblent n'avoir pas compris que l'enfant est l'avenir de la nation et qu'un enfant bien élevé est une richesse pour la nation dans sa globalité. Et s'« il n'y a de richesse que d'homme »,[613] il faut que ce dernier aie reçu une éducation et une formation pouvant lui permettre d'enrichir sa nation.

Le Comité des droits de l'enfant, n'ayant pas un pouvoir coercitif, ne peut donc jouer son rôle en espérant trouver une oreille attentive auprès des dirigeants des pays où les enfants subissent, encore aujourd'hui, de graves violations de leurs droits. Cette mission, dans la pratique, se traduira essentiellement par le suivi de la mise en œuvre de la CDE et ses deux premiers Protocoles facultatifs à travers une démarche de présentation des rapports par les États parties.

B- DE LA PRÉSENTATION DES RAPPORTS

La ratification de la Convention des Nations unies relative aux droits de l'enfant et de ces deux premiers protocoles engage l'État partie à soumettre un rapport au Comité des droits de l'enfant,[614] d'abord dans les deux premières années qui suivent la ratification des conventions (rapports initiaux), et ensuite tous les cinq ans (rapports périodiques). Ainsi, tous les États parties doivent présenter au Comité des droits de l'enfant un rapport

---

612 Nations unies, (A/59/822) Assemblée générale, cinquante-neuvième session, *Mise en œuvre et suivi des textes issus de la Conférence internationale sur le financement du Développement,* du 1er juin 2005, 19 p., p. 12.

613 HOUNGBEDJI, Adrien (2005). *Il n'a de richesse que d'hommes.* Paris : Archipel.

614 Art. 44 de la CIDE, art. 12 du Protocole facultatif relatif à la vente des enfants et art. 8 du Protocole facultatif relatif à l'implication des enfants dans les conflits armés.

initial, deux ans après l'entrée en vigueur de la convention et ensuite tous les cinq ans, un rapport périodique.

Deux documents ont été élaborés par le Comité dans le cadre de la présentation des rapports : Les Directives générales concernant la forme et le contenu des rapports initiaux[615] et les Directives générales pour les rapports périodiques.[616]

À travers les Directives générales concernant la forme et le contenu des rapports initiaux, le Comité des droits de l'enfant explique l'importance et la finalité de la présentation de rapports par les États parties sans oublier les informations attendues par le Comité dans le rapport initial. Tous les droits de la CDE doivent être pris en compte dans le rapport, mais le Comité les a regroupés en sept (7) points :

- les mesures d'application générales ;
- la définition de l'enfant ;
- les libertés et droits civils ;
- le milieu familial et la protection de remplacement ;
- la santé et le bien-être ;
- l'éducation, les loisirs et les activités culturelles ;
- les mesures spéciales de protection de l'enfance.

Des informations concernant le cadre législatif, les données statistiques, les mesures prises ou à envisager pour le respect de la CDE sont aussi contenues dans les Directives.[617]

En ce qui concerne les Directives générales pour les rapports périodiques, le même regroupement des droits de l'enfant, en sept points, a été effectué. Ce qui nous amène à en déduire que c'est le modèle à suivre pour la présentation des rapports étatiques au niveau du Comité. Ceci étant, le document est beaucoup plus détaillé et plus volumineux (51 pages) que celui des rapports initiaux (08 pages). Pour cause, il est plus explicite sur les points spécifiques qui doivent être abordés par les États dans les rapports. Ainsi par exemple, il est demandé aux États de fournir des renseignements sur les mesures prises pour donner suite aux Observations finales du Comité à l'étude d'un précédent rapport soumis par l'État.[618] Nous reviendrons plus loin sur le point des Observations finales du Comité.

---

615 Doc. Nations unies, CRC/C/5 du 30 octobre 1991, 8 p.
616 Doc. Nations unies, CRC/C/58 du 20 novembre 1996, 51 p.
617 Doc. Nations unies, CRC/C/5, op. cit. Pour plus de détails sur chaque rubrique.
618 Point 6 du document portant directives.

Il ressort de ces deux documents que le Comité des droits de l'enfant a mis en place le canevas pouvant lui permettre de recueillir des informations à même de l'amener à pouvoir évaluer la situation des droits de l'enfant dans l'État partie. Mais ce cadre de déroulement du suivi de mise en œuvre de la CDE semble insuffisant pour assurer une protection effective des enfants dans les États, qui n'avaient pas un système protecteur des droits de l'enfant avant leur engagement à la Convention.

II- Une procédure non contentieuse d'évaluation et de recommandations

Nous abordons dans ce point, le rôle de suivi de mise en œuvre par le Comité à travers les rapports qui lui sont présentés (A) d'une part, et analysons l'impact de ses recommandations aux États (B), d'autre part.

A- Le rôle de suivi à travers la présentation des rapports

Comme il a été précédemment mentionné, chaque État partie à la Convention relative aux droits de l'enfant a l'obligation de soumettre deux ans après l'entrée en vigueur de la Convention à son égard, un premier rapport (rapport initial) et ensuite un rapport tous les cinq ans (rapport périodique). La Convention est entrée en vigueur le 2 septembre 1990, conformément au paragraphe 1er de son article 49.[619] En ce qui concerne le Bénin, elle est entrée en vigueur le 2 septembre 1990. Dès lors, le rapport initial du Bénin devrait être soumis en 1992. Mais le Bénin qui devrait soumettre son rapport initial en 1992 l'a transmis le 22 janvier 1997[620] . Pour ce qui est du rapport périodique devant être soumis en 1997, il ne l'a été que le 20 avril 2005.[621] Pour les autres États, les données sont disponibles sur le site du Haut-commissariat aux droits de l'homme.[622]

De façon générale, après plus de deux décennies d'activité, on note d'une part, le retard des États dans la transmission des rapports attendus par le Comité et, d'autre part, le retard dans l'examen des rapports par le Comité. En effet, malgré les retards de transmission des rapports par les États, le Comité des droits de l'enfant peine à étudier les rapports à temps. Selon le rapport 2012 du Comité,[623] les difficultés liées à l'examen des rapports ont été mentionnées. Ainsi pouvons-nous lire aux paragraphes 40,

---

619 Il ressort du paragraphe 1er de l'art. 49 que la Convention entre en vigueur trente jours après le dépôt du vingtième instrument de ratification ou d'adhésion.

620 Doc. Nations unies, CRC/C/3/Add.25 du 4 juillet 1997.

621 Doc. Nation unies, CRC/C/BEN/2 du 24 novembre 2005.

622 www.ohchr.org

623 Doc. Nations unies, A/67/41, New York, 2012.

41 et 42 dudit rapport que, suite aux difficultés liées à l'examen des rapports, le Comité avait demandé, en 2008, à l'Assemblée générale de l'ONU, l'autorisation de se réunir en deux chambres pendant quatre sessions.[624] L'autorisation reçue avait permis, selon le rapport, d'accélérer l'examen des rapports pour réduire le nombre de rapports en souffrance. Mais depuis la fin des deux chambres lors des sessions, en 2010, le Comité craint que le nombre de rapports en souffrance ne s'accentue.[625]

Cette situation met en évidence les difficultés du Comité à jouer efficacement son rôle d'examen des rapports des États parties à la Convention relative aux droits de l'enfant. Cette situation peut décourager davantage les États à soumettre leurs rapports dans les délais prévus. Et si la situation perdure, on peut craindre un impact sur le respect des obligations conformément à l'article 44 de la Convention relative aux droits de l'enfant.

De ce qui précède, il est primordial que l'Assemblée générale prenne des mesures qui s'imposent pour donner les moyens au Comité afin que ce dernier puisse jouer efficacement son rôle en matière d'examen des rapports. Ne pas le faire s'apparente à un encouragement des États à ne pas prendre au sérieux le rôle du Comité des droits de l'enfant sur cette importante question.

B- LES RECOMMANDATIONS DU COMITÉ À L'ISSUE DE LA PRÉSENTATION DES RAPPORTS PAYS

Après l'examen des rapports par le Comité des droits de l'enfant, des recommandations sont faites aux États, à travers les « observations finales », pour remédier aux insuffisances relevées par le Comité dans les rapports examinés. Mais le problème qui se pose avec cette démarche est que les recommandations n'ont aucun caractère obligatoire pour l'État à qui elles sont faites. En effet, la recommandation est définie comme une invitation à agir dans un sens déterminé sans pour autant avoir de caractère contraignant.[626] C'est aussi une note invitant son destinataire à agir d'une manière spécifique et lorsqu'elle s'adresse à l'État, elle n'a pas de force obligatoire.[627] Ainsi, les recommandations faites par le Comité des droits de l'enfant ne sont prises en compte que si l'État en question en a la volonté. Ce qui nous ramène, comme nous l'avons vu dans ce travail, à la

---

[624] Para. 40 rapport 2012 CRC.
[625] Para.41 rapport 2012 CRC.
[626] CORNU, Gérard (2011). *Vocabulaire juridique.* Paris : PUF. p. 854.
[627] *Ibid.*

problématique du non-respect des engagements des États parties aux droits de l'homme en général et particulièrement dans leurs aspects économiques, sociaux et culturels. Mais en dehors du fait que les recommandations du Comité n'ont pas un caractère contraignant, elles sont toutes aussi vagues que les dispositions de la CDE. Et pourtant, elles s'adressent à un État spécifique au niveau duquel des problèmes liés aux droits de l'enfant sont identifiés. Le cas du Bénin nous édifie, une fois de plus, sur ce point. En effet, après l'examen du rapport initial du Bénin en 1999 par le CRC, des observations finales ont été adoptées par le Comité.[628] De ces observations, nous avons retenu quelques-unes qui nous sont apparues pertinentes pour notre sujet :

> - Le Comité est préoccupé par l'absence de politiques et de programmes destinés à fournir une orientation et une aide aux parents dans l'exercice de leurs responsabilités parentales. Le Comité recommande à l'État partie de s'efforcer de mettre en place des politiques et des programmes visant à fournir une orientation et une aide aux parents et à leur permettre d'améliorer leurs capacités parentales.
> - Le Comité recommande à l'État partie d'élaborer des programmes supplémentaires en vue de favoriser les solutions de remplacement telles que le placement en famille nourricière, d'assurer une meilleure formation aux travailleurs sociaux et de mettre en place des mécanismes indépendants chargés de superviser l'action des établissements d'accueil et de recevoir des plaintes à l'encontre de ceux-ci. Il est également recommandé à l'État partie d'intensifier ses efforts pour assurer une aide aux parents, notamment sous forme de formation, afin de les dissuader d'abandonner leurs enfants. [629]
> - Le Comité encourage l'État partie à améliorer ses mécanismes de surveillance pour garantir à la législation du travail de protéger les enfants contre l'exploitation économique, en particulier les enfants employés comme travailleurs domestiques, ouvriers agricoles et apprentis[630] .
> - Compte tenu de l'article 35 et des autres articles pertinents de la Convention, le Comité recommande à l'État partie d'examiner le cadre juridique national et de renforcer les mesures d'application de la loi ainsi que d'intensifier ses efforts pour susciter une prise de conscience parmi les collectivités, en particulier dans les zones rurales. La coopération avec les pays voisins par les moyens d'accords bilatéraux à

---

[628] Doc. Nations unies, CRC/C/15/Add.106 du 24 août 1999.

[629] Les deux dernières phrases du para. 21 des observations finales, Doc. Nations unies, CRC/C/15/Add.106 du 24 août 1999.

[630] Para. 30, CRC/C/15/Add.106, *op. cit.*

empêcher le trafic dans les zones frontalières est vivement encouragée.[631]

À la lecture de ces différents points, les mêmes reproches pourraient être faits aux recommandations du CRC qu'aux formulations des droits contenus dans la convention relative aux droits de l'enfant, notamment ceux identifiés comme étant à réalisation progressive. Sans compter que les mêmes recommandations sont revenues après l'examen du deuxième rapport périodique du Bénin en 2005, dans les observations finales du 20 octobre 2006.[632] En occurrence dans les points en rapport avec l'environnement familial et la protection de remplacement.[633] Ainsi peut-on y lire : « Le Comité exprime à nouveau sa préoccupation face au nombre élevé d'enfants ayant besoin d'une protection de remplacement, à l'insuffisance de la capacité des structures de protection de remplacement et au manque de soutien pour les structures existantes. »[634]

Malgré les inquiétudes du CRC et ses recommandations à l'État béninois, les questions de la protection de remplacement des enfants et de l'assistance aux familles, notamment les plus vulnérables, n'ont pas encore trouvé de réponses favorables. Par conséquent, on peut en déduire que cette situation découle d'une faiblesse du rôle du CRC dans la mise en œuvre de la convention relative aux droits de l'enfant et de ses propres recommandations.

Tout comme le système des Nations unies, le continent africain s'est doté d'un organe de suivi et de mise en œuvre de la Charte africaine des droits et du bien-être de l'enfant : *le Comité africain des experts.*

PARAGRAPHE 2 : LE RÔLE DU COMITÉ DES EXPERTS AFRICAINS DANS LE SUIVI DE LA CADBE

Tout comme les Nations Unies, l'Union africaine a mis en place un Comité pour assurer le suivi de la Charte africaine des droits et du bien-être de l'enfant (CADBE) : *Le Comité africain des experts* (CAE). Aux termes de l'article 32 de la CADBE, le Comité africain des experts a pour mission de promouvoir et de protéger les droits et le bien-être de l'enfant au niveau des États parties.

---

631 Para.33, *idem.*
632 Doc. Nations unies, CRC/C/BEN/CO/2 du 20 octobre 2006.
633 Doc. *op. cit.,* p.10.
634 Para. 42, doc observations finales 2006, *op. cit.*

Pour mieux appréhender le rôle du CAE dans la protection des droits de l'enfant en Afrique, nous abordons, dans ce paragraphe, le rôle du Comité dans la promotion et la protection des droits de l'enfant au regard de la CADBE dans un premier point (I), avant d'aborder son rôle de suivi et de mise en œuvre de la Charte par les États parties (II).

I- Du rôle du Comité en matière de promotion et de protection des droits consacrés par la CADBE

Il est question dans ce point, des attributions du Comité dans la promotion et la protection des droits de l'enfant au regard de la CADBE dans un premier temps (A), puis de son fonctionnement pour accomplir ses missions (B).

A- Des attributions du Comité dans la promotion et la protection des droits de l'enfant

L'essentiel des attributions du Comité africain des Experts peut être lu à l'article 42 de la CADBE dont la teneur se présente comme suit :

> Le Comité a pour mission de :
> a) promouvoir et protéger les droits consacrés dans la présente Charte et notamment :
> i) rassembler les documents et les informations, faire procéder à des évaluations interdisciplinaires concernant les problèmes africains dans le domaine des droits et de la protection de l'enfant, organiser des réunions, encourager les institutions nationales et locales compétentes en matière de droits et de protection de l'enfant, et au besoin, faire connaître ses vues et présenter des recommandations aux gouvernements ;
> ii) élaborer et formuler des principes et des règles visant à protéger les droits et le bien-être de l'enfant en Afrique ;
> iii) coopérer avec d'autres institutions et organisations africaines internationales et régionales s'occupant de la promotion et de la protection des droits et du bien-être de l'enfant ;
> b) suivre l'application des droits consacrés dans la présente Charte et veiller à leur respect ;
> c) interpréter les dispositions de la présente Charte à la demande des États parties, des institutions de l'Organisation de l'unité africaine ou de toute autre institution reconnue par cette Organisation ou par un État membre ;
> d) s'acquitter de toute autre tâche qui pourrait lui être confiée par la Conférence des chefs d'État et de gouvernements, par le Secrétaire

général de l'OUA ou par tout autre organe de l'OUA, ou encore par les Nations unies.[635]

Comme on peut le constater à travers l'art. 42 de la CADBE ci-dessus exposé, le Comité africain des experts, dispose d'un large mandat en matière de protection et de promotion des droits de l'enfant dans les États parties. Et on peut, sans risque de se tromper, affirmer que le respect et l'effectivité des prérogatives reconnues au Comité auront sans doute une influence positive sur le respect des droits de l'enfant dans les États parties. Mieux, le Comité des Experts africains dispose du mandat de recevoir des Communications sur les droits et devoirs contenus dans la Charte, et de mener des enquêtes dans les États parties.[636]

Ainsi, au plan normatif, le Comité des experts africains dispose d'un mandat pouvant lui permettre de conduire les États africains, parties à la Charte des enfants, vers l'effectivité des droits de l'enfant au plan régional africain.

Mais la mise en œuvre de ces attributions requiert une organisation devant lui permettre de réussir sa mission. C'est pour cette raison que nous ne pouvons passer sous silence son fonctionnement.

B- Du fonctionnement du Comité

Composé de onze (11) membres[637] élus parmi les candidats présentés par les États parties,[638] le Comité africain des experts tient, conformément à l'article 2 de son Règlement intérieur, deux sessions ordinaires par an. Ses membres, qui sont élus pour un mandat non renouvelable de cinq ans,[639] ont à leur tête un bureau de six personnes comprenant un président, trois vice-présidents, un rapporteur et un vice-rapporteur,[640] tous élus parmi les membres du Comité. En plus de cette équipe dirigeante, le Comité a un secrétaire général, désigné par le président de la Commission de l'UA. Il a pour charge, outre la tenue des archives du Comité, d'assister les experts africains dans l'exercice de leurs fonctions et de servir d'intermédiaire pour les communications avec le Comité.[641]

---

635 Article 42 de la CADBE.

636 Art. 44 et 45 de la CADBE.

637 Art. 33 CADBE et art.11 al. 1er du Règlement intérieur du Comité africain des experts.

638 L'élection est faite par la Conférence des chefs d'État et de gouvernement (art. 34 CADBE). Chaque État partie a la possibilité de présenter deux candidats, mais un seul doit être un ressortissant de son pays. (art.35 CADBE)

639 Art.37 CADBE.

640 Art. 16 Règlement intérieur du CAE.

641 Art. 23, Règlement intérieur CAE.

Les sessions ordinaires du Comité se déroulent sur la base d'un ordre du jour préparé par le secrétaire général,[642] en concertation avec le Président du Comité, sous réserve de validation ultérieure. Le quorum pour la prise des décisions, conformément à l'article 38 du RI, est de 7 membres sur les 11 que compte le Comité et les décisions sont prises à la majorité des deux tiers des membres présents, soit 5 personnes sur les 11 membres que compte le Comité, lorsqu'on considère les sept personnes requises pour la tenue des séances. Alors que les décisions sur les questions de procédure sont adoptées à la majorité simple des membres présents.[643]

Mais l'essentiel du fonctionnement du CADBE repose sur la prise de mesures pour assurer une promotion effective de la Charte de l'enfant et un suivi de sa mise en œuvre par les États parties. Pour cela il doit, conformément à l'article 43 de la Charte, recevoir les rapports des États parties sur l'état des droits de l'enfant sur leur territoire.

Pour plus de clarté dans le rôle joué par le comité dans la pratique, le point suivant en fera cas.

II- Le rôle de suivi et de mise en œuvre de la Charte

La question du suivi et de la mise en œuvre de la Charte va être abordée en deux points. D'abord la soumission des rapports par les États parties et ensuite, les communications au niveau du Comité.

A- La soumission des rapports au Comité africain des experts

Pour évaluer l'état des droits de l'enfant dans les États parties à la Charte des enfants, il faut avoir une connaissance de la situation qui prévaut sur le territoire de l'État concerné. Pour ce faire, l'UA à travers la CADBE, a mis en place le même modèle que les Nations unies en ce qui concerne la CDE : soumission de rapports initiaux puis périodiques.

Ainsi, l'article 43 de la CADBE dispose :

> 1. Tout État partie à la présente Charte s'engage à soumettre au Comité par l'intermédiaire du Secrétaire général de l'Organisation de l'unité africaine, des rapports sur les mesures qu'ils auront adoptées pour donner effet aux dispositions de la présente Charte ainsi que sur les progrès réalisés dans l'exercice de ces droits : CAB/LEG/153/Rev.2.

642 Art. 6 Règlement intérieur CADBE.
643 Art. 52 règlement intérieur du CADBE.

a) dans les deux ans qui suivront l'entrée en vigueur de la présente Charte pour l'État partie concerné ;
b) ensuite, tous les trois ans.
2. Tout rapport établi en vertu du présent article doit :
a) contenir suffisamment d'informations sur la mise en œuvre de la présente Charte dans le pays considéré ;
b) indiquer, le cas échéant, les facteurs et les difficultés qui entravent le respect des obligations prévues par la présente Charte.
3. Un État partie qui aura présenté un premier rapport complet au Comité n'aura pas besoin, dans les rapports qu'il présentera ultérieurement en application du paragraphe 1 a) du présent article, de répéter les renseignements de base qu'il aura précédemment fournis.

De la soumission du rapport, passant par son examen et les recommandations ou observations finales, le processus de soumission des rapports au niveau du CAEDBE s'effectue essentiellement en six points, comme suit :

1- l'État partie fournit son rapport au Comité ;
2- un rapporteur est nominé parmi les membres du Comité ;
3- le rapport de la société civile est fourni au Comité ;
4- un groupe de travail, en pré-session, est tenu durant lequel le Comité établit les thèmes à discuter avec l'État partie ;
5- une session plénière (publique) est tenue durant laquelle le Comité établit les thèmes à discuter avec l'État partie ;
6- le Comité produit des observations finales et recommandations qui devraient être mises en œuvre par l'État partie.

Les rapports soumis par les États doivent se faire conformément aux directives relatives à la soumission des rapports initiaux et des rapports périodiques. Mais il faut noter que seules les directives relatives à la soumission des rapports initiaux sont actuellement disponibles dans ce cadre. Dans le même temps, les États parties à la CADBE semblent avoir du mal à se conformer aux exigences de l'article 43 de ladite Charte qui leur fait obligation de soumettre un rapport initial deux ans après l'entrée en vigueur de la Charte (à l'égard de l'État partie) et ensuite un rapport périodique tous les trois ans. Mais, depuis la mise en place du Comité en 2001 à sa dix-neuvième session en 2012, sur les quarante-six (46) ratifications des États,[644] seuls quinze États[645] parties se sont conformés

[644] État de ratification à la date de 06 novembre 2012. www.acerwc.org

entièrement ou partiellement aux exigences de l'article 43. Parmi les 15 États ayant soumis un rapport, on note que si tous ont soumis le rapport initial, seul le Burkina Faso a soumis un rapport périodique. Et au nombre des rapports initiaux soumis, seuls neuf (09) rapports ont fait l'objet d'observations finales et de recommandations de la part du Comité.[646]

On peut voir à travers ce constat le manque de volonté des États parties à la Charte africaine des droits et du bien-être de l'enfant, à se soumettre aux règles qu'ils ont jugé nécessaire d'élaborer pour la mise en œuvre des droits de l'enfant au plan régional. Et cette situation se fait ressentir sur le rôle de suivi du Comité des experts africains des droits et du bien-être de l'enfant.

Outre, l'examen des rapports des États parties à la CADBE, le Comité est habilité à recevoir des communications sur des cas de violations des droits de l'enfant.

B- De la procédure de communication au niveau du CADBE

La communication est le fait de porter un évènement ou un élément d'information à la connaissance d'un organe de contrôle, d'un groupe de personnes, etc.[647] Mais comme a su bien le dire Jean-Bernard Marie,[648] la communication au niveau des organes de contrôle des droits de l'homme est en réalité une procédure de plainte ouverte devant l'organe en question.

La Charte africaine des droits et du bien-être de l'enfant offre cette possibilité en cas d'allégations de violation des droits de l'enfant dans un État partie. Ainsi dispose-t-elle en son article 44 al.1 que :

> Le Comité est habilité à recevoir des communications concernant toute question traitée par la présente Charte, de tout individu, groupe ou organisation non gouvernementale reconnue par l'Organisation de l'unité africaine [actuellement Union africaine], par un État membre, ou par l'Organisation des Nations unies.

---

645 Burkina-Faso, Cameroun, Égypte, Kenya, Libye, Mali, Mauritanie, Niger, Nigeria, Rwanda, Sénégal, Soudan, Tanzanie, Togo, et Ouganda.

646 Ce point a été fait, le 06 novembre 2012, sur la base des données disponibles sur le site du Comité.

647 CORNU, Gerard « Vocabulaire juridique », *op. cit.,* p. 206.

648 Jean-Marie BERNARD, lors de sa présentation sur « Les fondements historiques et philosophiques de la Convention relative aux droits de l'enfant », dans le cadre du Cours d'été international relatif aux droits de l'enfant, du 8 au 15 août 2012, Université de Moncton, Nouveau Brunswick, Canada.

Cette disposition ouvre la présentation de communication aux victimes potentielles de violations des droits contenues dans la Charte directement ou à travers l'intermédiaire de représentants d'ONG reconnues. Mais à ce jour, seules trois communications ont été introduites devant le Comité africain des experts des droits et du bien-être de l'enfant.[649] Il s'agit de :

- une communication du Centre des Droits humains de l'Université de Pretoria ;
- une communication de l'Institut des droits humains et du développement ;
- et la troisième, de *Open Society' s justice initiative.*

De ces trois communications, le Comité a rendu une décision reconnaissant la violation des droits de l'enfant par l'État du Kenya. Nous reviendrons sur ce cas dans la seconde section de ce chapitre. Mais comme nous le verrons plus loin, cette communication a été introduite par deux organisations non gouvernementales (L'institut des droits humains en Gambie et *Open Society justice initiative* aux États-Unis - NY) au nom des enfants nubiens.

En plus de ses prérogatives de recevoir des communications, le Comité peut, dans certains cas, effectuer des investigations sur le territoire d'un État partie. Sur ce point, c'est l'article 45 de la Charte africaine des droits et du bien-être de l'enfant qui en érige les règles. Ainsi dispose-t-il en son alinéa 1er que :

> Le Comité peut recourir à toute méthode appropriée pour enquêter sur toute question relevant de la présente Charte, demander aux États parties toute information pertinente sur l'application de la présente Charte et recourir à toute méthode appropriée pour enquêter sur les mesures adoptées par un État partie pour appliquer la présente Charte.

L'avantage d'une telle disposition pour les membres du Comité des experts est la possibilité d'aller au-delà du contenu des rapports étatiques, pour constater la réalité sur le terrain. Mais, la difficulté majeure pour une telle démarche reste liée aux moyens nécessaires pour la mettre en œuvre.[650] À ce jour, le Comité a effectué une seule mission d'enquête dans un État partie.

Tout au long de cette section, nous avons pu montrer que la mise en œuvre des droits de l'enfant, dans les États parties aux conventions

---

649 Le point sur les communications sur le site du Comité. www.acerwc.org

650 Le Comité dépend, même, pour l'organisation de ses sessions, du financement des organisations internationales non gouvernementales et gouvernementales.

internationales relatives aux droits de l'enfant, requiert un suivi auquel les législateurs internationaux n'ont pas manqué de penser. Ainsi, des organes de suivi et de mise en œuvre des droits de l'enfant au plan universel (onusien) et régional (africain) ont été prévus. Du Comité des droits de l'enfant des Nations unies au Comité africain des experts des droits et du bien-être de l'enfant, la nécessité de travailler avec les États parties aux conventions pour la mise en œuvre des droits de l'enfant sur leur territoire est de mise et semble être au cœur de leurs actions. Mais, là où le bât blesse et laisse plus d'un observateur sceptique, c'est la manière de le faire. Une démarche de rapportage et de recommandations qui repose uniquement sur le bon vouloir des États. Une telle démarche, face à des dirigeants responsables et soucieux du bien-être de leurs populations, aura sans doute du succès. Mais dans le contexte africain où la gestion du pouvoir est personnalisée et où la richesse nationale appartient à la minorité au pouvoir et non au peuple, investir dans la protection de droits de l'enfant, surtout dans ses aspects sociaux, devient un manque à gagner pour les gouvernants. Au Bénin l'expression trouvée pour qualifier le ministère de la Famille est « budgétivore ».[651] Ainsi, au-delà des discours politiquement corrects, les manquements en matière de protection des droits de l'enfant en Afrique, de façon générale, trouvent leur principale cause dans le manque de volonté des gouvernants africains. C'est dire qu'en réalité, il faut plus que des dialogues constructifs ou des recommandations pour changer les habitudes des dirigeants africains. L'état des droits de l'enfant sur le contient, plus de vingt ans après l'adoption de la CDE et de la CADBE en est la preuve.

SECTION 2 : LES ORGANES JURIDICTIONNELS AU PLAN INTERNATIONAL : LA GARANTIE D'UNE PROTECTION PLUS EFFICACE DES DROITS DE L'ENFANT EN AFRIQUE

Face aux difficultés des organes de suivi à rendre effectifs les droits contenus dans les conventions relatives aux droits de l'enfant sur le territoire des États parties, il n'est pas superflu d'orienter la réflexion vers la mise en place d'organes juridictionnels aux plans international et régional africains. Juger la violation des droits de l'enfant au niveau

[651] Lors de nos visites au niveau des directions départementales à Cotonou, Porto-Novo et Parakou, les responsables nous ont rapporté que depuis les trois dernières années, le budget du ministère est chaque fois revu à la baisse et que leur ministère est qualifié de « budgétivore ». En d'autres termes, c'est un ministère qui engloutit de l'argent et ne rapporte rien en retour.

international semble une étape importante dans l'effectivité des droits de l'enfant sur le continent africain. À travers cette section, il sera question de voir dans quelle mesure une telle approche peut combler les insuffisances des juridictions internes, présentées plus haut, puis la Cour européenne des droits de l'homme sera abordée pour voir dans quelle mesure elle peut inspirer les juridictions africaines en vue d'une certaine amélioration.

PARAGRAPHE 1 : UNE RÉPONSE AUX INSUFFISANCES DES JURIDICTIONS INTERNES

S'il y a bien une leçon à tirer du rôle des organes de protection et de mise en œuvre des droits de l'enfant à l'échelle des Nations unies et du continent africain, c'est bien leur incapacité à faire respecter les droits des enfants, de manière à les mettre à l'abri de la traite et de l'exploitation sous toutes ses formes dans un pays, comme le Bénin, où ces pratiques continuent d'être une réalité pour des milliers d'enfants. Ainsi, compter uniquement sur la bonne volonté des États ne saurait garantir les droits de l'enfant et les protéger contre de graves violations de leurs droits. Dès lors, le regard ne peut qu'être tourné vers les organes internationaux.

Ainsi nous allons aborder dans un premier point, le cas des Nations unies, à travers le principal organe de suivi des droits de l'enfant : le Comité des droits de l'enfant, et dans un second point, le cas de l'Union africaine à travers le Comité africain des experts des droits et du bien-être de l'enfant.

I- AU NIVEAU DES NATIONS UNIES

Le mécanisme de suivi et de mise en œuvre des droits de l'enfant, comme nous l'avons présenté dans la section précédente, est un mécanisme non contentieux de rapportage périodique de la part des États parties, d'observations et de recommandations de la part du Comité en cas d'ineffectivité des droits de l'enfant. Cette démarche, après plus de vingt ans d'existence de l'organe onusien, a bien montré ses limites face à l'aggravation des conditions de vie des enfants dans le monde.[652]

Face à ce constat, nous jugeons utile d'orienter la réflexion vers un mécanisme contentieux de règlement de violation des droits de l'enfant par les États parties.

---

[652] Sur ce point l'on peut se référer aux rapports annuels de l'UNICEF dans le monde pour se faire une idée plus précise. Ces rapports sont disponibles en ligne sur le site de l'organisation : www.unicef.org/publications

A- COMMENT ÉVOLUER VERS UNE PROCÉDURE DE PLAINTE CONTENTIEUSE EN CAS DE VIOLATIONS DES DROITS DE L'ENFANT ?

L'organe onusien de suivi et de mise en œuvre des droits de l'enfant n'avait pas pour compétence de connaître des violations des droits de l'enfant par les États parties. En effet, comme en témoignent les articles 42 à 45 de la Convention des Nations unies relative aux droits de l'enfant, le Comité assure un rôle d'accompagnateur des États parties dans la mise en œuvre des droits de l'enfant sur leur territoire. La mission du Comité consiste aussi à expliquer le bien-fondé des droits de l'enfant, la portée de tel ou tel droit, orienter les États dans les mesures à prendre et les structures pouvant les aider. Tel est, en gros, le rôle assigné au comité onusien des droits de l'enfant.

En ce qui concerne les réponses à apporter aux violations des droits de l'enfant, le Comité, dans ses Observations générales, a posé le principe de la justiciabilité de tous les droits de l'enfant contenus dans la Convention des Nations unies relative aux droits de l'enfant et ses deux principaux protocoles. S'il est évident que cette position du comité peut orienter le juge interne dans les recours pour violation des droits de l'enfant dans leur globalité, l'existence d'un recours au niveau onusien est requise pour pallier les insuffisances des juridictions nationales sur la question des droits de l'enfant. Sur ce point, il faut rappeler que, la plupart des conventions onusiennes offrent un recours international en cas de violation des droits promus et protégés par les conventions. C'est le cas par exemple du Pacte international relatif aux droits civils et politiques qui offre, à travers son Protocole facultatif, la possibilité d'un recours international en violation des droits reconnus par le Pacte, de la Convention contre la torture et autres peines ou traitements cruels, inhumains ou dégradants, de la Convention sur l'élimination de toutes formes de discriminations raciales.[653] En outre, suite à la reconnaissance de la justiciabilité des droits économiques, sociaux et culturels, des mécanismes de recours ont été adoptés au sujet de la violation des droits du Pacte international relatif aux droits sociaux, économiques et culturels[654] et de la Convention relative aux droits de l'enfant et ses deux protocoles.[655] Le dernier mécanisme portant troisième

---

653 Pour les procédures de présentation de requêtes portant sur les droits reconnus par ces différentes Conventions, V. Nations unies, Procédure d'examen des requêtes, Fiche d'information n°7 (Rev.1),Genève, 2003, 54 p. Disponible également en ligne sur :www.ohchr.org/Documents/publications

654 Adopté par la Résolution A/RES/63/117.

655 Adopté par la Résolution A/RES/66/138 l'Assemblé générale des Nations unies.

Protocole facultatif relatif à la Convention des droits de l'enfant vient combler un vide au niveau du Comité des droits de l'enfant en matière de recours pour violation de la Convention et ses deux premiers Protocoles.

À travers ce troisième Protocole, le Comité des droits de l'enfant peut recevoir des communications, c'est-à-dire des requêtes, individuelles[656] et interétatiques[657] sur des cas de violations présumées des droits reconnus dans la Convention des droits de l'enfant et ses deux premiers Protocoles.

Mais concrètement, pour comprendre les apports du nouvel instrument dans le recours pour les violations des droits de l'enfant au niveau des Nations unies, le prochain point lui est consacré tout en faisant ressortir, s'il y a lieu, ses faiblesses.

B- TROISIÈME PROTOCOLE FACULTATIF RELATIF À LA CDE. QUELLES IMPLICATIONS POUR LA JUSTICIABILITÉ DES DROITS DE L'ENFANT AU NIVEAU ONUSIEN ?

Adopté par la Résolution A/RES/66/138 de l'Assemblée générale des Nations unies,[658] l'entrée en vigueur du Protocole facultatif relatif aux droits de l'enfant établissant la procédure de présentation des communications devant le Comité des droits de l'enfant requiert, pour son entrée en vigueur, dix (10) ratifications.[659] Mais avant son entrée en vigueur conformément à son article 19, il ne fait aucun doute que l'adoption de ce troisième Protocole facultatif vient combler l'une des faiblesses du mécanisme de mise en œuvre des droits de l'enfant par les États parties à la Convention onusienne de 1989.

En effet, le Protocole facultatif n° 3 de la CDE, dès son entrée en vigueur, ouvrira la voie de l'effectivité de la justiciabilité des droits de l'enfant au niveau de l'ONU. Il est le moyen par lequel les violations des droits de l'enfant par les parties à la CDE et ses deux premiers Protocoles facultatifs pourront faire l'objet de recours au niveau de l'organe de suivi et de mise en œuvre qu'est le Comité des droits de l'enfant. Au-delà de cet apport important, l'élément primordial à la faveur des enfants, est la possibilité qui leur est offerte de saisir directement, par une requête, le Comité pour une violation supposée de leurs droits reconnus par la

---

656 Articles et 5 et suivants du Protocole facultatif à la Convention relative aux droits de l'enfant établissant une procédure de présentation de communication.

657 Article 12 et suivants du Protocole *op. cit.*

658 Site de l'ONU, www.un.org

659 Conformément à l'art. 19 du Protocole

Convention et ses deux premiers Protocoles.[660] C'est dire que, dans un avenir proche, il sera possible d'avoir des décisions du Comité des droits de l'enfant, statuant sur des questions de violations des droits de l'enfant par un État partie aux conventions concernées.

Mais au regard des nouvelles prérogatives du Comité, un réaménagement du rôle et du fonctionnement de l'organe onusien de suivi des droits de l'enfant s'impose. Ainsi, comme on peut le constater à l'article 3 du Protocole, obligation est faite au Comité des droits de l'enfant d'adopter un règlement intérieur relatif à ses nouvelles fonctions.

En dépit des avantages du Protocole facultatif portant sur les procédures de communication, nous devons constater, avec regret, que le nouvel instrument a vu le jour avec un handicap non moins important. En effet, comme son nom l'indique, le Protocole facultatif à la Convention des droits de l'enfant établissant la procédure de présentation des communications, est un instrument qui n'est pas obligatoire aux États parties.

En effet, dire que le Protocole est *facultatif* revient à le laisser au gré des États parties[661] à la CDE (et ses deux premiers Protocoles) qui sont libres de le ratifier ou non. Or, le troisième Protocole établissant la procédure de communication n'est rien d'autre qu'un instrument qui vient compléter les insuffisances de la CDE. Dès lors, il nous semble qu'il fut plus judicieux de préférer l'appellation de *Protocole additionnel* à *Protocole facultatif*. Le Protocole additionnel qui a pour avantage de s'imposer aux États déjà parties à la Convention principale qui se trouve, dans notre cas, être la Convention des Nations unies relative aux droits de l'enfant. En somme, avec le nouveau Protocole, les communications ne peuvent être introduites au Comité des droits de l'enfant uniquement contre les États qui ont ratifié le troisième Protocole. Ainsi, il ne serait pas

---

660 L'article 5 en son alinéa 1er ouvre la voie à des communications individuelles en disposant que :

« Des communications individuelles peuvent être présentées par des particuliers ou des groupes de particuliers ou au nom de particuliers ou de groupes de particuliers relevant de la juridiction d'un État partie, qui affirment être victimes d'une violation par cet État partie de l'un quelconque des droits énoncés dans l'un quelconque des instruments suivants auquel cet État est partie :

a) La Convention ;
b) Le Protocole facultatif à la Convention, concernant la vente d'enfants, la prostitution des enfants et la pornographie mettant en scène des enfants ;
c) Le Protocole facultatif à la Convention, concernant l'implication d'enfants dans les conflits armés. »

661 CORNU, Gérard *Vocabulaire juridique, op. cit.,* pour la notion de *facultatif*.

possible aux enfants ressortissants d'un État partie à la Convention relative aux droits de l'enfant, qui ne l'a pas ratifiée, d'introduire une requête au Comité contre cet État.[662] Outre cette faiblesse, on note à l'article 10 du Protocole que la particularité des droits économiques, sociaux et culturels refait surface. En effet, l'article 10 dispose en son alinéa 4 que : « Lorsqu'il examine des communications faisant état de violations des droits économiques, sociaux et culturels, le Comité évalue le caractère raisonnable des mesures prises par l'État partie conformément à l'article 4 de la Convention... » ; sans compter qu'à l'issue de l'examen des communications, le Comité ne peut, dans le meilleur des cas, que faire des recommandations, en cas de violation établie des droits de l'enfant.[663]

C'est dire que malgré ses apports possibles dans l'effectivité des droits de l'enfant, le troisième Protocole relatif aux droits de l'enfant établissant la procédure de communication, a beaucoup de faiblesses qui peuvent handicaper sa capacité à apporter une réponse positive au non-respect de la CDE par les États parties à la Convention onusienne.

II- Au niveau de l'Union africaine

Nous allons aborder dans ce point, les questions relatives à la procédure de communication au niveau de la Charte africaine des droits et du bien-être de l'enfant (A) et les cas qui ont été introduits devant le Comité africain des experts des droits et du bien-être des enfants (B).

A- De la procédure de communication devant le comité des experts africains des droits et du bien-être de l'enfant

Si est vrai que l'adoption par les Nations unies, du Protocole facultatif relatif aux droits de l'enfant établissant la procédure de communication devant le Comité des droits de l'enfant, est sans doute un moyen qui peut rendre effective la « justiciabilité » des droits de l'enfant au niveau onusien. Il a été également mentionné que les décisions que rendent les organes de protection dans une telle procédure ne sont que des décisions à caractère « quasi juridictionnel ».[664]

---

[662] Art. 1er al.3 du 3e Protocole « Le Comité ne reçoit aucune communication intéressant un État qui n'est pas partie au présent Protocole. »

[663] Art.10 al.5 « Après avoir examiné une communication, le Comité transmet sans délai aux parties concernés ses constations au sujet de cette communication, éventuellement accompagnées de ses recommandations. »

[664] Doc. Nations unies, portant « Procédures d'examen des requêtes », fiche d'information n°7 (Rev.1), p. 3. Disponible en ligne sur www.ohchr.org

La procédure de communication au niveau régional africain repose essentiellement sur l'article 44 de la Charte africaine des droits et du bien-être de l'enfant qui stipule :

> 1. Le Comité est habilité à recevoir des communications concernant toute question traitée par la présente Charte, de tout individu, groupe ou organisation non gouvernementale reconnue par l'Organisation de l'Unité africaine, par un État membre, ou par l'Organisation des Nations unies.
> 2. Toute communication au Comité indique le nom et adresse de l'auteur et est traitée de façon confidentielle.

On peut remarquer à travers l'alinéa 1er que la procédure de communication au niveau du Comité des experts africains des droits et du bien-être de l'enfant était déjà ouverte aux individus. Mais depuis son adoption en 1990, seulement trois communications ont été introduites au niveau de ce Comité et une seule décision a été rendue.

Nous allons aborder, dans le point qui suit, la décision rendue par le Comté africain.

B- DÉCISION DU COMITÉ AFRICAIN DES DROITS ET DU BIEN-ÊTRE DE L'ENFANT : CAS IHRDA ET OPEN SOCIETY JUSTICE INITIATIVE (OSJI) C. KENYA[665]

En avril 2009 et conformément à l'article 44 de la Charte africaine des droits et du bien-être de l'enfant, les deux organisations ont introduit une communication au Comité de l'enfant portant sur la violation du droit à la nationalité des enfants d'ascendance nubienne. De quoi s'agissait-il concrètement ?

Selon la décision du Comité,

> Les plaignants invoquent une violation principalement de l'article 6, en particulier les paragraphes (2), (3) et (4) (le droit d'avoir un enregistrement de naissance et d'acquérir une nationalité à la naissance), de l'article 3 (prohibition de discrimination illicite/inéquitable) et, résultant de ces deux violations alléguées, une liste de « violations indirectes », y compris celle de l'article 11 (3) (égalité d'accès à l'éducation) et de l'article 14 (égalité d'accès au soin).[666]

---

[665] Ce point se base essentiellement sur la décision 002/COM/002/09 IHRDA et OSJI (au nom des enfants d'ascendance nubienne) V. Kenya. Disponible en ligne sur http://caselaw.ihrda.org

[666] Paragraphe 7 de la décision.

Après étude de la recevabilité de la communication conformément aux dispositions de l'article 44 de la Charte des enfants, et aux directives relatives à l'examen des communications, le Comité déclare la communication recevable.[667]

Quant au fond après examen, le Comité des droits de l'enfant a rendu, le 22 mars 2001, la décision suivante :

Pour les motifs exposés ci-dessus, le Comité africain constate de multiples violations des articles 6 (2), (3) et (4), de l'article 3, de l'article 14 (2) (b) et de l'article 11(3) de la Charte africaine des droits et bien-être de l'enfant par le gouvernement du Kenya, et :

1- *Recommande que le gouvernement du Kenya prenne toutes les mesures législatives, administratives et autres mesures nécessaires afin de garantir que les enfants d'ascendance nubienne au Kenya, qui sont sans cela apatrides, puissent acquérir la nationalité kényane et la preuve de cette nationalité dès la naissance.*

2- *Recommande que le gouvernement du Kenya prenne toutes les mesures pour garantir que les enfants d'ascendance nubienne dont la nationalité kényane n'est pas reconnue puissent systématiquement bénéficier de ces nouvelles mesures à titre prioritaire.*

3- *Recommande que le gouvernement du Kenya applique son système d'enregistrement des naissances de manière non discriminatoire et prenne toutes les mesures législatives et administratives et autres mesures nécessaires afin de garantir que les enfants d'ascendance nubienne soient enregistrés immédiatement après leur naissance.*

4- *Recommande que le gouvernement du Kenya adopte un plan à court terme, moyen terme et long terme, comprenant des mesures législatives administratives et autres mesures pour garantir le respect du droit au meilleur état de santé possible et du droit à l'éducation, de préférence en consultant les communautés bénéficiaires concernées.*

5- *Recommande au gouvernement du Kenya d'adresser un rapport sur la mise en application des présentes recommandations dans les six mois à compter de la date de notification de la présente décision : conformément aux Règles de procédure, le Comité*

---

[667] Paragraphe 35 de la décision.

désignera un de ses membres pour assurer le suivi de la mise en application de la présente décision.

Comme on peut le constater, le Comité africain des experts des droits et du bien-être de l'enfant a rendu sa décision en termes de recommandations. Et on s'aperçoit que ces recommandations sont présentées en termes vagues, qui rappellent la formulation adoptée dans la rédaction de la Charte africaine des droits et bien-être de l'enfant. Or, les recommandations n'ont pas de caractère obligatoire et donc ne s'imposent pas impérativement à l'État partie qui est mis en cause.[668]

Il en découle deux difficultés majeures. D'abord, le caractère non obligatoire, des recommandations faites, fait reposer l'exécution de ces recommandations sur la bonne volonté de l'État kényan, qui les ignore, s'il le désire. En effet, comme il est mentionné dans la décision du Comité africain, les Comités des Nations unies avaient auparavant attiré l'attention de l'État kényan sur cette situation. Et si le cas est demeuré jusqu'à l'introduction de la requête, c'est bien parce que l'État kényan n'a pas pris les mesures nécessaires pour mettre fin à la situation des enfants nubiens. Ensuite, le caractère vague des recommandations faites par le Comité, alors qu'elles s'adressent à un État spécifique et pour un cas spécifique, donne trop de marge de manœuvre à l'État kényan, qui peut avancer des arguments sur des mesures prises sans pour autant régler le problème.

En définitive, malgré la satisfaction morale que peut offrir la reconnaissance de violations de droits de l'enfant par les organes de protection, ce mécanisme est insuffisant pour dissuader les États à ne plus les violer. Surtout lorsqu'on note au niveau de ces organes, une catégorisation des droits de l'enfant basée sur la distinction entre droits civils et politiques et les droits économiques, sociaux et culturels.

PARAGRAPHE 2 : LES COURS AFRICAINES ET LA COUR EUROPÉENNE DES DROITS DE L'HOMME

Au niveau africain, il s'agit de la cour de la Communauté économique des États de l'Afrique de l'Ouest (CEDEAO) et de la Cour africaine des droits de l'homme et des peuples. La (CEDEAO), comme sa dénomination l'indique, est une organisation économique qui regroupe quinze pays de

668 VIRALLY, Michel (1956). « La valeur juridique des recommandations des organisations internationales », in *Annuaire français de droit international,* volume 2, pp. 66-96, en ligne sur le lien : www.persee.fr

l'Afrique de l'Ouest.[669] En ce qui concerne la Cour africaine des droits de l'homme et des peuples, elle est la principale juridiction africaine en matière de protection des droits de l'homme. En ce qui concerne la Cour européenne des droits de l'homme elle peut être considérée comme l'équivalent de la Cour africaine au niveau européen d'où l'intérêt de l'aborder dans ce point.

Ainsi, après avoir décrit la Cour de la CEDEAO dans un premier point, le second point présentera les juridictions africaine et européenne des droits de l'homme.

I- La Cour de justice de la CEDEAO

Au terme de l'article 3 de son traité constitutif révisé en 1993, la CEDEAO vise à promouvoir la coopération et l'intégration dans la perspective d'une union économique en Afrique de l'Ouest. Mais le respect, la promotion et la protection des droits de l'homme sont posés comme principe fondamental de l'organisation. De ce fait, le respect des droits de l'homme entre dans le champ d'action de la CEDEAO.

Parmi les organes de la CEDEAO se trouve la Cour de justice. Cette cour a été instituée à l'article 15 du traité. Elle est créée pour voir fonctionner de façon indépendante des États membres et des institutions de la communauté[670] et ses arrêts ont force obligatoire à l'égard des États membres, des institutions de la Communauté, et des personnes physiques et morales des États parties.[671]

Dans ce point, l'accent sera mis sur le rôle de la Cour de justice de la CEDEAO en matière des droits de l'homme. Pour cela, il sera abordé en premier lieu, son fonctionnement et sa compétence et en second lieu, l'accent sera mis sur ses actions.

A- Fonctionnement et compétence de la cour en matière de droits de l'homme

La Cour de justice de la CEDEAO, en tant que principal organe judiciaire de la communauté ouest-africaine, se compose de sept juges nommés à partir d'une liste de candidats présentés par les États parties.[672]

---

[669] Le Bénin, le Burkina Faso, le Cap-Vert, la Côte d'Ivoire, la Gambie, le Ghana, la Guinée, la Guinée-Bissau, le Libéria, le Mali, le Niger, le Nigeria, la Sénégal, la Sierra Leone et le Togo.

[670] Art.15, 3, *ibid.*

[671] Art 15, 4, *ibid.*

[672] Art.3 Protocole (A/P/I/7/91), portant création de la Cour de justice de la CEDEAO, version anglaise, disponible en ligne :

Elle a pour compétence, entre autres, de veiller au respect du droit de la communauté, et de connaître des différends qui peuvent survenir entre les États parties.[673] Mais le Protocole additionnel, du 1er janvier 2005, va élargir les domaines de compétences de la Cour. Ainsi, l'article 3 de la version anglaise du Protocole additionnel (A/SP.1/01/05), amendant l'article 9 du précédent Protocole (A/P/I/7/91), dispose en son point 4 : *The Court has jurisdiction to determine case of violation of human rights that occur in any Member State.*[674] À travers cette disposition, la Cour de

---

www.courtecowas.org/site2012/pdf_files/protocol.pdf

673 V. art 9 Protocole *op. cit.*

674 L'intégralité de la disposition: 1. *The Court has competence to adjudicate on any dispute relating to the following:*

a) The interpretation and application of the Treaty, Conventions and Protocols of the Community;

b) The interpretation and application of the regulations, directives, decisions and other subsidiary legal instruments adopted by ECOWAS;

c) The legality of regulations, directives, decisions and other legal instruments adopted by ECOWAS

d) The failure by Member States to honor their obligations under the Treaty, Conventions and Protocols, regulations, directives, or decisions of ECOWAS;

e) The provisions of the Treaty, Conventions and Protocols, regulations, directives or decisions of ECOWAS Member States;

f) The Community and its officials; and

g) The action for damages against a Community institution or an official of the Community for any action or omission in the exercise e of official functions.

2. The Court shall have the power to determine any non-contractual liability of the Community and may order the Community to pay damages or make reparation for official acts or omissions of any Community institution or Community officials in the performance of official duties or functions.

3. Any action by or against a Community Institution or any Member of the Community shall be statute barred after three (3) years from the date when the right of action arose.

4. The Court has jurisdiction to determine case of violation of human rights that occur in any Member State.

5. Pending the establishment of the Arbitration Tribunal provided for under Article 16 of the Treaty, the Court shall have the power to act as arbitrator for the purpose of Article 16 of the Treaty.

6. The Court shall have jurisdiction over any matter provided for in an agreement where the parties provide that the Court shall settle disputes arising from the agreement.

7. The Court shall have the powers conferred upon it by the provisions of this Protocol as well as any other powers that may be conferred by subsequent Protocols and Decisions of the Community.

8. The Authority of Heads of State and Government shall have the power to grant the Court the power to adjudicate on any specific dispute that it may refer to the Court other than those specified in this Article.

justice de la CEDEAO a compétence de connaître des violations des droits de l'homme dans les États parties.[675] Mais l'élément intéressant en cette matière est relatif aux conditions d'accès à la juridiction régionale. En effet, la Cour de justice de la CEDEAO offre aux citoyens, de la zone, le recours individuel pour violation des droits de l'homme contre un État partie. Ils ne sont pas tenus, dans cette procédure, à l'épuisement des voies de recours internes.[676] La communauté a donc fait le choix de faciliter le plus possible l'accès des populations devant sa juridiction en matière de violation de droits de l'homme.[677] Cette option de la CEDEAO en ce qui concerne les violations des droits de l'homme a amené la cour communautaire à rendre d'importantes décisions, dont celle par laquelle l'État du Niger a été condamné pour esclavage contre un de ses citoyens. Nous allons y revenir dans le point suivant.

Mais, en dépit de l'accès aisé à la juridiction communautaire et ses importantes décisions, la Cour de la CEDEAO, doit faire face aux défis de l'exécution de ses décisions.

---

675 Art. 3.4 du Protocole additionnel (A/SP.1/01/05), amendant l'article 9 du protocole (A/P/I/7/91) de la Cour de justice de la CEDEAO.

676 Art.4 du Protocole additionnel, *op. cit.*, amendant l'article 10 du Protocole (A/P/I/91) de la Cour de justice de la CEDEAO dispose : *Access to the Court is open to the following:*

a) Member States, and unless otherwise provided in a Protocol, the Executive Secretary, where action is brought for failure by a Member state to fulfill an obligation;

b) Member States, the Council of Ministers and the Executive Secretary in proceeding for the determination of the legality of an action in relation to any community text;

c) Individuals and corporate bodies in proceedings from the determination of an act or inaction of a Community official which violates the rights of the individuals or corporate bodies;

d) Individuals on application for relief for violation of their human rights; the submission of application for which shall: i. Not be anonymous; nor ii. Be made whilst the same matter has been instituted before another International Court for adjudication;

e) Staff of any Community institution, after the Staff Member has exhausted all appeal processes available to the officer under the ECOWAS Staff Rules and Regulations;

f) Where in any action before a court of a Member State, an issue arises as to the interpretation of a provision of the Treaty, or the other Protocols or Regulations, the national court may on its own or at the request of
any of the parties to the action refer the issue to the Court for interpretation."

677 L'art.33 règles de procédure de la Cour de la CEDEAO pose comme conditions de saisine de la Cour : nom et adresse du plaignant, la désignation du mis en cause, l'objet de la poursuite avec résumé des allégations portant violation de droits de l'homme, et la décision attendue du juge communautaire et si approprié, la nature des preuves. V.www.courtecowas.org/site2012/pdf_files/rules_of_procedure.pdf

B- LA COUR DE LA CEDEAO DANS LES FAITS

Depuis qu'elle a été investie par le Protocole additionnel au Protocole de la Cour de justice en 2005, la Cour de la CEDEAO, qui se base principalement sur la Charte africaine des droits de l'homme et des peuples, a rendu plusieurs décisions sur la violation des droits de l'homme. Cependant, faute de disponibilité de toutes les décisions sur le site de l'organisation, nous ne pouvons pas objectivement faire le point de ces décisions. Mais nous avons pu identifier une vingtaine d'arrêts rendus, par la Cour de justice de la CEDEAO en matière de droits de l'homme, parmi la soixantaine d'arrêts disponibles en ligne sur le site de la Cour.[678] Le dernier arrêt rendu en droit de l'homme date de mars 2013 et concerne l'affaire Simone GBAGO c. République de Côte d'Ivoire (ARRÊT N° ECW/CCJ/JUG/03/13). Mais parmi les arrêts de la Cour de justice de la CEDEAO, il y'en a un qui mérite une attention particulière compte tenu de son impact médiatique sur la question de la traite des enfants en Afrique : le cas dame Hadijatou Mani KORAOU c. État du Niger.

Perçu comme une décision historique d'une juridiction africaine condamnant un État pour esclavage, l'arrêt N° ECW/CCJ/JUD/06/08 de la cour de la CEDEAO a marqué un tournant décisif dans la responsabilité des États en ce qui concerne les violations des droits de l'homme perpétrées sur leur territoire.

Rappel des faits et la procédure[679]

> En 1996, alors qu'elle n'avait que douze (12) ans, la requérante, dame Hadijatou Mani KORAOU, de coutume Bouzou a été vendue par le chef de la Tribu Kenouar au Sieur El Hadj Souleyman NAROUA âgé de 46 ans, pour la somme de deux cent quarante mille (240 000) francs CFA [...] Pendant environ neuf (9) ans, Hadijatou Mani KORAOU a servi au domicile d'El Hadj Souleymane NAROUA, en exécutant toutes sortes de tâches domestiques et en servant de concubine à celui-ci. De ces relations avec son maître sont nés quatre (04) enfants dont deux ont survécu [...].

La requérante, de nationalité nigérienne, après avoir saisi sans succès les juridictions internes de son pays pour recouvrer sa liberté totale, décide de saisir le 14 septembre 2007, la Cour de Justice de la CEDEAO pour :

---

[678] http://www.courteco was.org/ site2012/index. php?option =com_content&view =article&id=157&Itemid=27, consulté le 19 mars 2013.

[679] Décision complète en annexe.

a) Condamner la République du Niger pour violation des articles 1, 1, 2, 5 et 18 (3) de la Charte africaine des Droits de l'Homme et des Peuples ;
b) Requérir des autorités nigériennes qu'elles introduisent une nouvelle législation qui protège effectivement les femmes contre les coutumes discriminatoires en matière de mariage et de divorce ;
c) Demander aux autorités nigériennes de réviser la législation relative aux Cours et Tribunaux de manière à ce que la justice puisse jouer pleinement son rôle de gardienne des droits des personnes qui sont victimes de pratiques d'esclavage ;
d) Exiger de la République du Niger qu'elle abolisse les coutumes et pratiques néfastes et fondées sur l'idée d'infériorité de la femme ;
e) Accorder à Hadijatou Mani KORAOU une juste réparation du préjudice qu'elle a subi pendant ses 9 années de *captivité. »*[680]

À la requête de la demanderesse, l'État du Niger (partie défenderesse) souleva deux exceptions d'irrecevabilité :

f) La requête n'est pas recevable, pour défaut d'épuisement des voies de recours internes ;
g) La requête n'est pas recevable, du fait que l'affaire portée devant la Cour de céans est encore pendante devant les juridictions nationales nigériennes.[681]

Après examen des moyens des parties et leurs arguments, la Cour de justice de la CEDEAO[682] rendit sa décision le 27 octobre 2008.

Sur la forme, elle « Rejette les exceptions d'irrecevabilités de la requête soulevées par la République du Niger en tous ses points » et « Reçoit dame Hadijatou Mani Koraou en sa qualité à agir » :

Sur le fond, la Cour :

h) *1. Dit que la* discrimination dont a été l'objet dame Hadijatou Mani KORAOU n'est pas imputable à la République du Niger ;
i) 2. Dit que dame Hadijatou Mani KORAOU a été victime d'esclavage et que la République du Niger en est responsable par l'inaction de ses autorités administratives et judiciaires ;
j) 3. Reçoit dame Hadijatou Mani KORAOU en sa demande de réparation des préjudices subis et lui accorde une indemnité forfaitaire de dix millions de francs CFA (10 000 000) ;

---

[680] Paragraphe 28 décision ECWCCJ/JUD/06/08 de la Cour de Justice de la CEDEAO.
[681] Paragraphe 29 décision *op. cit.*
[682] La cour était constituée du juge Aminata Mallé SANAGO (Présidente), du juge Awa Daboya NANA (Membre), du juge El-Mansour TALL (membre) et de Me Athanase ATTANON (Greffier).

k) 4. Ordonne le paiement de cette somme à dame Hadijatou Mani KORAOU par la République du Niger ; [...]

De cette décision de la Cour de justice de la CEDEAO, nous nous attardons sur deux de ses points, à savoir la reconnaissance de l'esclavage subi par la requérante et la condamnation de l'État du Niger à réparer le préjudice causé par inaction à dame Hadijatou Mani KORAOU à hauteur de dix millions de francs CFA. À travers ces deux points, la décision de la Cour de la CEDEAO a été perçue par plus d'un observateur comme étant historique. Cela, du fait que, pour la première fois, une juridiction africaine condamne un État africain pour esclavage par inaction et lui impose la réparation financière du dommage ainsi causé. Le terme inaction employé ici par les juges de la Cour vient donner un sens, dans le contexte africain, aux responsabilités des États parties à l'égard des conventions internationales, notamment en droits de l'Homme, à la prise de *mesures nécessaires* au plan interne par les parties aux traités. Ainsi, la responsabilité de l'État se voit engagée pour des violations causées par un particulier, car il n'a pas pris les mesures nécessaires pour empêcher cette entorse au droit sur son territoire.

Mais malgré le recours favorable qu'offre la Cour de justice de la CEDEAO, en ce qui concerne les violations des droits de l'homme, la juridiction communautaire doit relever le défi de l'exécution de ses décisions. En effet, selon les déclarations de l'ancienne présidente de la Cour, Justice Hansine DONLI, plus de 60 % des décisions de la Cour sont confrontées à leur inexécution par les États en cause.[683] Ceci appelle une implication des chefs d'État et de gouvernement, qui doivent faire preuve de bonne volonté pour respecter les institutions et les normes juridiques mises en place pour réglementer leurs comportements.

Au-delà de la Cour de la CEDEAO, l'Union africaine dispose d'une cour de justice : la Cour africaine des droits de l'homme et des peuples. Elle est abordée dans le point suivant avec un regard sur la Cour européenne des droits de l'homme.

---

[683] Déclaration faite le 25 septembre 2012. Disponible en ligne : www.nanngronline.com/section/africa/60-of-ecowas-court%E2%80%99s-judgments-not-enforced-chief-registrar

II- La Cour africaine des droits de l'homme et la Cour européenne des droits de l'homme

La Cour africaine des droits de l'homme et des peuples et la Cour européenne des droits de l'homme seront successivement abordées dans les points à suivre.

A- La Cour africaine des droits de l'homme

La Cour africaine des droits de l'homme et des peuples a été instituée par le Protocole à la Charte africaine des droits de l'homme et des peuples adopté lors de la 34e session ordinaire de l'Assemblée des chefs d'État et de gouvernement le 10 juin 1998 au Burkina Faso. Mais il a fallu attendre le 25 janvier 2004 pour que le Protocole entre en vigueur après sa ratification par cinq États, conformément à son article 34 (3). Les premiers juges ont été élus en janvier 2006. Et la Cour a officiellement commencé ses activités en novembre 2006 à Addis-Abeba, siège de l'Union africaine. Mais depuis août 2007, la Cour a rejoint les lieux de son siège à Arusha, en Tanzanie.

1- Organisation et fonctionnement de la Cour

La Cour africaine des droits de l'homme et des peuples a une double compétence : judiciaire et consultative. En ce qui concerne sa compétence judiciaire, et conformément à l'article 3 de son Protocole, la Cour « (...) peut connaître de toutes affaires et de tous les différends dont elle est saisie concernant l'interprétation et l'application de la Charte, (...) et de tout autre instrument pertinent relatif aux droits de l'homme et ratifié par les États parties concernés. » Mais l'accès à la Cour dans une telle procédure est assujetti au respect des conditions établies par le Protocole. Ainsi, les articles 5 et 6 du Protocole lèvent le voile sur les conditions de saisine de la haute juridiction.

Comme on peut le constater à l'art.5 (3), l'accès des particuliers et des ONG à la Cour africaine des droits de l'homme et des Peuples n'est pas automatique. Il est conditionné par une déclaration de l'État partie au Protocole reconnaissant la compétence de la Cour pour réception des requêtes provenant des individus et des ONG (art.34[6] du Protocole). Ainsi, il n'est pas possible aux particuliers, qui estiment que leurs droits sont violés par un État partie de saisir la Cour pour que leur cause soit entendue. Cette situation est regrettable dans la mesure où elle constitue une limitation du droit des individus face à la justice africaine des droits de l'homme. Ce qui, en réalité, témoigne du manque de volonté des États membres à respecter les droits de l'homme sur leur territoire. Surtout lorsqu'on sait que la Cour africaine des droits de l'homme et des peuples « (…) a été créée en réponse aux critiques visées à la viabilité de la Charte africaine des droits de l'homme et des peuples et par extension, du système africain de protection des droits humains, en raison de l'absence d'une Cour africaine des droits de l'homme. (…) ».[684] C'est dire qu'il reste du chemin à faire pour avoir un mécanisme de protection efficace des droits de l'homme sur le contient. La Charte africaine des droits de l'homme et des peuples, à travers l'art.34 (6) du Protocole portant création de la Cour, vient ainsi d'être détournée de son objectif principal que constitue la protection des individus contre des abus des États.

2- Point sur les activités de la Cour depuis sa mise en fonction

Comme le montre le point précédent, la Cour africaine des droits de l'homme et des peuples souffre de la limitation du recours individuel devant la juridiction. En effet, depuis l'adoption du Protocole portant création de la Cour, seuls vingt-six (26) États l'ont ratifié et parmi ses 26 États seuls cinq (5)[685] États ont fait la déclaration pour permettre aux particuliers d'introduire des requêtes à leur encontre devant la Cour. Autrement dit, la Cour africaine des droits de l'homme et des peuples ne peut connaître des recours individuels pour violation des droits protégés par la Charte africaine des droits de l'homme, uniquement à l'encontre de ces cinq États. Cette situation risque de handicaper l'effectivité de la justice régionale en matière de violation des droits de l'homme.

En effet, entre 2008 et début 2013, la Cour africaine des droits de l'homme et des peuples a reçu vingt-cinq (25) requêtes.[686] Parmi ces vingt-cinq requêtes, la Cour a rendu dix décisions. Sur ces dix décisions rendues par la Cour, neuf décisions d'incompétence de la Cour pour connaître des recours introduits pour faute de déclaration de reconnaissance de sa compétence à connaître des recours individuels 5 (3) et 34 (6) du Protocole de la Cour.[687] Cette situation pose un réel problème du respect des droits de l'homme promus et protégés par la Charte africaine des droits de

[684] Position de l'IRHDA. Disponible sur son site : www.irhda.org

[685] À la date 22 novembre 2012, on peut noter sur le site de la Cour les 5 États suivants : Le Burkina Faso, le Ghana, le Malawi, le Mali et la Tanzanie. Cf. www.african-court.org

[686] Parmi ces requêtes, 2 ont été introduites en 2013, 7 en 2012, 15 en 2011 et 1 en 2008. Voir : www.african-court.org/fr/index.php/2012-03-04-06-06-00/list-cases

[687] Voir : www.african-court.org/fr/index.php/judgments/decisions. Dernière consultation le 20 mars 2013.

l'homme et des peuples, et a amené le sieur Femi FALANA à introduire en 2011 une requête contre l'Union africaine.[688]

En somme, si la mise en place de la Cour africaine des droits de l'homme et des peuples constitue une avancée dans la protection des droits de l'homme, l'article 34 (6) du Protocole qui l'institue réduit énormément sa marge de manœuvre et l'empêche de jouer pleinement son rôle de protection de la Charte africaine des droits de l'homme et des peuples. Sur ce point, la Cour de justice de la CEDEAO est mieux outillée pour jouer le rôle de protecteur des droits de l'homme. Mais avant de faire le point sur le rôle de ces juridictions dans la protection des droits de l'homme en général, il apparaît intéressant de jeter un regard sur une autre juridiction régionale des droits de l'homme hors des frontières africaines : La Cour européenne des droits de l'homme.

B- LA COUR EUROPÉENNE DES DROITS DE L'HOMME

La Cour européenne des droits de l'homme a été instituée au titre II de la Convention européenne des droits de l'Homme,[689] notamment en son article 9 qui dispose : « Afin d'assurer le respect des engagements résultant pour les Hautes Parties contractantes de la Présente Convention des droits de l'homme, ci-dessous nommée « la Cour ». Elle fonctionne de façon permanente ». La Cour européenne des droits de l'homme est chargée d'assurer le contrôle judiciaire du respect des droits reconnus par la CEDH.

Nous verrons dans les points suivants, les compétences de la Cour et les conditions de recevabilité des requêtes avant d'aborder sa pratique à travers l'une de ses décisions : affaire Siliadin c. France

1- Compétence et fonctionnement de la Cour

La Cour européenne des droits de l'homme qui, conformément à l'article 19 de son règlement, a son siège à Strasbourg a pour compétence de statuer sur toutes questions relatives à l'interprétation et l'application de la Convention européenne et ses Protocoles.[690] Elle peut recevoir des requêtes provenant des États parties, de leurs ressortissants individuellement ou collectivement et des organisations non gouvernementales. En effet, les États parties peuvent saisir la juridiction européenne contre un autre État partie[691] et il en est de même pour les

[688] Requête 001/11 Femi Falana C. Union africaine.

[689] L'intégralité de la convention européenne des droits de l'homme est disponible sur : www.echr.coe.int

[690] Article 32 de la Convention européenne des droits de l'homme (CEDH).

[691] Article 33 CEDH.

particuliers, ou groupe de particuliers qui peuvent introduire des requêtes lorsqu'ils estimeront que leurs droits reconnus par la Convention et ses Protocoles ont été violés par l'État partie.[692]

Quant à sa composition, la Cour comprend un nombre de juges égal au nombre d'États parties à la Convention.[693] Les juges sont élus par l'Assemblée parlementaire de l'Union pour le compte de chaque État membre sur une liste de trois candidats présentée par chaque État.[694] Mais une fois élu conformément aux dispositions de l'article 21 de la CEDH,[695] le juge siège à titre personnel à la Cour de façon permanente pour un mandat non renouvelable de neuf ans.[696]

À l'issue de l'instance, les arrêts définitifs[697] de la Cour européenne des droits de l'homme ont une force obligatoire dont l'exécution s'impose à l'État partie qui y est impliqué sous la surveillance du Comité des ministres.[698]

On retiendra à travers tout ce qui précède que la Cour européenne des droits de l'homme, en tant qu'organe judiciaire chargé du contrôle de la mise en œuvre de la CEDH au niveau de chaque État partie, est garante des droits de l'homme au niveau européen. Ce rôle de garant se manifestera, comme nous le verrons dans le point suivant, à travers les arrêts de la Cour.

2- Présentation du cas Siliadin c. la France

L'arrêt Siliadin c. la France est un arrêt qui a été rendu par la Cour européenne des droits de l'homme le 28 juin 2005 et est devenu définitif le 26 octobre 2005.

Les faits de cette affaire remontent au 26 janvier 1994 où la requérante, Mme Siwa-Akofa SILIADIN, alors âgée de quinze ans et sept mois, fut amenée en France par une Française d'origine togolaise, dame D, avec un visa touriste. Elle devrait régulariser la situation de l'adolescente et la scolariser, mais avant, la requérante devait travailler chez elle et

---

692 Article 34 de la CEDH.

693 Article 20 CEDH. Actuellement l'UE compte 27 membres qui sont tous parties à la Convention.

694 Article 22 CEDH.

695 Aux termes de cet article, le juge doit jouir « ... de la plus haute considération morale et réunir les conditions requises pour l'exercice de hautes fonctions judiciaires ou être des jurisconsultes possédant une compétence notoire ».

696 Article 21 et art.23 CEDH. Mais il faut mentionner que le mandat du juge prend systématiquement fin à l'âge de 70 ans (art.23 al.2).

697 Les arrêts de la Grande Chambre sont définitifs, mais les arrêts rendus par les chambres deviennent définitifs dans les conditions prévues à l'article 44 de la Convention.

698 Art. 46 de la CEDH pour plus de détails.

rembourser les frais du billet d'avion. Mais au cours du second semestre de la même année, dame D prêta la requérante à la famille B pour s'occuper des enfants et des travaux ménagers de ce couple. Elle devint ainsi la bonne à tout faire des époux B, et travailla 7 jours par semaine de 7 h 30 à 22 h 30 sans rémunération jusqu'en décembre 2005 où la requérante quitta le domicile des époux B. Elle retourna au domicile des époux B 5 ou 6 mois plus tard et travailla dans les mêmes conditions qu'avant son départ. Le 28 juillet 1998, les services de police interviennent au domicile des époux B suite à la saisine du parquet par le Comité contre l'esclavage moderne.[699] Ainsi, les époux B furent poursuivis devant les juridictions nationales françaises.[700]

Non satisfaite de la décision des juridictions nationales, la requérante introduit la requête n° 73316/01 contre la France devant la Cour européenne des droits de l'homme le 17 avril 2001 sur le fondement de l'article 34 de la CEDH pour non-respect de l'article 4 de la même Convention[701] et demande à la Cour, « le remboursement de 26 209,69 EUR au titre de frais de représentation, dont il y a lieu de déduire les sommes reçues au titre de l'assistance judiciaire ». À sa requête, la République française (défendeur) soulève l'exception de perte de qualité de victime de la requérante (aux termes de l'article 34 de la CEDH), suite à la réparation au civil du préjudice subi devant une juridiction française.

Il s'agit donc, pour le juge européen dans cette affaire, de se prononcer sur la recevabilité de la requête et sur son fond. Ainsi, la Cour qui, après avoir statué sur la recevabilité et sur le fond de la requête de Mme B,

> *1.* Rejette l'exception préliminaire du gouvernement tirée de la perte de la qualité de victime de la requérante ;
>
> 2. Dit qu'il y a eu violation de l'article 4 de la Convention ;
>
> 3. Dit
>
> a) que l'État défendeur doit verser à la requérante, dans les trois mois à compter du jour où l'arrêt sera devenu définitif conformément à l'article 44 § 2 de la Convention, 26 209,69 EUR (vingt-six mille deux

---

[699] La requérante s'était confiée à une voisine qui jugea utile d'alerter le Comité contre l'esclavage moderne de ce cas.

[700] Arrêt en annexe.

[701] Qui dispose que : « 1. Nul ne peut être tenu en esclavage ni en servitude. 2. Nul ne peut être astreint à accomplir un travail forcé ou obligatoire. (...) »

cent neuf euros soixante-neuf centimes) pour frais et dépens, plus tout montant pouvant être dû à titre d'impôt ;

b) que les sommes reçues au titre de l'assistance judiciaire seront déduites de ce montant ;

c) qu'à compter de l'expiration dudit délai et jusqu'au versement, ce montant sera à majorer d'un intérêt simple à un taux égal à celui de la facilité de prêt marginal de la Banque centrale européenne applicable pendant cette période, augmenté de trois points de pourcentage ! *(...)*

À travers cet arrêt, la Cour européenne des droits de l'homme met l'accent sur les obligations positives des États parties à l'égard des conventions internationales relatives aux droits de l'homme.[702] Il est donc une réalité, qu'au niveau régional, des juridictions peuvent connaître efficacement des cas de violation des droits de l'homme perpétrés dans un État partie aux conventions protégeant les droits violés.

Mais en réalité, si au niveau de la Cour européenne des droits de l'homme et de la Cour de justice de la CEDEAO, lesdites juridictions arrivent à juger des cas de violation des droits de l'homme, c'est bien parce que leur accès est plus ou moins simplifié aux particuliers qui sont souvent les principales victimes de ces violations. Et c'est bien là la principale faiblesse de la Cour africaine des droits de l'homme et des peuples. Face à un tel constat, les juridictions régionales, pour être efficaces dans la protection des droits de l'enfant, doivent être facilement accessibles aux victimes. Et compte tenu de l'existence des juridictions compétentes pour connaître des violations des droits humains, le défi pour une protection efficace des droits de l'enfant réside dans les conditions de saisine et les compétences de la juridiction concernée. Il n'est point nécessaire de recourir à une création de nouvelles juridictions spécialement pour les droits de l'enfant.

[702] En effet, elle rappelle : «(...) qu'il a été déjà établi que, concernant certaines dispositions de la Convention, le fait que l'État s'abstienne de porter atteinte aux droits garantis ne suffit pas pour conclure qu'il s'est conformé aux engagements découlant de l'article 1 de la Convention. »

CONCLUSION GÉNÉRALE

La traite des enfants demeure à ce jour une réalité dans le monde entier et se manifeste de diverses manières, telles que l'exploitation économique, l'exploitation sexuelle, le prélèvement d'organes qui ont des conséquences graves sur les enfants victimes. Qualifiée d'« esclavage des temps modernes »[703] ou de « pire forme de violation des droits de l'enfant »,[704] la traite des enfants n'a pas laissé la communauté internationale indifférente. Ainsi, comme toute violation des droits de l'homme, des dispositions sont prises au plan international, régional et national pour la combattre. Ces mesures portent essentiellement sur l'adoption d'instruments juridiques internationaux.

Le Bénin, comme la plupart des États africains, a adhéré à la plupart d'entre eux. Mais, plus de deux décennies après l'adoption des normes essentielles de protection des droits de l'enfant, nous nous interrogeons encore sur la capacité de ces instruments à protéger efficacement les enfants contre la traite au Bénin. La République du Bénin est perçue, par plus d'un observateur de la géopolitique africaine, comme étant un modèle de démocratie, respectueux des droits de l'Homme. Pourtant, elle est aujourd'hui perçue comme une plate-forme de la traite des enfants en Afrique de l'Ouest. C'est dire que les mesures prises n'ont pas suffi pour combattre le phénomène.

Tout au long de cette recherche, nous avons montré qu'en réalité la seule ratification des normes internationales relatives aux droits de l'enfant ne suffit pas à leur assurer une réelle et pleine protection. Certes, l'adhésion du Bénin à ces normes a favorisé une certaine amélioration de sa législation en matière de protection des enfants, c'est le cas par exemple de la loi 2006 portant *Conditions de déplacement des mineurs et répression de*

[703] Communiqué de presse de la Commission européenne *Combattre l'esclavage des temps modernes : 40 nouvelles mesures pour une stratégie européenne de lutte contre la traite des êtres humains*, Bruxelles, 19 juin 2012, en ligne sur le site : http://europa.eu/rapid/press-release_IP-12-619_fr.htm, consulté le 15 décembre 2012.

[704] Voir en ce sens, UNICEF, *La traite des enfants en Afrique de l'Ouest. Réponses politiques*, Centre de recherche Innocenti, 2002.

la traite des enfants au Bénin, et de la loi 2002-07, portant *Code des personnes et de la famille*. Quant au cadre institutionnel, notamment au niveau du ministère de la Justice et au niveau du ministère de la Famille, il est prouvé que la plupart des organes mis en place pour la protection des droits de l'enfant ne fonctionnent quasiment pas ou sont inefficaces dans la pratique. Très souvent, à cause de l'indisponibilité du budget prévu par le gouvernement pour leur fonctionnement et l'absence de personnel qualifié.

Cependant, outre ces apports plus ou moins positifs, la traite des enfants au Bénin a du mal à trouver des réponses efficaces pour l'éradication du fléau de la traite des enfants, ce qui contraste avec l'engament très affirmé des Organisations du système des Nations unies comme l'UNICEF et l'OIT, et bien d'autres organisations nationales et internationales qui luttent contre la traite des enfants sur le terrain. Au regard des milliers d'enfants béninois encore victimes de la traite, il ne fait aucun doute que les Conventions relatives aux droits de l'enfant n'ont, à ce jour, pas été en mesure de les protéger effectivement. Cela a pour cause, d'une part, le contenu des Conventions elles-mêmes et, d'autre part, le manque de volonté de l'État béninois.

En ce qui concerne le contenu des conventions, le caractère vague, non contraignant et à réalisation progressive des droits dits économiques, sociaux et culturels, notamment l'article 4 de la Convention des Nations unies relative aux droits de l'enfant nous a amenés à nous interroger sur ce que représentaient les droits de l'enfant sans lesdits droits. Pas grand-chose, car, comme nous l'avons relevé d'ailleurs, les droits civils et politiques n'ont pas grand intérêt pour les enfants qui, du fait de leur minorité, ne sont pas habilités à jouir de bon nombre d'entre eux. De ce fait, nous sommes arrivés à la conclusion qu'en réalité les droits fondamentaux des enfants font partie de la catégorie de ceux considérés comme des droits « économiques, sociaux et culturels ». Ils ont autant de valeur, sinon plus, que ce que les droits civils et politiques représentent pour « l'Homme adulte ». Dès lors, aucune justification économique ou financière ne devrait limiter leur jouissance aux enfants dont l'existence même en dépend. Il en résulte la nécessité d'une remise en cause de la vision initiale des droits de l'enfant dans les normes internationales. Car, les normes relatives aux droits de l'enfant, qui ne peuvent protéger les plus vulnérables d'entre eux n'auraient, dans ce cas, pas une grande utilité.

Outre cette faiblesse des normes relatives aux droits de l'enfant, nous avons également soulevé les problèmes liés aux organes de protection. À ce niveau, les comités mis en place pour veiller à la mise en œuvre des normes ont montré leurs limites. Les recommandations qui résultent du constat de violations des droits de l'enfant n'ont pas pu persuader les États parties de se conformer à leurs engagements vis-à-vis des droits de l'enfant, surtout sur le continent africain.

Aujourd'hui, il est établi que les pays où les droits de l'enfant sont dans leur globalité plus respectés avaient déjà un système interne de protection assez efficace avant l'adoption et la ratification de la Convention onusienne des droits de l'enfant.[705] Ce qui montre qu'en réalité, à l'état actuel des conventions internationales relatives aux droits de l'enfant, assurer la protection effective des enfants dépend de la bonne volonté de chaque État partie.

Parlant de la volonté des États parties, la persistance de la traite des enfants en Afrique en général et au Bénin en particulier, découle justement du manque de volonté des dirigeants africains à consacrer les moyens financiers, matériels et humains nécessaires à la protection des enfants. Ainsi avons-nous montré que les dirigeants africains ne prennent pas au sérieux la protection de l'enfant voire, de la famille en général. Ils préfèrent laisser les populations, souvent analphabètes, dans l'ignorance en leur faisant croire que l'État n'a aucune obligation envers eux, et que seuls les parents sont les uniques responsables de l'éducation et de la protection sociale de l'enfant. Ce qui justifie qu'à ce jour un pays, comme le Bénin, ne dispose pas de service de protection sociale en bonne et due forme. La protection sociale, comme nous l'avons montré, se résume à la distribution de quelques milliers de francs CFA chaque année, par le ministère de la Famille, au titre du programme « secours aux indigents ». C'est dire qu'en réalité, l'on ne peut prétendre assurer la protection des enfants victimes de traite ou lutter contre la traite des enfants sans mettre en place un mécanisme national de protection des enfants ou des familles vulnérables.

D'un autre côté, nous nous sommes penchés sur le rôle des organes onusiens qui accompagnent les États dans la mise en œuvre des droits de l'enfant et/ou qui luttent contre la traite des enfants au Bénin. À travers le cas de l'Unicef et de l'OIT, les questions étaient de savoir pourquoi, depuis de nombreuses décennies que ces organisations œuvrent aux côtés de l'État béninois, la priorité n'a pas été donnée à la mise en place d'un mécanisme structuré et permanent de protection des enfants vulnérables, de protection

---

705 On remarquera en effet, que ce soit en Allemagne, en France, etc. les lois de protection de l'enfance ou de la famille étaient déjà en place avant la Convention onusienne. V. en ce sens, NEIRINCK, Claire (1993). « Le droit de l'enfance après la Convention des Nations unies ». Paris : Éditions Belfond.

de substitution pour les enfants victimes de traite et/ou de prise en charge des enfants ou familles vulnérables ? Pourquoi, à ce jour, le Bénin ne dispose-t-il toujours pas d'une loi de protection sociale pour les plus vulnérables ?

À ce niveau, nous avons constaté que d'énormes moyens financiers et humains sont mis en place sur le terrain par les organisations partenaires de l'État béninois pour lutter contre la traite des enfants ou protéger les enfants vulnérables, de façon éparse, ponctuelle ou à court terme. Cette manière de lutter contre la traite des enfants met incontestablement ces organisations au-devant de la scène, donnant l'impression que les choses s'améliorent alors que, sur le terrain, l'on assiste en réalité à un gaspillage de ressources qui débouche sur l'inefficacité des actions menées pour ne pas dire sur un vrai gâchis.

Ainsi, à côté du manque de volonté des gouvernants, s'ajoute l'inadéquation des actions menées sur le terrain par les organisations internationales et nationales de protection des droits de l'enfant ou de lutte contre la traite des enfants. Il est donc difficile, dans ces conditions, de prétendre à la résolution du phénomène de la traite des enfants au Bénin.

Enfin, le présent travail n'a pas occulté le rôle de la justice dans la protection des droits de l'enfant. Face à la réticence des juges béninois à l'applicabilité des normes relatives aux droits de l'enfant auxquelles la République du Bénin est partie, la justice semble avoir du mal à donner une réponse efficace aux violations des normes relatives aux droits de l'enfant. Au plan régional, en Afrique, la Cour africaine des droits de l'homme et des peuples, mise en place par les chefs d'État et de gouvernement de l'Union africaine, témoigne, une fois de plus, à travers ses dispositions, du manque de volonté des dirigeants africains à faire avancer l'effectivité des droits de l'homme, surtout quand il s'agit de mettre en cause leur responsabilité. Sur ce plan, nous avons relevé le blocage mis en place pour empêcher les particuliers et les ONG d'avoir accès à la Cour. En effet, comment prétendre protéger les droits humains si, en même temps, l'on empêche les victimes d'avoir accès à la juridiction compétence pour connaître des violations desdits droits ?

L'exemple de la Cour européenne des droits de l'homme est alors apparu comme le modèle régional qui porte ses fruits. Accessible, entre autres, aux particuliers, elle oblige les États parties à la Convention européenne à répondre des allégations de violation des droits des citoyens en cas de plainte. Ainsi, tout État reconnu coupable par la Cour doit se soumettre à la décision rendue. Celle-ci peut inclure, dans certains cas, le paiement de dommages et intérêts aux victimes, même si l'État en cause n'est pas directement l'auteur des actes de violation.[706] Le cas Siliadin c. la France est venu étayer cette vision.

Pour finir, nous dirons que la lutte contre la traite des enfants au Bénin nécessite un engagement sérieux de l'État qui doit prendre des mesures adéquates pour agir sur les principales causes qui la sous-tendent et redéfinir, tant que faire se peut, ses priorités en matière de coopération avec les organisations du système des Nations unies et les autres organisations qui opèrent au Bénin dans le domaine des droits de l'Homme. Il ne fait aucun doute que malgré les résultats mitigés des ONG sur le terrain, celles-ci jouent un rôle important dans la lutte contre la traite des enfants. En effet, nous avons montré leur efficacité dans les domaines de la sensibilisation des populations à la base, de formation des acteurs pouvant jouer un rôle important dans la lutte contre la traite, de la collecte des données, des recherches sur la traite. Il serait donc souhaitable que les organisations onusiennes au Bénin et les autres se focalisent davantage sur ces questions. Par contre, en ce qui concerne le financement de la réinsertion des enfants victimes, les programmes de formation alternative des enfants déscolarisés ou « vidomegon », etc., il est important que l'État béninois soit mis face à ses responsabilités. Cette prise de responsabilité pourrait se traduire par l'adoption d'une loi sur la protection sociale de l'enfant et de la famille au Bénin, qui prendra en compte des mesures de protection de remplacement pour les enfants en danger dans leur famille, de prise en charge des enfants vulnérables, etc.

D'autre part, des mesures doivent être prises pour la construction de garderies publiques et de centres d'accueil. Et dans ce cadre, l'État pourra mobiliser les organisations partenaires pour la construction de ces garderies et centres d'accueil ainsi que la formation du personnel nécessaire à leur fonctionnement. La mise en place de ces infrastructures aurait pour avantage d'accueillir les enfants des femmes travailleuses ou commerçantes, qui sont obligées de recourir aux bonnes à tout faire : les vidomegons. Ainsi, on pourrait lutter plus efficacement contre cette pratique qui, au Bénin, constitue aussi la traite des enfants.

---

[706] Voir aussi, la décision de la Cour de justice de la CEDEAO concernant le cas Adijatou Mani KORAOU c. Niger.

RÉFÉRENCES BIBLIOGRAPHIQUES

I- OUVRAGES

ADJOLOHOUN, Horace (2011). *Droits de l'Homme et Justice constitutionnelle en Afrique : Le modèle béninois*. Paris : L'Harmattan.

ADOUKI, Delphine E. (2004). *Droit International Public. Les sources.* Paris : L'Harmattan.

AGBOTON, Gaston A.M. (1997). *Culture des peuples du Bénin.* Paris : Présence Africaine.

AIVO, Fréderic Joël (2006). *Le Juge constitutionnel et l'État de droit en Afrique. L'exemple du modèle béninois*. Paris : L'Harmattan.

AJAVON, Ata (1992). « La Protection des droits de l'Homme dans les constitutions des États de l'Afrique noire francophone ». *RJPIC.* (1).

ALIPRANTIS, Nikitas (2009). *Les Droits sociaux dans les instruments européens et internationaux. Défis à l'échelle mondiale.* Bruxelles : Bruylant.

ANCELIN, Jacqueline (1997). *L'action sociale familiale et les caisses d'allocations familiales.* Paris : Association pour l'étude de l'histoire de la sécurité sociale.

ANGELINO, Inès (2002). *L'enfant, la famille, la maltraitance.* Paris : Dunod.

ANKUMAH Evelyn A. (1996). *The African Commission on Human and Peoples' Rights, Practice and Procedures.* London : Martinus Nijhoff Publishers.

BANEGA, Richard (2003). *La Démocratie à pas de caméléon, Transition et imaginaires politiques au Bénin.* Paris : Karthala.

BANGOURA, Dominique (dir.) (2005). *Quel avenir pour les jeunes de Guinée ?* Paris : L'Harmattan.

BARBE, Vanessa (2009). *Le Rôle du parlement dans la protection des droits fondamentaux. Étude comparative : Allemagne, France, Royaume-Uni.* Paris : LGDJ.

BAUER, Michel, et SCHERER-DARSCH, Chantal (1990). *De l'Enfance à la majorité : droits de l'enfant, de sa famille, de ses éducateurs.* Paris : Éd. ESP.

BERGELL, Jean-Louis (2003). *Théorie générale du Droit.* 4e éd. Paris : Dalloz.

BETTATI, Mario, et Pierre-Marie DUPUY (2007). *Revue de Droit international public.* Paris : A. Pedone.

BIRUKA, Innocent (2006). *La protection de la femme et de l'enfant dans les conflits en Afrique.* Paris : L'Harmattan.

BOMAPAKA, Nkeyi « Droits et devoirs des parents. Droit zaïrois et droit comparé », *CEEBA, Publication,* série II, vol.7.

BONFILS, Philippe, et Adeline GOUTTENOIRE (2008). *Droits des mineurs.* Paris : Dalloz.

BONGRAIN, Marcelle (1987). « La Loi au secours de l'enfant maltraité ? » : 163 p., in : Vanves, *Centre technique national d'études et de recherches sur les handicaps et les inadaptations.* Évry : PUF.

BONGRAIN, Marcelle (2005). *Le Placement de l'enfant victime : une mesure irrespectueuse.* Paris-Budapest : Torin : L'Harmattan.

BOUINEAU, Jacques (dir.) (2007). *Enfant et romanicité.* Paris : L'Harmattan.

BOUONY, Lazhar (1979). *La Conclusion des traités dans la République tunisienne.* Tunis : Centre d'Études, de Recherches et de Publications de la Faculté de Droit et des Sciences politiques et économiques de Tunis.

BRISSET, Claire (1997). *Un Monde qui dévore ses enfants.* Paris : Éd. Liana Levi.

BRISSET, Claire (2009). *Les Enfants et la loi de la jungle.* Paris : Éd. Odile Jacob.

Cahier africain des droits de l'homme « Penser et réaliser les droits de l'homme en Afrique centrale », Yaoundé, Presse de UCAC. N° 4 : 2000.

Cahier africain des droits de l'homme, « Intégrité physique et dignité humaine », Yaoundé, Presse de UCAC. N° 1 : août 2001.

CANDRIAN, Jérôme (2005). *L'Immunité des États face aux droits de l'homme et à la protection des biens culturels.* Zurich.

CARREAU, Dominique (1986). *Droit international.* Paris : éd. A. Pedone.

CARREAU, Dominique, et Fabrizio MARRELLA (2012). *Droit international.* Paris : éd. Pedone.

CHAMPEIL, Véronique (dir.) (2008). *À la Recherche de l'effectivité des droits de l'homme.* Paris : Presses Universitaire de Paris.

COHEN-JONATHAN, Gérard (2007). *La Protection internationale des droits de l'homme : Europe.* Paris : la Documentation française.

Collection Perspectives Régionales (1998). « Éduquer aux droits de l'homme : contexte, problématiques et enjeux ». Genève : CIFEDHOP, n° 2.

CONAC, Gérard (1990). « Le juge de l'État en Afrique francophone » : 13-20, in Afrique Contemporaine, n ° 156, *La justice en Afrique*, dir. Jean du Bois de GAUDUSSON et Gérard CONAC. Paris : La Documentation française.

Conseil de l'Europe (1993). « L'Exploitation sexuelle, la pornographie, la prostitution ainsi que le trafic des enfants et des adultes ». Strasbourg : Les Éditions du Conseil de l'Europe.

COULIBALY, Abdou Latif (2006). *Une Démocratie prise en otage par les élites.* Paris : L'Harmattan.

CREOFF, Michèle (2006). *Guide de la protection de l'enfance maltraitée.* Paris : Dunod.

DAVEL, C.J., (ed), (2000). *Introduction to child law in South Africa.* Pretoria : Juta Law.

De FROUVILLE, Olivier (1996). *Les Procédures thématiques : une contribution efficace des Nations Unies à la protection des Droits de l'Homme.* Paris : A. Pedone.

DECAUX, E., DIENG, A. et SOW, M. (2007). *Des Droits de l'homme au droit international pénal.* Leiden.

DEGNI-SEGUI, René (1998). *Les Droits de l'homme en Afrique noire francophone. Théories et Réalités.* Abidjan : Imprimob.

DEKEUWER-D., Françoise. (2010). *Les Droits de l'enfant.* Que sais-je ? 9e éd. Paris : PUF.

DEKEUWER-D., Françoise (2001). *Les Droits de l'enfant.* Collection Que sais-je ? 5e éd. Paris : PUF.

DEKEUWER-D., Françoise (1998). *L'Égalité des sexes.* Paris : Dalloz.

DIOP, Ibrahima (2003). *L'Exécutif dualiste dans les États d'Afrique Noire francophone.* Lille : Atelier national de Reproduction des Thèses (ANRT).

DIPLA, Haritini (1994). *La Responsabilité de l'État pour violation des droits de l'homme.* Paris : A. PEDONE.

DJOLI ESENG' EKELI, Jacques (2006). *Le Constitutionnalisme africain. Entre la gestion des héritages et l'invention du futur.* Paris : Connaissances et Savoirs.

DONNIER, Marc (1956). *L'Intérêt de l'enfant.* in Chronique Dalloz.

DUMERCQ, Madeleine M (2009).- *Mise en perspective des ambiguïtés de la communication des organisations intergouvernementales humanitaires : le cas de l'UNICEF dans les stratégies de recherche de fonds.*- Université Bordeaux 3- Michel Montaigne : Thèse de doctorat.

EBEREGBULAM, NJOKU, John E. (1993). *African Childhood. Poor Social and Economic Environment.* New York, USA : The Edwin Mellen Press, Lewinston.

EDZODZOMO-ELA, Martin (1993). *De la Démocratie au Gabon, les fondements d'un renouveau national.* Paris : Karthala.

EGLE, Becchi, DOMONIQUE, Julia (1998). *Histoire de l'enfance en Occident.* Paris : Éditions du Seuil.

STRYDOM, Elize (2006). *Essential Social Security Law.* Cape Town : JUTA.

ERGEC, Rusen (2004). *Protection européenne et internationale des droits de l'homme.* Bruxelles : Bruylant.

ERNY, Pierre (1972). *L'Enfant et son milieu en Afrique noire, essai sur l'éducation traditionnelle.* Paris : Éd. Payot.

ESCHYLLE, Jean F. et MARRAUD, Catherine (1998). *Droit de l'enfant et de la famille.* Nancy : Éd. PUN.

EZEMBE, Ferdinand (2009). *L'Enfant africain et ses univers.* Paris : Karthala.

FÉDÉRATION INTERNATIONALE DES TRAVAILLEURS SOCIAUX (2005). « Travail social et droits de l'enfant ». Rennes : Éditions de l'École nationale de la santé publique.

FLAUSS Jean-François et LAMBERT-ABDELGAWAD, E. (dir.) (2004). *Droit et Justice.* Bruxelles.

GALLETTI, Florence (2004). *Les Transformations du droit public africain francophone.* Bruxelles : Bruylant.

FOFANA, Mamadou L. (1997). *L'Universalité des droits de l'homme et sa portée en Afrique.* Sénégal : Éditions juridiques africaines.

FOUDA, Guillaume (2000-2001). *L'Accès au droit : richesse et fécondité d'un principe pour la socialisation juridique et de l'état de droit en Afrique.* Bordeaux : Afrilex.

FROMONT, Michel et RIEG, Alfred (dir.) (1984). *Introduction au droit Allemand.* Tome 2 Droit public- Droit pénal. Paris : éd. CUJAS.

GAREIL, Laurence (2004). *L'Exercice de l'autorité parentale.* Paris : LGDJ.

GBAGO, Barnabé G. (2001). *Le Bénin et les droits de l'Homme.* Paris : L'Harmattan.

GHERARI, Habib (1991). « La charte africaine des droits et du bien-être de l'enfant », *Études internationales,* Québec, XXII, (4).

GOUDJO, R. (2000). *La Protection intégrale de la personne humaine, Universalité des droits de l'homme et pluralisme culturel.* Collection Xwefa. Cotonou : éd. du Flamboyant.

GRATALOUP, Sylvain (1998). *L'Enfant et sa famille dans les normes européennes.* Paris : LGDJ.

GUIMDO, B-R, et OLINGA. A-D (1999). « L'Afrique et la lutte contre les pratiques traditionnelles relatives à l'intégrité physique de la femme et de l'enfant », *Cahiers de l'IEDEH* (Montpellier) (7).

HERMANGE, Marie-Thérèse (1999). *L'Enfant soi-disant roi : Pour une nouvelle culture de la parentalité.* Paris : Albin Michel.

HOUNGBEDJI, Adrien (2005). *Il n'y a de richesse que d'hommes.* Paris : L'Archipel.

HUYETTE, Michel, et DESLOGES, Philippe (2009). *Guide de la protection judiciaire de l'enfant.* Paris : DUNOD.

IDZUMBUIR, Assop J. (1994). *La Justice pour mineurs. Réalités et perspectives.* Kinshasa : Éd. Universitaires Africaines.

Informations sociales (2008). « Nouvelles figures de la parentalité ». Paris. *Caisse nationale des allocations familiales,* n° 149 Septembre-Octobre.

JOUAN, Marie-Pierre (1998). *À la recherche des enfants de la rue.* Paris : Karthala.

KADOGO, Hervé C. (2003). *Enfants des guerres d'Afrique centrale.* Paris : L'Harmattan.

KEDE-ONANA, Magloire (2007). *Le Droit à l'éducation en Afrique : enjeux et perspectives à l'ère de la mondialisation.* Paris : L'Harmattan.

KELSEN, Hans (1999). *Théorie pure du droit,* traduit par Charles Eisenmann. Bruxelles : Bruylant.

KONDE MBOM, Jean-Baptiste (2003). *Le Contrôle international de l'application de la Charte africaine des droits de l'homme et des peuples.* Lille : ANRT.

KORCZAK, Janusz (2009). *Les Droits de l'enfant au respect,* traduit et adapté du polonais par Lydia Waleryszak. Paris : éd. Fabert.

KRIEGER, Mark (1999). *Menschenrechte in arabo-islamischen Staaten.* Frankfurt am Main : Peter Lang.

KSENTINI, Fatma Zohra (1994). *Les Procédures onusiennes de protection des droits de l'homme. Recours et détours.* Château-Gontier : Éd. Publisud.

LABRUSSE-RIOU, Catherine et TRUCHET, Didier, (dir.) (2007). *Les Grands arrêts de la Cour européenne des Droits de L'Homme.* 4e éd., Paris, PUF.

LAPIKA, D. Bruno (2002). « La Dimension culturelle des droits de l'homme en Afrique » in *Revue de Droit Africain* (23).

LAROCHE-GISSEROT, Florence (2003). *Les Droits de l'enfant.* Paris : Dalloz.

LAVOUE, Jean (2004). *La Demande de justice en protection de l'enfance.* Paris : L'Harmattan.

LAZAUD, Fréderic (2006). *L'Exécution par la France des arrêts de la Cour européenne des droits de l'homme,* tome 1. Presses Universitaires d'Aix-Marseille.

LEBRETON, Marie-Christine (1999). *L'Enfant et la responsabilité civile.* Mont-Saint-Aignan : Publications des Universités de Rouen et du Havre.

Les Études du Ceped, n° 15 (1997). « Ménages et familles en Afrique. Approches des dynamiques contemporaines ». Paris.

LUNDA, Bululu (1984). *La Conclusion des traités en constitutionnel Zaïrois.* Bruxelles : Bruylant.

M'BAYE, Keba (1992). *Les Droits de l'homme en Afrique.* Paris : A. Pedone.

M'BAYE, Keba (2002). *Les Droits de l'homme en Afrique.* Paris : A. Pedone.

MADIOT, Yves (1991). *Les droits de l'homme à l'aube du XXIe siècle.* Paris : Masson.

MALEMBA-M. N., Gilbert (2003). *Enfants dans la rue. Le sans et le hors famille.* Lubumbashi : Presses Universitaires de Lubumbashi.

MARIE, Jean-Bernard (1975). *La Commission des droits de l'homme de l'ONU.* Paris : éd. A. Pedone.

MARQUET, Jacques, BONMARIAGE, Joseph (1998). *Le Bien de l'enfant : entre normes relatives et exigence vitale.* Louvain-la-Neuve : Bruylant.

MARTIN, Jeannett (2006). *Bénin. Landeskundliche Informationsseiten.* (LIS). Bénin.

MASSENGO, Tiasse M. (1988). *Comment peut-on vivre libre et digne en Afrique ?* Paris : Éd. Michel de Maule.

MATRINGE, Jean (1996). *Tradition et modernité dans la charte africaine des droits de l'homme et des peuples.* Bruxelles : Bruylant.

MAUGENEST, Denis, et POUGOUE, Paul-Gérard, (dir.) (1995). *Droits de l'Homme en Afrique centrale.* Yaoundé : Karthala.

MORANTSUO, Marie-Madeleine (2007). *La Contribution des Cours constitutionnelles à l'État de droit en Afrique.* Paris : Economica.

MEDENOUVO, Firmin (2004). *Constitution de la République du Bénin.* Cotonou : Présence béninoise.

Mélanges offerts à Silvio Marcus HELMONS (2003). « Avancées et confins actuels des droits de l'Homme aux niveaux international, européen et national ». Bruxelles : Bruylant.

MESMES, Émilie (2001). OMS et la protection de l'enfant et de la femme dans le système de santé africain. Bordeaux : Université Montesquieu - Bordeaux IV.

MEUNIER, Guillemette (2002). *L'Application de la Convention des Nations-Unies relatives aux droits de l'enfant dans le droit interne des États parties.* Paris : L'Harmattan.

Ministère de l'Économie, des Finances et de l'Industrie (2000). « Les Droits de l´homme et de l´enfant face à la mondialisation ». Coll. Colloques, Paris : Les éditions de Bercy.

Mission pour la célébration du 50e anniversaire de la Déclaration des droits de l'homme (1998). « Les Droits de l'Homme à l´aube du XXIe siècle ». Paris : La documentation française.

MUBIALA, M. (1998). « La Cour africaine des droits de l'Homme et des peuples : Mimétisme institutionnel ou avancée judiciaire ? », *Revue générale de droit international public* (3).

MUBIALA, M. (1998). « Le Protocole à la charte africaine des droits de l'Homme et des peuples relatif à l'institution d'une cour », *Droit de l'Homme* (4).

MUBIALA, Mutoy (2005). *Le Système africain de protection des droits de l'homme.* Bruxelles : Bruylant.

MURRAY, Rachel (2000). *The African Commission on Human and Peoples Rights and International Law.* Oxford : Hart Publishing.

NCHAMA, C. M. Eya (1991). *Développement et droits de l'Homme en Afrique.* Paris : Publisud.

NDEMBI, Denise L. (2006). *Le Travail des enfants en Afrique subsaharienne : le cas du Bénin, du Gabon et du Togo.* Paris : L'Harmattan.

NEIRINCK, Claire (1993). *Le Droit de l'enfance après la Convention des Nations Unies.* Paris : Éditions Belfond.

NEIRINCK, Claire (1984). *La Protection de la personne de l'enfant contre ses parents.*- Thèse de doctorat : Montpellier.

NGOM, Benoit (1984). *Les Droits de l'Homme et l'Afrique.* Paris : éd. SOLEX.

NGUEMA, Isaac (1990). « Universalité et spécificité des droits de l'Homme en Afrique : La conception traditionnelle de la personne humaine », *Droit et Cultures* (19).

NGUEMA, Isaac (1993). « La Commission africaine des droits de l'Homme et des peuples (organisation, missions, procédure, activités) », *Parlements et francophonie* (88-89).

NOUDJENOUME, Philippe (1999). *La Démocratie au Bénin : Bilan et perspectives.* Paris : L'Harmattan.

NZENGUET IGUEMBA, Gilchrist A., (dir.) (2006*). Le Gabon : Approche pluridisciplinaire.* Paris : L'Harmattan.

OKPALUBA, Olivier & SMIT, Thompson (1999). Social Security Law. General principles. Durban : Butterworths.

OLINGA, A-D. (1997). « L'Effectivité de la charte africaine des droits de l'Homme et des peuples », *Afrique 2000* (27-28).

OLINGA, A-D. (1996). « La Charte africaine sur les droits de l'Homme et le bien-être de l'enfant », *Recueil Penant* (820).

Organisation internationale de la Francophonie (2004). « La Cour africaine des droits de l'homme et des peuples, juin 2004 ». Paris : O.I.F.

OUGERGOUZ, Fatsah (1993). *La Charte africaine des droits de l'Homme et des peuples, une approche juridique des droits de l'Homme entre tradition et modernité.* Paris : PUF, Publications de l'IUHEI.

OUGERGOUZ, Fatsah (1989). « La Commission africaine des droits de l'homme et des peuples : Présentation et bilan d'activités (1988-1989) », *Annuaire français de droit international.*

OWONA, Joseph (1985). *Droit constitutionnel et régimes politiques africains.* Paris : Berger-Levrault.

PALOUKI, Massina (1997). *Droits de l'homme, liberté publique et sous-développement au Togo.* Togo : Les Nouvelles Éditions Africaines du Togo (NEA).

PAMBOU, T. G. et MOUSSAVOU-M. J-B (1986). *Éléments de la pratique gabonaise en matière de traités internationaux.* Paris : LGDJ.

PATRIMONIO, Gérard (2006). *De la libération des esclaves au secours des persécutés.* Paris : Éditions de Paris.

PEDROT, Philippe, (dir) (1999). *Éthique, Droit, et Dignité de la personne humaine.* Paris : Economica.

PETIT, Françoise (2001).- *Le concept français de sécurité sociale à la lumière du droit international et du droit communautaire.* Bordeaux.- Université Montesquieu : Bordeaux IV.

PICOT, François (1977). *La Bonne foi en droit public.* Basel: Helbing and Leichtenhahn Verlag AG.

PILON, Marc, et VIGNIKIN, Kokou (2006). *Ménages et famille en Afrique subsaharienne.* Paris : éd. des archives contemporaines.

PINTO, Monica (2007). *L'Amérique Latine et le traitement des violations massives des droits de l'homme.* Paris : Pedone.

RAYMOND, Guy (2003). *Droit de l'enfance et de l'adolescence.* Paris : Litec, 4e édition.

RAYMOND, Guy (1995). *Droit de l'enfance et de l'adolescence. Le droit français est-il conforme à la convention internationale des droits de l'enfant ?* Paris : Litec.

RAYMOND, Guy (s. d.) *Droit de l'enfance et de l'adolescence.* 5e éd., Paris : LexisNexis LITEC.

ROBIN, Gilbert (1942). *L'Éducation des enfants difficiles.* Coll. Que sais-je ? Paris : PUF.

ROUSSILLON, Henry, (dir.) (1995). *Les Nouvelles constitutions africaines : La transition démocratique.* Toulouse : PIEPT.

ROYAL, Ségolène, et AVENA-ROBARDET, Valérie (2007). *Les Droits des enfants.* Paris : Dalloz.

RUBELLIN-DEVICHI, Jacqueline, et RAINIER, Frank, (dir.) (1996). *L'Enfant et les Conventions internationales.* Lyon : PUL.

Rupture-Solidarité (2002). « L'Afrique (central) des droits de l'Homme ». Paris : Karthala, n° 3.

SALIFOU, André (2005). *Entretien avec mes enfants sur la démocratie en Afrique.* Paris : Présence africaine.

SANTOS, Marta, et SALAH, Rima (2002). *La Traite des enfants en Afrique de l'Ouest : Réponses politiques.* Centre de recherche INNOCENTI-UNICEF.

SCHLEMMER, Bernard (1996). *L'Enfant exploité : oppression, mise au travail, prolétarisation.* Paris : Karthala.

SCIOTTI-LAM, Claudia (2004). *L'Applicabilité des traités internationaux relatifs aux droits de l'homme en droit interne.* Bruxelles : Bruylant.

SCRIVE, Stéphane (2009). *La Crise de la Démocratie en Afrique. L'exemple du Togo.* Paris : L'Harmattan.

SEMINARA, Letizia (2009). *Les Effets des arrêts de la cour interaméricaine des droits de l'homme.* Bruxelles : Bruylant.

SINDJOUN, Luc (2009). *Les Grandes décisions de la justice constitutionnelle africaine.* Bruxelles : Bruylant.

SLOTH-NIELSEN, Julia (2008). *Children's Rights in Africa. A Legal Perspective.* ASHGATE.

Société française pour le droit international (2008). « La responsabilité de protéger ». Paris : A. Pedone.

STROOGO, Juliane (1990). *Les Droits de l'enfant en questions.* Paris : la Documentation française.

SUDRE, Fréderic (1989). *Droit international et européen des droits de l'homme.* Paris : Presses Universitaires de France.

SUDRE, Frédéric (1997). *Les Grands arrêts de la Cour européenne des droits de l'homme.* Presses Universitaires de France, Coll. Que sais-je ?

SY, Mouhamadou M. (2007). *La Protection constitutionnelle des droits fondamentaux en Afrique. L'exemple du Sénégal.* Paris : l'Harmattan.

TAVERNIER, Paul, (dir.) (2002). *Recueil juridique des droits de l'Homme en Afrique 1996-2000.* Bruxelles : Bruylant.

TAVERNIER, Paul, (dir.) (2005). *Recueil juridique des droits de l'homme en Afrique 2000-2004.* tome I et II, Bruxelles : Bruylant.

TAVERNIER, Paul (2008). *Regard sur les droits de l'homme en Afrique.* Paris : L'Harmattan.

TEXIER, Philippe (1990). « La France et les Pactes des Nations Unies » in *Droit international et droits de l'homme,* Cahiers du Cedin, Montchrestien, EJA.

THEVENET, Amédée (2004). *L'Aide sociale en France.* Coll. Que sais-je ? Paris : PUF.

TIDJANI, Mahaman A. (2001). « La Justice au plus offrant. Les infortunes du système judiciaire en Afrique de l'Ouest. », *Politiques africaines* (83).

TORRELLI, Maurice (1983). *La Protection internationale des droits de l'enfant.* Paris : PUF.

TRIEPEL, Heinrich (2010). *Droit international et droit interne,* traduction française de la version allemande publiée en 1920 par René Brunet, Paris : éd. Panthéon-Assas, coll. Les Introuvables.

VASAK, Karel (1964). *La Convention européenne des droits de l'homme.* Paris : Bibliothèque constitutionnelle et de sciences politiques, LGDJ.

VILJOEN, Frans (2012). *International Human Rights Law in Africa.* Oxford : Oxford University Press.

WALTER, Babara (2001). *Le Droit de l'enfant à être éduqué.* Paris : L'Harmattan.

WANITZEK, Ulrike (1986). *Kindschaftsrecht in Tanzania.* München : Klaus Renner Verlag.

WEBER, Anne (2008). *Les Mécanismes de contrôle non contentieux du respect des droits de l'Homme.* Paris : A. Pedone.

YONABA, Salif (1997). *Indépendance de la justice et droits de l'homme. Le cas du Burkina Faso.* Leiden : PIOOM.

YOUF, Dominique (2002). *Penser les droits de l'enfant.* Paris : PUF.

ZANI, Mamoud (1996). *La Convention internationale des droits de l'enfant : Portées et limites.* Paris : Publisud.

II- Articles, Thèses, Mémoires et notes

ADELOUI, Joël (2007). *Notes de cours droit international public*, 2e année droit. Université d'Abomey-Calavi.

ADELOUI, Joël A. (2011). *L'Insertion des engagements internationaux en droit interne des États africains.* Cotonou.

ADEPOJU, Aderanti, et MBUGUA, Wariana (1997). "The African family: an overview of changing forms": 41-59, in Aderanti Adepoju, (ed.), *Family, Polulation and Developpemnt in Africa.* London : Zed Books Ltd.

AHOUAKA, Etienne (2005). « Le Juge constitutionnel béninois et la protection des droits fondamentaux de la personne humaine » : 99-129, in *Revue Béninoise des Sciences Juridiques et Administratives*, n° 15. Cotonou.

ALBER, Erdmute (2011). "Child Trafficking in West Africa?": 71-92 in Anna Marta González and others (ed), *Frontiers of Globalization: Kinship and Family Structures in Africa.* New Jersey : Africa World Press.

ALIPRANTIS, Nikitas (2006). « Les droits sociaux sont justiciables ! » : 158-164 in *Droit social.* Paris.

BALMOND, Louis (2007). « Le Droit international face à l'enrôlement des enfants soldats » in *Le droit et les droits de l'enfant.* L'Harmattan : Champs Libres.

BEN SALEM, Hatem (2001). « Le Système africain de protection des droits de l'homme et des peuples » : 205-211, in *La Voix de l'Intégration Juridique et Judiciaire Africaine* (001).

BERTOL, David, RADE, Christophe (2006).- *Famille et responsabilité.*- Thèse de doctorat. Droit : Bordeaux 4.- 449.

BIBI, Barnabé (1994).- *La Protection internationale des droits de l'Homme en Afrique.*- Thèse de doctorat : Université de Toulouse : Droit public.

BOSSER, Maude (1998). *La Convention internationale des droits de L'enfant : les droits de l'enfant, utopie d'une liberté ?* Bordeaux : IEP.

BOUDREAU, Lorraine, et autres (1996). « La Convention relative aux droits de l'enfant et son application en droit canadien » : 259-285, in *L'enfant et les conventions internationales,* Jacqueline RUBELLIN-DEVICHI et Rainer FRANCK, (dir.). Lyon : Presses Universitaires de Lyon.

BOUKONGOU, Jean-Didier (2006). « Le Système africain de protection des droits de l'enfant. Exigences universelles et prétentions africaines »,

Cahiers de la Recherche sur les Droits fondamentaux (CRDF) (5) : 97-11.

BOUKRIF, H. (1998). « La Cour africaine des droits de l'Homme et des peuples : Un organe judiciaire au service des droits de l'Homme et des peuples en Afrique », in *Revue africaine de droit international et comparé/African Journal of international and comparative law* (10).

CAMPISTRON, M. (1939). « Coutume Ouolof du Cayor (Cercle de Thiès) », in Comité d'Études historiques et scientifiques de l'Afrique-Occidentale Française, *Coutumiers Juridiques de l'AOF*, tome 1 Sénégal. Paris V : Librairie.

Centre de Recherche et d'Études juridiques de l'unité de formation et de recherche en sciences juridiques et politiques (2002). in *Revue burkinabè de Droit*, 1er semestre 2002, Ouagadougou, Burkina-Faso : 132-153.

COULIBALY, Kédia (1990).- La Protection sanitaire internationale de l'enfant : contribution à l'étude du droit de l'enfant à la santé.- Thèse de doctorat : Droit : Bordeaux.- 543.

D'OLIVEIRA, Bonaventure (2000). « Aperçu socio-anthropologique de la maltraitance en Afrique » : 59-63, in Thérèse Agossou (éd), *Regards d'Afrique sur la maltraitance*. Paris : Karthala.

De MEDEIROS, François (1981). « Armée et instabilité politique au Bénin », in A.ROUQUIE, *La politique de Mars. Les processus politiques dans les partis militaires*. Paris : Le Sycomore.

DEBENNE, Clémence, et HOFMANN, E. (2004). *Trafic des enfants au nord du Bénin : causes et approche de solutions*. Bordeaux : IATU.

DHOMMEAUX, Jean (1989). « De l'universalité du droit international des droits de l'homme : du pactum ferendum au pactum latum ». In : *Annuaire français de droit international*, 35 : 399-423.

DIARRA, Sibiry (1998-1999).- *Les Enfants en situation de conflit avec la loi au Bénin*.- Mémoire de DEA : Droit de la personne humaine et Démocratie : UNB/FASJEP.

DIENG, Mamadou M. (2001). « Les Difficultés d'application des Conventions en matière de droits de l'homme en Afrique : Cas de la Convention sur les droits de l'enfant au Bénin » in *Revue de Droit Africain* (17) : 32-48.

DJENA, WEMBOU, M-C (1999). « Les Normes internationales relatives aux droits de l'Homme et leur application dans la législation interne des

États africains : Problèmes et perspectives », in *Revue africaine de droit international et comparé*, 11 (1).

DOSSOU, Robert (1993). « Le Bénin : de l'immobilisme à la démocratie pluraliste, un témoignage », in Gérard CONAC (dir.), *L'Afrique en transition vers le pluralisme politique*. Paris : Economica.

ETEKA, G.V. (1994).- *Étude comparative de la Charte africaine des droits de l'Homme et des peuples et des autres instruments universels et régionaux des droits de l'Homme*.- Thèse de doctorat : université de Rennes 1 : Droit public.

FALL, B. Alioune (2004). « L'Universalité des droits de l'homme et pluralisme des normes juridiques en Afrique. Analyse d'un paradoxe » in Jérôme FERRAND, Hugues PETIT et al., *L'odyssée des droits de l'homme*, Tome III, Enjeux et perspectives des droits de l'homme, Collectif. Paris : L'Harmattan.

FALL, B. Alioune (2005). « Universalité des droits de l'Homme et pluralité juridique en Afrique » : 359-380, in *La constitution et les valeurs, Mélanges en l'honneur de Dmitri Georges LAVROF*. Paris : Dalloz.

FOUDA, Guillaume (2000-2001). *L'Accès au droit en Afrique*. Bordeaux : Afrilex.

FULCHIRON, Hugues (1996). « Les Conventions internationales. Présentation sommaires » : 19-33, *in L'enfant et les Conventions internationales,* Dir. J. RUBELLIN-DEVICHI et R. FRANK. Lyon : Presses Universitaires de Lyon.

GANDAHO, Adeline B. (1987).- *Un Aspect de la protection des Droits de l'enfant en Rép. du Bénin : les arrêts rendus par la cour d'assises de 1980-1987*.- Mémoire de maîtrise : es-sciences juridiques : OPTIII, UNB/FASJEP.

GBAGUIDI, Noel A. [s. d.]. *Introduction au système juridique et judiciaire du Bénin*.

GLELE-A., Maurice (2000). « Le Renouveau constitutionnel du Bénin. Une énigme ? », in *Mélanges Michel ALLIOT*. Paris : Publications de la Sorbonne.

GLELE-A., Maurice (1985). « Pour un état de droit en Afrique », in *Mélanges Pierre-François Gonidec*. Paris : LGDJ.

GLELE-A., Maurice (1984). « Introduction à la Charte africaine des droits de l'homme et des peuples » in *Organisation de l'Unité africaine*, Études offertes à Claude-Albert COLLIARD. Paris : Pedone.

GOHIN, Olivier (2003). « Les Principes directeurs du procès administratif » : 349-358, in *Justice et Droits de l'Homme*, dir. Emmanuel DECAUX. Paris : Institut international de Droit d'expression et d'Inspiration française.

GONIDEC, Pierre-François (1996). « Droit international et droit interne en Afrique », in *Recueil Penant* (820) : 241-257.

GOUTTENOIRE, Adeline (2007). « La Convention internationale des droits de l'enfant dans la jurisprudence de la Cour européenne des droits de l'homme » : 495-506 in *Le monde du droit : écrits rédigés en l'honneur de Jacques Foyer*. Paris : Economica

GRANET, Frédérique (1996). « La Convention de New York sur les droits de l'enfant et sa mise en œuvre en France » : 95-114, in Jacqueline RUBELLIN-DEVICHI et Rainier FRANK, (dir.) *L'enfant et les Conventions internationales*. Presses Universitaires de Lyon.

HARDY, Anne, BOURSERIE, Jérôme (2001). « La Convention internationale des droits de l'enfant et le principe fondamental de protection de l'enfant en droit français » : 907-940, in : Aix-en-Provence. Presses Universitaires d'Aix-Marseille.

JEAN-MARIE, Bernard (2012). *Les Fondements historiques et philosophiques de la Convention relative aux droits de l'enfant*. Notes, Cours d'été international relatif aux droits de l'enfant, du 8 au 15 août Université de Moncton, Nouveau Brunswick, Canada.

JOINET, Louis (1990). « La sous-commission des droits de l'homme » in *Droit international et droits de l'homme*. Cahiers du Cedin, Montchrestien : E.J.A.

KAMTO, Maurice (1990). « Une Justice entre tradition et modernité » : 57-64, in Afrique Contemporaine *La justice en Afrique*, dir. Jean du Bois de Gaudusson et Gerard Conac. Paris : La Documentation Française.

KAMTO, Maurice (1990). « Une Justice entre tradition et modernité » : 57-64, in « La justice en Afrique », Dir. Jean du Bois de Gaudusson et Gérard Conac, *Afrique Contemporaine* (156). Paris : La Documentation Française.

KANE, Abdou Salam (1939). « Coutume Civile et Pénale toucouleur » : 64-124, in : Cercle de MATAM, 1907, in Bull. Comité d'Études historiques et scientifiques de l'Afrique-Occidentale Française, *Coutumiers Juridiques de l'AOF*, tome 1 Sénégal, Paris V : Librairie.

KELSEN, Hans (1927). « Les Rapports de système entre le droit interne et le droit international public », *RCADI*, 14 : 231-331. Paris : Hachette.

KELSEN, Hans (1936). « Transformation du droit international en droit interne », *Revue générale de Droit international public. 9 : 5-49.* Tome 9, Paris, Dalloz.

KHAIR, Antoine (2003). « Le Rôle du juge administratif dans la protection des droits de l'homme » : 345-348, in *Justice et Droits de l'Homme*, dir. Emmanuel DECAUX. Paris : Institut international de Droit d'expression et d'Inspiration française.

KONDE, Mbom J-B (2003).- « Le Contrôle international de l'application de la Charte africaine des droits de l'Homme et des peuples.- Thèse de doctorat : Université Pierre MENDES Grenobles II : Droit public : Lille : ANRT.- 413.

LOPATKA, Adam [s. d.]. « La Convention relative aux droits de l'enfant », in *International revue of pénal Law* 62 : 765-777.

M'BACKÉ, Moctar M. (1973). « De la Protection de la femme et de l'enfant dans le Code sénégalais de la famille », *Revue sénégalaise de droit.* (13) : 28-59.

M'BAYE, Keba (1978). « Les Droits de l'homme en Afrique » in Vasak karel, *Les dimensions internationales des droits de l'homme.* Paris : Manuel UNESCO.

M'BAYE, Keba (1969). « Les Réalités du monde noir et les droits de l'homme », in *Revue des droits de l'homme* (RDH).

MAHAMAN, Tidjani A. (2001). « La Justice au plus offrant. Les infortunes du système judiciaire en Afrique de l'Ouest. », *Politiques africaines* (83).

MALEMB, N'SAKILA. G. (2003). « La Problématique du travail des enfants à Lubumbashi », in *Mouvements et Enjeux Sociaux* (009) : 19-25.

MALEMB, N'SAKILA. G. (1998). « La Situation de l'enfant en République Démocratique du Congo » : 113-125, in *Cinquante ans de la Déclaration universelle des droits de l'Homme.* Lubumbashi : C.D.H.

MENGUE, M. E. Fidèle (1985). « La publicité des lois et règlements au Gabon », in *Recueil Penant*, (786-789) : 262-276.

MERLIN, Pholippe (2002). « Reconnaissance de l'enfant naturel et responsabilité civile », *Gazette du Palais* (109 à 110) : 2-15.

MEULDERS-KLEIN, Marie-Thérèse (1996). « Les Droits de l'enfant. À la recherche d'un équilibre entre parents et enfants » : 113-149, in *L'enfant et les conventions internationales*, Jacqueline RUBELLIN-

DEVICHI et Rainer FRANCK, (dir.). Lyon : Presses universitaires de Lyon.

NCHOUWAT, Amadou (1998). « Les Droits de l'homme : otages de l'exclusivisme de la pensée juridique', in *Revue de Droit Africain*, (8) : 453-459.

Note de conjoncture/Afrique, Straegico, Bénin (2009).

PARCHEMINAL, Hervé (1994). « Le juge aux affaires familiales et la protection de l'intérêt de l'enfant : loi n°93-22 du 8 janvier relative à l'état civil, à la famille et aux droits de l'enfant et instituant le juge aux affaires familiales » : 201-220, Paris : Dalloz.

PRISO-ESSAWE, S-J (1999). « Pratiques traditionnelles et intégrité physique en Afrique subsaharienne. Droit international. Législations nationales et protection des femmes et des enfants. », in *Cahiers de l'IDEDH* (Montpellier) (7) : 78-93.

QUILLERÈ-MAJZOUB, F. (2000). « L'Option juridictionnelle de la protection des droits de l'Homme en Afrique. Étude comparée autour de la création de la Cour africaine des droits de l'Homme et des peuples », in *Revue trimestrielle des droits de l'homme*, (44) : 729-785.

RAMONET, Ignacio. (2002). « Enfants exploités », *Le Monde Diplomatique*.

RENCHON, Jean-Louis (1996). « La Mise en œuvre de l'article 12 de la Convention relative aux droits de l'enfant en droit belge » : 213-236, in Jacqueline RUBELLIN-DEVICHI et RAINER Franck (dir.), *L'enfant et les conventions internationales*, Actes du colloque. Lyon : les 6 et 7 octobre 1995, Presses universitaires de Lyon.

SAKAMOTO, Noriko (2006).- *L'Enregistrement des enfants à la naissance.* Bordeaux : Mémoire Sciences Politiques.-89.

SALAOU, M. (1996). *La Protection des droits économiques et sociaux en Afrique : De la consécration juridique aux problèmes de mise en œuvre dans les États francophones.*- Thèse de doctorat : université de Clermont-Ferrand : Droit public.

SCHNEIDER, Jakob [s. d.]. *Die Justiziabilität wirtschaftlicher, sozialer und kultureller Menschenrechte.* Deutsches Institut für Menschenrechte.

SCHOLLER, H. (1989). « Conflits fondamentaux liés à l'application des droits de l'Homme dans la réalité africaine de la constitution », in *Revue Juridique, Politique et Économique du Maroc* (22) : 357-371.

SECK, M. Mustapha (1992). « Éducation aux droits de l'homme : nouvelles idées et horizons », *Revue Tunisienne des Sciences sociales* (108) : 11-20.

SEKO, Amidou (2008).- *Les Atteintes aux droits de l'enfant : Cas de la traite des enfants dans la municipalité de Parakou.*- Mémoire de maîtrise ès sciences juridiques : FDSP. 61

SERVEL, Jean-Pierre, et LOBIN, Yvette (1978).- *La Notion d'intérêt de l'enfant, essai sur les fondements de l'autorité et des décisions parentales.*- Thèse de droit : Ronéote-Aix-Marseille.

SINDJOUN, Luc (1996). « Les États africains et la protection internationale des droits de l'homme : éléments d'analyse politiste », *Afrique 2000* (24) : 33-53.

SODJIEDO H., Rita-Félicité (2003).- *Travail, placement et trafic des enfants au Bénin : pour une recherche d'une stratégie nationale et internationale de lutte contre l'exploitation.*- Thèse de doctorat : Faculté de droit et de sciences économiques et sociales, Université Catholique de Lyon.

SOW, Ahmed I (2001). *Les Juges de la cour africaine des droits de l'homme et des peuples.* in *Revue Juridique et Politique. Indépendance et Coopération* (1) : 38-54.

TALL, Ahmadou (2006). « Un Phénomène aux antipodes de la Convention Internationale des Droits de l'enfant : Les enfants Talibés des rues de Dakar », in *Revue de Droit Africain* (39) : 261-273.

TCHOCODO, S. Cyprien (1987).- *L'Enlèvement des mineurs en Droit positif béninois.*- Mémoire de maîtrise es-sciences juridiques : FASJEP/UNB.

TRAORÉ, B. (1986-1988). « Droits de l'homme en Afrique : évolution de leur conception et de leur pratique », *Annales africaines* : 149-176.

TRIEPEL, Heinrich (1925). « Rapports entre le droit interne et le droit international », *RCADI*, 1923, tome 1. Paris : Hachette : 77-119.

VASAK, Karel (1974). « Le Droit international des droits de l'homme », in *Recueil des Cours de l'Académie de Droit International* : 335-415.

VERDIER, R. (1983). « Problématique des droits de l'homme dans les droits traditionnels d'Afrique Noire », in *Droit et cultures* (5) : 97-103.

VIMADJE, Christiane (2001-2002).- *La Femme, l'enfant et les Droits de la famille au Bénin.*- Mémoire de DEA droits de la personne humaine et Démocratie : UAC/FADESP.

VIRALLY, Michel (1956). « La valeur juridique des recommandations des organisations internationales », in *Annuaire français de droit international,* 2 : 66-96, en ligne sur le lien : www.persee.fr

WANITZEK, Ulrike (2009). « Legal pluralism under the influence of globalisation: a case study of child adoption in Tanzania »: 465-491, in Peters, Anne, and others (eds), *Non-state actors as standard setters.* Cambridge University Press.

WANITZEK, Ulrike (1996). « The Presentation of claims in matrimonial proceedings in Tanzania: a problem of language and legal culture », *Afrikanische Arbeit Papiere* (47) : 115-137.

WILSON, Barbara (2009). « Quelques réflexions sur l'adoption du protocole facultatif se rapportant au Pacte international relatif aux droits économiques, sociaux et culturels des Nations unies », in *Revue Trimestriel des Droits de l'Homme* (77) : 295-317.

WODIE VANGAH, F. (1990). « La Liberté d'aller et de venir dans l'espace francophone : les conventions (bilatérales) entre États africains », *Revue Juridique et Politique. Indépendance et Coopération* (44) : 407-412.

YAO DZIDZINYO, Claude Bouaka (2001).- *Garantie des droits des détenus au regard des articles 7 et 10 du pacte international relatif aux Droits Civils et Politiques.*- Centre des Droits de l'Homme de l'Université de Potsdam : Thèse de doctorat.

ZADAKE, V. (1999). « La Protection constitutionnelle des minorités en Afrique au Sud du Sahara », *Revue burkinabè de droit,* (36) : 215-244.

I. Rapports, Colloques, Séminaires et autres

Annuaire statistique (2006). Ministère de la Justice de Législation et des Droit de l'Homme : 36-37.

BADA, G. (1997). *La Protection des droits de l'enfant dans le dispositif béninois, Journées de réflexions sur la problématique des droits de l'enfant en République du Bénin : cas des enfants dits VIDOMEGONS.*11-12 sept.

BEHRENDT, A. et M'BAYE, Sérigne M. (2008). *L'Impact psychosocial de la traite sur les enfants dans la région des plateaux et la région centrale au Togo.* (Aware, USAID, Fhi, Plan).

BIT et INSAE (2009). *L'Enquête nationale sur le Travail des Enfants au Bénin – 2008.* Rapport final. Cotonou : OIT.

BIT/INSAE (2008). Rapport final sur l'étude nationale sur le travail des enfants au Bénin.

Bureau International du Travail (2007). « La Traite des enfants à des fins d'exploitation de leur travail au Bénin. Enfants victimes : caractéristiques socio-démographique », Rapport d'enquête, Presse de l'imprimerie Saint-Paul, Dakar, 2007, 71 p.

Bureau international du travail (2007). « Travail des enfants. Réponses politiques et législatives modernes au travail des enfants », (www.ilo.org/ipec)

CEFORP/Unicef (2004). *Rapport final de l'enquête sur l'évaluation de l'action des Comités villageois et des centres de promotion sociale dans la lutte contre le trafic des enfants.*

Centre de recherche Innocenti (2004). « La Traite des êtres humains en Afrique, en particulier des femmes et des enfants ». Florence Italie. Document disponible sur le site : www.unicef-irc.org, consulté le 10 mai 2012.

Comité des droits de l'enfant, 33e session, Observations finales n° 3 (2003). « Le VIH/SIDA et les droits de l´enfant ».

Comité des droits de l'enfant, 43e session (2006). « Examen des rapports présentés par les États parties en application de l'article 44 de la convention. Observations finales : Bénin ».

Comité des droits de l'enfant, 43e session (2006). « Réponses écrites du gouvernement du Bénin à la liste des points à traiter à l'occasion de l'examen du deuxième rapport périodique du Bénin ».

Comité des droits de l'enfant, 43e session (2006). *Compte rendu analytique de la 1183e séance.*

Comité des Droits économiques, sociaux et culturels (1995). *Rapport sur les Douzième et Treizième Sessions* (1er-19 mai 1995, 20 novembre-8 décembre 1995), E/C.12/1995/18

Comité droits de l'enfant des Nations unies (2006). *Document portant observations finales,* CRC/C/BEN/CO/2 du 20 octobre 2006.

Communication de la Chambre administrative de la Cour suprême (2010). « Le contrôle des actes administratifs par les Cours et tribunaux administratifs », 10e Congrès de l'Association Internationale des Hautes Juridictions Administratives (AIHJA). Sydney.

Communication du Bénin (2011). «Le Juge constitutionnel et l'opinion publique » ; à la sixième Conférence des chefs d'institutions. Niamey, 3-4 novembre 2011. En ligne sur le site : www.accpuf.org

Communiqué de presse. Présentation de l'Insight Innocenti (2004). « La Traite des êtres humains en Afrique, en particulier des femmes et des enfants » Embargo le 23 avril 2004.

Conférence régionale organisée à Cotonou du 26 au 28 mai 2010, qui a donné lieu à la « Déclaration de Cotonou ».

Conseil d'État (France) (1991). « Statut et protection de l'enfant : rapport adopté en mai 1990 ». Paris : la Documentation française.

Conseil de Sécurité (2008). Rapport du Secrétaire général des Nations unies sur les enfants et le conflit armé au Tchad.

DAKO, Nestor (1997). « Instruments juridiques pour la protection des droits de l'enfant », Journées de réflexions sur la problématique des droits de l'enfant en République du Bénin : cas des enfants VIDOMEGONS.

DEROUSSIN, David [s. d.]. « Politique criminelle et politique pénale », in Colloque Parquet et politique pénale depuis le XIXe siècle. Lyon.

Deuxième rapport périodique des États parties Bénin » (CRC/C/BEN/2), 24 novembre 2005, 105 p.

Deuxième rapport périodique du Bénin au comité des droits de l'enfant, 2005.

DJOGBENOU, Joseph (2010). « Secteur de la Justice et État de droit au Bénin », Étude d'Afrimap et Open Society Initiative for West Africa. Open Society Institute.

Doc. « Le Bundestag dans les faits » en ligne sur le site du parlement fédéral : www.bundestag.de

Document Objectifs du Millénaire pour le Développement.

DOSSOU, Robert (2009). « La Cour constitutionnelle du Bénin : L'influence de sa jurisprudence sur le constitutionnalisme et les droits de l'homme », sommet mondial sur la justice constitutionnelle à Cape-Town du 23 au 24 janvier 2009.

FOUTAIN, F. « Ce n'est que justice ! Guide pratique sur la Convention relative aux droits », UNICEF, Section pour le développement. New York et Genève.

Institut Nationale de la Statique et de l'Analyse Économique (INSAE), Population de Bénin 2000 à 2004.

JACOB, Annette (1991). « Les Droits de l'enfant : quelle protection demain ? » Actes du colloque organisé par la société lyonnaise pour l'enfance et l'adolescence. Paris : Lierre et Coudrier.

Journal « *L'autre Fraternité* », Publication du 11 janv., 2010 de l'Autre Fraternité sur le site d'information sur le Bénin.

Journal officiel des Communautés européennes du 18 décembre 2000. C 364

Journal, *Nouvelle Expression* du 27 janvier 2010.

l'UNESCO (2007). « La Traite des personnes au Bénin : Facteurs et recommandations », Document stratégique série pauvreté n ° 14.3. Paris : UNESCO.

Laboratoire d'Études et de Recherches appliquées au Droit Privé (1991). « L'enfant, la famille et l'argent », Actes des journées d'études des 13 et 14 décembre 1990. Paris : Librairie Générale de Droit et Jurisprudence.

LAND, Jack (1997). *Rapport d'information sur la protection des droits de l'enfant dans le monde.* Paris : Assemblée nationale.

Les Études du Ceped n° 15, p.210.

MENRSC (2004). Rapport national sur le développement de l'éducation. Porto-Novo : INFRE.

MFPSS et de l'Unicef, Prospectus « Les comités locaux de lutte contre le trafic des enfants au Bénin », 2004.

Ministère chargé de l'éducation nationale, de la recherche scientifique et de la culture, « Rapport national sur le développement de l'éducation », Porto-Novo, INFRE, 2004, 112 p.

Ministère de la Famille de la protection sociale et de la solidarité et l'Ambassade royale du Danemark (2002). « Étude de base pour l'élaboration d'une stratégie de lutte contre la migration et le trafic des enfants dans le Zou ».

Ministère de la famille et de l'enfant et Unicef-Bénin, « Étude nationale sur la traite des enfants » (2007).

Ministère de la Justice, de la Législation et des Droits de l'Homme (Bénin) [s. d.]. Rapport périodique de la République du Bénin, sur la mise œuvre des droits et libertés garanties par la Charte africaine des Droits de l'Homme et des Peuples.

MJLDH (2006). Annuaire statistique du Ministère.

Nations unies (2005). CRC/C/BEN/2 du 24 novembre.

Nations unies A/CONF.157/24 (Part I) 13 octobre 1993, portant « *Rapport de la Conférence mondiale sur les droits de l'homme* ».

Nations unies et UIP, *Droits de l'Homme. Guide pour parlementaires*, n ° 8 2005, 202 p., p. 63.

Nations unies et UIP, *Droits de l'Homme. Guide pour parlementaires*, n ° 8 2005, 202 p., p.63.

Nations unies, « *Procédures d'examen des requêtes* », fiche d'information n° 7 (Rev.1), 54 p.

Nations unies, Déclaration et programme d'action de Vienne. (1993).

Nations unies (2005). (A/59/822) Assemblée générale, cinquante-neuvième session, *Mise en œuvre et suivi des textes issus de la Conférence internationale sur le financement du Développement.*

Nations unies, A/67/41, New York, 2012.

Nations unies, A/RES/66/138, Assemblée générale du 27 janvier 2012.

Nations unies, Assemblée Générale, A/6/583 du 20 novembre 2006.

Nations unies, CRC/C/15/Add.106 du 24 août 1999.

Nations unies, CRC/C/3/Add.25 du 4 juillet 1997.

Nations unies, CRC/C/5 du 30 octobre 1991, 8 p.

Nations unies, CRC/C/58 du 20 novembre 1996, 51 p.

Nations unies, CRC/C/BEN/CO/2 du 20 octobre 2006, 25 p.

Nations unies, CRC/GC/2003/5 du 27 novembre 2003, portant Observations générale N° 5 (2003), Mesures d'application générales de la Convention relative aux droits de l'enfant.

Nations unies, Procédure d'examen des requêtes, Fiche d'information n° 7 (Rev.1), Genève, 2003, 54 p.

Nations unies, Rapport : "Delivering as One. Report of the Secrettary-General's High-Level Panel".

Nations unies, Résolution A/RES/63/117.

Nations unies, Résolution A/RES/66/138 l'Assemblée Générale des Nations unies.

OIT, « Intensifier la lutte contre le travail des enfants », 112 p.

PNUD-Benin (2008). Rapport d'« Étude sur l'habilitation juridique des pauvres : Accès à la justice et État de droit ».

Programme IPEC du BIT et INSAE (2008). Enquête nationale sur le travail des enfants au Bénin.

Programme IPEC-Bénin et ministère du Travail et de la Fonction publique (2008). « Étude préparatoire pour l'élaboration d'un plan d'action national pour l'élimination du travail des enfants au Bénin ». Cotonou.

Protocole d'accord entre Dame FAVI Adèle et l'État béninois, du 25 février 2005.

Rapport « *4e Forum des OSC SUR LA Charte Africaine des Droits et du Bien-être de l'Enfant (CADBE)* », 77 p., p.17, disponible en ligne sur : www.crin.org ou www.forum-acerwc.org et consulté le 6 novembre 2012.

Rapport 2012 CRC.

Rapport Human Rights Watch (2003). « Aux frontières de l'esclavage. Traite des enfants au Togo », Vol.15, N° 8 (A).

Règlement Intérieur de l'Assemblée nationale du Bénin.

RENCHON, Jean-Louis (2003). « L'Enfant et les relations familiales internationales, Actes du VIIe Colloque de l'Association "Famille & Droit" », Louvain-La-Neuve, 19-20 octobre 2001. Bruxelles : Bruylant.

Revue ivoirienne de droit, n °38 2007, CIREJ-EDUCI, Abidjan, 2005, pp.161-187.

Sélection de documents-clés de l'Union africaine relatifs aux droits de l'homme, Pretoria University Press, Pretoria, 2006, 285 p.

Terre des Hommes (2005). « Les petites mains des carrières de pierre. Enquête sur un trafic d'enfant entre le Bénin et le Nigeria ».

The Nordic Africa Institute (2009). "The african Union and the challenges of implementating the Responsibility to protect".

The Nordic Africa Institute (2007). "Young women in African wars".

The Nordic Africa Institute (2009). « Les Migrations de travail : une question qui concerne aussi les enfants et les jeunes ».

The Nordic Africa Institute (2009/2). "Sexual Exploitation and Abuse by Peacekeeping Operations in contemporary Africa".

UNESCO et le Programme intersectoriel élimination de la pauvreté.

UNESCO (2007). Document stratégique série pauvreté n°14.3, Paris, 61 p.

UNFPA-Bénin « Rapport de suivi sur l'éducation pour tous 2003-2004 : Cas de la République du Bénin ».

UNFPA-Bénin « Rapport de suivi sur l'éducation pour tous 2003-2004 : Cas de la République du Bénin ».

UNICEF et OPM (2010). *Étude sur l'état des lieux et les perspectives de la protection sociale au Bénin.*

UNICEF (1990). Les Enfants d'abord. New York : UNICEF HOUSE.

UNICEF (1989). Enfants et femmes au Mali ». Paris : L'Harmattan.

UNICEF (2007). *La Situation des enfants dans le monde 2008 : La survie de l'enfant.*

UNICEF (2008). *La Situation des enfants dans le monde 2009 : La santé maternelle et néonatale.*

UNICEF (2006). *Fiche d'information sur la protection de l'enfant : La traite d'enfants.*

UNICEF, Ministère de la Famille et de l'Enfant (2007). Rapport d'analyse de « l'Étude nationale sur la traite ».

UNICEF, Note d'information. La traite au Bénin : des chiffres et des faits.

UNICEF, Rapport 2008 de l'UNICEF.

UNICEF, Rapport annuel Unicef 2009.

UNICEF/Bénin (1998). *Enfants et femmes, avenir du Bénin.* Cotonou : SE.

UNICEF-Bénin, et CEFORP (2004). Rapport d'« Évaluation de l'action des Comités villageois et des centres de promotion sociale dans la lutte contre le trafic des enfants ».

Union africaine, « Critères d'octroi du statut d'observateur auprès du Comité africain d'experts sur les droits et le bien-être de l'enfant aux Organisations Non Gouvernementales (ONG) et Associations ».

Union africaine, « Directives pour l'établissement des premiers rapports des États parties ».

Union africaine, « Directives relatives à la conduite des enquêtes du Comité africain d'experts sur les droits et le bien-être de l'enfant en vertu de l'article 45 de la Charte africaine et de l'article 74 de son règlement intérieur ».

Union africaine. « Procédure d'examen des rapports des États parties ».

Union africaine (Doc.0003) « Charte africaine des droits et du bien-être de l'enfant. Liste des pays qui ont signé, ratifié/adhéré », en ligne sur le site de l'organisation : www.africa-union.org.

Union africaine, Règlement intérieur du CAE.

US Embassy, Rapport 2009 sur la traite des personnes.

III- NORMES NATIONALES, INTERNATIONALES, ET DÉCISIONS

Arrêt Cour cass., Chambre soc. N°05-40876 du 16 décembre 2008.

Arrêt Cour cass., Chambre civ. N° 02-16336 du 18 mai 2005.

Arrêté 045/MISPAT/DGPN DU 28 FÉVRIER 1991 Portant attribution, organisation et fonctionnement de la Direction de la Police Judiciaire (DPJ).

Arrêté 2007 n° 1280 /MFFE/DC/SGM/DEA/SA, portant Attribution, Organisation et Fonctionnement de la Direction de l'Enfance et de l'Adolescence.

Charte africaine de la jeunesse du 02 juillet 2006.

Charte africaine des droits de l'homme et des peuples du 27 juin 1981.

Charte africaine des droits et du bien-être de l'enfant du 29 novembre 1990.

Constitution de la République du Togo.

Constitution du Burkina-Faso du 27 janvier 1997.

Constitution du Cameroun du 02 juin 1972 révisée par la loi n°96-06 du 18 janvier 1996.

Constitution du Mali de 1992 promulguée par le décret n°92-0731 P-CTSP portant promulgation de la Constitution.

Constitution du Niger du 18 juillet 1999, promulguée par décret N° 99-320/PCRN du 09 août 1999.

Constitution du Sénégal de 1963, modifiée par la loi n°94-55 du 13 juin 1994.

Constitution française de 1958 à jour de la révision constitutionnelle du 23 juillet 2008.

Convention de La Haye sur la protection des enfants et la coopération en matière d'adoption internationale, du 29 mai 1993 (ratifié par le Canada en 1996).

Convention de Vienne de 1969, portant *Droit des Traités.*

Convention des Nations unies relative aux droits de l'enfant du 20 décembre 1989.

Convention internationale sur la protection des droits de tous les travailleurs migrants et des membres de leur famille – 18 décembre 1990.

Convention n° 138 de l'OIT concernant l´âge minimum d'admission à l'emploi du 19 juin 1976.

Convention n° 182 de l'OIT concernant les pires formes de travail des enfants et l'action immédiate en vue de leur élimination du 19 novembre 2000.

Convention sur l'interdiction de l'emploi, du stockage, de la production et du transfert des mines anti personnelles et sur leur destruction – 18 septembre 1997.

DCC 01-1 du 17 mai 2001 Cour constitutionnelle Bénin.

DCC 02-014 du 19 février 2002 Cour constitutionnelle Bénin.

DCC 02-052 du 31 mai 2002 Cour constitutionnelle Bénin.

DCC 02-058 du 04 juin 2002 Cour constitutionnelle Bénin.

DCC 02-144 Cour constitutionnelle Bénin.

DCC 03-009 du 19 février 2003 Cour constitutionnelle Bénin.

Décision 002/COM/002/09 IHRDA et OSJI (au nom des enfants d'ascendance nubienne) V. Kenya.

Décision n°71-44 DC du 16 juillet 1971 du Conseil constitutionnel français, portant sur la liberté d'association, J.O du 18 juillet 1971, p. 7114 et Rec., p. 29.

Déclaration des droits de l'enfant - 20 novembre 1959.

Déclaration universelle des Droits de l'Homme du 10 décembre 1948.

Décret 2008-817 du 31 décembre 2008 portant attribution, organisation et fonctionnement de la Direction générale de la police nationale.

Décret 83-233 du 29 juin 1983 portant attribution, organisation et fonctionnement du ministère de l'Intérieur, de la Sécurité publique et de l'Administration territoriale.

Décret n° 99-559 du 22 novembre 1999.

Décret n°2001-189 du 19 juin 2001 portant, transmission à l'Assemblée nationale du projet de loi portant Code pénal.

Décret n°2007-491 du 02 novembre 2007.

Décret n°92-0731 P-CTSP, portant promulgation de la constitution du Mali.

FIRMIN, Medenouvo (2004). *Constitution de la République du Bénin.* Cotonou : Présence béninoise.

Lignes directrices des Nations unies relatives à la protection de remplacement pour les enfants, 15 juin 2009.

Loi 2003- 17 portant orientation de l'éducation nationale au Bénin.

Loi 2004-07 du 23 octobre 2007 portant composition, organisation, fonctionnement et attribution de la Cour suprême.

Loi 2004-20 du 17 août 2007 portant règle de procédures applicables devant les formations juridictionnelles de la Cour suprême.

Loi n° 91-009 du 04 mars 1991, portant loi organique sur la Cour constitutionnelle, modifiée par la loi du 31 mai 2001.

Loi n°2001-37 portant organisation judiciaire en République du Bénin.

Loi n°2003-04 du 03 mars 2003, relative à la santé sexuelle et à la reproduction, en République du Bénin.

Loi n°2003-17 du 11 novembre 2003 portant, Orientation de l'éducation nationale en République du Bénin rectifiée par la loi n°2005-03 du 6 octobre 2005.

Loi n°2004-07 du 23 octobre 2007, portant composition, organisation, fonctionnement et attributions de la Cour suprême.

Loi n°2006-04 du 05 avril 2006, portant conditions de déplacement des mineurs et répression de la traite d'enfants en République du Bénin.

Loi n°2006-19 du 05 septembre 2006 portant Répression du harcèlement sexuel et protection des victimes en République du Bénin.

Loi n°90-32 du 11 décembre 1990 portant Constitution de la République du Bénin.

Loi n°97-028 du 15 janvier 1999, portant organisation de l'administration territoriale de la République du Bénin.

Loi n°98-035 modifiant et complétant la loi n°86-013 du 26 février 1986 portant statut des Agents permanents de l'État modifiée par la loi n°89-020 du 29 avril 1989.

Loi partant Code des personnes et de la famille.

Loi portant Code du travail et la loi portant Code de sécurité sociale.

Loi portant répression des mutilations génitales féminines et la Loi portant orientation de l'éducation nationale.

MEDENOUVO, F. (2004). *Code de la famille de la République du Bénin.* Cotonou : Présence béninoise.

MEDENOUVO, Firmin. (2005). *La Constitution de la République gabonaise.* Éditions ASPB.

Nations unies : A/CONF.157/23 12 juillet 1993.

Nations unies, Déclaration et programme d'action de Vienne.

Pacte international relatif aux droits civils et politiques.

Pacte international relatif aux droits économiques, sociaux et culturels du 16 décembre 1966.

Principes directeurs des Nations unies pour la prévention de la délinquance juvénile (principes directeurs de Riyad) – 14 décembre 1990.

Protocole additionnel à la Convention des Nations unies contre la criminalité transnationale organisée visant à prévenir, réprimer et punir la traite des personnes, en particulier des femmes et des enfants de 2000.

Protocole facultatif à la Convention relative aux droits de l'enfant, concernant la vente d'enfants, la prostitution des enfants et la pornographie mettant en scène des enfants, du 18 janvier 2002.

Protocole facultatif à la Convention relative aux droits de l'enfant, concernant la participation des enfants aux conflits armés du 12 février 2002.

Protocole facultatif sur la participation des enfants aux conflits armés (2000), ratifié par le Canada le 7 juillet 2000.

Recueil des traités des Nations unies, vol.2237, p. 319.

Règles des Nations unies pour la protection des mineurs privés de liberté – 14 décembre 1990.

Règles minima des Nations unies concernant l'administration de la justice pour mineurs (règles de Beijing) - 29 novembre 1985.

Règles pour l'égalisation des chances des handicapés, 20 décembre 1993.

VI- DICTIONNAIRES

ANDRIANTSIMBAZOVINA, Joël et autres. (2008). *Dictionnaire des Droits de l'Homme*. Paris : PUF.

BISSARDON, Sébastien. (2009). *Guide du langage juridique*. Paris : LexisNexis.

CABRILAC, Rémy. (2008). *Dictionnaire du vocabulaire juridique*. Paris : Litec.

Dictionnaire, *Le Robert* (2009).

Dictionnaire Le nouveau Petit Robert de la langue française 2008. Paris : 2007.

Dictionnaire de *l'étymologie du français*, Le Robert (1992).

Dictionnaire *Hachette pratique* (1987).

Dictionnaire Larousse, *Le LEXIS dictionnaire érudit de la langue française* (2009).

Dictionnaire, *Le grand Larousse de la langue française*. Tome 4. 1975.
Dictionnaire, *Le Nouveau Robert de la langue française*. Paris : 2008.
Gérard Cornu, *Vocabulaire juridique*. Paris : PUF, 9e éd. 2011.
Lexique des termes juridiques. Paris : Dalloz, 17e éd., 2010.
Lexique des termes juridiques. Paris : Dalloz, 16e éd., 2007.
BISSARDON, Sébastien (2009). *Guide du langage juridique*. Paris : Litec.

LISTE DES TABLEAUX

LISTE DES INTERVIEWS

Liste des personnes interviewées de juillet 2010 à janvier 2011 au Bénin

Réf.	Sexe	Fonction	Lieu	Période
Int.1	M	Chef service protection sociale, Direction départementale de la Famille et de la Solidarité nationale	Porto-Novo	Septembre 2010
Int.2	F	Collaboratrice chef Centre de Protection sociale	Cotonou	Octobre 2010
Int.3	M	Collaborateur Directeur de la protection juridique de l'enfance et de l'adolescence (Direction sous la tutelle du ministère de la Justice)	Cotonou	Septembre 2010
Int.4	M	Fonctionnaire, Centre de sauvegarde de l'enfance et de l'adolescence (Centre sous la tutelle du Ministère de la Justice)	Parakou	Novembre 2010
Int.5	M	Directeur de la législation, du ministère de la Justice de la Législation et des Droits de l'Homme	Cotonou	Décembre 2010
Int.6	M	Chef service protection civile, de la sécurité et des affaires sociales, Préfecture Ouémé	Porto-Novo	Septembre 2010
Int.7	F	Chef servie des affaires sociales, Préfecture Atlantique	Cotonou	Août 2010
Int.8	M	Directeur ONG ESAM-Benin	Cotonou	Décembre 2010
Int.9	M	Éducateur psycho-social au Centre d'accueil et de transit des enfants de la BPM	Cotonou	Décembre 2010

Int.10	M	Chef Centre de protection sociale de Lalo	Lokossa	Janvier 2011
Int.11	M	Assistant social au Tribunal de première instance de Natitingou	Natitingou	Novembre 2010
Int.12	F	Chargée du budget à la Direction départementale de la famille et de la solidarité nationale des départements de l'Ouémé et du Plateau	Porto-Novo	Septembre 2010
Int.13	F	Chef division affaires sociales, Préfecture Ouémé-Plateau	Porto-Novo	Septembre 2010
Int.14	F	Religieuse, Foyer St. Joseph	Parakou	Novembre 2010
Int.15	F	Religieuse, Foyer St. Joseph	Parakou,	Novembre 2010
Int.16	F	Chef Centre de protection sociale de Za-kpota	Za-kpota	Octobre 2010
Int.17	M	Fonctionnaire, Service des affaires administratives au Commissariat central de Parakou	Parakou	Novembre 2010
Int.18	M	Collaborateur chef Centre de protection sociale Za-kpota	Za-kpota	Octobre 2010
Int.19	F	Chef service promotion de la famille et du genre à la Direction département de la famille et de la solidarité nationale à Parakou	Parakou	Novembre 2010
Int.20	M	Chef service affaires générales, division des affaires sociales, culturelles, sportives et religieuses, Préfecture Zou-Collines	Abomey	Octobre 2010
Int.21	M	Secrétaire du Bureau central d'assistance technique à Parakou	Parakou	Novembre 2010
Int.22	M	Chef service des études, statistique, planification et documentation, Direction départementale de la famille et de la solidarité nationale	Parakou	Novembre 2010

Int.23	M	Collaborateur chef service chargé de la lutte contre le travail des enfants, Service OIT du ministère du Travail	Cotonou	Août 2010
Int.24	M	Chef service secrétariat administratif, Direction départementale de la famille et de la solidarité nationale	Natitingou	Novembre 2010
Int.25	M	Chef Service des affaires administratives au Commissariat central de Parakou	Parakou	Novembre 2010
Int.26	M	Inspecteur de police à la Brigade de protection des mineurs	Cotonou	Décembre 2010
Int.27	M	Greffier en chef par intérim au Tribunal de première instance de Porto-Novo	Porto-Novo	Janvier 2011
Int.28	M	Substitut du Procureur de la République, au Tribunal de première instance de Natitingou	Natitingou	Novembre 2010
Int.29	M	Directeur de la protection juridique de l'enfance et de l'adolescence	Cotonou	Septembre 2010
Int.30	M	Chef Centre de protection sociale de Hlouékanmè	Lokossa	Janvier 2011
Int.31	M	Chargé de la protection des orphelins et enfants vulnérables à l'UNICEF-BENIN	Cotonou	Octobre 2010
Int.32	M	1er substitut du Procureur de la République au tribunal de première instance de Parakou	Parakou	Novembre 2010
Int.33	F	Chef service de la promotion de la femme, de l'enfant et du genre, Direction départementale de la famille et de la solidarité nationale, Mono-Couffo,	Lokossa	Janvier 2011

Int.34	M*	Directeur Départemental de la famille et de la solidarité nationale, Atacora-Donga,	Natitingou	Novembre 2010
Int.35	M	Assistant du directeur de l'enfance et de l'adolescence	Cotonou	Septembre 2010
Int.36	M	Juge d'instruction et juge des mineurs, Tribunal de première instance d'Abomey	Abomey	Octobre 2010
Int.37	F	Chef service Chargé de la promotion de lutte contre le travail des enfants, Service OIT, ministère du Travail	Cotonou	Août 2010
Int.38	M	Chef service protection sociale et solidarité, Direction départementale de la famille et la solidarité nationale	Parakou	Novembre 2010
Int.39	M	Directeur du Centre de sauvegarde de l'enfance et de l'adolescence	Parakou	Novembre 2010
Int.40	F	Religieuse, Responsable CARITAS, Parakou	Parakou	Novembre 2010
Int.41	M	1er substitut du Procureur de la République, Porto-Novo	Porto-Novo	Décembre 2010
Int.42	M	Chef Centre de protection sociale, Aplahoué	Lokossa	Janvier 2011
Int.43	M	Directeur Adjoint Centre de sauvegarde de l'enfance et de l'adolescence	Parakou	Novembre 2010
Int.44	F	Chef service de la promotion sociale et de la solidarité, Direction départementale de la famille et de la solidarité nationale, Zou-Collines	Abomey	Octobre 2010
Int.45	F	Responsable Foyer St. Joseph de Parakou	Parakou	Novembre 2010
Int.46	M	Conseiller juridique du ministre de la Justice de la Législation et des Droits de l'homme	Cotonou	Décembre 2010
Int.47	M	Directeur Centre de sauvegarde de l'enfance et de l'adolescence, Aplahoué	Lokossa	Janvier 2011

Int.48	M	Chef service promotion de la famille, de l'enfant et du genre, Direction départementale de la famille et de la solidarité nationale, Zou-collines	Abomey	Octobre 2010
Int.49	M	Greffier, juge des mineurs, Tribunal de première instance de Cotonou	Cotonou	Décembre 2010
Int.50	F	Chef Centre de protection sociale de Parakou	Parakou	Novembre 2010
Int.51	F	Procureur de la République, Tribunal de première instance de Porto-Novo	Porto-Novo	Décembre 2010
Int.52	M	Président TPI d'Abomey	Abomey	Octobre 2010
Int.53	M	Chargé de la sécurisation au Centre d'éveil et de sécurisation des enfants (ONG)	Parakou	Novembre 2010
Int.54	M	Avocat général à la Cour suprême	Porto-Novo	Novembre 2010
Int.55	M	Chef service protection sociale et solidarité, Direction départementale de la famille et de la solidarité nationale, Atacora-Donga	Natitingou	Novembre 2010
Int.56	M	Inspecteur de police, Brigade de protection des mineurs	Cotonou	Décembre 2010
Int.57	F	Responsable Orphelinat St. Innocents,	Natitingou	Novembre 2010
Int.58	M	Responsable BENIN, Plan Bénin à Natitingou	Natitingou	Novembre 2010
Int.59	M	Fonctionnaire, Centre de sauvegarde de l'enfance et de l'adolescence, Parakou	Parakou	Novembre 2010
Int.60	M	Procureur de la République, Tribunal de première instance de Natitingou	Natitingou	Novembre 2010
Int.61	M	Coordonnateur Bureau central d'assistance technique, Parakou	Parakou	Novembre 2010
Int.62	M	Promoteur et directeur du Centre d'accueil « Bon Samaritain »	Natitingou	Novembre 2010

Int.63	M	Responsable Plan Couffo	Natitingou	Novembre 2010
Int.64	M	Formateur au Centre d'éveil et de sécurisation des enfants	Parakou	Novembre 2010
Int.65	F	Chef Centre de protection sociale, Parakou	Parakou	Novembre 2010
Int.66	M	Chargé de programme APEM ONG	Parakou	Novembre 2010
Int.67	F	Chef Centre de protection sociale de Djègan Kpevi	Porto-Novo	Septembre 2010
Int.68	M	Coordonnateur droit de l'enfant, Plan Bénin à Natitingou	Natitingou	Novembre 2010
Int.69	F	Chef Centre de Protection sociale de Ouando	Porto-Novo	Septembre 2010
Int.70	M	Opérateur social Foyer St. Joseph,	Parakou	Novembre 2010
Int.71	F	Magistrat, Présidente ONG ABAEF	Cotonou	Décembre 2010
Int.72	M	Coordonnateur ONG GRADH Parakou	Parakou	Novembre 2010
Int.73	M	Directeur Départemental de la famille et de la solidarité nationale départementale Mono-Couffo	Lokossa	Janvier 2011
Int.74	M	Député, membre du parlement africain	Porto-Novo	Septembre 2010
Int.75	M	Juge d'instruction et juge des mineurs, Tribunal de première instance de Parakou	Parakou	Novembre
Int.76	F	Chef Centre de la protection sociale Natitingou	Natitingou	Novembre 2010
Int.77	M	Directeur SOS Village d'enfants Natitingou	Natitingou	Novembre 2010
Int.78	M	Juge des mineurs, TPI Cotonou	Cotonou	Décembre 2010
Int.79	M	Chef service des études, de la statistique, de la programmation et de la documentation, Direction départementale de la famille et de la solidarité nationale Oueмé-Plateau	Porto-Novo	Septembre 2010

LISTE DES ANNEXES

1- Constitution du Bénin du 11 décembre 1990 (Extrait).
2- Décision Cour Constitutionnelle du Bénin. Affaire dame Favi.
3- Décision Cour de la CEDEAO c. Niger.
4- Décision Comité africain des experts Enfants nubiens.
5- Décision Cour européenne des droits de l'Homme, Affaire SILIADIN.

ANNEXE N° 1

EXTRAIT CONSTITUTION DU BÉNIN DU 11 DÉCEMBRE 1990

TITRE V : DE LA COUR CONSTITUTIONNELLE

Article 114

La Cour constitutionnelle est la plus haute juridiction de l'État en matière constitutionnelle. Elle juge de la constitutionnalité de la loi et elle garantit les droits fondamentaux de la personne humaine et des libertés publiques.

Elle est l'organe régulateur du fonctionnement des institutions et de l'activité des pouvoirs publics.

Article 115

La Cour constitutionnelle est composée de sept membres dont quatre sont nommés par le Bureau de l'Assemblée nationale et trois par le Président de la République pour un mandat de cinq ans renouvelable une seule fois. Aucun membre de la Cour Constitutionnelle ne peut siéger plus de dix ans.

Pour être membre de la Cour constitutionnelle, outre la condition de compétence professionnelle, il faut être de bonne moralité et d'une grande probité.

La Cour constitutionnelle comprend :

- trois magistrats ayant une expérience de quinze années au moins dont deux sont nommée par le Bureau de l'Assemblée et un par le Président de la République ;

- deux juristes de haut niveau, professeurs ou praticiens du droit, ayant une expérience de quinze années au moins nommés l'un par le Bureau de l'Assemblée Nationale et l'autre par le président de la République ;

- deux personnalités de grande réputation professionnelle nommées l'une par le Bureau de l'Assemblée nationale et l'autre par le président de la République

Les membres de la Cour constitutionnelle sont inamovibles pendant la durée de leur mandat. Ils ne peuvent être poursuivis ou arrêtés sans l'autorisation de la Cour constitutionnelle ou le Bureau de la Cour suprême siégeant en session conjointe sauf les cas de flagrant délit.

Dans ces cas, le Président de la Cour constitutionnelle et le Président de la Cour suprême doivent être saisis immédiatement et au plus tard dans les quarante-huit heures.

Les fonctions de membres de la Cour constitutionnelle sont incompatibles avec la qualité de membres du Gouvernement, l'exercice de tout mandat électif, de tout emploi public, civil ou militaire, de toute autre activité professionnelle ainsi que de toute fonction de représentation nationale, sauf dans le cas prévu à l'Article 50 alinéa 3.

Une loi organique détermine l'organisation et le fonctionnement de la Cour constitutionnelle, la procédure suivie devant elle, notamment les délais pour sa saisine de même que les immunités et le régime disciplinaire de ses membres.

Article 116

Le président de la Cour constitutionnelle est élu par ses pairs pour une durée de cinq ans parmi les magistrats et juristes membres de la Cour.

Article 117

La Cour constitutionnelle statue obligatoirement sur :

· la constitutionnalité des lois organiques et des lois en général avant leur promulgation ;

· les Règlements Intérieurs de l'Assemblée nationale, de la Haute Autorité de l'Audiovisuel et de la Communication et du Conseil économique et Social avant leur mise en application, quant à leur conformité à la Constitution ;

· la constitutionnalité des lois et des actes réglementaires censés porter atteinte aux droits fondamentaux de la personne humaine et aux libertés publiques et en général, sur la violation de la des droits de la personne humaine ;

· les conflits d'attribution entre les institutions de l'État.

- Veille à la régularité de l'élection du président de la République ; examine les réclamations, statue sur les irrégularités qu'elle aurait pu, par elle-même relever et proclame les résultats du scrutin ; statue sur la régularité du référendum et en proclame les résultats ;

- Statue, en cas de contestation, sur la régularité des élections législatives ;

- fait de droit partie de la Haute cour de justice à l'exception de son président.

Article 118

Elle est également compétente pour les cas prévus aux Articles 50, 52, 57, 77, 86, 100, 102, 104, et 147.

Article 119

Le président de la Cour constitutionnelle est compétent pour :

- recevoir le serment du président de la République ;

- donner son avis au président de la République dans les cas prévus aux Articles 58 et 68 ;

- assurer l'intérim du président de la République dans les cas prévus à l'Article 50 alinéa 3.

Article 120

La Cour constitutionnelle doit statuer dans le délai de quinze jours après qu'elle a été saisie d'un texte de loi ou d'une plainte en violation des droits de la personne humaine et des libertés publiques. Toutefois, à la demande du Gouvernement, s'il y a urgence, ce délai est ramené à huit jours. Dans ce cas, la saisine de la Cour constitutionnelle suspend le délai de promulgation de la loi.

Article 121

La Cour constitutionnelle, à la demande du président de la République ou de tout membre de l'Assemblée nationale, se prononce sur la constitutionnalité des lois avant leur promulgation.

Elle se prononce d'office sur la constitutionnalité des lois et tout texte réglementaire censés porter atteinte aux droits fondamentaux de la personne humaine et aux libertés publiques. Elle statue plus généralement sur les violations des droits de la personne humaine et sa décision doit intervenir dans un délai de huit jours.

Article 122

Tout citoyen peut saisir la Cour constitutionnelle sur la constitutionnalité des lois, soit directement, soit par la procédure de l'exception d'inconstitutionnalité invoquée dans une affaire qui le concerne devant une juridiction. Celle-ci doit surseoir jusqu'à la décision de la Cour constitutionnelle qui doit intervenir dans un délai de trente jours.

Article 123

Les lois organiques avant leur promulgation, les Règlements Intérieurs de l'Assemblée nationale, de la Haute Autorité de l'Audiovisuel et de la Communication et du Conseil économique et social avant leur mise en application, doivent être soumis à la Cour constitutionnelle qui se prononce sur leur conformité à la Constitution.

Article 124

Une disposition déclarée inconstitutionnelle ne peut être promulguée ni mise en application.

Les décisions de la Cour constitutionnelle ne sont susceptibles d'aucun recours.

Elles s'imposent aux pouvoirs publics et à toutes les autorités civiles, militaires et juridictionnelles.

TITRE VI : DU POUVOIR JUDICIAIRE

Article 125

Le pouvoir judiciaire est indépendant du pouvoir législatif et du pouvoir exécutif.

Il est exercé par la Cour suprême, les cours et tribunaux créés conformément à la présente Constitution.

Article 126

La justice est rendue au nom du Peuple Béninois.

Les juges ne sont soumis, dans l'exercice de leur fonction, qu'à l'autorité de la loi. Les magistrats du siège sont inamovibles.

Article 127

Le président de la République est garant de l'indépendance de la justice. Il est assisté par le Conseil supérieur de la Magistrature.

Article 128

Le Conseil supérieur de la Magistrature statue comme conseil de discipline des magistrats.

La composition, les attributions, l'organisation et le fonctionnement du Conseil supérieur de la Magistrature sont fixés par une loi organique.

Article 129

Les magistrats sont nommés par le président de la République, sur proposition du Garde des Sceaux, Ministre de la Justice après avis du Conseil Supérieur de la Magistrature.

Article 130

Le Conseil supérieur de la Magistrature étudie les dossiers de grâce et les transmet avec avis motivé au président de la République.

I - De la cour suprême

Article 131

La Cour suprême est la plus haute juridiction de l'État en matière administrative, judiciaire et des comptes de L'État.

Elle est également compétente en ce qui concerne le contentieux des élections locales.

Les décisions de la Cour suprême ne sont susceptibles d'aucun recours.

Elles s'imposent au pouvoir exécutif, au pouvoir législatif, ainsi qu'à toutes les juridictions.

Article 132

La Cour suprême est consultée par le Gouvernement plus généralement sur toutes les matières administratives et juridictionnelles.

Elle peut, à la demande du Chef de l'État, être chargée de la rédaction et de la modification de tous les textes législatifs et réglementaires, préalablement à leur examen par l'Assemblée nationale.

Article 133

Le président de la Cour suprême est nommé pour une durée de cinq ans par le président de la République, après avis du président de l'Assemblée nationale, parmi les magistrats et les juristes de haut niveau, ayant quinze ans au moins d'expérience professionnelle par décret pris en Conseil des ministres.

Il est inamovible pendant la durée de son mandat qui n'est renouvelable qu'une seule fois.

Les fonctions du président de la Cour suprême sont incompatibles avec la qualité de membre du Gouvernement, l'exercice de tout mandat électif, de tout emploi public, civil ou militaire, de toute autre activité professionnelle, ainsi que de toute fonction de représentation nationale.

Article 134

Les présidents de Chambres et les conseillers sont nommés parmi les magistrats et les juristes de haut niveau, ayant quinze ans au moins d'expérience professionnelle, par décret pris en Conseil des ministres par le président de la République, sur proposition du président de la Cour suprême après avis du Conseil supérieur de la Magistrature.

La loi détermine le statut des magistrats de la Cour suprême.

II - De la haute cour de justice

Article 135

La Haute Cour de Justice est composée des membres de la Cour constitutionnelle, à l'exception de son président, de six députés élus par l'Assemblée nationale et du président de la Cour suprême.

La Haute Cour élit en son sein son président.

Une loi organique fixe les règles de son fonctionnement, ainsi que la procédure suivie devant elle.

Article 136

La Haute Cour de Justice est compétente pour juger le président de la République et les membres du Gouvernement à raison de faits qualifiés de haute trahison, d'infractions commises dans l'exercice ou à l'occasion de l'exercice de leurs fonctions, ainsi que pour juger leurs complices en cas de complot contre la sûreté de l'État.

Les juridictions de droit commun restent compétentes pour les infractions perpétrées en dehors de l'exercice de leurs fonctions et dont ils sont pénalement responsables.

Article 137

La Haute Cour de Justice est liée par la définition des infractions et par la détermination des sanctions résultant des lois pénales en vigueur à l'époque des faits.

La décision de poursuite puis la mise en accusation du président de la République et des membres du Gouvernement est votée à la majorité des deux tiers des députés composant l'Assemblée nationale, selon la procédure prévue par le Règlement de l'Assemblée nationale.

L'instruction est menée par les magistrats de la Chambre d'accusation de la Cour d'appel ayant juridiction sur du siège de l'Assemblée nationale.

Article 138

Le président de la République et les membres du Gouvernement sont suspendus de leurs fonctions en cas de mise en accusation pour haute trahison, outrage à l'Assemblée nationale et toute atteinte à l'honneur et à la probité. En cas de condamnation, ils sont déchus de leurs charges.

TITRE IX : DES TRAITES ET ACCORDS INTERNATIONAUX

Article 144

Le président de la République négocie et ratifie les traités et accords internationaux.

Article 145

Les traités de paix, les traités ou accords relatifs à l'organisation internationale, ceux qui engagent les finances de L'État, ceux qui modifient les lois internes de l'État, ceux comportent cession, échange ou adjonction de territoire, ne peuvent être ratifiés qu'en vertu d'une loi.

Nulle cession, nul échange, nulle adjonction de territoire n'est valable sans le consentement des populations intéressées.

Article 146

Si la Cour constitutionnelle saisie par le président de la République ou par le président de l'Assemblée nationale a déclaré qu'un engagement international comporte une clause contraire à la Constitution, l'autorisation de le ratifier ne peut intervenir qu'après la révision de la Constitution.

Article 147

Les traités ou accords régulièrement ratifiés ont, dès leur publication, une autorité supérieure à celle des lois, sous réserve pour chaque accord ou traité, de son application par l'autre partie.

Article 148

La République du Bénin peut conclure avec d'autres États des accords de coopération ou d'association sur la base des principes d'égalité de respect mutuel de la souveraineté, des avantages réciproques et de la dignité nationale.

Article 149

La République du Bénin, soucieuse de réaliser l'Unité africaine, peut conclure tout accord d'intégration sous régionale ou régionale conformément à l'Article 145.

ANNEXE N° 2

DÉCISION DCC 02-058

DU 04 JUIN 2002

FAVI ADÈLE

1. Contrôle de constitutionnalité
2. Plainte contre la garde rapprochée du président de la République pour « traitement inhumain et barbare »
3. Décret n° 99-543 du 22 novembre 1999
4. Décision DCC 02 - 052 du 31 mai 2002
5. Violation de la Constitution
6. Réparation du préjudice.

Ni les dispositions du Décret n° 99-543 du 22 novembre 1999 réglementant la mise à disposition des gardes du corps ni les explications fournies par le directeur du Cabinet militaire du président de la République ne sauraient justifier les traitements cruels inhumains et dégradants infligés à une citoyenne.

De même, les préjudices subis par toute personne, du fait de la violation de ses droits fondamentaux, ouvrent droit à réparation.

La Cour constitutionnelle,

Saisie d'une requête du 11 février 2002 enregistrée à son Secrétariat le même jour sous le numéro 0274/025/REC, par laquelle Madame Adèle FAVI porte plainte contre la garde rapprochée du président de la République pour « traitement inhumain et barbare ».

VU la Constitution du 11 décembre 1990 ;

VU la loi n° 91-009 du 04 mars 1991 portant loi organique sur la Cour constitutionnelle, modifiée par la loi du 31 mai 2001 ;

VU le Règlement intérieur de la Cour constitutionnelle ;

Ensemble les pièces du dossier ;

Ouï le professeur Maurice GLÈLÈ AHANHANZO en son rapport ; Après en avoir délibéré,

Considérant que Madame Adèle FAVI expose que le mercredi 06 février *2002,* aux environs de 20 heures, de retour de German co., son lieu habituel de vente et, en voulant traverser la route, elle a été arrêtée par des militaires qui se trouvaient à bord d'un véhicule Pajero immatriculé R 0004 RB de la garde rapprochée du président de la République ; que ceux-ci lui ont « porté de coups de pied sans que l'arrivée du chef de l'État ne soit pas encore annoncée » ; qu'elle développe qu'ayant pris la fuite, elle a été poursuivie et rattrapée à la hauteur de la clôture de l'Ambassade de France où elle a « subi des bastonnades, des coups de pied de rangers, des chicotes et traînée par terre jusqu'à une distance de 50 mètres, avant d'être laissée inerte sans connaissance » ; qu'elle affirme, par ailleurs, qu'elle s'est par la suite retrouvée à l'hôpital de la garnison de Cotonou grâce aux vigiles chargés de la sécurité de la bande des 200 mètres du parc German co. ; que tout ce qu'elle avait sur elle est resté jusqu'à présent introuvable ; qu'en conséquence, elle porte plainte contre la garde rapprochée du chef de l'État pour l'avoir soumise à un « traitement inhumain et barbare » et demande que « justice soit faite » ;

Considérant qu'en réponse à la mesure d'instruction de la Cour, le colonel Alassane KPEMBI MASSOUHOUDOU, directeur du Cabinet militaire du président de la République rapporte que : « le passage du cortège étant imminent et pour éviter tout accident malheureux pouvant être fatal, non seulement pour la divagatrice elle-même, mais aussi pour le cortège, et surtout pour le chef de l'État, les éléments du détachement ont dégagé par des méthodes requises cette dame qui n'a pas manqué de les traiter de fous... ; qu'il est fort heureux aujourd'hui pour tout un chacun que la garde ait eu une réaction énergique qui a permis de dégager la dame ; que les personnels de sécurité ont été invités à s'acquitter réglementairement de leur mission, sans répondre aux provocations dont ils font quotidiennement l'objet » ; qu'il produit par la suite une copie du Décret n° 99-543 du *22* novembre 1999 réglementant la mise à disposition des gardes du corps et explique que : « la réaction énergique dont il est question est une action prompte par laquelle la divagatrice ayant délibérément décidé de ne pas obtempérer aux injonctions a été dégagée de la voie ; que les méthodes requises dans ce genre de situation sont des actes réflexes simples, consistant à se saisir sans délai de l'obstacle, à bras le corps et à le dégager » ; qu'il ajoute, par ailleurs, que « l'article 10 du Décret n° 99-543 du *22* novembre 1999 met le garde du corps dans l'exécution de sa mission en situation de légitime défense d'autrui (...) et que la réaction énergique des éléments de sécurité par les méthodes requises en la circonstance a été salutaire pour la divagatrice elle-même, pour les éléments de sécurité eux aussi et pour le cortège présidentiel... » ;

Considérant qu'aux termes de l'article 18 alinéa 1 de la Constitution : « *Nul ne sera soumis la torture, ni à des sévices ou traitements cruels, humiliants ou dégradants » ;*

Considérant qu'il ressort des éléments du dossier que Madame Adèle FAVI, qui n'a pas dégagé à temps la voie au motif que « l'arrivée du chef de l'État n'était pas annoncée », a été poursuivie et rattrapée à la hauteur de l'Ambassade de France où elle a « subi des bastonnades, des coups de pied de rangers, des chicotes et traînée par terre jusqu'à une distance de 50 mètres avant d'être laissée inerte, sans connaissance » ; que c'est à la suite de ce traitement qu'elle a été admise au Service de santé des Armées de Cotonou comme l'atteste le certificat médical versé au dossier et qui fait état : « des douleurs exquises à la palpation à la cheville droite, au gros orteil droit, des douleurs à la mobilisation du membre supérieur droit et des douleurs à l'hémiface droite ainsi que des douleurs lombaires, une impotence fonctionnelle majeure à la marche et une plaie superficielle à la malléole externe de la cheville droite », le tout ayant entraîné une « incapacité temporaire de travail de dix-huit (18) jours » ; qu'il s'ensuit que ces lésions sont consécutives aux sévices et traitements cruels, inhumains et dégradants infligés à Dame Adèle FAVI ; que ni les dispositions du Décret n° 99-543 du *22* novembre 1999 réglementant la mise à disposition des gardes du corps, ni les explications fournies par le directeur du Cabinet militaire du président de la République ne sauraient justifier de pareils traitements ; que, dès lors, il y a lieu de dire et de juger qu'en agissant comme elle l'a fait, la garde rapprochée du président de la République a violé l'article 18 alinéa 1 de la Constitution ;

Considérant que par sa Décision DCC 02-052 du 31 mai 2002, la Haute Juridiction a jugé que les préjudices subis par toute personne, du fait de la violation de ses droits fondamentaux, ouvrent droit à réparation ; qu'il s'ensuit que Dame Adèle FAVI a droit à réparation pour les préjudices qu'elle a subis ;

DÉCIDE

Article 1er **.-** Les sévices et traitements cruels, inhumains et dégradants infligés à Madame Adèle FAVI le mercredi 06 février 2002 par une équipe de la garde rapprochée du président de la République, constituent une violation de la Constitution.

Article 2**.-** Madame Adèle FAVI a droit à réparation pour les préjudices qu'elle a subis.

Article 3 **.-** La présente décision sera notifiée à Madame Adèle FAVI, au directeur du Cabinet militaire du président de la République, au ministre de l'Intérieur, de la Sécurité et de la Décentralisation, au ministre d'État chargé de la Défense nationale, au ministre de la Justice, de la Législation et des Droits de l'Homme, au président de la République et publiée au *Journal Officiel.*

Ont siégé à Cotonou, le quatre juin deux mille deux,

Madame Conceptia D. OUINSOU Président

Messieurs

Lucien SEBO Vice-président

Idrissou BOUKARI Membre

Maurice GLÈLÈ AHANHANZO Membre

Alexis HOUNTONDJI Membre

Madame Clotilde MÉDÉGAN-NOUGBODÉ Membre

Le Rapporteur, Le Président,

Professeur Maurice GLÈLÈ AHANHANZO Conceptia D. OUINSOU

ANNEXE N° 3

ECW/CCJ/JUD/06/08 : HADIJATOU MANI KORAOU C.NIGER

ROLE GENERAL No. ECW/CCJ/APP/08/08 ARRET No.ECW/CCJ/JUD/06/08 Du 27 Octobre 2008

Dame Hadijatou Mani KORAOU - Requérante Comparante ayant pour Conseils la SPCA Chaïbou - Nanzir (Société Civile Professionnelle d'Avocats) avocats près la Cour d'Appel de Niamey (NIGER) assistée de Madame Hélène DUFFY, Directrice Juridique et de Monsieur Ibrahim Kane, Conseiller Juridique Principal Inter Rights - London

CONTRE

LA RÉPUBLIQUE DU NIGER - Défenderesse Représentée par Me Mossi Boubacar et Collaborateurs avocats à la Cour - Niamey (NIGER)

La Cour de Justice de la CEDEAO siégeant à Niamey (République du Niger) et ainsi composée :

1. Hon. Juge Aminata Mallé SANOGO- PRÉSIDENTE
2. Hon. Juge Awa Daboya NANA- MEMBRE
3. Hon. Juge El- Mansour TALL- MEMBRE

Assistés de Me Athanase ATTANON- GREFFIER

ARRÊT DE LA COUR

1. La requérante, dame Hadijatou Mani KORAOU, de nationalité nigérienne, est citoyenne de la Communauté CEDEAO.

2. La requérante, comparante, est sans emploi, et domiciliée au village de Louhoudou, dans le département de *Konni*. Elle a pour Conseils, Maître Abdourahaman CHAÏBOU, de la Société Civile et

Professionnelle d'Avocats (SCPA) Chaïbou - Nanzir, Avocats à la Cour d'Appel de Niamey (Rép. Niger) assistée de Madame Hélène DUFFY et Monsieur Ibrahim KANE de Inter Rights (London).

3. La défenderesse, la République du Niger, est un État-Membre de la Communauté CEDEAO.

4. La défenderesse est représentée par Maître Mossi Boubacar et Collaborateurs, Avocats à la Cour d'Appel de Niamey (Rép. Niger).

5. La requérante fait grief à la défenderesse d'avoir violé ses droits fondamentaux de l'Homme ; elle demande à la Cour de constater cette violation et de sanctionner la défenderesse.

6. La défenderesse a soulevé des exceptions préliminaires d'irrecevabilité de la requête.

7. La Cour a décidé de joindre les exceptions au fond, conformément à l'article 87. al.5 de son Règlement de Procédure.

Exposé des faits de la procédure

8. En 1996, alors qu'elle n'avait que douze (12) ans, la requérante, dame Hadijatou Mani KORAOU, de coutume Bouzou a été vendue par le chef de la Tribu Kenouar au Sieur El Hadj Souleymane NAROUA, de coutume Haoussa âgé de 46 ans, pour la somme de deux cent quarante mille (240 000) francs CFA.

9. Cette transaction est intervenue au titre de la « Wahiya », une pratique en cours en République du Niger, consistant à acquérir une jeune fille, généralement de condition servile, pour servir à la fois de domestique et de concubine. La femme esclave que l'on achète dans ces conditions est appelée « Sadaka » ou la cinquième épouse c'est-à-dire une femme en dehors de celles légalement mariées et dont le nombre ne peut excéder quatre (4) conformément aux Recommandations de l'Islam.

La *« Sadaka »*, en général, exécute les travaux domestiques et s'occupe du service du *« maître »*. Celui-ci peut, à tout moment, de jour comme de nuit, avoir avec elle des relations sexuelles.

10. Un jour, alors qu'elle se trouvait dans le champ de son maître en train de travailler, celui-ci vint la surprendre et abusa d'elle. Ce premier acte sexuel forcé lui fut imposé dans ces conditions alors qu'elle avait encore moins de 13 ans. La requérante fut ainsi souvent victime d'actes de violence de la part de son maître, en cas d'insoumission réelle ou supposée.

11. Pendant environ neuf (9) ans, Hadijatou Mani KORAOU a servi au domicile de El Hadj Souleymane NAROUA, en exécutant toutes sortes de tâches domestiques et en servant de concubine à celui-ci.

De ces relations avec son maître, sont nés quatre (04) enfants dont deux (02) ont survécu.

13. Le 18 août 2005, El Hadj Souleymane NAROUA délivra à Hadijatou Mani KORAOU un certificat d'affranchissement (esclave) ; cet acte a été signé par la bénéficiaire, le maître et contresigné par le chef de village qui y a apposé son cachet.

14. Suite à cet acte d'affranchissement, la requérante décide de quitter le domicile de celui qui fut naguère son maître. Ce dernier lui oppose un refus, motif pris de ce qu'elle est et demeure son épouse. Néanmoins, sous prétexte de rendre visite à sa mère malade, Hadijatou Mani KORAOU partit définitivement du domicile de El Hadj Souleymane NAROUA.

15. Le 14 février 2006, Hadijatou Mani KORAOU saisit le tribunal civil et coutumier de Konni pour faire valoir son désir de recouvrer sa liberté totale et d'aller vivre sa vie ailleurs.

Sur cette requête, le tribunal civil et coutumier de Konni, par jugement N° 06 du 20 mars 2006, constate « qu'il n'y a jamais eu mariage à proprement parler entre la demanderesse et El Hadj Souleymane Naroua, parce qu'il n'y a jamais eu paiement de la dot ni célébration religieuse du mariage et que Hadijatou Mani KORAOU demeure libre de refaire sa vie avec la personne de son choix ».

17. El Hadj Souleymane NAROUA interjette appel de ce jugement du tribunal civil et coutumier de Konni, devant le Tribunal de Grande Instance de Konni qui, par décision N° 30 rendue le 16 juin 2006, infirme le jugement attaqué.

18. La requérante se pourvoit en cassation devant la Chambre Judiciaire de la Cour Suprême de Niamey, en sollicitant « l'application de la loi contre l'esclavage et les pratiques esclavagistes ».

19. Le 28 décembre 2006, la juridiction suprême, par Arrêt N° 06/06/cout. casse et annule la décision d'appel du Tribunal de Grande Instance de Konni, au motif de violation de l'article 5 alinéa 4. En matière coutumière, des assesseurs avec voix consultative complètent la Cour de cassation, le tribunal de grande instance, le tribunal d'instance et le tribunal du foncier rural. de la loi 2004 - 50 du 22 juillet 2004] sur l'Organisation judiciaire au Niger, sans se prononcer sur la question du statut d'esclave de Hadijatou Mani KORAOU. L'affaire fut renvoyée devant la même juridiction, autrement composée, pour réexamen.

20. Avant l'issue de la procédure, Hadijatou Mani KORAOU qui, entre temps, était revenue dans sa famille paternelle, contracte mariage avec le sieur Ladan RABO.

21. Ayant appris le mariage de la requérante avec le sieur Ladan RABO, El Hadj Souleymane NAROUA dépose le 11 janvier 2007 une plainte pour bigamie contre elle, devant la Brigade de Gendarmerie de Konni, qui dresse procès-verbal et le transmet au Procureur de la République près le Tribunal de Grande Instance de Konni.

22. Par jugement N° 107 du 02 mai 2007, la formation correctionnelle du Tribunal de Grande Instance de Konni condamne dame Hadijatou Mani KORAOU, son frère Koraou Mani et Ladan RABO, à six (06) mois d'emprisonnement ferme et une amende de 50 000 FCFA, chacun, en application de l'article 290 du Code pénal nigérien Art. 290 : Quiconque, étant engagé dans les liens de mariage, en aura contracté un autre hors les cas prévus par la loi ou sa coutume, sera puni d'un emprisonnement de deux mois à un an et d'une amende de 50 000 à 500 000 francs, ou de l'une de ces deux peines seulement. L'officier public ou l'officiant qui auront sciemment prêté leur ministère à ce mariage seront punis de la même peine. réprimant le délit de bigamie ; en outre un mandat d'arrêt fut décerné contre eux.

23. Le même jour, Hadijatou Mani KORAOU interjette appel dudit jugement ; en dépit de cela, le 9 mai 2007, Hadijatou Mani KORAOU et son frère Koraou Mani sont écroués à la Maison d'Arrêt de Konni en exécution du mandat d'arrêt décerné contre eux.

24. Le 17 mai 2007, alors que Hadijatou Mani KORAOU était encore en détention, la Société Civile Professionnelle d'Avocats CHAIBOU-NANZIR, son Conseil, dépose auprès du Procureur de la République près le Tribunal de Grande Instance de Konni, une plainte contre Souleymane NAROUA, pour crime et délit d'esclavage en visant l'article 270.2 Art. 270. 2. : Le fait de réduire autrui en esclavage ou d'inciter autrui à aliéner sa liberté ou sa dignité ou celle d'une personne à sa charge, pour être réduit en esclavage, est puni d'une peine d'emprisonnement de 10 à 30 ans et d'une amende de 1 000 000 à 5 000 000 de francs. Est puni de la même peine prévue à l'alinéa précédent, le fait pour un maître ou son complice :

1. d'entretenir des rapports sexuels avec une femme considérée esclave ou l'épouse d'un homme considéré comme esclave ;

2. de mettre à la disposition d'une autre personne une femme considérée comme esclave en vue d'entretenir des rapports sexuels.

La complicité et la tentative des infractions prévues aux articles précédents sont passibles de la peine prévue au présent article.

et Art. 270. 3 : Constitue le délit « esclavage »

1. toute atteinte à l'intégrité physique ou morale d'une personne en raison de sa condition servile, tout traitement dégradant, inhumain ou humiliant exercé contre cette personne ;

2. le fait pour un maître de percevoir les fruits et les revenus résultant de la prostitution de la femme de condition servile ou du travail de toute personne de « condition servile » ;

3. l'extorsion de fonds, le chantage exercé à l'encontre d'une personne de « condition servile » ;

4. le fait pour un maître de percevoir un tribut d'une personne en raison du droit de propriété qu'il exerce sur cette personne ;

5. l'enlèvement des enfants prétendus esclaves pour les mettre en servitude. du Code pénal nigérien, tel que modifié par la Loi N° 2003- 025 du 13 Juin 2003. L'instruction de cette affaire suit son cours sous le numéro R.P. 22, R.I. 53.

25. Parallèlement à la procédure pénale, le Tribunal de Grande Instance de Konni, en statuant sur le renvoi après cassation de la Cour

Suprême, par décision N° 15 du 6 avril 2007 : « fait droit à l'action en divorce de Hadijatou Mani KORAOU ;.....dit qu'elle observera un délai de viduité de trois (03) mois avant tout remariage ».

26. El Hadj Souleymane NAROUA se pourvoit en cassation contre cette dernière décision.

27. Le 9 juillet 2007, la Chambre correctionnelle de la Cour d'appel de Niamey, statuant sur l'appel interjeté par Hadijatou Mani KORAOU contre la décision du Tribunal correctionnel, *« ordonne* en avant-dire-droit *la mise en liberté provisoire de celle-ci ainsi que de son frère, ordonne la main levée d'office du mandat d'arrêt décerné contre Ladan RABO, et sursoit à statuer au fond en attendant une décision définitive du juge des divorces ».*

Le 14 septembre 2007, Hadijatou Mani KORAOU saisit la Cour de Justice de la Communauté, CEDEAO sur le fondement des articles 9.4 *(La Cour est compétente pour connaître des cas de violation des droits de l'Homme dans tout Etat membre)* et 10. d) *(Article 10 : Saisine de la Cour :... [i] Peuvent saisir la Cour : d) toute personne victime de violations des droits de l'homme ; la demande soumise à cet effet)* du Protocole additionnel A/SP.1/01/05 du 19 janvier 2005 portant amendement du Protocole A/P. 1/7/91 du 06 juillet 1991 relatifs à la Cour, aux fins de :

a. Condamner la République du Niger pour violation des articles 1, 2, 3, 5, 6 et 18(3) de la Charte Africaine des Droits de l'Homme et des Peuples ;

a. Requérir des Autorités Nigériennes qu'elles introduisent une nouvelle législation qui protège effectivement les femmes contre les coutumes discriminatoires en matière de mariage et de divorce ;

b. Demander aux Autorités Nigériennes de réviser la législation relative aux Cours et Tribunaux de manière à ce que la justice puisse jouer pleinement son rôle de gardienne des droits des personnes qui sont victimes de la pratique de l'esclavage ;

d. Exiger de la République du Niger qu'elle abolisse les coutumes et pratiques néfastes et fondées sur l'idée d'infériorité de la femme ;

e. Accorder à Hadijatou Mani KORAOU une juste réparation du préjudice qu'elle a subi pendant ses 9 années de captivité ;

28. La défenderesse a soulevé des exceptions d'irrecevabilité pour dire que :

a. *La requête n'est pas recevable, pour défaut d'épuisement des voies de recours internes ;*

b. *La requête n'est pas recevable, du fait que l'affaire portée devant la Cour de Céans est encore pendante devant les Juridictions Nationales Nigériennes.*

30. La Cour de Justice de la CEDEAO, en application de l'art. 87 al.5 de son Règlement de Procédure, a joint les exceptions préliminaires au fond, pour statuer par un seul et même arrêt.

31. À l'audience du 24 janvier 2008, prévue pour l'audition des parties, le Conseil de la requérante, invoquant l'état d'impécuniosité de celle-ci et la nécessité d'entendre des témoins résidant au Niger et dont les frais de déplacement à Abuja paraissent hors de portée de la bourse de la requérante, a sollicité le transfert de la session de la Cour à Niamey ou en tout autre lieu en République du Niger.

32. Le Conseil de la défenderesse a fait observer « qu'il ne voyait pas d'inconvénient pour la tenue de la session hors le siège de la Cour », mais a toutefois attiré l'attention de celle-ci « sur un effet médiatique négatif et une politisation éventuelle du procès avant de conclure à l'inutilité d'une telle session au Niger ».

33. Par décision avant-dire-droit No. ECW/CCJ/APP/08/08 du 24 janvier 2008 la Cour a ordonné la tenue de la session à Niamey en application de l'art. 26 du Protocole de 1991.

34. À l'audience du 07 avril 2008 à Niamey, les parties ont comparu ainsi que leurs témoins.

Examen des moyens des parties

1. Sur les exceptions préliminaires

35. La République du Niger a soulevé **in limine litis** l'irrecevabilité de la requête aux motifs d'une part du non-épuisement des voies de recours internes, d'autre part du fait que l'affaire portée devant la Cour de Justice de la CEDEAO, est encore pendante devant les juridictions nationales nigériennes.

Sur le non-épuisement des voies de recours internes

36. Tout en reconnaissant que la condition d'épuisement des voies de recours internes ne figure pas

parmi les conditions de recevabilité des cas de violation des droits de l'Homme devant la Cour de Justice de la CEDEAO, la République du Niger considère cette absence comme une lacune que la pratique de la Cour devrait combler.

37. Par ailleurs, le Conseil de la défenderesse a ajouté que c'est la règle de l'épuisement des voies de recours internes qui permet de dire, si un État protège assez ou pas assez les droits de l'Homme sur son

Territoire ; puis il a fait observer que la protection des droits de l'Homme par les mécanismes internationaux, est une protection subsidiaire, qui n'intervient que si un État, au plan national a manqué à son devoir d'assurer le respect de ces droits.

38. Ensuite, en se référant à l'art. 4(g) du Traité Révisé de la CEDEAO, la défenderesse a soutenu que la Cour de Justice de la CEDEAO doit appliquer l'article 56 de la Charte africaine des Droits de l'Homme et des Peuples pour pallier le silence des textes régissant la Cour, notamment en ce qui concerne l'épuisement préalable des voies de recours internes.

39. S'il est constant que la protection des droits de l'Homme par les mécanismes internationaux est une protection subsidiaire, il n'en demeure pas moins que cette subsidiarité connaît depuis quelque temps une évolution remarquable qui se traduit par une interprétation très souple de la règle de l'épuisement des voies de recours internes ; c'est d'ailleurs ce que disait la Cour européenne des Droits de l'Homme dans son arrêt De Wilde, Ooms et Versyp c/la Belgique du 18 juin 1971 lorsque celle-ci a jugé que « conformément à l'évolution de la pratique internationale, les États peuvent bien renoncer au bénéfice de la règle de l'épuisement des voies de recours internes ».

40. Le législateur communautaire CEDEAO s'est sans doute conformé à cet appel en ne faisant pas de la règle d'épuisement préalable des voies de recours internes, une condition de recevabilité devant la Cour ; le renoncement à une telle règle s'impose à tous les États Membres de la CEDEAO et la République du Niger ne saurait s'y soustraire.

41. D'autre part, en affirmant à l'article 4(g) du Traité Révisé que « les États Membres de la CEDEAO adhèrent aux principes fondamentaux de la Charte Africaine des Droits de l'Homme et des Peuples », le législateur communautaire a voulu tout simplement intégrer cet instrument dans le droit applicable devant la Cour de Justice de la CEDEAO.

42. L'adhésion de la Communauté aux principes de la Charte signifie que même en l'absence d'instruments juridiques de la CEDEAO relatifs aux droits de l'homme, la Cour assure la protection des droits énoncés dans la Charte sans pour autant procéder de la même manière que la Commission africaine des Droits de l'Homme et des Peuples.

43. En effet, de l'interprétation de l'article 4(g) du Traité Révisé, l'on ne saurait déduire que les modalités de protection et de promotion des droits de l'homme par la Cour doivent être celles prévues dans la Charte.

44. Une distinction doit être faite entre l'énoncé des principes fondamentaux de la Charte (première partie) et les modalités de mise en œuvre de ces droits (deuxième partie). Ces modalités comprennent la

création de la Commission (art. 30), sa composition (art. 31 à 41), son fonctionnement (art. 42 à 45) et la procédure à suivre devant elle (art. 46 à 59) ; tandis que le Traité Révisé de la CEDEAO a de son côté prévu d'autres mécanismes de mise en œuvre de ces mêmes principes fondamentaux par la Cour de Justice de la CEDEAO.

45. En définitive, il n'y a donc pas lieu de considérer l'absence d'épuisement préalable des voies de recours internes comme une lacune que la pratique de la Cour de Justice de la Communauté doit combler ; car celle-ci ne saurait, sans violer les droits des individus, leur imposer des conditions et des formalités plus lourdes que celles prévues par les textes communautaires.

46. La défenderesse, en faisant la genèse de l'ensemble des recours exercés devant les juridictions nationales nigériennes, a relevé que le 14 février 2006 la requérante a saisi le tribunal civil et coutumier de Konni d'une action en divorce ; que ce tribunal a fait droit à sa demande ; que suite à l'appel interjeté, le jugement a été infirmé ; que la décision infirmative rendue en appel a été cassée et annulée par la Cour Suprême ; que la décision rendue après cassation avec renvoi a donné raison à la requérante ; un second pourvoi a été formé par le défendeur contre cette dernière décision et la juridiction suprême n'a pas encore vidé sa saisine.

47. La défenderesse a ajouté que le 11 janvier 2007 une procédure pénale a été initiée contre la requérante ; que le jugement correctionnel de condamnation de la requérante et de ses co-prévenus, rendu le 02 mai 2007 a fait l'objet d'appel, et que la Cour d'Appel de Niamey, après avoir ordonné la mise en liberté provisoire de la requérante et de son frère, a ajourné le procès en attendant l'issue définitive de la procédure civile.

48. En l'espèce, dame Hadijatou Mani KORAOU qui a déjà saisi les juridictions nationales, est-elle fondée à saisir la Cour de Justice de la CEDEAO alors même que celles-ci n'ont pas encore vidé leur saisine ?

49. Aux termes des dispositions de l'article 10 d (ii) *ne sera pas portée devant la Cour de Justice de la Communauté lorsqu'elle a déjà été portée devant une autre Cour internationale compétente ;* du Protocole Additionnel A/SP.1/01/05 relatif à la Cour de Justice de la CEDEAO :

i. « peuvent saisir la Cour.... toute personne victime de violation des droits de l'homme ;

ii. la demande soumise à cet effet..... ne sera pas portée devant la Cour de Justice de la Communauté lorsqu'elle a déjà été portée devant une autre Cour Internationale Compétente ».

D'où il s'ensuit que la règle de l'épuisement préalable des voies de recours internes n'est pas d'application devant la Cour.

50. Ces dispositions visent essentiellement à empêcher les individus d'abuser des possibilités de recours qui leur sont offertes, et qu'une affaire soit examinée en même temps par plusieurs organes ; voir : COHEN

- JONATHAN in « La Convention européenne de Sauvegarde des Droits de l'Homme et des Libertés Fondamentales », Economica, Paris 1989 page 143 où il est écrit justement que cette condition a été expressément posée pour « exclure le cumul de procédures internationales ».

51. À l'origine de cette condition, prévue dans tous les mécanismes internationaux d'enquêtes ou de règlements (art. 35.2.b de la Convention européenne de Sauvegarde des Droits de l'Homme et des Libertés Fondamentales La Cour ne retient aucune requête individuelle introduite en application de l'article 34, lorsque :

a. elle est anonyme ; ou

b. elle est essentiellement la même qu'une requête précédemment examinée par la Cour ou déjà soumise à une autre instance internationale d'enquête ou de règlement, et si elle ne contient pas de faits nouveaux.

, art. 56.7 de la Charte africaine des Droits de l'Homme et des peuples ; article 46.c. de la Convention Américaine des Droits de l'Homme

1. La Commission ne retient une pétition ou communication présentées conformément aux articles 44 ou 45 que sous les conditions suivantes, à savoir :... c) que l'objet de la pétition ou communication ne soit pas en cours d'examen devant une autre instance internationale, et... art. 5. 2. a)

, Il ne peut être admis aucune restriction ou dérogation aux droits fondamentaux de l'homme reconnus ou en vigueur dans tout Etat partie au présent Pacte en application de lois, de conventions, de règlements ou de coutumes, sous prétexte que le présent Pacte ne les reconnaît pas ou les reconnaît à un moindre degré du premier Protocole facultatif relatif au Pacte international relatif aux droits civils et politiques), se trouve l'idée d'éviter qu'une même affaire ne soit portée devant plusieurs organes internationaux.

52. Mais l'interprétation de cette règle a révélé, comme le fait remarquer Stefan TRECHSEL dans Die europäische Menschenrechts-konvention, ihr Schutz der persönlichen Freiheit und die schweizerischen

Strafprozessrechte, Stämpfli Bern, 1974, pp.125 qu'elle « *ne se limite pas au ''non bis in idem'', mais*

couvre également le cas de litispendance, puisqu'il suffit que la requête ait été portée, en substance, à une autre instance internationale. Il s'agit donc, d'une part, d'éviter le parallélisme de plusieurs procédures internationales et d'autre part, d'éviter tout conflit entre diverses instances internationales ; en effet, il n'existe aucun ordre hiérarchique entre ces dernières et il s'en suit qu'aucune d'entre elles ne serait compétente pour réviser, en fait, la décision d'une autre instance internationale ».

53. Par conséquent, le législateur communautaire CEDEAO, en disposant comme il l'a fait à l'10.d.ii

ii) *ne sera pas portée devant la Cour de Justice de la Communauté lorsqu'elle a déjà été portée devant une autre Cour internationale compétente* du Protocole additionnel, entend rester dans les limites strictes de ce que la pratique internationale a cru bon devoir respecter. Il n'appartient donc pas à la Cour de céans d'ajouter au Protocole Additionnel des conditions non prévues par les textes.

En définitive et pour toutes ces raisons, les exceptions soulevées par la défenderesse ne sauraient prospérer.

Sur la qualité à agir de la requérante

54. La défenderesse en dernier argumentaire et dans son mémoire en duplique du 09 avril 2008 a soulevé le défaut de qualité à agir de la requérante. Elle a exposé que dame Hadijatou Mani KORAOU étant une *wahiya* affranchie au moment de sa requête, n'était donc plus une esclave ; qu'à ce titre, elle est sortie de sa condition de servilité ; qu'elle aurait pu agir avant son affranchissement ; mais que ne l'ayant pas fait, son action est devenue inopérante et doit être déclarée irrecevable pour défaut de qualité à agir.

55. Cette exception soulevée tardivement doit être déclarée irrecevable.

Au surplus au regard des dispositions des articles 9.4 La Cour est compétente pour connaître des cas de violation des droits de l'Homme dans tout Etat membre et 10.d

Article 10 : Saisine de la Cour :... Peuvent saisir la Cour : d) toute personne victime de violations des droits de l'homme ; la demande soumise à cet effet : i) ne sera pas anonyme ; ii) ne sera pas portée devant la Cour de Justice de la Communauté lorsqu'elle a déjà été portée devant une autre Cour internationale compétente de son Protocole additionnel : « *la Cour est compétente pour connaître des cas de violation des droits de l'homme dans tout Etat Membre ; peuvent saisir la Cour.... toute personne victime de violation des droits de l'homme* ».

56. Il est à souligner que les droits de l'Homme étant des droits inhérents à la personne humaine, ils sont

« inaliénables, imprescriptibles et sacrés » et ne peuvent donc souffrir d'aucune limitation quelconque. En conséquence la Cour déclare dame Hadijatou Mani KORAOU recevable à la forme, en son action.

Sur les moyens quant au fond

57. La requérante a exposé plusieurs moyens d'allégations de violations de ses droits ; en premier lieu elle a exposé que la défenderesse n'a pas pris les mesures nécessaires pour garantir à ses citoyens, les droits et libertés proclamés dans la Charte africaine des Droits de l'Homme et des Peuples, violant ainsi l'article 1er de ladite Charte ; elle a affirmé que cette violation découle des autres violations contenues dans ses autres moyens soulevés devant la Cour de céans, dans la mesure où l'article 1er de ladite Charte africaine confère un caractère obligatoire pour les États de faire respecter ces droits ; qu'aux termes de cet article 1er « *les États Membres....... reconnaissent les droits, devoirs et libertés énoncés dans cette Charte et s'engagent à adopter des mesures législatives ou autres pour les appliquer...* ».

58. La requérante a ajouté que selon la législation nigérienne, « la République du Niger est un Etat de droit ; elle assure à tous l'égalité devant la loi, sans distinction de sexe, d'origine sociale, raciale, ethnique ou religieuse.... » (Constitution de 1996 art. 11 Article 11. Chacun a droit à la vie, à la santé, à la liberté, à la sécurité, à l'intégrité physique, à l'éducation et à l'instruction dans les conditions définies par la loi.). « Nul ne sera soumis à la torture, ni à des sévices ou traitements cruels, inhumains ou dégradants (Constitution de 1996 art. 12) ; « Tout individu.... qui se rendrait coupable d'actes de tortures.... ou de traitements cruels, inhumains ou dégradants... sera puni conformément à la loi » (art. 14 des Constitutions de 1989 et 1992).

59. La requérante a fait valoir que malgré l'existence de cette législation, elle a subi une discrimination fondée sur le sexe et sur sa condition sociale parce qu'elle a été maintenue en esclavage depuis près de 9 ans ; qu'après son affranchissement elle n'a pas pu jouir de sa liberté malgré ses réclamations en justice, qu'elle a fait l'objet de détention et que toutes ces actions ont contribué à la priver de ses droits fondamentaux ; elle a sollicité par conséquent la condamnation de la défenderesse pour violation des différents articles visés dans la Charte africaine des Droits de l'Homme et des Peuples, et exiger l'adoption de législations nouvelles plus protectrices des droits des femmes contre les coutumes discriminatoires.

La Cour sur ce 1er moyen de la requérante affirme qu'elle n'a pas pour rôle d'examiner les législations des États Membres de la Communauté *in abstrato*, mais plutôt d'assurer la protection des droits des individus lorsque ceux-ci sont victimes de violations de ces droits qui leur sont reconnus, et ce, par l'examen des cas concrets présentés devant elle. La Cour précise qu'un tel examen relève d'autres mécanismes, en l'occurrence le contrôle des situations par pays, les rapports périodiques tels que prévus par certains instruments internationaux dont l'article 62 de la Charte africaine des Droits de l'Homme et des Peuples qui dispose que : « *chaque État partie s'engage à présenter tous les deux ans., un rapport sur les mesures d'ordre législatif ou autres, prises en vue de donner effet aux droits et libertés reconnus et garantis dans la présente Charte* ».

60. À cet égard, la Cour note que de tels examens ont déjà eu lieu, notamment, devant le Comité des Droits de l'Homme et le Comité des Droits de l'Enfant des Nations unies, à l'égard de la République du Niger, et assortis de Recommandations.

Par conséquent, la Cour déclare qu'elle ne saurait outrepasser sa compétence principale qui est de connaître des cas concrets de violations des droits de l'Homme et de les sanctionner s'il y a lieu.

Sur la discrimination

62. La requérante a soutenu qu'elle est victime de discrimination fondée sur le sexe et sur sa condition sociale, en violation des articles 2 et 18(3) de la Charte africaine des Droits de l'Homme et des Peuples ; elle a ajouté qu'elle n'a pas bénéficié d'une *égale protection de la loi et devant la loi* comme le dispose l'article 3 de ladite Charte. Elle a précisé que la *Sadaka* ou le fait de vendre une femme à un homme pour lui servir de concubine est une pratique qui ne touche que les femmes et constitue donc une discrimination liée au sexe ; qu'en outre le fait pour elle de ne pouvoir consentir librement au mariage, ni de divorcer sont autant de discriminations liées à son origine sociale.

63. Il ressort du témoignage du sieur Djouldé Laya, sociologue, cité par la défenderesse à l'audience du mardi, 8 avril 2008 à Niamey ce qui suit : « dans le cas de la femme *wahiya,* on ne dit pas qu'elle est affranchie, puisque c'est une esclave ; donc elle est la propriété de quelqu'un ; ...... le système de wahiya, ou 5ème épouse, est un système qui a été mis au point par les esclavagistes ; .... je considère que la femme ne sort pas de son état de *wahiya* ; ..... c'est un système qui permet de faire passer les femmes d'un statut à un autre, ce qui veut dire que l'esclavage continue d'ailleurs, parce qu'il faut encore attraper des femmes, il faut faire la guerre, il faut acheter...... ».

64. La Cour après examen de l'ensemble des moyens de la requérante tirés de la discrimination, de l'égalité devant la loi, ainsi que d'une égale protection de la loi retient comme le souligne Frédéric Sudre dans son ouvrage : le droit international et européen des droits de l'homme : éd. 2005, page 259 : *« le principe de la non-discrimination est un principe tiré du postulat général de l'égalité selon lequel « tous les*

êtres humains naissent libres et égaux en droit et en dignité » (article 1er de la Déclaration universelle des droits de l'Homme de 1948 Article premier : Tous les êtres humains naissent libres et égaux en dignité et en droits. Ils sont doués de raison et de conscience et doivent agir les uns envers les autres dans un esprit de fraternité). C'est ce principe qui permet de définir le domaine de l'égalité.

65. Selon les textes invoqués par la requérante toute discrimination fondée sur la race, l'ethnie, le sexe, la religion, l'origine sociale, est interdite et constitue une violation des droits de l'Homme reconnus par les différentes Constitutions de la République du Niger (1989, 1992 et 1996) ainsi que les dispositions du Code pénal nigérien qui consacrent les mêmes principes protecteurs.

En l'espèce, pour déterminer si la requérante a été discriminée ou non, il convient d'analyser la pratique de la *wahiya* ou de la *sadaka* telle que les témoins l'ont décrite pour savoir si d'une part, toutes les femmes ont les mêmes droits dans le mariage et d'autre part, si l'homme et la femme ont les mêmes aptitudes à jouir des droits et libertés proclamés dans les instruments internationaux ratifiés par la défenderesse.

66. La Cour note qu'en République du Niger, la célébration du mariage se constate par le paiement de la dot, le consentement de la femme et la consécration par une cérémonie religieuse ; dans le cas d'espèce, la Cour relève que le Sieur El Hadj Souleymane NAROUA ancien maître de la requérante s'est refusé à se conformer à ces obligations ou conditions du mariage avec l'intéressée.

En effet, le témoin Halidou DANDA, agriculteur et éleveur cité par la requérante a déclaré à l'audience du lundi 07 avril 2008 : « le Préfet nous a convoqués à son cabinet pour nous dire qu'il a reçu un papier de Niamey qui dit qu'on doit remettre à El Hadj Souleymane NAROUA sa femme ; le Préfet lui a demandé : est ce que vous voulez la remarier, puisque vous l'avez affranchie ? Si c'est ça amenez la cola on va faire le mariage ; El Hadj Souleymane NAROUA a dit : non ! je ne peux pas la marier, puisque c'est Dieu qui me l'a déjà mariée ».

67. Par ailleurs, le témoin Almou WANGARA, cultivateur, cité par la requérante a déclaré : « lorsqu'on a demandé à l'ancien maître de Hadijatou d'amener la dot, il a dit que c'est Dieu qui lui a donné la femme et on va lui demander de l'argent pour la dot ! le Préfet a dit à l'ancien maître : « puisque cette femme tu l'as déjà affranchie, ce qu'il y a lieu de faire c'est de donner la dot, on va la supplier pour qu'elle accepte le mariage ; l'ancien maître s'est levé pour dire : non, comment ! je vais acheter une femme et on va me réclamer la dot ? ... après cette réaction le Préfet a dit : écoutez, *moi je ne peux rien faire, il faut vous en aller* ».

68. La Cour retient ainsi donc que convoqué chez l'autorité administrative en l'occurrence le Préfet, l'ancien maître de la requérante s'est refusé non seulement à accomplir les formalités de mariage avec elle, mais encore à lui rendre sa liberté, malgré le certificat d'affranchissement.

69. En République du Niger, la célébration du mariage se constate par le paiement de la dot et la tenue obligatoire d'une cérémonie religieuse. Or, en l'espèce El Hadj Souleymane NAROUA, n'a accompli aucune des exigences coutumières ou civiles à l'égard de la requérante.

70. En outre, la Cour retient que dans la famille de son ancien maître, la requérante faisait l'objet de traitements différenciés par rapport aux épouses de l'intéressé.

71. La Cour relève que si le grief tiré de la discrimination, que la requérante soulève pour la première fois devant elle est constitué, cette violation n'est pas imputable à la République du Niger puisqu'elle émane plutôt de El Hadj Souleymane NAROUA qui n'est pas partie à la présente procédure. Par conséquent, la Cour conclut que ce moyen est inopérant.

La requérante a-t-elle été tenue en esclavage ?

72. La requérante fait grief à la défenderesse d'être tenue en esclavage en violation de l'article 5 de la Charte africaine des Droits de l'Homme et des Peuples ainsi que d'autres instruments internationaux relatifs aux droits de l'Homme, lesquels édictent une interdiction absolue de l'esclavage. Elle a déclaré être née de parents ayant eux-mêmes le statut d'esclaves, et qu'elle a toujours été traitée comme telle sous le toit de son ancien maître El Hadj Souleymane NAROUA.

73. La défenderesse quant à elle a réfuté le motif de l'esclavage et a soutenu que la requérante, de condition servile certes, était l'épouse de El Hadj Souleymane NAROUA, avec qui elle a vécu avec plus ou moins de bonheur comme dans tous les couples.

74. L'esclavage, aux termes de l'article 1er de la Convention de Genève de 1926 « *est l'état ou la condition d'un individu sur lequel s'exercent les attributs du droit de propriété ou certains d'entre eux* ». « *La traite des esclaves comprend tout acte de capture, d'acquisition ou de cession d'un individu en vue de le réduire en esclavage ; tout acte d'acquisition d'un esclave en vue de le vendre ou de l'échanger ; tout acte de cession par vente ou échange d'un esclave acquis en vue d'être vendu ou échangé, ainsi que, en général, tout acte de commerce ou de transport d'esclaves.* »

75. L'esclavage ainsi défini est considéré comme une violation grave de la dignité humaine et est formellement interdit par tous les instruments internationaux relatifs aux droits de l'Homme. D'autres instruments tels que la Convention européenne des Droits de l'Homme et

des Libertés Fondamentales (art. parag.1 Nul ne peut être tenu en esclavage ni en servitude.), la Convention Américaine des Droits de l'Homme (art. 6) Article 6. Interdiction de l'esclavage et de la servitude 1. Nul ne peut être tenu en esclavage ni en servitude. L'esclavage et la servitude ainsi que la traite des esclaves et la traite des femmes sont interdits sous toutes leurs formes. 2. Nul ne sera astreint à accomplir un travail forcé ou obligatoire. Dans les pays où certains délits sont punis de détention accompagnée de travaux forcés, la présente disposition ne saurait être interprétée comme interdisant l'exécution d'une telle peine infligée par un juge ou un tribunal compétent. Cependant le travail forcé ne doit point préjudicier à la dignité ni à la capacité physique et intellectuelle du détenu. 3. Ne constitue pas un travail forcé ou obligatoire aux effets du présent article : a. Tout travail ou tout service normalement requis d'une personne emprisonnée en exécution d'une sentence ou d'une décision formelle rendue par l'autorité judiciaire compétente. Un tel travail ou un tel service devra être effectué sous la surveillance et le contrôle des autorités publiques et les individus qui les fournissent ne seront pas mis à la disposition de particuliers, de sociétés ou de personnes morales privées ; b. tout service de caractère militaire et, dans les pays où l'exemption d'un tel service est accordée aux objecteurs de conscience, tout service national qui en tient lieu aux termes de la loi ; c. tout service requis dans les cas de danger ou de sinistres qui menacent la vie ou le bien-être de la communauté, et d. tout travail ou service faisant partie des obligations civiques normales. et le Pacte International relatif aux Droits Civils et Politiques (art. 8 parag.1.2 ratifié par la République du Niger) font de l'interdiction de l'esclavage un droit intangible, c'est-à-dire un droit absolu auquel on ne peut déroger. De même, le Code pénal nigérien tel que modifié par la Loi No 2003- 025 du 13 juin 2003 en son article 270.1 à 5, définit et réprime le crime et le délit d'esclavage.

76. De tout ce qui précède, il est constant que dame Hadijatou Mani KORAOU a été cédée à l'âge de douze (12) ans à titre onéreux par El hadji Ghousmane ABDOURAHMANE pour la somme de deux cent quarante mille (240 000) FCFA à El Hadj Souleymane NAROUa ; a été conduite au domicile de l'acquéreur ; a subi pendant près d'une décennie de nombreuses pressions psychologiques caractérisées par la soumission, l'exploitation sexuelle, les corvées ménagères et champêtres, les violences physiques, les insultes, les humiliations et le contrôle permanent de ses mouvements par son acquéreur qui lui délivre, le 18 août un document libellé « *certificat d'affranchissement (d'esclave)* » *et mentionnant qu'à partir de la date de signature dudit acte « elle (la requérante) est libre et n'est l'esclave de personne* ».

77. Ces éléments caractérisent la situation de servilité de la requérante et font ressortir tous les indicateurs de la définition de

l'esclavage contenus dans l'article 1er de la Convention de Genève de 1926 Article premier Aux fins de la présente Convention, il est entendu que :

1. L'esclavage est l'état ou condition d'un individu sur lequel s'exercent les attributs du droit de propriété ou certains d'entre eux ; 2° La traite des esclaves comprend tout acte de capture, d'acquisition ou de cession d'un individu en vue de la réduire en esclavage ; tout acte d'acquisition d'un esclave en vue de le vendre ou de l'échanger ; tout acte de cession par vente ou échange d'un esclave acquis en vue d'être vendu ou échangé, ainsi que, en général, tout acte de commerce ou de transport d'esclaves. et telle qu'interprétée par la Chambre d'Appel du Tribunal pénal international pour l'ex-Yougoslavie (TPIY), dans l'Affaire Ministère public c/Dragoljub Kunarac, Radomir KOVAC et Vukovic ZORAN, Arrêt du 12 juin IT-96-23&23/1 paragraphe 119.

2. Selon cette jurisprudence, en plus de l'exercice des attributs du droit de propriété qui caractérisent la notion d'esclavage, celle-ci : « *dépend aussi de facteurs ou indices de réduction en esclavage, notamment, du contrôle des mouvements de quelqu'un, du contrôle de l'environnement physique et psychologique, des mesures prises pour empêcher ou décourager la fuite, l'usage de la force ou de la menace de l'usage de la force, la durée, l'affirmation de l'exclusivité, l'assujettissement à des traitements cruels ou à des mauvais traitements, le contrôle de la sexualité et le travail forcé* ».

78. La défenderesse, tout en reconnaissant la survivance de l'esclavage, a fait observer que cette pratique est devenue plus discrète, et confinée dans des cercles sociaux très restreints. Elle a soutenu que la requérante était plutôt l'épouse de El Hadj Souleymane NAROUA avec qui elle a vécu dans le lien du mariage avec plus ou moins de bonheur comme dans tous les ménages jusqu'en 2005, et que de leur union sont nés des enfants.

79. La Cour ne saurait admettre un tel argumentaire, car il est aujourd'hui bien établi que : « *l'esclavage peut exister sans qu'il y ait torture ; même bien nourri, bien vêtu et confortablement logé, un esclave reste un esclave s'il est illégalement privé de sa liberté par la force ou par la contrainte. On pourrait éliminer toute preuve de mauvais traitement, oublier la faim, les coups et autres actes de cruauté, le fait reconnu de l'esclavage c'est-à-dire du travail obligatoire sans contrepartie demeurerait. Il n'y a pas d'esclavage bienveillant. Même tempérée par un traitement humain la servitude involontaire reste de l'esclavage. Et la question de savoir la nature du lien entre l'accusé et la victime est essentielle* ». cf. jugement du 3 novembre 1947, in Trials of Major War Criminals Before the Nuremberg Military Tribunals under Control

Council Law N° 10, vol. 5, 1997, page 958 cité par le Tribunal Pénal International pour l'ex-Yougoslavie dans l'Aff. États-Unis c/Oswald Pohl et consorts.

80. La Cour retient dans le cas d'espèce qu'au-delà des actes matériels bien constitués, l'élément moral de la réduction en esclavage réside, en outre, dans l'intention de El Hadj Souleymane NAROUA d'exercer sur la requérante les attributs du droit de propriété, et ce, même après l'acte d'affranchissement. Par conséquent, il ne fait aucun doute que la requérante, Hadijatou Mani KORAOU, a été tenue en esclavage pendant près de neuf (09) ans en violation de l'interdiction légale de cette pratique.

81. Dans le droit pénal nigérien, tout comme il ressort des instruments internationaux, l'interdiction et la répression de l'esclavage sont absolues et d'ordre public. Comme l'a affirmé la Cour Internationale de Justice, dans l'Arrêt Barcelona Traction (5 Février 1970 C.I.J) « la mise hors la loi de l'esclavage est une obligation *erga onmes* qui s'impose à tous les organes de l'État ».

82. Par conséquent, le juge national saisi d'une affaire relative à l'état des personnes, comme ce fut le cas de dame Hadijatou Mani KORAOU devant le tribunal de grande instance de Konni, doit lorsque l'affaire laisse apparaître un fait de servitude, soulever d'office ce cas de servitude et entamer la procédure de répression.

83. En conclusion, sur ce point, la Cour relève que le juge national nigérien saisi de l'action de dame Hadijatou Mani KORAOU c/le Sieur El Hadj Souleymane NAROUA, au lieu de dénoncer d'office le statut d'esclave de la requérante comme étant une violation de l'article 270. 1 à 5 du Code pénal nigérien tel que modifié par la loi N° 2003- 025 du 13 juin 2003, a plutôt affirmé que « *le mariage d'un homme libre avec une femme esclave est licite, dès lors qu'il n'a pas les moyens d'épouser une femme libre et s'il craint de tomber dans la fornication. ....* ».

84. La Cour estime que reconnaître ainsi le statut d'esclave de dame Hadijatou Mani KORAOU sans dénoncer cette situation est une forme d'acceptation, ou du moins, de tolérance de ce crime ou de ce délit que le juge nigérien avait l'obligation de faire poursuivre pénalement ou de sanctionner le cas échéant.

85. La Cour en outre considère que la situation d'esclave de la requérante, même si elle émane d'un particulier agissant dans un contexte prétendument coutumier ou individuel, lui ouvrait droit à une protection par les autorités de la République du Niger, qu'elles soient administratives ou judiciaires. Qu'en conséquence, la défenderesse, devient responsable tant en droit international, que national de toute forme de violation des droits de l'Homme de la requérante fondées sur l'esclavage du fait de la

tolérance, de la passivité, de l'inaction, de l'abstention de ces mêmes autorités face à cette pratique.

86. En définitive, en omettant de soulever d'office une interdiction d'ordre public et de prendre ou faire prendre les mesures adéquates pour en assurer la répression, le juge national nigérien n'a pas assumé sa mission de protection des droits de Hadijatou Mani KORAOU et a de ce fait, engagé la responsabilité de la défenderesse au même titre que l'autorité administrative lorsqu'elle a déclaré : « *écoutez, moi je ne peux rien faire il faut vous en aller* ».

87. Par ailleurs, la requérante soutient, en se fondant sur des textes internationaux, notamment le paragraphe 1(c) Aux fins du présent Statut, on entend par crime contre l'humanité l'un quelconque des actes ci-après lorsqu'il est commis dans le cadre d'une attaque généralisée ou systématique lancée contre toute population civile et en connaissance de cette attaque :... c) Réduction en esclavage ; et (g) de l'article 7 Aux fins du présent Statut, on entend par crime contre l'humanité l'un quelconque des actes ci-après lorsqu'il est commis dans le cadre d'une attaque généralisée ou systématique lancée contre toute population civile et en connaissance de cette attaque :... g) Viol, esclavage sexuel, prostitution forcée, grossesse forcée, stérilisation forcée ou toute autre forme de violence sexuelle de gravité comparable ; des Statuts de la Cour Pénale Internationale, que son statut d'esclave est un crime contre l'humanité.

88. S'il est vrai que l'esclavage figure dans l'énumération des faits constitutifs du crime contre l'humanité, il importe toutefois de préciser que pour constituer un crime contre l'humanité ledit esclavage doit pouvoir s'inscrire dans une « *attaque généralisée ou systématique* » tel qu'énoncé audit article 7 du Statut de la Cour Pénale Internationale Article 7 Crimes contre l'humanité 1. Aux fins du présent Statut, on entend par crime contre l'humanité l'un quelconque des actes ci-après lorsqu'il est commis dans le cadre d'une attaque généralisée ou systématique lancée contre toute population civile et en connaissance de cette attaque :

a. Meurtre ;

b. Extermination ;

c. Réduction en esclavage ;

d. Déportation ou transfert forcé de population ;

e. Emprisonnement ou autre forme de privation grave de liberté physique en violation des dispositions fondamentales du droit international ;

f. Torture ;

g. Viol, esclavage sexuel, prostitution forcée, grossesse forcée, stérilisation forcée ou toute autre forme de violence sexuelle de gravité comparable ;

h. Persécution de tout groupe ou de toute collectivité identifiable pour des motifs d'ordre politique, racial, national, ethnique, culturel, religieux ou sexiste au sens du paragraphe 3, ou en fonction d'autres critères universellement reconnus comme inadmissibles en droit international, en corrélation avec tout acte visé dans le présent paragraphe ou tout crime relevant de la compétence de la Cour ;

i. Disparitions forcées de personnes ;

j. Crime d'apartheid ;

k. Autres actes inhumains de caractère analogue causant intentionnellement de grandes souffrances ou des atteintes graves à l'intégrité physique ou à la santé physique ou mentale.

2. Aux fins du paragraphe 1 :

a. Par « attaque lancée contre une population civile », on entend le comportement qui consiste en la commission multiple d'actes visés au paragraphe 1 à l'encontre d'une population civile quelconque, en application ou dans la poursuite de la politique d'un État ou d'une organisation ayant pour but une telle attaque ;

b. Par « extermination », on entend notamment le fait d'imposer intentionnellement des conditions de vie, telles que la privation d'accès à la nourriture et aux médicaments, calculées pour entraîner la destruction d'une partie de la population ;

c. Par « réduction en esclavage », on entend le fait d'exercer sur une personne l'un quelconque ou l'ensemble des pouvoirs liés au droit de propriété, y compris dans le cadre de la traite des être humains, en particulier des femmes et des enfants ;

d. Par « déportation ou transfert forcé de population », on entend le fait de déplacer de force des personnes, en les expulsant ou par d'autres moyens coercitifs, de la région où elles se trouvent légalement, sans motifs admis en droit international ;

e. Par « torture », on entend le fait d'infliger intentionnellement une douleur ou des souffrances aiguës, physiques ou mentales, à une personne se trouvant sous sa garde ou sous son contrôle ; l'acception de ce terme ne s'étend pas à la douleur ou aux souffrances résultant uniquement de sanctions légales, inhérentes à ces sanctions ou occasionnées par elles ;

f. Par « grossesse forcée », on entend la détention illégale d'une femme mise enceinte de force, dans l'intention de modifier la composition ethnique d'une population ou de commettre d'autres violations graves du droit international. Cette définition ne peut en aucune manière s'interpréter comme ayant une incidence sur les lois nationales relatives à la grossesse ;

g. Par « persécution », on entend le déni intentionnel et grave de droits fondamentaux en violation du droit international, pour des motifs liés à l'identité du groupe ou de la collectivité qui en fait l'objet ;

h. Par « crime d'apartheid », on entend des actes inhumains analogues à ceux que vise le paragraphe 1, commis dans le cadre d'un régime institutionnalisé d'oppression systématique et de domination d'un groupe racial sur tout autre groupe racial ou tous autres groupes raciaux et dans l'intention de maintenir ce régime ;

i. Par « disparitions forcées de personnes », on entend les cas où des personnes sont arrêtées, détenues ou enlevées par un État ou une organisation politique ou avec l'autorisation, l'appui ou l'assentiment de cet État ou de cette organisation, qui refuse ensuite d'admettre que ces personnes sont privées de liberté ou de révéler le sort qui leur est réservé ou l'endroit où elles se trouvent, dans l'intention de les soustraire à la protection de la loi pendant une période prolongée.

3. Aux fins du présent Statut, le terme « sexe » s'entend de l'un et l'autre sexe, masculin et féminin, suivant le contexte de la société. Il n'implique aucun autre sens.

.

89. Or, de telles appréciations relèvent de la compétence d'autres mécanismes internationaux, et plus précisément, des Juridictions Pénales Internationales.

La Cour de céans n'est donc pas compétente pour apprécier le bien-fondé du grief tiré de ce moyen.

L'arrestation et la détention de la requérante sont-elles arbitraires ?

90. La requérante a exposé que son arrestation, le 9 mai 2007, ainsi que sa détention à la maison d'arrêt de Konni sont arbitraires et constituent une violation de l'article 6 de la Charte africaine des Droits de l'Homme et des Peuples. Selon elle le délit de bigamie n'est pas constitué, faute de mariage entre elle et El Hadj Souleymane NAROUA ; or il est établi que cette détention est consécutive à la plainte déposée par ce dernier ; que l'arrestation et la détention de la requérante ont été décidées suite à cette plainte déposée par son ex-maître devant le tribunal correctionnel de Konni.

91. Une détention est dite arbitraire lorsqu'elle ne repose sur aucune base légale. Or, dans le cas d'espèce l'arrestation et la détention de la requérante sont intervenues en exécution de la décision judiciaire rendue

par le tribunal correctionnel ; cette décision mal fondée ou non, constitue une base légale, qu'il ne revient pas à la Cour d'apprécier. Par conséquent, la Cour estime que ce moyen de la requérante ne saurait prospérer.

La requérante a-t-elle droit à une indemnité réparatrice ?

92. Dans son mémoire en réplique du 07 avril 2008, la requérante sollicite le paiement par la République du Niger de la somme de cinquante millions (50 000 000) de francs CFA en réparation des préjudices subis.

93. La défenderesse en réponse fait valoir qu'il s'agit là d'un moyen nouveau, invoque l'article 37.2 du Règlement de Procédure de la Cour et conclut à l'irrecevabilité de la demande de réparation.

94. La Cour rappelle que l'irrecevabilité prévue à l'article 37.2 du Règlement du Procédure concerne les moyens nouveaux soulevés par une partie au cours de l'instance. En l'espèce, la quantification de la réparation sollicitée ne peut s'analyser en un moyen nouveau mais comme une précision de la demande en réparation contenue dans la requête introductive d'instance.

Par conséquent, il y a lieu de rejeter l'argument de la défenderesse.

95. À l'appui de sa demande en réparation la requérante n'a fourni à la Cour aucun indice de calcul permettant la fixation précise du montant des préjudices allégués. La Cour en déduit qu'un montant forfaitaire peut lui être accordé.

96. L'analyse des faits de la cause laisse apparaître clairement que la requérante a subi des préjudices physiques, psychologiques et moraux certains, du fait de ses neuf (09) années de servilité justifiant l'allocation d'une indemnité en réparation des préjudices ainsi subis.

En conséquence

1. Attendu que là où les textes ne prévoient pas de conditions particulières de recevabilité des requêtes la Cour ne saurait en imposer celles plus lourdes.

2. Attendu que la pratique de la *Wahiya* ou de la *sadaka* fondée sur des considérations d'appartenance à une classe sociale a mis la requérante dans une situation désavantageuse et l'a exclue des avantages certains de l'égale dignité reconnue à tous les citoyens ; qu'elle a donc été discriminée en raison de son appartenance à une classe sociale. Mais que cette discrimination n'est pas imputable à la République du Niger.

3. Attendu que la Cour relève que la République du Niger n'a pas suffisamment protégé les droits de la requérante contre la pratique de l'esclavage.

4. Attendu que cette situation d'esclavage a causé à la requérante des préjudices physiques, psychologiques et moraux certains.

5. Attendu que la requérante a de ce fait droit à une indemnité réparatrice forfaitaire pour préjudices résultant de l'esclavage.

Décision

PAR CES MOTIFS

La Cour de Justice de la Communauté, CEDEAO, statuant publiquement, contradictoirement, en matière de violation des droits de l'Homme, en premier et dernier ressort.

- Vu le Traité Révisé de la CEDEAO du 24 juillet 1993,
- Vu la Déclaration Universelle des Droits de l'Homme du 10 décembre 1948,
- Vu la Convention sur l'élimination de toutes les formes de discrimination à l'égard des femmes, du 18 décembre 1979,
- Vu la Convention relative à l'esclavage du 25 septembre 1926 et la Convention supplémentaire relative à l'abolition de l'esclavage, de la traite des esclaves et des institutions et pratiques analogues à l'esclavage du 7 septembre 1956,
- Vu la Charte Africaine des Droits de l'Homme et des Peuples du 27 Juin 1981
- Vu le Protocole du 06 Juillet 1991 et le Protocole Additionnel du 19 Janvier 2005 relatifs à la Cour de Justice de la Communauté, CEDEAO,
- Vu le Règlement de Procédure de la Cour du 28 Août 2002,
- Vu la décision avant-dire-droit N°. ECW/CCJ/APP/08/08 du 24 Janvier 2008,

EN LA FORME

- Rejette les exceptions d'irrecevabilité de la requête soulevée par la République du Niger en tous ses points
- Reçoit dame Hadijatou Mani KORAOU en sa demande et dit qu'elle a qualité à agir ;

AU FOND

1. Dit que la discrimination dont a été l'objet dame Hadijatou Mani KORAOU n'est pas imputable à la République du Niger ;
2. Dit que dame Hadijatou Mani KORAOU a été victime d'esclavage et que la République du Niger en est responsable par l'inaction de ses autorités administratives et judiciaires ;
3. Reçoit dame Hadijatou Mani KORAOU en sa demande de réparation des préjudices subis et lui accorde une indemnité forfaitaire de dix millions de francs CFA (10 000 000) ;
4. Ordonne le paiement de cette somme à dame Hadijatou Mani KORAOU par la République du Niger ;
5. Rejette tous autres chefs de demandes de dame Hadijatou Mani KORAOU ;

Met les dépens à la charge de la République du Niger, conformément à l'article 66.2 du Règlement de Procédure de la Cour.

Ainsi fait, jugé et prononcé publiquement par la Cour de Justice de la Communauté, CEDEAO à Niamey (République du Niger) les jours, mois et an que dessus.

ET ONT SIGNE

- Hon. Juge Aminata Mallé SANOGO PRÉSIDENTE
- Hon. Juge Awa Daboya NANA MEMBRE
- Hon. Juge El- Mansour TALL MEMBRE
- Assistés de Me Athanase ATTANON GREFFIER

ANNEXE N° 4

DÉCISION DU COMITÉ DES EXPERTS AFRICAINS DES DROITS ET DU BIEN-ÊTRE DE L'ENFANT

002/09 : IHRDA et Open Society Justice Initiative (OSJI) (au nom d'enfants d'ascendance nubienne au Kenya) c Kenya

Résumé des faits allégués

1. Le 20 avril 2009, le Secrétariat du Comité africain d'experts sur les droits et le bien-être de l'enfant (Comité africain) a reçu une communication de l'Institut pour les droits humains et le développement en Afrique établi en Gambie (et organisation ayant le statut d'observateur devant le Comité africain) et Open Society [Justice] Initiative établie à New York (les Plaignants) au nom d'enfants d'ascendance nubienne au Kenya.

2. Les plaignants allèguent que les Nubiens au Kenya sont originaires des Monts Nouba qui s'élèvent dans une région située maintenant au centre du Soudan et furent enrôlés de force dans l'armée coloniale britannique au début du 20ème siècle alors que le Soudan était sous domination britannique. Lors de leur démobilisation, ils auraient demandé à retourner au Soudan, mais le gouvernement colonial de l'époque refusa et les contraignit à rester au Kenya.

3. Les plaignants allèguent que les autorités coloniales britanniques allouèrent des terres aux Nubiens, y compris le village connu sous le nom de *Kibera*, mais ne leur accordèrent pas la citoyenneté britannique. Les plaignants allèguent que, lors de l'accession du Kenya à l'indépendance (1963), le problème de citoyenneté [1] des Nubiens n'a pas été directement abordé et ils ont toujours été traités par le gouvernement du Kenya comme des « étrangers », car, selon le gouvernement, ils n'avaient aucune terre ancestrale au Kenya et, de ce fait, ne pouvaient se voir accorder la nationalité kényane. Les plaignants soutiennent que le refus du gouvernement kényan de faire droit à la demande de terres des Nubiens est étroitement lié au refus du gouvernement d'accorder aux Nubiens la citoyenneté kényane.

4. Un problème majeur pour rendre effectif le droit à la nationalité pour les enfants nubiens est le fait que de nombreux descendants nubiens au Kenya qui sont parents rencontrent des difficultés pour enregistrer la naissance de leurs enfants. Par exemple, le fait que nombre de ces parents ne soient pas titulaires de pièces d'identité valables complique encore plus leurs efforts pour enregistrer la naissance de leurs enfants. Il est de plus allégué que les certificats de naissance au Kenya indiquent explicitement qu'ils ne constituent pas une preuve de citoyenneté, laissant ainsi les enfants enregistrés dans une situation ambigüe contraire à l'article 6 de la Charte africaine des enfants.

5. À ce sujet, la communication allègue en outre que, bien que les enfants au Kenya n'aient pas de preuve écrite de leur nationalité, ils peuvent légitimement s'attendre à être reconnus comme étant des nationaux lorsqu'ils atteignent l'âge de

18 ans. Cependant, pour les enfants d'ascendance nubienne au Kenya, du fait que beaucoup de personnes d'ascendance nubienne ne se voient pas délivrer de cartes d'identité qui sont essentielles pour prouver la nationalité, ou ne les obtiennent qu'après un long délai, cette incertitude signifie que les perspectives d'avenir pour les enfants nubiens sont gravement limitées et les laissent souvent apatrides. Les plaignants soutiennent de plus que la procédure de vérification applicable aux enfants d'ascendance nubienne est extrêmement ardue, déraisonnable et de fait discriminatoire.

6. Les plaignants allèguent et tentent de démontrer que les faits qu'ils avancent sont confirmés par des rapports des organes des Nations Unies, des organisations non gouvernementales, des chercheurs indépendants, des académiciens et des adultes et enfants d'ascendance nubienne vivant au Kenya.

La Plainte

7. Les plaignants invoquent une violation principalement de l'article 6, en particulier les paragraphes (2), (3) et (4) (le droit d'avoir un enregistrement de naissance et d'acquérir une nationalité à la naissance), de l'article 3 (prohibition de la discrimination illicite/inéquitable) et, résultant de ces deux violations alléguées, une liste de « violations indirectes », y compris celle de l'article 11(3) (égalité d'accès à l'éducation) et de l'article 14 (égalité d'accès aux soins).

Procédure

8. La communication a été reçue par le Secrétariat du Comité africain le 20 avril 2009. Après un certain effort de suivi auprès des plaignants et de l'État défendeur, durant sa 15e session, le Comité a déclaré la communication recevable par une Décision numéro 01/Com/002/2009 en date du 16 mars 2010.

9. Une note verbale (référence DSA/ACE/64/1000.10 en date du 13 juillet 2010) a été adressée à l'État défendeur pour présenter son argumentation écrite sur le fond de la communication afin de permettre au Comité d'étudier la communication, mais aucune réponse n'a été reçue.

10. Le Comité a reporté l'examen de la communication à sa session ordinaire suivante.

11. Une autre note verbale (référence DSA/ACE/64/256.11 en date du 22 février 2011) a à nouveau été adressée pour inviter l'État défendeur à venir présenter son argumentation pendant la 17e session ordinaire, mais une nouvelle fois aucune réponse n'a été reçue.

12. Lors de sa 17e session tenue en mars 2011, le Comité africain a estimé qu'il était de l'intérêt supérieur des enfants qu'elle examine la communication et a accepté d'être saisi et d'étudier la communication au fond. De ce fait, il a entendu les arguments oraux des plaignants, et examiné scrupuleusement la validité, la légalité et le bien-fondé de ces arguments grâce à une série de questions.

13. Malheureusement, en dépit des efforts permanents du Secrétariat du Comité africain, cette communication n'a pas bénéficié d'une réponse de l'État défendeur. Ceci a inévitablement forcé le Comité africain de se fier sur d'autres sources d'information pour déterminer et vérifier des questions de fait et de droit, qui auraient peut-être pu être mentionnées, soulevées et/ou invoquées par l'État défendeur. Il est important de préciser dès le début que les Directives pour l'examen des communications prévoient que l'absence d'une partie ne fera pas nécessairement obstacle à l'examen d'une communication.

Du droit

Recevabilité

Mémoire des Plaignants sur la recevabilité

14. La présente communication repose sur l'article 44 de la Charte africaine sur les droits et le bien-être de l'enfant (« Charte africaine des enfants ») qui autorise le Comité africain à recevoir et examiner des communications de « tout individu, groupe ou organisation non gouvernementale... » Les Directives pour l'examen des communications prévoient, au Chapitre II article 1, que la recevabilité d'une communication présentée sur le fondement de l'article 44 est soumise à environ sept conditions de forme et de fond.

16. Les plaignants ont allégué, dans un mémoire en date du 6 novembre 2009, que les auteurs de la Communication ont été identifiés et que les détails pertinents concernant la communication ont été présentés au Comité, elle est écrite et elle est contre un État partie à la Charte africaine des enfants. Les Plaignants ont indiqué que la Communication est compatible avec les dispositions de l'Acte constitutif de l'Union africaine, ainsi qu'avec la Charte africaine des enfants, que la communication n'est pas exclusivement fondée sur des informations diffusées par les médias et que la même question n'a pas été examinée dans le cadre d'une autre procédure internationale. De plus, les Plaignants invoquent que la communication est présentée dans un délai raisonnable et que la communication n'est pas écrite en des termes injurieux.

17. Une explication plus détaillée est fournie par les plaignants concernant la condition d'« épuiser tous les recours au niveau national… » À cet égard, les Plaignants allèguent qu'ils ont entrepris un grand nombre de démarches pour épuiser les recours internes pendant une période de 7 ans en vue de résoudre le problème d'absence de citoyenneté de la communauté nubienne.

18. Les plaignants allèguent qu'en 2002 la communauté nubienne, par l'intermédiaire du Conseil des anciens de la communauté nubienne au Kenya, a instruit le Centre pour le développement des droits des minorités (CEMIRIDE) d'engager une procédure judiciaire à l'encontre du gouvernement kényan. Le 17 mars 2003, une action a été introduite devant la Haute Cour du Kenya sous forme d'une requête urgente qui a donné lieu à une autorisation de déposer un recours collectif au nom de la communauté nubienne.

19. Néanmoins, les plaignants indiquent que même si le CEMIRIDE a déposé la requête constitutionnelle au fond le jour-même devant la Haute Cour de Nairobi, de nombreux obstacles procéduraux qui avaient bloqué l'affaire ont été, depuis lors, levés. Au nombre de ces obstacles, a-t-il été rapporté, figure la manière dont le 8 juillet 2003 un certain juge de la Haute Cour a refusé de transmettre le dossier au Président de celle-ci au motif qu'il était nécessaire de vérifier l'identité des 100 000 requérants, dont un autre juge de la Haute Cour a accepté ultérieurement que cette procédure de vérification était déraisonnable et fixé une date d'audience pour examiner le fond de l'affaire au 7 juin 2004, mais dont, plus tard, le 7 juin 2004, un autre juge a à nouveau refusé de juger la requête et l'a renvoyée au juge de la mise en état aux fins de directives sous le prétexte qu'il y avait des ordres contradictoires dans le dossier.

20. Frustrés par la procédure, en particulier par le fait que dans les quinze mois suivant le dépôt, l'affaire avait été portée devant cinq différents juges, sans qu'aucun ne la traite, les Plaignants ont indiqué qu'une lettre avait été envoyée au Président de la Haute Cour du Kenya déclarant qu'il semblait que des obstacles administratifs et procéduraux aient été délibérément placés sur le chemin de l'examen de la requête déposée au nom de la communauté nubienne. À cet égard, les Plaignants indiquent qu'aucune réponse à cette lettre, et aux autres lettres adressées les 24 juillet 2004, 24 septembre 2004 et 24 janvier 2005, n'a été reçue.

21. En conséquence, les plaignants ont allégué que, plus de six ans après que le CEMIRIDE eut engagé la procédure au nom de la communauté nubienne, aucune formation de la Cour n'avait été constituée et aucune date n'avait été fixée en vue d'un examen au fond de l'affaire. En invoquant la jurisprudence de la Commission africaine, et en désignant les dispositions de la Charte africaine des enfants et ses Directives sur l'examen des communications, les Plaignants soutiennent que ce délai est excessif et devrait être considéré comme constituant une exception à la règle relative à l'épuisement des recours internes.

22. Les plaignants sont d'avis que la poursuite des recours internes par la communauté nubienne s'est heurtée à de tels obstacles qu'elle n'offre aucune perspective de succès et que les enfants d'ascendance nubienne vivant au Kenya ne peuvent pas espérer raisonnablement bénéficier de ces recours internes. Il résulte de ce qui précède que les Plaignants affirment que la communication devrait être déclarée recevable en ce qu'elle répond à toutes les conditions posées par les Directives pour l'examen des communications.

Analyse du Comité africain et décision sur la recevabilité

23. Le Comité africain, après un examen détaillé de la communication, est d'accord avec la position des Plaignants selon laquelle la forme de la communication respecte les Directives du Comité africain, à savoir qu'elle n'est pas anonyme, qu'elle est écrite, et concerne un État partie à la Charte africaine des enfants. Il décide également, après une étude approfondie de la communication, que celle-ci est compatible avec l'Acte constitutif de l'Union africaine et avec la Charte africaine des enfants. La communication est présentée en des termes professionnels, polis et respectueux et est fondée sur des informations provenant, entre autres, des victimes alléguées et de documents juridictionnels et pas seulement de rapports des médias. Le Secrétariat du Comité africain a aussi entrepris des démarches pour confirmer que la même question soulevée dans la présente communication n'a pas déjà été jugée dans le cadre d'une autre procédure internationale.

24. Cependant, pour statuer sur la question moins directe mais importante de savoir si les recours internes ont été épuisés (et, à cet égard, si la présente communication a été déposée dans un délai raisonnable), un point qui aurait probablement été contesté par le Gouvernement du Kenya, le Comité africain a étudié minutieusement les mémoires écrits et les notes verbales des plaignants et présente une explication plus élaborée ci-dessous.

25. Pour commencer, il devrait être mentionné que la Charte africaine des enfants mandate explicitement le Comité africain, dans son article 46, pour :

s'inspirer du Droit international sur les droits humains, en particulier, les dispositions de la Charte africaine sur les droits de l'homme et des peuples, la Charte sur l'organisation de l'unité africaine, la Déclaration universelle des droits de l'homme, la Convention internationale relative aux droits de l'enfant et les autres instruments adoptés par les Nations unies et par les pays africains dans le domaine des droits de l'homme, ainsi que des valeurs et des traditions africaines.

C'est en se fondant sur ce mandat législatif explicite que le Comité africain s'est référé aux droits et à la jurisprudence d'autres pays ou d'autres corpus des traités en Afrique et ailleurs.

26. En gardant cela à l'esprit, un recours interne a été défini comme étant « une action juridique nationale susceptible de permettre la résolution de la plainte au niveau local ou national. » [2] L'un des principaux objectifs de l'épuisement des recours internes, qui est également lié à la notion de souveraineté de l'État, est de permettre à l'État défendeur d'être la première instance à connaître des violations alléguées au niveau national. Dans les mots de la Commission africaine, l'épuisement des recours internes est censé « donner aux juridictions nationales une chance de juger des affaires avant qu'elles ne soient portées au niveau international, évitant ainsi des décisions de justice contradictoires aux niveaux national et international ». [3]. En outre, la primauté et la plus grande immédiateté de l'échelon national sont renforcées par le fait que les recours internes sont « normalement plus rapides, moins onéreux et plus efficaces » [4] et permettent aussi de meilleures constatations factuelles des violations alléguées. Le Comité africain comprend et soutient sans réserve ces rôles que la règle de l'épuisement des recours internes est censée jouer.

27. L'absence de conscience d'une violation alléguée par l'État le prive de l'opportunité de traiter cette violation. Néanmoins, dans le contexte de la présente communication, il ne saurait être raisonnablement soutenu que les autorités kényanes n'avaient pas connaissance de la présente allégation de violations des droits de l'homme compte tenu du nombre de rapports y afférents (émanant notamment de la Commission des droits de l'homme du Kenya) et, de plus, en présence de l'affaire pendante devant la Haute Cour à Nairobi depuis un temps aussi long.

28. Ceci étant dit, une règle bien établie en droit international des droits de l'homme est que « seuls les recours internes qui sont disponibles, efficaces et adéquats (suffisants) doivent être épuisés ».[5] Dans la Communication n° 147/95 et 149/96, la Commission africaine a jugé qu'un recours est considéré comme étant disponible si le Plaignant peut l'utiliser sans entrave ; il est réputé être efficace s'il offre une perspective de succès ; et il est suffisant s'il est capable de corriger le motif de la plainte.[6] En d'autres mots, en termes de jurisprudence de la Commission africaine, et en interprétant les Directives pour l'examen des communications du Comité africain, il s'ensuit dès lors que la règle de l'épuisement des recours internes n'est pas rigide.

29. Se différenciant clairement en cela d'autres affaires déclarées irrecevables par la Commission africaine,[7] les Plaignants n'ont pas agi en préjugeant notamment du degré d'efficacité ou autre des recours locaux en théorie et allèguent une exception à la règle. Ils se sont au contraire engagés dans le système judiciaire kényan mais sans réussir à faire juger l'affaire au fond. De plus, selon des indications non confirmées, l'affaire serait toujours pendante devant la Haute Cour en raison de quelques détails techniques procéduraux qu'il pourrait être nécessaire de respecter en droit kényan. Même dans ce cas, il ne peut être de l'intérêt supérieur de ces enfants (principe nationalisé par la Loi relative aux enfants de 2001) de les laisser dans des limbes juridiques pendant aussi longtemps pour respecter des procédures juridiques formalistes. En tant que gardien ultime des enfants, l'État et ses institutions auraient dû prendre de manière proactive les mesures législatives, administratives et toute autre mesure appropriée afin de mettre fin à la situation actuelle dans laquelle se trouvent les enfants d'ascendance nubienne au Kenya.

30. De plus, en faisant preuve d'une certaine imagination, il pourrait aussi être soutenu que les Plaignants auraient dû épuiser les recours extrajudiciaires comme les procédures administratives devant les administrations compétentes ou en déposant une réclamation officielle auprès de la Commission nationale kényane des droits de l'homme. Néanmoins, la position retenue dans les Directives pour l'examen des communications, comme dans la jurisprudence de la Commission africaine, est que les recours extraordinaires de nature non judiciaire n'entrent pas dans la définition de « recours internes » et n'ont donc pas à être nécessairement épuisés pour qu'une communication soit déclarée recevable.

31. Le Comité africain est d'avis que les Plaignants peuvent être dispensés de l'épuisement des recours internes, si cette tentative d'exercice devait être ou est indûment prolongée, situation explicitement qualifiée d'exception dans l'article 56(7) de la Charte africaine sur les droits de l'Homme et des peuples.

32. De fait, un recours national indûment prolongé ne peut pas être considéré comme entrant dans la définition de « recours disponible, efficace et suffisant ».

Conséquemment, bien que le Comité africain relève que, dans Organisation des libertés civiles c. Nigeria,[8] la Commission africaine a refusé d'examiner une communication au sujet de laquelle une action avait été engagée mais n'était pas encore jugée par les juridictions de l'État défendeur, notre opinion est que la procédure judiciaire indûment prolongée dans la présente communication ne sert pas l'intérêt supérieur de l'enfant (article 4 de la Charte) et constitue une exception à la règle de l'épuisement des recours internes.

33. Pour conclure, un an de la vie d'un enfant correspond à presque six pour cent de son enfance. L'esprit et le but de la Charte africaine des enfants, de l'Appel africain pour l'accélération (Le Caire Plus 5), des Objectifs du Millénaire pour le développement et d'autres engagements exigent des États qu'ils adoptent une approche « les enfants d'abord » avec un certain degré d'urgence. C'était un des messages que les rédacteurs de la Charte africaine des enfants voulaient communiquer dans son préambule en reconnaissant que « l'enfant occupe une place unique et privilégiée dans la société africaine ». La mise en œuvre et la matérialisation des droits des enfants en Afrique ne sont pas des sujets à remettre à demain mais des sujets qui nécessitent une attention et une action proactives immédiates.

34. Il résulte de ce qui précède que le Comité africain décide que les six ans qui se sont écoulés sans un examen au fond de l'affaire pendante devant la Haute Cour à Nairobi constituent un délai prolongé de manière indue et déraisonnable et répond à la définition d'exception à la condition imposée aux Plaignants d'épuiser les recours nationaux. À cet égard, le Comité est également d'avis que la présente communication est déposée dans un délai raisonnable, après un délai suffisamment long dans l'attente de voir si des recours internes offriraient une perspective de succès et une réparation appropriée.

35. À la lumière des motifs qui précèdent, la communication est déclarée recevable.

Examen au fond

36. La communication allègue que l'État défendeur a violé l'article 6, en particulier ses paragraphes (2), (3) et (4), l'article 3 et, du fait de ces deux violations alléguées, une série de « violations indirectes », dont celle de l'article 11(3) et de l'article 14.

Décision au fond

Violation alléguée de l'article 6

37. L'article 6 de la Charte africaine des enfants, intitulé « Nom et nationalité », prévoit globalement que :

1. Tout enfant a droit à un nom dès sa naissance.
2. Tout enfant est enregistré immédiatement après sa naissance.
3. Tout enfant a le droit d'acquérir une nationalité.
4. Les États parties à la présente Charte s'engagent à veiller à ce que leurs lois constitutionnelles reconnaissent le principe selon lequel un enfant a droit

d'acquérir la nationalité de l'État sur le territoire duquel il/elle est né (e) si, au moment de sa naissance, il/elle ne peut prétendre à la nationalité d'aucun autre État conformément à ses lois.

38. Il est déclaré à juste titre que l'enregistrement de la naissance est la première reconnaissance officielle de l'État de l'existence d'un enfant et un enfant qui n'est pas enregistré à la naissance court le danger de se voir exclu de la société, privé du droit à une identité officielle, un nom reconnu et une nationalité Les Plaignants allèguent que le traitement réservé aux enfants d'ascendance nubienne viole leur droit à être enregistrés au moment de leur naissance, parce que certains parents ont du mal à faire enregistrer leurs enfants, en particulier en raison du fait que de nombreux responsables d'hôpitaux publics refusent de délivrer des certificats de naissance aux enfants d'ascendance nubienne. Cette entrave est confirmée par la Kenya National Commission for Human Rights (KNCHR) qui identifie et enregistre les pratiques démontrant une discrimination à l'encontre de certains groupes de population, y compris les personnes d'ascendance nubienne, dans l'octroi de l'enregistrement de la naissance et de documents d'identité.

39. [sic]

40. Tant le Comité africain (2009) que le Comité des droits l'enfant (CRC) (2007) ont déjà signifié dans leurs observations adressées au gouvernement du Kenya qu'il existe une faille dans la pratique de l'enregistrement des naissances de l'État partie, partiellement reflétée dans le nombre et les catégories de naissances (telles que les enfants nés hors mariage, les enfants de groupes minoritaires et les enfants de familles de réfugiés, de demandeurs d'asile ou de migrants) qui ne sont pas enregistrées. Les enfants non enregistrés ne se voient pas remettre de certificats de naissance et sont donc rendus apatrides puisqu'ils ne peuvent pas faire la preuve de leur nationalité, du lieu de leur naissance ou de qui ils sont nés. Le Comité africain est d'avis que l'obligation pour l'État partie découlant de la Charte africaine des enfants de s'assurer que tous les enfants soient enregistrés immédiatement après la naissance ne se limite pas à l'adoption de lois (ou de politiques),[11] mais s'étend aussi au traitement de toutes les restrictions et tous les obstacles s'opposant à l'enregistrement des naissances.[12]

41. Les plaignants ont en outre allégué que même lorsque des certificats de naissance sont établis, ils ne confèrent pas une nationalité. Ils allèguent que les enfants d'ascendance nubienne doivent attendre souvent l'âge de 18 ans pour pouvoir demander l'acquisition d'une nationalité.

42. À cet égard, le Comité africain est d'avis qu'il existe un lien fort et direct entre enregistrement des naissances et nationalité. Ce lien est encore renforcé par le fait que les deux droits sont prévus dans le même article de la Charte africaine des enfants (comme dans la Convention relative aux droits de l'enfant des Nations unies). Le Comité africain note que l'article 6(3) n'indique pas explicitement, contrairement au droit à un nom dans l'article 6(1), que « tout enfant a le droit d'acquérir une nationalité dès sa naissance ». Il déclare seulement que « tout enfant a le droit d'acquérir une nationalité. » Néanmoins, une lecture et une interprétation orientées de la disposition applicable suggèrent fortement que, dans la mesure du possible, les enfants devraient avoir une nationalité dès la naissance. Cette interprétation est en accord également avec l'article 4 de la Charte africaine des enfants qui requiert que « dans toute action concernant un enfant, entreprise par une quelconque personne ou autorité, l'intérêt supérieur de l'enfant sera la considération primordiale. » Cette interprétation est également soutenue par le Comité des droits de l'homme des Nations unies qui affirme que « les États sont tenus d'adopter toutes les mesures appropriées, sur le plan interne et en coopération avec les autres États, pour que tout enfant ait une nationalité dès sa naissance. » (Emphase ajoutée par le Comité africain).[13] De plus, par définition, un enfant est une personne en-dessous de l'âge de 18 ans (article 2 de la Charte africaine des enfants) et la pratique consistant à faire attendre aux enfants d'avoir atteint l'âge de 18 ans pour demander l'acquisition de la nationalité ne peut pas être analysée comme constituant un effort de la part de l'État partie pour respecter ses obligations en matière de droits des enfants. En conséquence, la pratique, semble-t-il, de routine (qui est appliquée plutôt comme une règle que dans des cas hautement exceptionnels) de l'État partie consistant à laisser les enfants d'ascendance nubienne sans nationalité pendant une période très longue de 18 ans non seulement n'est pas conforme à l'esprit et au but de l'article 6, mais encore ne promeut pas l'intérêt supérieur des enfants et, dès lors, constitue une violation de la Charte africaine des droits et du bien-être de l'enfant.

43. Les plaignants allèguent que le certificat d'enregistrement de la naissance au Kenya indique explicitement qu'il ne constitue pas une preuve de nationalité laissant donc des enfants, même enregistrés, apatrides. De plus, la Communication allègue aussi que, bien que les enfants au Kenya n'aient aucune preuve de leur nationalité, ils peuvent légitimement s'attendre à être reconnus comme étant des nationaux lorsqu'ils atteignent l'âge de 18 ans. Cependant, pour les enfants d'ascendance nubienne au Kenya, dès lors que de nombreuses personnes d'ascendance nubienne se voient refuser la délivrance d'une carte d'identité, essentielle pour prouver la nationalité, ou ne l'obtiennent qu'après une longue période, cette incertitude signifie que les perspectives d'avenir des enfants d'ascendance nubienne sont gravement limitées et qu'ils restent souvent apatrides. Les plaignants soutiennent en outre que la procédure de délivrance qui s'applique aux enfants d'ascendance nubienne est extrêmement ardue, déraisonnable et, de fait, discriminatoire.

44. Par conséquent, au cœur de la présente communication siège la question de l'apatridie. Un des buts principaux de l'article 6, en particulier de l'article 6(4) de la Charte africaine des enfants, est de prévenir et/ou de réduire l'apatridie. Le terme « apatride », selon la Convention des Nations unies de 1954 relative au statut des apatrides, désigne « une personne qu'aucun État ne considère comme son ressortissant par application de sa législation. » Il est prouvé que cette définition universelle d'un « apatride » est acceptée comme faisant partie du droit international coutumier. C'est pourquoi, un « enfant apatride » est un enfant qui n'est considéré comme son ressortissant par aucun État en application de sa législation.

45. Bien que des questions difficiles de parenté, d'appartenance à une race ou une ethnie, de lieu de naissance et de politique jouent toutes un rôle dans la détermination de la nationalité des personnes, les causes profondes de l'apatridie sont complexes et comportent de multiples facettes, y compris la succession d'États, la décolonisation, des droits contradictoires entre États, des modifications internes des lois sur la nationalité et la discrimination.[14]

46. Quelle (s) que soi (en) t la ou les cause (s) profonde (s), le Comité africain ne pourra jamais trop souligner l'effet négatif global de l'apatridie sur les enfants. Bien que ce ne soit jamais de leur faute, les enfants apatrides héritent souvent d'un avenir incertain. Par exemple, ils ne peuvent pas bénéficier des protections et des droits constitutionnels accordés par l'État. Ceci inclut la difficulté de voyager librement, la difficulté d'accès, si nécessaire, à des procédures judiciaires, ainsi que le défi que constitue le fait de se trouver dans les limbes juridiques, sujets à une expulsion de leur pays d'origine. L'apatridie est particulièrement dévastatrice pour les enfants en ce qui concerne la matérialisation de leurs droits socio-économiques tels que l'accès aux soins et à l'éducation. En somme, être apatride en tant qu'enfant est généralement l'antithèse de l'intérêt supérieur de l'enfant.

47. Au niveau mondial, une série d'instruments reconnaît le droit d'acquérir une nationalité, bien que ce soit sous des formulations diverses.[15] Ici, il doit être mentionné que, comme Doek l'explique avec justesse, le droit international relatif aux droits de l'homme est passé de la position que « l'enfant doit avoir droit dès sa naissance (...) à une nationalité »[16] à une autre exigeant que l'enfant « doit acquérir une nationalité » (article 7[1] du CRC, article 24[3] du PIDCP).[17] La même formulation et position découle clairement de l'article 6 de la Charte africaine des enfants. La raison de ce changement est qu'il est estimé qu'« un État ne pouvait pas accepter une obligation générale d'accorder sa nationalité à chaque enfant né sur son territoire quelles que soient les circonstances. »[18]

48. C'est pourquoi, en droit international général, les États établissent des règles relatives à l'acquisition, au changement et à la perte de la nationalité en vertu de leur pouvoir souverain. Cependant, bien que les États conservent le droit souverain de réglementer la nationalité, de l'avis du Comité africain, le pouvoir discrétionnaire de l'État doit être et est, de fait, limité par les normes internationales en matière de droits de l'homme, dans cette affaire particulière, la Charte africaine des enfants, ainsi que le droit international coutumier et les principes généraux du droit qui protègent les personnes contre les actions arbitraires des États. En particulier, les États voient leur pouvoir discrétionnaire d'accorder la nationalité limité par leurs obligations de garantir une protection égale et de prévenir, éviter et réduire l'apatridie.[19]

49. Dans cet esprit, le gouvernement du Kenya a fixé ses propres règles définissant les conditions qu'une personne doit remplir pour pouvoir devenir un ressortissant kényan. En vertu du Chapitre IV de l'ancienne Constitution du Kenya et de la Loi sur la citoyenneté kényane, Cap 170 des lois du Kenya, les quatre voies par lesquelles une personne peut acquérir la nationalité kényane sont la naissance, la descendance, l'enregistrement et la naturalisation. Le Comité africain a eu la preuve suffisante qu'en fait certaines personnes (y compris des enfants) d'ascendance nubienne avaient acquis la nationalité kényane grâce à l'une de ces voies. Par conséquent, ni la Communication n'allègue, ni le Comité africain ne croit que tous les enfants d'ascendance nubienne au Kenya aient été laissés apatrides. Cependant, l'essence et la vérité de l'affaire sont que, en dépit de l'application de ces voies (très restrictives) grâce auxquelles une personne peut devenir un ressortissant kényan, un nombre important d'enfants d'ascendance nubienne au Kenya ont été laissés apatrides.

50. Il en résulte que le devoir édicté dans l'article 6(4) de la Charte africaine des enfants de garantir qu'un enfant puisse « … acquérir la nationalité de l'État sur le territoire duquel il/elle est né (e) si, au moment de sa naissance, il/elle ne peut prétendre à la nationalité d'aucun autre État conformément à ses lois » est directement applicable à la présente communication en tant qu'obligation du gouvernement kényan. Ceci, en aucun cas, n'est une tentative du Comité africain de dicter le choix que les États font en adoptant des lois relatives à l'acquisition de la nationalité. C'est pourquoi, bien que le Comité africain ne suggère pas que les États parties à la Charte sont tenus d'adopter une approche conforme au droit du sol, selon le principe de l'intérêt supérieur de l'enfant, il explique l'intention de l'article 6(4) de la Charte africaine des enfants qui est que, si un enfant est né sur le territoire d'un État partie et ne se voit pas accorder la nationalité d'un autre État, l'État sur le territoire duquel l'enfant est né, en l'espèce le Kenya, devrait permettre à l'enfant d'acquérir sa nationalité.

51. Il a pu être soutenu en outre (par le gouvernement kényan), peut-être plutôt mollement, que les enfants d'ascendance nubienne au Kenya pouvaient avoir droit à la nationalité soudanaise et que, de ce fait, le gouvernement n'avait pas à leur accorder la nationalité kényane. Cependant, ce type d'argument ferait fi du fait que découle implicitement de l'article 6(4) l'obligation d'appliquer la disposition d'une manière proactive en coopération avec les autres États, en particulier lorsque l'enfant peut avoir droit à la nationalité d'un autre État. Dans la présente communication, rien n'indique que le gouvernement, s'il soutient cette position, ait fait preuve d'efforts sérieux pour s'assurer que ces enfants acquièrent la nationalité d'un autre état [sic].

52. À cet égard, il est pertinent de souligner une nouvelle fois la nature de l'obligation de l'État partie prévue par l'article 6(4) de la Charte, à savoir « s'engage [r] à veiller ». En tant que telle, l'obligation qui est celle des États parties, y compris le Kenya, en vertu de l'article 6(4) de la Charte n'est pas une obligation de moyens mais une obligation de résultat. Les États parties doivent s'assurer que toutes les mesures nécessaires soient prises pour empêcher que l'enfant n'ait aucune nationalité.

53. Le Comité africain note et rappelle que les nouvelles dispositions constitutionnelles introduites en 2010 au Kenya qui conduisent à un certain nombre de progrès dans la promotion et la protection des droits des enfants, incluent leur droit d'acquérir une nationalité. En particulier, l'article 14(4) de la Constitution de 2010 prévoir qu'un enfant de moins de huit ans dont les parents sont inconnus sont présumés être des ressortissants par la naissance. Bien que le Comité africain loue les efforts réalisés par l'État partie en introduisant cette disposition dans sa Constitution, il aimerait attirer l'attention de l'État partie sur le fait qu'elle ne constitue pas encore une garantie suffisante contre l'apatridie, sans même parler de l'essence de la présente Communication – à savoir, les enfants nés au Kenya de parent (s) apatride (s) ou qui autrement serai (en) t apatride (s), d'acquérir une nationalité par la naissance.

54. Il résulte de ce qui précède que le Comité africain constate qu'il y a eu violation des articles 6(2), 6(3) et 6(4) de la Charte africaine des enfants par le gouvernement du Kenya. Violation alléguée de l'article 3.

55. Les plaignants allèguent que les enfants d'ascendance nubienne au Kenya sont traités différemment d'autres enfants au Kenya, sans justification légitime, ce qui constitue une discrimination illicite et une violation de l'article 3 de la Charte africaine des enfants. Ils soutiennent en outre que le fait que des enfants d'ascendance nubienne doivent suivre une procédure de vérification longue et ardue (exigeant d'eux notamment qu'ils démontrent la nationalité de leurs grands-parents, qu'ils sollicitent et obtiennent l'approbation des Anciens nubiens et des responsables gouvernementaux, etc.) est discriminatoire, les prive d'une attente légitime de nationalité et les laisse apatrides.

56. La discrimination raciale et ethnique est prohibée en vertu de la norme impérative de droit international. La Charte africaine des enfants n'est pas une exception. L'article 3 prévoit pleinement que :

[t] out enfant a droit de jouir de tous les droits et libertés reconnus et garantis par la présente Charte, sans distinction de race, de groupe ethnique, de couleur, de sexe, de langue, de religion, d'appartenance politique ou autre opinion, d'origine nationale et sociale, de fortune, de naissance ou autre statut de l'enfant, de ses parents ou de ses représentants légaux.

Les faits de l'espèce concernant les enfants d'ascendance nubienne au Kenya indiquent au premier abord un cas de discrimination et de violation de l'article 3 de la Charte. Il en résulte que c'est à l'État qu'incombe la charge de justifier la différence de traitement et d'indiquer pour quelle raison ce traitement relève de la notion de discrimination équitable. L'absence de l'État lors de l'examen de la présente communication rend cela impossible. Cependant, le Comité africain a étudié si le traitement des enfants d'ascendance nubienne au Kenya peut être considéré comme une discrimination équitable mais a trouvé que ce n'est pas le cas. Par exemple, dans une affaire très similaire impliquant des enfants d'ascendance haïtienne en République dominicaine, il a été jugé que le refus et les obstacles érigés par les fonctionnaires locaux pour refuser le certificat de naissance et la reconnaissance de la nationalité aux Dominicains d'ascendance haïtienne en ce qu'elle faisait partie d'une politique délibérée qui effectivement faisait des enfants des apatrides constituait une discrimination raciale. [20] De plus, après une enquête approfondie sur la situation des enfants d'ascendance nubienne au Kenya, la Commission nationale kényane pour les droits de l'homme a conclu que « la procédure de vérification… des Nubiens… est discriminatoire et viole le principe d'égalité de traitement. Cette pratique n'a aucune place dans une société démocratique et pluraliste ».[21]

57. La pratique actuelle appliquée aux enfants d'ascendance nubienne au Kenya, et en particulier ses effets subséquents, est une violation de la reconnaissance de la personnalité juridique des enfants, et est un affront à leur dignité et à leur intérêt supérieur. Pour qu'un traitement discriminatoire soit justifié, la Commission africaine a, à juste titre, rappelé que « les raisons permettant d'appliquer des restrictions doivent être fondées sur un intérêt légitime de l'État et… les limites des droits doivent être strictement proportionnelles (sic) et absolument nécessaires aux avantages qui doivent être obtenus. »[22] Le Comité africain n'est pas convaincu, en particulier dans le cadre d'une pratique qui aboutit à ce que des enfants soient apatrides pendant une aussi longue période, que le traitement discriminatoire réservé par le gouvernement du Kenya à des enfants d'ascendance nubienne soit « strictement proportionnel à » et, aussi important, « absolument nécessaire » à l'intérêt légitime de l'État visé. Le Comité est d'avis que des mesures devraient être prises pour faciliter les procédures d'acquisition d'une nationalité pour des enfants qui autrement seraient apatrides et pas le contraire. Il résulte de tout ce qui précède que le Comité africain constate une violation de l'article 3 de la Charte africaine des enfants.

Violations indirectes.

58. L'indivisibilité des droits reconnus par la Charte africaine des enfants est accentuée par l'effet indirect du déni de nationalité opposé aux enfants d'ascendance nubienne par le gouvernement kényan. Tous les droits reconnus par la Charte génèrent des obligations de respecter, de protéger, de promouvoir et de respecter. Ce n'est pas moins le cas concernant les droits impliqués lorsque les droits à une nationalité et une identité sont violés. Les faits allégués dans la présente communication ont principalement résulté en une violation de l'article 3 qui proscrit fondamentalement la discrimination à l'égard de l'enfant qui aboutit à limiter la jouissance par l'enfant des droits et des libertés reconnus et garantis dans la Charte. En l'espèce, le traitement discriminatoire des enfants affectés par la conduite du gouvernement du Kenya fondé sur leur origine sociale ou celle de leurs parents ou des personnes qui en ont légalement la garde a eu des effets prolongés et étendus sur la jouissance d'autres droits reconnus par la Charte. Et, comme la Commission africaine des droits de l'homme et des peuples l'a confirmé, dans le contexte africain, les droits collectifs et les droits économiques et sociaux sont des éléments essentiels des droits de l'homme en Afrique.[23]

Violation alléguée de l'article 14.

59. En premier lieu, il a été soutenu que les enfants concernés ont subi un déni et une limitation non garantie de leurs droits à la santé. La Charte prévoit dans son article 14 que les enfants aient le droit de jouir du meilleur état de santé possible. Un accès minimal aux lieux de soins, un niveau inférieur de contact avec les mesures de promotion de la santé et l'assistance médicale et un manque de fourniture des ressources et des programmes principaux et thérapeutiques en matière de santé sont incompatibles avec le respect du droit de l'enfant de jouir du meilleur état de santé possible. La jurisprudence africaine accorde une priorité à la fois au droit aux soins médicaux et au droit aux conditions sous-jacentes de la santé. Dans l'affaire Purohit, la Commission africaine a jugé que le droit à la santé reconnu par la Charte africaine sur les droits de l'homme et des peuples comprend le droit d'accès aux installations de soins, l'accès aux marchandises et aux services qui doivent être garantis pour tous sans discrimination d'aucune sorte. [24] Il a été confirmé que les conditions déterminantes pour mener une vie saine sont protégées par le droit à la santé. Aussi, le manque d'électricité, d'eau potable et de médicaments constitue une violation au droit à la santé. L'affaire Zaïre, [25] concernant l'article 16 de la Charte africaine sur les droits de l'homme et des peuples, a confirmé que le manquement du gouvernement du Zaïre à fournir les services de base mentionnés équivalait à une violation du droit à la santé.

60. Dans la Communication relative aux enfants affectés par le déni de leur nationalité et de leur identité kényane, il a été soutenu que l'État partie avait violé en particulier le droit défini à l'article 14(2)(b) (assurer la fourniture de l'assistance médicale et des soins de santé nécessaires à tous les enfants, en mettant l'accent sur le développement des soins de santé primaires) et à l'article 14(2)(c) (le devoir d'assurer la fourniture d'une alimentation adéquate et d'eau potable). Ces dispositions étant fondamentalement similaires aux dispositions équivalentes dans la Charte africaine des droits de l'homme et des peuples, il peut être déduit que les constatations de la Commission africaine font preuve d'une pertinence significative.

61. Il incombe aux États parties à la Charte africaine des enfants de veiller à ce que l'article 14(2)(g) soit pleinement mis en application, en fonction des ressources disponibles. Des programmes de services de santé intégrés doivent être pleinement incorporés aux programmes de développement national, y compris ceux concernant les plus vulnérables qui vivent dans des zones de bidons-villes ou des camps surpeuplés et pauvres en services. Lorsque les conditions sous-jacentes, telles que les conditions dans les installations précaires et les bidons-villes, présentent un risque accru pour la jouissance par l'enfant de son droit à la santé, l'obligé doit accepter l'existence d'une responsabilité d'autant plus urgente à planifier et mettre en œuvre des programmes de services primaires de santé en vertu de l'article 14(2)(g). Les États parties à la Charte africaine des enfants sont encouragés à honorer leurs obligations découlant de l'article 14(2)(g) de s'assurer que les plans de développement national reflètent la nécessité de fournir en priorité des services de santé et d'intensifier cette planification de services au profit de communautés désavantagées dans lesquelles vivent des enfants bénéficiaires.

62. Les enfants affectés avaient moins accès aux services de santé que des communautés comparables qui n'étaient pas composées d'enfants d'ascendance nubienne. Il existe de fait une inégalité d'accès aux ressources de soins de santé disponibles et ceci peut être attribué en pratique à leur manque de statut confirmé de ressortissants de la République du Kenya. Leurs communautés se sont vues attribuer moins de facilités et une part anormalement inférieure des ressources disponibles, car leurs revendications de permanence dans le pays ont eu pour résultat que les services de soins dans les communautés dans lesquelles ils vivaient soient systématiquement ignorés pendant une longue période.[26] Leurs besoins en matière de santé n'ont pas été effectivement reconnus et adéquatement pourvus, même en tenant compte des ressources disponibles pour le respect de ce droit. Violation alléguée de l'article 11 (3).

63. Le Comité note que la violation comprend un manquement aux droits reconnus spécialement dans l'article 11(3) de la Charte africaine des enfants qui concerne le droit à l'éducation. Les États parties qui l'ont ratifiée s'engagent à prendre toutes les mesures appropriées en vue de parvenir à la pleine réalisation de ce droit. L'article 11(3)(a) requiert en particulier la délivrance d'un enseignement de base gratuit et obligatoire qui nécessite la fourniture d'écoles, de professeurs qualifiés, d'équipement et les corollaires bien reconnus du respect de ce droit.

64. La Commission africaine des droits de l'homme et des peuples a souligné que le manquement à l'obligation de donner accès à des institutions d'apprentissage constituerait une violation du droit à l'éducation en vertu de la Charte africaine sur les droits de l'homme et des peuples. [27]

65. Les enfants concernés avaient moins accès à des installations éducatives pour l'exercice de leur droit à un enseignement gratuit et obligatoire que des communautés qui ne comprenaient pas d'enfants d'ascendance nubienne. Il existe de fait une inégalité dans leur accès aux services et aux ressources éducatifs disponibles et ceci peut être attribué en pratique à leur absence de statut confirmé de ressortissants de la République du Kenya. Leurs communautés se sont vues attribuer moins d'écoles et une part anormalement inférieure des ressources disponibles dans le domaine éducatif, car le système discriminatoire de fait de distribution des ressources éducatives a eu pour résultat que leurs besoins éducatifs soient systématiquement ignorés pendant une longue période. [28] Leurs besoins en matière de santé n'ont pas été effectivement reconnus et adéquatement pourvus, même en tenant compte des ressources disponibles pour le respect de ce droit.

66. À ce stade, bien que cela ne soit pas soutenu dans la présente communication, le Comité africain aimerait également souligner l'application de l'article 31 de la Charte africaine des enfants aux circonstances de l'espèce.

L'article 31 de la Charte africaine des enfants prévoit que tout enfant a des responsabilités envers sa famille, la société, l'État et toute autre communauté reconnue légalement, selon son âge et ses capacités et sous réserve des restrictions contenues dans la présente Charte. Les enfants d'ascendance nubienne qui sont nés au Kenya ont l'obligation de servir leur communauté nationale en plaçant leurs capacités physiques et intellectuelles au service de la nation, ainsi que celle de préserver et renforcer la solidarité sociale et nationale et l'indépendance et l'intégrité de leur pays. Bien qu'il ne puisse pas être suggéré que le respect de ces obligations dépende de leur statut de ressortissants et de leur identité d'enfants du Kenya, le respect des responsabilités découlant de l'article 31 met en lumière le caractère réciproque des droits et des responsabilités, réciprocité qui n'est pas garantie lorsque les droits reconnus par l'article 6 ne sont pas respectés par l'État concerné. Le Comité souhaite souligner que la solidarité nationale et l'unité africaine sont mieux réalisées dans un environnement qui exclut discrimination et déni de droits.

67. Le Comité africain estime les violations discutées dans les paragraphes précédents comme étant emblématiques des difficultés causées par la non-reconnaissance de la nationalité kényane aux enfants d'ascendance nubienne dans la présente affaire. D'autres Chartes de droits qui, prises ensemble, servent l'intérêt supérieur de l'enfant peuvent être invoquées à l'appui de la présente violation. Le Comité africain n'a pas besoin de les étudier plus en détail à la lumière des constatations faites ci-dessus.

68. Le Comité ne souhaite pas faire de reproches aux gouvernements qui œuvrent dans des conditions difficiles à l'amélioration de la vie de leur peuple. Le gouvernement du Kenya a ratifié la Charte africaine des enfants plus tôt changement pendant plus d'un demi-siècle, au préjudice non seulement des enfants au nom desquels la plainte a été déposée en vertu de la Charte africaine des enfants, mais de fait des générations qui les ont précédés. Les conséquences de l'effet sur plusieurs générations du déni de droit à la nationalité sont manifestes et beaucoup plus graves qu'il peut apparaître au premier abord en l'espèce. Le sous-développement systématique d'une communauté entière a été allégué en être le résultat. C'est pourquoi, en traitant des conséquences de la non-reconnaissance de la nationalité des enfants d'ascendance nubienne, les actions qui concerneront les effets à long terme de la pratique passée doivent être formulées. Comme cela est clairement déclaré dans la Charte africaine des enfants (voir article 11(2)(h), article 14(2)(h), article 20(2)), ces mesures doivent être formulées avec la participation de la communauté victime de la violation.

Décision du Comité africain

69. Pour les motifs exposés ci-dessus, le Comité africain constate de multiples violations des articles 6(2), (3) et (4), de l'article 3, de l'article 14(2)(b), (c) et (g) et de l'article 11(3) de la Charte africaine des droits et du bien-être de l'enfant par le gouvernement du Kenya, et :

1. Recommande que le gouvernement du Kenya prenne toutes les mesures législatives, administratives et autres mesures nécessaires afin de garantir que les enfants d'ascendance nubienne au Kenya, qui sont sans cela apatrides, puissent acquérir la nationalité kényane et la preuve de cette nationalité dès la naissance.

2. Recommande que le gouvernement du Kenya prenne toutes les mesures pour garantir que les enfants d'ascendance nubienne dont la nationalité kényane n'est pas reconnue puissent systématiquement bénéficier de ces nouvelles mesures à titre prioritaire.

3. Recommande que le gouvernement du Kenya applique son système d'enregistrement des naissances de manière non discriminatoire et prenne toutes les mesures législatives, administratives et autres mesures nécessaires afin de garantir que les enfants d'ascendance nubienne soient enregistrés immédiatement après leur naissance.

4. Recommande que le gouvernement du Kenya adopte un plan à court terme, moyen terme et long terme, comprenant des mesures législatives, administratives et autres mesures pour garantir le respect du droit au meilleur état de santé possible et du droit à l'éducation, de préférence en consultant les communautés bénéficiaires concernées.

5. Recommande au gouvernement du Kenya d'adresser un rapport sur la mise en application des présentes recommandations dans les six mois à compter de la date de notification de la présente décision. Conformément aux Règles de procédure, le Comité désignera un de ses membres pour assurer le suivi de la mise en application de la présente décision.

Fait à Addis-Abeba, Éthiopie
22 mars 2011

Le Président du Comité.

ANNEXE N° 5

ARRÊT SILIADIN c. FRANCE

La Cour européenne des Droits de l'Homme (deuxième section), siégeant en une Chambre composée de :

MM. I. C ABRAL BARRETO, président,

J.-P. COSTA,

R. TÜRMEN,

K. JUNGWIERT,

V. BUTKEVYCH,

Mmes A. M ULARONI,

E. FURA-SANDSTRÖM, juges,

et de M. S. NAISMITH, greffier adjoint de section ,

Après en avoir délibéré en Chambre du conseil les 3 mai et 28 juin 2005, rend l'arrêt que voici, adopté à cette dernière date :

PROCÉDURE

1. À l'origine de l'affaire se trouve une requête (no 73316/01) dirigée contre la République française et dont une ressortissante togolaise, Mme Siwa-AKOFA SILIADIN (« la requérante »), a saisi la Cour le 17 avril 2001 en vertu de l'article 34 de la Convention de sauvegarde des Droits de l'Homme et des Libertés fondamentales (« la Convention »).

2. La requérante, qui a été admise au bénéfice de l'assistance judiciaire, est représentée par Me H. CLÉMENT, avocate à Paris. Le gouvernement français (« le Gouvernement ») est représenté par son agente, Mme E. BELLIARD, directrice des affaires juridiques au ministère des Affaires étrangères.

3. La requérante alléguait que les dispositions pénales applicables en France ne lui avaient pas assuré une protection suffisante et effective contre la « servitude » à laquelle elle a été assujettie ou, à tout le moins, contre le travail « forcé ou obligatoire » exigé d'elle, au sens de l'article 4 de la Convention.

4. La requête a été attribuée à la deuxième section de la Cour (article 52

§ 1 du règlement). Au sein de celle-ci, la chambre chargée d'examiner l'affaire (article 27 § 1 de la Convention) a été constituée conformément à l'article 26 § 1 du règlement.

5. Le 1er novembre 2004, la Cour a modifié la composition de ses sections (article 25 § 1 du règlement). La présente requête a été attribuée à la deuxième section ainsi remaniée (article 52 § 1).

6. Par une décision du 1er février 2005, la chambre a déclaré la requête recevable.

7. Tant la requérante que le Gouvernement ont déposé des observations écrites sur le fond de l'affaire (article 59 § 1 du règlement).

8. Une audience s'est déroulée en public au Palais des Droits de l'Homme, à Strasbourg, le 3 mai 2005 (article 59 § 3 du règlement).

Ont comparu :

– pour le Gouvernement

Mme E. BELLIARD, directrice des affaires juridiques au ministère des Affaires étrangères, agente,

M. G. DUTERTRE, magistrat détaché à la sous-direction des droits de l'homme de la direction des affaires juridiques du ministère des Affaires étrangères,

Mmes J. VAILHÉ, rédactrice au service des affaires européennes et internationales du ministère de la Justice,

E. PUREN, de la direction des affaires criminelles et des grâces du ministère de la Justice,

Conseils ;

– pour la requérante

Me H. CLÉMENT, avocate au barreau de Paris,

Mme B. BOURGEOIS, juriste au Comité

conseil,

contre l'esclavage moderne, assistante.

La Cour a entendu en leurs déclarations Mme BELLIARD et Me CLÉMENT.

EN FAIT

I. LES CIRCONSTANCES DE L'ESPÈCE

9. La requérante est née en 1978 et réside à Paris.

10. Elle est arrivée en France le 26 janvier 1994, à l'âge de quinze ans et sept mois, avec Mme D., ressortissante française d'origine togolaise. Elle était munie d'un passeport avec un visa touristique.

11. Il avait été convenu qu'elle travaillerait chez Mme D. jusqu'au remboursement de son billet d'avion et que celle-ci s'occuperait de régulariser sa situation administrative et de la scolariser. En fait, la requérante fut la domestique non rémunérée des époux D., son passeport lui ayant par ailleurs été confisqué.

12. Au second semestre 1994, Mme D. « prêta » la requérante aux époux B., qui avaient deux jeunes enfants, pour aider Mme B., qui était enceinte, dans les tâches ménagères. Mme B. avait par ailleurs une autre fille née d'un premier mariage, qui venait pendant les vacances et les fins de semaine. La requérante resta chez les époux B., son père ayant donné son accord.

13. À son retour de la maternité, Mme B. expliqua à la requérante qu'elle avait décidé de la garder.

14. La requérante devint dès lors la bonne à tout faire des époux B. Elle travaillait sept jours par semaine, sans jours de repos, avec une autorisation de sortie exceptionnelle certains dimanches pour aller à la messe. Ses tâches consistaient à se lever à 7 h 30 pour préparer le petit-déjeuner, habiller les enfants, les emmener à l'école maternelle ou sur leurs lieux de loisirs, s'occuper du bébé, faire le ménage, la lessive et le repassage.

Le soir elle préparait le dîner, s'occupait des enfants les plus grands, faisait la vaisselle et se couchait vers 22 h 30. En outre, elle devait faire le ménage du studio dans le même immeuble où M. B. avait installé un bureau.

La requérante dormait sur un matelas posé à même le sol dans la chambre du bébé dont elle devait s'occuper s'il se réveillait.

15. Elle ne fut jamais payée, sauf par la mère de Mme B. qui lui donna un ou deux billets de 500 francs français (FRF).

16. En décembre 1995, la requérante put s'enfuir grâce à l'aide d'une ressortissante haïtienne qui l'hébergea pendant cinq ou six mois. Elle s'occupait des deux enfants de celle-ci, était logée et nourrie correctement et payée 2 500 FRF par mois.

17. Ensuite, obéissant à son oncle paternel qui était en contact avec les époux B., elle retourna chez ces derniers qui devaient régulariser sa situation administrative. La situation demeura toutefois inchangée, la requérante s'occupant des tâches ménagères et des enfants du couple. Elle couchait sur un matelas posé sur le sol dans la chambre des enfants, puis sur un lit pliant, et portait des vêtements usagés. Elle était toujours en situation irrégulière, n'était pas payée et n'allait pas en classe.

18. À une date non précisée, la requérante réussit à récupérer son passeport qu'elle confia à une connaissance des époux B. Elle se confia par ailleurs à une voisine qui alerta le Comité contre l'esclavage moderne, lequel saisit le parquet du cas de la requérante.

19. Le 28 juillet 1998, les services de police intervinrent au domicile des époux B.

20. Ceux-ci furent poursuivis pour avoir, de juillet 1995 à juillet 1998, obtenu d'une personne, en abusant de sa vulnérabilité ou de sa situation de dépendance, la fourniture de services non rétribués ou en échange d'une rétribution manifestement sans rapport avec l'importance du travail accompli, pour avoir soumis une personne, en abusant de sa vulnérabilité ou de sa situation de dépendance, à des conditions de travail ou d'hébergement incompatibles avec la dignité humaine, et pour avoir engagé et conservé à leur service un étranger non muni d'une autorisation de travail.

21. Le 10 juin 1999, le tribunal de grande instance de Paris rendit son jugement.

22. Il estima que la situation de vulnérabilité et de dépendance de la requérante vis-à-vis des époux B. était prouvée par le fait que celle-ci était en situation irrégulière sur le territoire, en avait conscience et craignait d'être arrêtée par la police, que les époux B. entretenaient cette crainte en lui faisant miroiter une régularisation de sa situation, ce que confirmaient son oncle et son père, qu'elle était sans ressources et sans amis et pratiquement sans famille pour l'aider.

23. Quant à l'absence de rétribution ou à une rétribution insuffisante, le tribunal releva qu'il était établi que la jeune fille était restée plusieurs années chez les époux B., qu'elle n'était pas un membre de leur famille, qu'elle ne pouvait être assimilée à une aide familiale étrangère qui doit être déclarée et disposer de temps pour se perfectionner en linguistique, qu'elle était occupée toute la journée à des tâches ménagères, n'allait pas en classe et n'apprenait pas de métier, et que, si elle n'avait pas été à leur service, les époux B. auraient dû engager une tierce personne vu l'ampleur du travail nécessité par la présence de quatre enfants au foyer.

Il conclut dès lors que le délit prévu par l'article 225-13 du Code pénal (paragraphe 46 ci-dessous) était établi.

24. Le tribunal estima également établi que les époux B. employaient un étranger non muni d'un titre de travail.

25. Pour ce qui est des conditions de travail et d'hébergement incompatibles avec la dignité humaine, le tribunal constata que les parties avaient des versions divergentes.

Il releva que la requérante avait de toute évidence des horaires de travail lourds et ne bénéficiait pas de jours de repos proprement dit, hormis une autorisation de sortie pour aller à la messe. Il nota qu'une personne restant au foyer avec quatre enfants commence nécessairement sa tâche tôt le matin et termine tard le soir mais dispose de moments de répit au cours de la journée ; l'importance de la participation de Mme B. aux tâches domestiques n'était toutefois pas connue.

26. Le tribunal en conclut que, s'il paraissait établi que la réglementation du travail n'était pas respectée au regard de la durée du travail et du temps de repos, cela était insuffisant pour considérer que les conditions de travail étaient incompatibles avec la dignité humaine, ce qui impliquerait par exemple des cadences infernales, des insultes et brimades fréquentes, la nécessité d'une force physique particulière sans commune mesure avec la nature de l'employé, l'exercice de l'activité dans un local insalubre, ce qui n'était pas le cas en l'espèce.

27. Quant aux conditions d'hébergement, le tribunal releva que les époux B., qui étaient aisés, n'avaient pas jugé utile de réserver un espace personnel

à la requérante, que si cette situation était regrettable et dénotait leur manque de considération à son égard, elle ne pouvait être regardée comme attentatoire à la dignité humaine, un certain nombre de personnes, notamment en région parisienne, ne disposant pas de chambre individuelle. Un hébergement contraire à la dignité humaine aurait supposé une pièce insalubre, non chauffée, l'impossibilité d'avoir une hygiène élémentaire, un local présentant des anomalies telles que son occupation serait dangereuse.

28. Le tribunal estima dès lors que les infractions prévues par l'article 225-14 du Code pénal (paragraphe 46 ci-dessous) n'étaient pas constituées.

Les juges conclurent néanmoins que les délits pour lesquels les époux B. étaient reconnus coupables présentaient un caractère de gravité certain et devaient être sévèrement sanctionnés, d'autant que ceux-ci considéraient la manière dont ils avaient traité la requérante comme tout à fait normale.

Ils les condamnèrent donc chacun à douze mois de prison dont sept avec sursis et 100 000 FRF d'amende et, solidairement, à 100 000 FRF de dommages intérêts envers la requérante. En outre, une interdiction des droits civiques, civils et de famille fut prononcée à leur égard pour une durée de trois ans.

29. Les époux B. firent appel de cette décision.

30. Le 20 avril 2000, la cour d'appel de Paris rendit un arrêt avant dire droit ordonnant un supplément d'information.

31. Elle rendit son arrêt sur le fond le 19 octobre 2000.

32. La cour d'appel releva que le supplément d'information avait permis de confirmer que la requérante était arrivée en France à l'âge de quinze ans et sept mois, en possession d'un passeport portant un visa touristique de trois mois. Pendant son séjour chez Mme D., de janvier à octobre 1994, elle avait été employée par celle-ci, d'une part, à faire le ménage, la cuisine, à s'occuper de son enfant et, d'autre part, dans son commerce de vêtements où elle faisait également le ménage et rangeait les vêtements essayés par les clients, sans recevoir de rémunération.

33. Vers octobre 1994, la requérante était venue chez les époux B. alors que Mme B. allait accoucher de son quatrième enfant, et ce pour quelques jours. Elle se rendait tous les jours de chez Mme D. au domicile des époux B. en métro et rentrait le soir chez Mme D. pour y dormir.

34. C'est en juillet-août 1994 qu'elle avait été « prêtée » aux époux B. chez qui elle était restée jusqu'en décembre 1995, époque à laquelle elle était partie chez Mme G. pour laquelle elle travailla contre rémunération et en étant hébergée. Elle était revenue chez les époux B. en mai-juin 1996 sur les conseils de son oncle.

35. La cour d'appel releva qu'il était établi que la requérante était en situation irrégulière et qu'elle n'avait pas reçu de rémunération effective. Elle nota encore qu'il apparaissait que la requérante avait une bonne connaissance de la langue française qu'elle avait apprise dans son pays. Par ailleurs, elle avait appris à se déplacer dans Paris pour se rendre, au début, de l'appartement de Mme D. au commerce de celle-ci, puis pour se rendre à Maisons-Alfort, domicile de Mme G., et enfin pour revenir au domicile des époux B.

36. Elle avait une autonomie certaine puisqu'elle se rendait sur les lieux de scolarisation et d'activités sportives des enfants pour les y conduire et les rechercher. Elle avait par ailleurs la possibilité de fréquenter le culte catholique dans l'église proche du domicile des époux B. Elle sortait également pour faire des courses, puisque c'est à l'occasion de l'une de ces sorties qu'elle avait rencontré Mme G. et qu'elle était convenue avec celle-ci de se rendre chez elle.

37. La cour d'appel relevait encore que la requérante avait eu la possibilité de prendre contact avec son oncle par téléphone hors du domicile des époux B. et de payer le prix des appels depuis une cabine téléphonique. Elle avait rencontré son père et son oncle et ne s'était jamais plainte de sa situation.

38. Par ailleurs la mère de Mme B. confirmait que la requérante parlait bien le français et qu'elle lui remettait de petites sommes pour les fêtes de famille. Elle avait souvent hébergé la requérante dans la maison de campagne avec ses petits-enfants et ne l'avait jamais entendue se plaindre de mauvais traitements ou de marques de mépris, alors qu'elle pouvait s'exprimer librement.

39. L'oncle de la requérante déclara que celle-ci était libre notamment de sortir et de l'appeler d'une cabine téléphonique, qu'elle était correctement vêtue, en bonne santé, qu'elle avait toujours un peu d'argent sur elle, qui ne pouvait venir que des époux B. Il lui avait proposé de lui donner de l'argent, mais elle n'en avait jamais demandé. Il ajoutait sur ce point qu'il avait abordé cette question avec Mme B., qui lui avait dit que chaque mois une somme était mise de côté pour constituer un pécule pour la requérante qui lui serait donné le jour de son départ, la jeune fille étant au courant de cet arrangement.

Il précisait que, d'après ce qu'il avait pu voir et retirer des discussions, tant avec la requérante qu'avec Mme B., la jeune fille n'était pas retenue en esclavage dans le foyer où elle vivait.

40. La cour d'appel estima qu'il résultait des investigations complémentaires et des débats que, si la non-rétribution ou la rétribution manifestement sans rapport avec l'importance du travail accompli pouvait apparaître comme réelle, encore que l'intention des prévenus de constituer un pécule au profit de la requérante pour le lui remettre à son départ n'ait pas été sérieusement contestée, en revanche la soumission à des conditions de travail ou d'hébergement incompatibles avec la dignité humaine n'avait pas été révélée.

Elle estima également que l'état de vulnérabilité ou de dépendance n'était pas établi, la jeune fille, en dépit de son jeune âge, en usant de la possibilité d'aller et venir à sa guise, de prendre contact avec sa famille à tout moment, de quitter le foyer des B. pour un temps long, d'y revenir sans contrainte, ayant démontré une forme d'indépendance indéniable, sa vulnérabilité ne pouvant résulter de sa seule extranéité.

La cour d'appel relaxa donc les prévenus de toutes les charges retenues contre eux.

41. La requérante se pourvut en cassation contre cet arrêt. Le parquet général ne le fit pas.

42. Par une lettre du 27 octobre 2000 adressée à la présidente du Comité contre l'esclavage moderne, le Procureur général près la Cour d'appel de Paris indiqua :

« Vous avez bien voulu, par votre courrier du 23 octobre 2000, me demander de vous faire connaître si mon parquet général avait formé un pourvoi en cassation contre l'arrêt rendu le 19 octobre dernier par la 12ème chambre de la cour saisie du dossier des poursuites contre les époux B.

La décision de relaxe du chef des deux délits de rétribution insuffisante de personne vulnérable et de soumission de personne vulnérable ou dépendante à des conditions de travail indigne a été fondée par la cour sur une analyse d'éléments de pur fait.

Or, la Cour de cassation considère qu'une telle analyse relève de l'interprétation souveraine des juridictions du fond et un pourvoi ne pourrait donc être utilement soutenu.

C'est pourquoi je n'ai pas exercé cette voie de recours. »

43. La Cour de cassation rendit son arrêt le 11 décembre 2001. Elle se détermina en ces termes :

« Attendu que tout jugement ou arrêt doit comporter les motifs propres à justifier la décision ; que l'insuffisance ou la contradiction de motifs équivaut à leur absence ;

Attendu qu'ensuite d'une enquête effectuée sur la situation de [la requérante], jeune ressortissante togolaise qu'ils employaient et logeaient à leur domicile depuis l'âge de 16 ans, V. et A.B. ont été cités directement devant le tribunal correctionnel, d'une part, pour obtention abusive, de la part d'une personne vulnérable ou dépendante, de services non rétribués ou insuffisamment rétribués, sur le fondement de l'article 225- 13 du Code pénal et, d'autre part, pour soumission de cette personne à des conditions de travail ou d'hébergement incompatibles avec la dignité humaine, sur le fondement de l'article 225-14 du même Code ;

Attendu que pour renvoyer les prévenus des fins de la poursuite et débouter la partie civile de ses demandes des chefs des deux délits précités, la juridiction d'appel, après avoir constaté que [la requérante] était mineure étrangère, dépourvue de titre de séjour et de travail et sans ressources, énonce néanmoins que son état de vulnérabilité et de dépendance, élément constitutif commun aux infractions reprochées, n'est pas établi dès lors que la jeune fille avait une certaine liberté de déplacement, l'état de vulnérabilité ne pouvant résulter de sa seule extranéité ;

Que par ailleurs, pour dire non établie l'infraction prévue par l'article 225-13 du Code pénal, les juges ajoutent que « la non rétribution ou la rétribution manifestement sans rapport avec l'importance du travail accompli peut apparaître comme réelle, encore que l'intention des prévenus de lui constituer un pécule pour le lui remettre à son départ n'ait pas été sérieusement contestée » ;

Qu'enfin pour les relaxer du chef du délit prévu par l'article 225-14 du Code précité, les juges retiennent que la soumission à des conditions de travail ou d'hébergement incompatibles avec la dignité humaine « n'a pas été révélée » ;

Mais attendu qu'en se prononçant ainsi, par des motifs insuffisants, inopérants s'agissant de la situation de vulnérabilité et de dépendance de la victime et contradictoires s'agissant des conditions de sa rétribution, et sans préciser les éléments de fait établissant que les conditions de travail de celle-ci étaient compatibles avec la dignité humaine, la cour d'appel n'a pas tiré de ses constatations les conséquences légales qui s'imposaient au regard de l'article 225-13 du Code pénal et n'a pas justifié sa décision au regard de l'article 225-14 du même Code ;

D'où il suit que la cassation est encourue de ce chef ;

Par ces motifs ;

Casse et annule l'arrêt susvisé de la cour d'appel de Paris, en date du 19 octobre 2000. Mais en ses seules dispositions civiles déboutant la victime de ses demandes d'indemnisation des chefs des délits prévus par les articles 225-13 et 225-14 du Code pénal, toutes autres dispositions étant expressément maintenues, et pour qu'il soit jugé, conformément à la loi, dans les limites de la cassation prononcée ; (...) »

44. La Cour d'appel de Versailles, saisie après renvoi, rendit son arrêt le 15 mai 2003. Elle se détermina notamment aux motifs suivants :

« Comme l'ont justement relevé les premiers juges, il résulte des éléments du dossier que [la requérante], étrangère arrivée en France à l'âge de seize ans, a travaillé plusieurs années au service des époux B., en accomplissant des tâches ménagères et en s'occupant de leurs 3 puis 4 enfants, 7 jours sur 7, de 7 h à 22 h, sans percevoir une quelconque rémunération ; contrairement aux prétentions des prévenus, elle n'était pas considérée comme une amie de la famille puisqu'elle devait se soumettre aux instructions de Mme B. sur ses horaires et sur le travail à accomplir et n'était pas libre de sortir comme elle le souhaitait ;

En outre, la preuve de la constitution d'un pécule à son profit n'est nullement rapportée dès lors que le relevé des versements allégués par les prévenus est au nom de Mme B. ;

Ce n'est que lors de l'audience devant le tribunal que les prévenus ont remis à la victime la somme de 50 000 francs ;

Enfin, les conditions dans lesquelles [la requérante] est revenue, après s'être absentée quelques mois, au domicile des époux B., loin de démontrer l'épanouissement qu'elle éprouvait à retourner chez eux, sont au contraire révélatrices des pressions qu'elle a subies de la part de sa famille et de l'état de résignation et de délabrement moral dans lequel elle se trouvait ;

Sur l'état de dépendance et de vulnérabilité de la victime pendant la période de la prévention, il y a lieu de retenir que cette jeune fille était mineure, de nationalité togolaise, en situation irrégulière sur le territoire français, sans passeport, le plus souvent sans argent, et n'avait la possibilité de se déplacer que sous le contrôle de Mme B., à l'occasion des activités scolaires et sportives des enfants ;

C'est donc par des motifs appropriés, que la cour adopte, que les premiers juges ont considéré que les éléments constitutifs du délit prévu et réprimé par l'article 225-13 du Code pénal étaient réunis à l'encontre des prévenus ;

Sur le délit de soumission d'une personne vulnérable ou en situation de dépendance à des conditions de travail et d'hébergement incompatibles avec la dignité humaine :

Comme l'ont justement relevé les premiers juges, le fait de s'occuper des tâches ménagères et des enfants pendant la totalité de la journée, ne saurait constituer à lui seul des conditions de travail incompatibles avec la dignité humaine, ce sort étant celui de nombreuses mères de famille ; la preuve d'humiliations ou de vexations qu'aurait subies la partie civile n'est pas rapportée par ailleurs ;

De même, le fait de ne pas avoir réservé un espace personnel à [la requérante] ne caractérise pas un hébergement contraire à la dignité humaine dès lors que les propres enfants des époux B. partageaient la même chambre, laquelle ne présentait aucun caractère d'insalubrité ;

Les éléments constitutifs de ce second délit ne sont donc pas réunis à l'encontre des époux B. ;

M. B. qui disposait d'un niveau intellectuel et culturel lui permettant d'apprécier pleinement l'illicéité de son comportement, mais qui laissait faire, sans doute par lâcheté, ainsi que Mme B., ont causé à [la requérante], indépendamment des sommes qui lui sont dues au titre des salaires non payés et du versement de la somme de 50 000 francs, qui correspond à une partie de la rémunération tardive due à la victime, un traumatisme psychologique important qu'il convient de réparer par l'allocation d'une somme de 15 245 euros comme l'ont évaluée les premiers juges. »

45. Le 3 octobre 2003, le conseil de prud'hommes de Paris a rendu son jugement à la suite de la demande présentée par la requérante. Il lui attribua 31 238 euros (EUR) au titre du rappel de salaires, 1 647 EUR au titre du préavis et 164 EUR au titre de congés payés sur préavis.

II. LE DROIT PERTINENT

46. Code pénal en vigueur à l'époque des faits

Article 225-13

« Le fait d'obtenir d'une personne, en abusant de sa vulnérabilité ou de sa situation de dépendance, la fourniture de services non rétribués ou en échange d'une rétribution manifestement sans rapport avec l'importance du travail accompli est puni de deux ans d'emprisonnement et de 500 000 francs d'amende. »

Article 225-14

« Le fait de soumettre une personne, en abusant de sa vulnérabilité ou de sa situation de dépendance, à des conditions de travail ou d'hébergement incompatibles avec la dignité humaine est puni de deux ans d'emprisonnement et de 500 000 francs d'amende. »

47. Code pénal tel qu'amendé par la loi du 18 mars 2003

Article 225-13

« Le fait d'obtenir d'une personne, dont la vulnérabilité ou l'état de dépendance sont apparents ou connus de l'auteur, la fourniture de services non rétribués ou en échange d'une rétribution manifestement sans rapport avec l'importance du travail accompli est puni de cinq ans d'emprisonnement et de 150 000 Euros d'amende. »

Article 225-14

« Le fait de soumettre une personne, dont la vulnérabilité ou l'état de dépendance sont apparents ou connus de l'auteur, à des conditions de travail ou d'hébergement incompatibles avec la dignité humaine est puni de cinq ans d'emprisonnement et de 150 000 Euros d'amende. »

Article 225-15

« Les infractions définies aux articles 225-13 et 225-14 sont punies de sept ans d'emprisonnement et de 200 000 Euros d'amende lorsqu'elles sont commises à l'égard de plusieurs personnes.

Lorsqu'elles sont commises à l'égard d'un mineur, elles sont punies de sept ans d'emprisonnement et de 200 000 Euros d'amende.

Lorsqu'elles sont commises à l'égard de plusieurs personnes parmi lesquelles figurent un ou plusieurs mineurs, elles sont punies de dix ans d'emprisonnement et de 300 000 Euros d'amende. »

48. Rapport d'information de la mission d'information commune sur les diverses formes de l'esclavage moderne de l'Assemblée nationale française, déposé le 12 décembre 2001 (extraits)

« Quant aux mineurs qui, du fait de leur âge, sont les plus vulnérables et devraient être particulièrement protégés, leur situation est apparue à la Mission comme hautement préoccupante : (...), enfants voués à travailler comme domestiques ou dans les ateliers clandestins, (...), représentent des proies faciles pour les trafiquants de toutes sortes (...)

Quelles réponses apporter, face au développement de ces formes d'esclavage ? Certes, il en existe d'ores et déjà. Nous disposons d'un arsenal répressif loin d'être négligeable. Cependant, il n'est pas toujours pleinement utilisé et, à l'épreuve des faits, il s'avère insuffisamment dissuasif. La police et la justice n'obtiennent que des résultats limités. (...)

La volonté des rédacteurs du nouveau Code pénal d'aboutir à un texte s'inspirant des droits de l'homme s'illustre tout particulièrement par les dispositions des articles 225- 13 et 225-14 dudit Code qui ont créé de nouveaux délits réprimant les conditions de travail et d'hébergement contraires à la dignité humaine. Comme en témoigne l'exposé des motifs du projet de loi initial de 1996, l'objet de ces dispositions était principalement de lutter contre les « marchands de sommeil », ou autres entrepreneurs peu scrupuleux, exploitant sans vergogne des travailleurs étrangers en situation irrégulière.

(...)

La notion commune aux articles 225-13 et 225-14 du Code pénal d'abus de la vulnérabilité ou de la situation de dépendance de la personne comporte des ambiguïtés préjudiciables à leur application.

(...)

Ainsi, en omettant, d'une part, de préciser les éventuelles catégories de personnes définies comme vulnérables et, d'autre part, d'exiger que la vulnérabilité soit

« particulière », le législateur a conféré aux articles 225-13 et 225-14 un champ d'application extrêmement large, voire imprécis mais susceptible de recouvrir les

hypothèses de vulnérabilité ou de situation de dépendance « d'ordre social ou culturel » (...)

(...)

La rédaction actuelle du Code pénal, notamment celle de l'article 225-14, comporte une ambiguïté majeure puisqu'elle tend à exiger, d'une part, que la victime ait subi des conditions de travail ou d'hébergement incompatibles avec la dignité de personne humaine et, d'autre part, que ces conditions lui aient été imposées par un « abus » de sa vulnérabilité ou de sa situation de dépendance.

Il peut donc logiquement en être déduit, ainsi que l'a exprimé devant la Mission M. Guy MEYER, substitut du procureur de la République au parquet de Paris, que « a contrario... si l'on n'a pas tiré profit de la vulnérabilité, on peut attenter à la dignité de la personne humaine [...] L'atteinte à la dignité humaine devrait être une infraction en tant que telle et éventuellement l'abus de vulnérabilité ou de minorité une circonstance aggravante. ».

Cela dit, et dans le silence de la loi, il appartient au juge de déterminer les limites du champ d'application de ces dispositions. À cet égard, l'analyse de la jurisprudence révèle des différences d'appréciations préjudiciables à l'uniformité de l'application de la loi sur le territoire de la République puisque, comme l'a justement déclaré Me Françoise FAVARO devant la Mission, « on se retrouve dans une sorte de vague évanescent où tout est laissé à l'appréciation du magistrat. ».

(...)

Dans une autre espèce, la même cour d'appel a refusé, le 19 octobre 2000, de façon plus surprenante, d'appliquer les dispositions des articles 225-13 et 225-14 au bénéfice d'une jeune femme, esclave domestique, pourtant mineure au moment des faits. Dans cet arrêt, la Cour indique notamment que « l'état de vulnérabilité ou de dépendance n'est pas établi, la jeune fille, en dépit de son jeune âge, en usant de sa possibilité d'aller et venir à sa guise, de contacter sa famille à tout moment, de quitter le foyer des X pour un temps long, d'y revenir sans contrainte, ayant démontré une forme d'indépendance indéniable, sa vulnérabilité ne pouvant résulter de sa seule extranéité ».

Il est donc manifeste qu'en l'absence de critères légaux permettant au juge de déterminer l'existence de l'abus de la vulnérabilité ou de la situation de dépendance, les dispositions des articles 225-13 et 225-14 du Code pénal sont susceptibles de recevoir des interprétations plus ou moins restrictives.

(...)

Qu'il s'agisse des peines prononcées ou des peines encourues, leurs insuffisances apparaissent clairement au regard de la gravité des faits caractérisant les situations d'esclavage moderne.

(...)

Compte tenu, d'une part, du rang constitutionnel des valeurs protégées par les articles 225-13 et 225-14 du Code pénal et, d'autre part, de la gravité des faits lorsqu'ils sont caractérisés, l'insignifiance des peines encourues par les coupables de ces infractions est surprenante et conduit à s'interroger sur les priorités du système répressif français.

(...)

Les mineurs dont la Mission a eu à connaître sont des mineurs en situation d'esclavage – sexuel ou par le travail – ou en danger de l'être. Ils sont le plus souvent étrangers et sans papiers. »

49. Travaux de l'Assemblée parlementaire du Conseil de l'Europe

a. Rapport de la Commission sur l'égalité des chances pour les femmes et les hommes en date du 17 mai 2001 (extrait)

« En France, depuis sa création en 1994, le Comité Contre l'Esclavage Moderne (CCEM) a pris en charge plus de 200 victimes d'esclavage domestique. La plupart d'entre elles sont originaires d'Afrique de l'Ouest (Côte d'Ivoire, Togo, Bénin). De nombreuses victimes viennent également de Madagascar, du Maroc, de l'Inde, du Sri Lanka ou des Philippines. Les victimes sont majoritairement des femmes (95 %). Un tiers sont arrivées mineures en France et la plupart ont subi des violences physiques ou ont été abusées sexuellement.

La majorité des employeurs est originaire de l'Afrique de l'Ouest et du Proche et du Moyen-Orient. 20 % sont français. 20 % sont protégés par une immunité de juridiction dont 1 diplomate d'Italie et 5 diplomates français en poste à l'étranger. Les victimes employées par des diplomates viennent majoritairement de l'Inde, de l'Indonésie, des Philippines et du Sri Lanka.

On a évalué les victimes de l'esclavage domestique à plusieurs milliers en France. »

b. Recommandation 1523 (2001) adoptée le 26 juin 2001

« 1. Depuis quelques années, une nouvelle forme d'esclavage est apparue en Europe : l'esclavage domestique. L'on a ainsi dénombré plus de 4 millions de femmes vendues chaque année dans le monde.

2. L'Assemblée rappelle et réaffirme à cet égard l'article 4, paragraphe 1, de la Convention européenne de sauvegarde des Droits de l'Homme et des Libertés fondamentales (CEDH) qui condamne l'esclavage et la servitude, ainsi que la définition de l'esclavage qui découle des avis et des jugements de la Commission européenne des Droits de l'Homme et de la Cour européenne des Droits de l'Homme.

3. L'Assemblée rappelle également l'article 3 de la CEDH affirmant le droit de tout individu de ne pas être soumis à la torture et à des peines ou traitements inhumains ou dégradants, et l'article 6 qui proclame un droit d'accès aux tribunaux dans les matières civiles et pénales, ce, notamment, lorsque l'employeur est couvert par une immunité de juridiction.

(...)

5. Elle constate que les victimes se voient systématiquement confisquer leur passeport et se retrouvent dans une situation de vulnérabilité totale vis-à-vis de leur employeur, voire dans une situation proche de la séquestration, et subissent des violences physiques et/ou sexuelles.

6. Les victimes de cette nouvelle forme d'esclavage sont, pour la plupart, des personnes en situation irrégulière, le plus souvent recrutées par des agences et qui empruntent de l'argent pour payer leur voyage.

7. L'isolement physique et affectif dans lequel se trouvent ces victimes, associé à la peur de l'environnement extérieur, entraîne des troubles psychologiques qui perdurent après leur libération et les privent ainsi de tous leurs repères.

(...)

9. Elle regrette qu'aucun des États membres du Conseil de l'Europe ne reconnaisse expressément l'esclavage domestique comme délit dans leur Code pénal.

10. Elle recommande par conséquent au Comité des Ministres de demander aux gouvernements des États membres :

i. de prévoir dans leur Code pénal la reconnaissance comme délits de l'esclavage, de la traite des êtres humains et du mariage forcé ;

ii. de renforcer le contrôle aux frontières et d'harmoniser les politiques de coopération policière, surtout en ce qui concerne les mineurs ;

(...)

vi. de sauvegarder les droits des victimes de l'esclavage domestique :

14 ARRÊT SILIADIN c. FRANCE

a. en généralisant l'octroi d'un titre de séjour humanitaire temporaire et renouvelable ;

b. en prenant à l'égard des victimes des mesures de protection et d'assistance sociale, administrative et juridique ;

c. en prenant des mesures visant à la réintégration et à la réhabilitation des victimes, y compris la création de centres d'aide notamment destinés à leur protection ;

d. en développant des programmes spécifiques pour leur protection ;

e. en prévoyant des délais de prescription plus longs pour le délit d'esclavage ;

f. en créant des fonds d'indemnisation destinés aux victimes ;

(...) »

c. Recommandation 1663 (2004) adoptée le 22 juin 2004

« 1. L'Assemblée parlementaire note avec consternation que l'esclavage existe toujours dans l'Europe du XXIe siècle. Bien que l'esclavage ait été officiellement aboli il y a plus de 150 ans, il reste en Europe des milliers de personnes maintenues en esclavage, traitées comme des objets, humiliées et victimes d'abus. Les esclaves modernes, comme ceux d'autrefois, sont obligés de travailler (victimes de menaces psychologiques ou physiques) sans aucune contrepartie financière ou pour une rémunération minime. Ils font l'objet de contraintes physiques ou voient leur liberté de circulation limitée, et sont traités de manière inhumaine et dégradante.

2. Les esclaves d'aujourd'hui sont en majorité des femmes qui travaillent le plus souvent chez des particuliers, chez qui elles arrivent comme domestiques immigrées, personnes au pair ou « épouses achetées par correspondance ». La plupart sont arrivées de leur plein gré, dans l'espoir d'améliorer leur situation ou d'échapper à la pauvreté et à des conditions de vie difficile, mais certaines ont été trompées par leurs employeurs, des agences ou d'autres intermédiaires, ou se retrouvent avec des dettes à rembourser, ou ont même été victimes de la traite. Lorsqu'elles se retrouvent au travail (ou mariées à un « mari-consommateur »), elles

sont cependant vulnérables et isolées. Cela offre de nombreuses occasions à des employeurs ou à des maris abusifs de les transformer en esclaves domestiques.

(...)

5. Le Conseil de l'Europe doit avoir une tolérance zéro à l'égard de l'esclavage. En tant qu'organisation internationale défendant les droits de l'homme, le Conseil de l'Europe a le devoir de prendre la tête du combat contre toutes les formes d'esclavage et de traite des êtres humains. L'Organisation et ses États membres doivent promouvoir et protéger les droits fondamentaux des victimes, et veiller à ce que les auteurs du crime qu'est l'esclavage domestique soient traduits en justice, afin que l'esclavage soit finalement éliminé d'Europe.

6. L'Assemblée recommande donc au Comité des Ministres :

i. d'une manière générale :

a. de mener rapidement à leur terme les négociations concernant le projet de convention du Conseil de l'Europe sur la lutte contre la traite des êtres humains ;

b. d'encourager les États membres à lutter de toute urgence contre l'esclavage domestique sous toutes ses formes et de veiller à ce que le maintien d'une personne dans n'importe quelle forme d'esclavage soit considéré comme un crime dans tous les États membres ;

c. de veiller à ce que les autorités compétentes des États membres mènent une enquête approfondie, diligente et impartiale sur toute allégation de quelque forme d'esclavage que ce soit et poursuivent les responsables ;

(...)

ii. en ce qui concerne l'esclavage domestique :

a. d'élaborer une charte des droits des travailleurs domestiques, comme le prévoyait déjà la Recommandation 1523 (2001) sur l'esclavage domestique. Une telle charte, qui pourrait prendre la forme d'une recommandation du Comité des Ministres ou même d'une convention, devrait garantir aux travailleurs domestiques au moins les droits suivants :

– la reconnaissance du travail domestique chez les particuliers en tant que

« véritable travail », c'est-à-dire auquel s'appliquent les droits en matière d'emploi et la protection sociale, y compris le salaire minimal (lorsqu'il existe), les indemnités de maladie et de maternité, ainsi que les droits à pension ;

– le droit à un contrat de travail exécutoire indiquant le salaire minimal, le nombre d'heures maximal et les responsabilités ;

– le droit à l'assurance maladie ;

– le droit à la vie familiale, y compris à la santé, à l'éducation et aux droits sociaux pour les enfants des travailleurs domestiques ;

– le droit d'avoir du temps libre et du temps pour soi ;

– le droit des travailleurs domestiques immigrés à un statut d'immigration indépendant de tout employeur, le droit de changer d'employeur et de circuler dans le pays hôte et à travers l'Union européenne, et le droit à la reconnaissance des qualifications, de la formation et de l'expérience acquises dans le pays d'origine ;

(...) »

50. Convention du Conseil de l'Europe sur la lutte contre la traite des êtres humains, ouverte à la signature le 16 mai 2005 (extraits)

Préambule

« (...)

Considérant que la traite des êtres humains peut conduire à une situation d'esclavage pour les victimes ;

Considérant que le respect des droits des victimes et leur protection, ainsi que la lutte contre la traite des êtres humains doivent être les objectifs primordiaux ;

Considérant que toute action ou initiative dans le domaine de la lutte contre la traite des êtres humains doit être non discriminatoire et prendre en considération l'égalité entre les femmes et les hommes, ainsi qu'une approche fondée sur les droits de l'enfant ;

(...)

Gardant à l'esprit les recommandations suivantes de l'Assemblée parlementaire du Conseil de l'Europe : (...) Recommandation 1663 (2004) esclavage domestique : servitude, personnes au pair et épouses achetées par correspondance ;

(...) »

Article 1 – Objet de la Convention

« 1 La présente Convention a pour objet :

a. de prévenir et combattre la traite des êtres humains, en garantissant l'égalité entre les femmes et les hommes ;

b. de protéger les droits de la personne humaine des victimes de la traite, de concevoir un cadre complet de protection et d'assistance aux victimes et aux témoins, en garantissant l'égalité entre les femmes et les hommes, ainsi que d'assurer des enquêtes et des poursuites efficaces ;

(...) »

Article 4 – Définitions

« Aux fins de la présente Convention :

a. L'expression « traite des êtres humains » désigne le recrutement, le transport, le transfert, l'hébergement ou l'accueil de personnes, par la menace de recours ou le recours à la force ou d'autres formes de contrainte, par enlèvement, fraude, tromperie, abus d'autorité ou d'une situation de vulnérabilité, ou par l'offre ou l'acceptation de paiements ou d'avantages pour obtenir le consentement d'une personne ayant autorité sur une autre aux fins d'exploitation. L'exploitation comprend, au minimum, l'exploitation de la prostitution d'autrui ou d'autres formes d'exploitation sexuelle, le travail ou les services forcés, l'esclavage ou les pratiques analogues à l'esclavage, la servitude ou le prélèvement d'organes ;

b. Le consentement d'une victime de la « traite d'êtres humains » à l'exploitation envisagée, telle qu'énoncée à l'alinéa (a) du présent article, est indifférent lorsque l'un quelconque des moyens énoncés à l'alinéa (a) a été utilisé ;

c. le recrutement, le transport, le transfert, l'hébergement ou l'accueil d'un enfant aux fins d'exploitation sont considérés comme une « traite des êtres humains » même s'ils ne font appel à aucun des moyens énoncés à l'alinéa (a) du présent article ;

d. le terme « enfant » désigne toute personne âgée de moins de dix-huit ans ;

e. le terme « victime » désigne toute personne physique qui est soumise à la traite des êtres humains telle que définie au présent article. »

Article 19 – Incrimination de l'utilisation des services d'une victime

« Chaque Partie envisage d'adopter les mesures législatives et autres nécessaires pour conférer le caractère d'infraction pénale, conformément à son droit interne, au fait d'utiliser les services qui font l'objet de l'exploitation visée à l'article 4 paragraphe a de la présente Convention, en sachant que la personne concernée est victime de la traite d'êtres humains. »

51. Autres conventions internationales

a. Convention sur le travail forcé, adoptée par la conférence générale de l'Organisation internationale du travail le 28 juin 1930 (ratifiée par la France le 24 juin 1937)

Article 2

« 1. Aux fins de la présente convention, le terme travail forcé ou obligatoire désignera tout travail ou service exigé d'un individu sous la menace d'une peine quelconque et pour lequel ledit individu ne s'est pas offert de plein gré.

2. Toutefois, le terme travail forcé ou obligatoire ne comprendra pas, aux fins de la présente convention :

a. tout travail ou service exigé en vertu des lois sur le service militaire obligatoire et affecté à des travaux d'un caractère purement militaire ;

b. tout travail ou service faisant partie des obligations civiques normales des citoyens d'un pays se gouvernant pleinement lui-même ;

c. tout travail ou service exigé d'un individu comme conséquence d'une condamnation prononcée par une décision judiciaire, à la condition que ce travail ou service soit exécuté sous la surveillance et le contrôle des autorités publiques et que ledit individu ne soit pas concédé ou mis à la disposition de particuliers, compagnies ou personnes morales privées ;

d. tout travail ou service exigé dans les cas de force majeure, c'est-à-dire dans les cas de guerre, de sinistres ou menaces de sinistres tels qu'incendies, inondations, famines, tremblements de terre, épidémies et épizooties violentes, invasions d'animaux, d'insectes ou de parasites végétaux nuisibles, et en général toutes circonstances mettant en danger ou risquant de mettre en danger la vie ou les conditions normales d'existence de l'ensemble ou d'une partie de la population ;

e. les menus travaux de village, c'est-à-dire les travaux exécutés dans l'intérêt direct de la collectivité par les membres de celle-ci, travaux qui, de ce chef, peuvent être considérés comme des obligations civiques normales incombant aux membres de la collectivité, à condition que la population elle-même ou ses représentants directs aient le droit de se prononcer sur le bien-fondé de ces travaux. »

Article 3

« Aux fins de la présente convention, le terme autorités compétentes désignera soit les autorités métropolitaines, soit les autorités centrales supérieures du territoire intéressé. »

Article 4

« 1. Les autorités compétentes ne devront pas imposer ou laisser imposer le travail forcé ou obligatoire au profit de particuliers, de compagnies ou de personnes morales privées.

2. Si une telle forme de travail forcé ou obligatoire au profit de particuliers, de compagnies ou de personnes morales privées existe à la date à laquelle la ratification de la présente convention par un Membre est enregistrée par le Directeur général du Bureau international du Travail, ce Membre devra supprimer complètement ledit travail forcé ou obligatoire dès la date de l'entrée en vigueur de la présente convention

à son égard. »

b. Convention relative à l'esclavage, signée à Genève, le 25 septembre 1926. et entrée en vigueur le 9 mars 1927, conformément aux dispositions de l'article 12.

Article premier

« Aux fins de la présente Convention, il est entendu que :

1. L'esclavage est l'état ou condition d'un individu sur lequel s'exercent les attributs du droit de propriété ou certains d'entre eux ;

2. La traite des esclaves comprend tout acte de capture, d'acquisition ou de cession d'un individu en vue de le réduire en esclavage ; tout acte d'acquisition d'un esclave en vue de le vendre ou de l'échanger ; tout acte de cession par vente ou échange d'un esclave acquis en vue d'être vendu ou échangé, ainsi que, en général, tout acte de commerce ou de transport d'esclaves. »

Article 4

« Les Hautes Parties contractantes se prêteront mutuellement assistance pour arriver à la suppression de l'esclavage et de la traite des esclaves. »

Article 5

« Les Hautes Parties contractantes reconnaissent que le recours au travail forcé ou obligatoire peut avoir de graves conséquences et s'engagent, chacune en ce qui concerne les territoires soumis à sa souveraineté, juridiction, protection, suzeraineté ou tutelle, à prendre des mesures utiles pour éviter que le travail forcé ou obligatoire n'amène des conditions analogues à l'esclavage.

Il est entendu :

1. Que, sous réserve des dispositions transitoires énoncées au paragraphe 2 ci- dessous, le travail forcé ou obligatoire ne peut être exigé que pour des fins publiques ;

2. Que, dans les territoires où le travail forcé ou obligatoire, pour d'autres fins que des fins publiques, existe encore, les Hautes Parties contractantes s'efforceront d'y mettre progressivement fin, aussi rapidement que possible, et que, tant que ce travail forcé ou obligatoire existera, il ne sera employé qu'à titre exceptionnel, contre une rémunération adéquate et à la condition qu'un changement du lieu habituel de résidence ne puisse être imposé ;

3. Et que, dans tous les cas, les autorités centrales compétentes du territoire intéressé assumeront la responsabilité du recours au travail forcé ou obligatoire. »

c. Convention supplémentaire relative à l'abolition de l'esclavage, de la traite des esclaves et des institutions et pratiques analogues à l'esclavage adoptée le 30 avril 1956 et entrée en vigueur en France le 26 mai 1964

Section I. Institutions et pratiques analogues à l'esclavage Article premier « Chacun des États parties à la présente Convention prendra toutes les mesures, législatives et autres, qui seront réalisables et nécessaires pour obtenir progressivement et aussitôt que possible l'abolition complète ou l'abandon des institutions et pratiques suivantes, là où elles subsistent encore, qu'elles rentrent ou non dans la définition de l'esclavage qui figure à l'article premier de la Convention relative à l'esclavage signée à Genève le 25 septembre 1926 :

a. La servitude pour dettes, c'est-à-dire l'état ou la condition résultant du fait qu'un débiteur s'est engagé à fournir en garantie d'une dette ses services personnels ou ceux de quelqu'un sur lequel il a autorité, si la valeur équitable de ces services n'est pas affectée à la liquidation de la dette ou si la durée de ces services n'est pas limitée ni leur caractère défini ;

b. Le servage, c'est-à-dire la condition de quiconque est tenu par la loi, la coutume ou un accord, de vivre et de travailler sur une terre appartenant à une autre personne et de fournir à cette autre personne, contre rémunération ou gratuitement, certains services déterminés, sans pouvoir changer sa condition ;

(...)

d. Toute institution ou pratique en vertu de laquelle un enfant ou un adolescent de moins de dix-huit ans est remis, soit par ses parents ou par l'un d'eux, soit par son tuteur, à un tiers, contre paiement ou non, en vue de l'exploitation de la personne, ou du travail dudit enfant ou adolescent. »

d. Convention relative aux droits de l'enfant du 20 novembre 1989, entrée en vigueur en France le 6 septembre 1990.

Article 19

« 1. Les États parties prennent toutes les mesures législatives, administratives, sociales et éducatives appropriées pour protéger l'enfant contre toutes formes de violence, d'atteinte ou de brutalités physiques ou mentales, d'abandon ou de négligence, de mauvais traitements ou d'exploitation, y compris la violence sexuelle, pendant qu'il est sous la garde de ses parents ou de l'un d'eux, de son ou ses représentants légaux ou de toute autre personne à qui il est confié.

2. Ces mesures de protection comprendront, selon qu'il conviendra, des procédures efficaces pour l'établissement de programmes sociaux visant à fournir l'appui nécessaire à l'enfant et à ceux à qui il est confié, ainsi que pour d'autres formes de prévention, et aux fins d'identification, de rapport, de renvoi, d'enquête, de traitement et de suivi pour les cas de mauvais traitements de l'enfant décrits ci-dessus, et comprendre également, selon qu'il conviendra, des procédures d'intervention judiciaire. »

Article 32

1. Les États parties reconnaissent le droit de l'enfant d'être protégé contre l'exploitation économique et de n'être astreint à aucun travail comportant des risques ou susceptible de compromettre son éducation ou de nuire à son développement physique, mental, spirituel, moral ou social.

2. Les États parties prennent des mesures législatives, administratives, sociales et éducatives pour assurer l'application du présent article. À cette fin, et compte tenu des dispositions pertinentes des autres instruments internationaux, les États parties, en particulier :

a. Fixent un âge minimum ou des âges minimums d'admission à l'emploi ;

b. Prévoient une réglementation appropriée des horaires de travail et des conditions d'emploi ;

c. Prévoient des peines ou autres sanctions appropriées pour assurer l'application effective du présent article. »

Article 36

« Les États parties protègent l'enfant contre toutes autres formes d'exploitation préjudiciables à tout aspect de son bien-être. »

EN DROIT

I. SUR LA VIOLATION ALLÉGUÉE DE L'ARTICLE 4 DE LA CONVENTION

52. La requérante se plaint de ce que l'article 4 de la Convention a été violé à son encontre. Cette disposition se lit notamment :

« 1. Nul ne peut être tenu en esclavage ni en servitude.

2. Nul ne peut être astreint à accomplir un travail forcé ou obligatoire. (...) »

A. Sur la qualité de victime de la requérante

53. Le Gouvernement plaide à titre principal que la requérante ne peut plus se prétendre victime d'une violation de la Convention au sens de son article 34.

Il expose d'emblée qu'il ne conteste pas que la requérante a été victime du comportement particulièrement répréhensible du couple qui l'hébergeait, non plus que le fait que l'arrêt de la cour d'appel de Paris du 19 octobre 2000 n'a pas reconnu juridiquement cette situation. Il fait toutefois observer que la requérante n'avait pas fait appel du jugement de première instance qui avait condamné ses « employeurs » sur le fondement du seul article 225-13 du Code pénal et qu'il convient d'en conclure qu'elle s'était contentée de la condamnation prononcée sur le seul fondement de cet article.

Dès lors, la requérante ne saurait se fonder sur l'absence de condamnation du chef de l'article 225-14 du Code pénal pour arguer du fait qu'elle aurait conservé la qualité de victime.

54. Le Gouvernement observe par ailleurs qu'en l'espèce le pourvoi en cassation de la requérante était encore pendant lorsque sa requête a été introduite devant la Cour. Toutefois, à la suite de l'arrêt ayant cassé la décision de la cour d'appel de Paris, la cour d'appel de renvoi a reconnu la situation de dépendance et de vulnérabilité de la requérante au sens de l'article 225-13 du Code pénal ainsi que l'exploitation dont elle a fait l'objet, même si elle était saisie des seuls intérêts civils. Il souligne que, selon la jurisprudence, une décision ou une mesure favorable au requérant lui retire la qualité de victime pour autant que les autorités nationales ont reconnu, explicitement ou en substance, puis réparé la violation de la Convention.

55. Le Gouvernement en conclut que la sanction prononcée par la cour d'appel de Versailles doit être considérée comme ayant permis la réparation de la violation que la requérante allègue devant la Cour, et ce

d'autant plus qu'elle n'a pas formé de pourvoi en cassation contre cet arrêt. Il rappelle par ailleurs que le conseil de prud'hommes de Paris lui a accordé des sommes au titre des salaires non versés et des indemnités.

56. Enfin, la situation administrative de la requérante a été régularisée et elle bénéficie d'un titre de séjour lui permettant de résider régulièrement en France et d'y faire des études. En conclusion, le Gouvernement estime que la requérante ne saurait se prétendre encore victime d'une violation de la Convention au sens de l'article 34.

57. La requérante ne conteste pas que certaines mesures et décisions qui lui étaient favorables ont été adoptées.

58. Elle souligne toutefois qu'à aucun moment les autorités nationales n'ont reconnu, explicitement ou en substance, le grief tiré par elle de la méconnaissance, par l'État, de son obligation positive, inhérente à l'article 4, de lui assurer une protection concrète et effective contre les pratiques interdites par cet article, dont elle a été victime de la part des époux B. Seule une réparation civile a en effet été mise à leur charge.

59. Elle soutient que le libellé des articles 225-13 et 225-14 du Code pénal, à l'époque, était trop ouvert et évasif et dans une corrélation à ce point imparfaite avec les critères européens et internationaux pour définir la servitude et le travail forcé ou obligatoire qu'une protection effective et suffisante contre les pratiques dont elle a été victime ne lui a pas été assurée.

60. Aux termes de l'article 34 de la Convention, « la Cour peut être saisie d'une requête par toute personne physique (...) qui se prétend victime d'une violation par l'une des Hautes Parties contractantes des droits reconnus dans la Convention ou ses Protocoles (...) ».

61. La Cour rappelle qu'il appartient en premier lieu aux autorités nationales de redresser une violation alléguée de la Convention. A cet égard, la question de savoir si un requérant peut se prétendre victime de la violation alléguée se pose à tous les stades de la procédure au regard de la Convention (voir Karahalios c. Grèce, no 62503/00, § 21, 11 décembre 2003. et Malama c. Grèce (déc.), no 43622/98, 25 novembre 1999).

62. Selon la jurisprudence constante de la Cour, par « victime », l'article 34 de la Convention désigne la personne directement concernée par l'acte ou l'omission litigieuse, l'existence d'un manquement aux exigences de la Convention se concevant même en l'absence de préjudice ; celui-ci ne joue un rôle que sur le terrain de l'article 41. Partant, une décision ou une mesure favorable au requérant ne suffit en principe à lui retirer la qualité de

« victime » que si les autorités nationales ont reconnu, explicitement ou en substance, puis réparé la violation de la Convention (voir, entre autres, Amuur c. France, arrêt du 25 juin 1996, Recueil des arrêts et décisions 1996-III, p. 846, § 36, Brum_rescu c. Roumanie [GC], no 28342/95, § 50, CEDH 1999-VII, et Association Ekin c. France (déc.), no 39288/98, 18 janvier 2000).

63. La Cour considère que l'argument tiré de la perte de qualité de victime de la requérante avancé par le Gouvernement soulève des questions concernant les dispositions pénales du droit français relatives à l'esclavage, à la servitude et au travail forcé et obligatoire et l'interprétation qui en est faite par les juridictions internes. Ces questions sont étroitement liées au fond du grief de la requérante. Aussi la Cour estime-t-elle qu'il convient de les examiner au regard de la disposition normative de la Convention invoquée par la requérante (voir notamment les arrêts Airey c. Irlande du 9 octobre 1979, série A no 32, Gnahoré c. France, no 40031/98, § 26, CEDH 2000-IX, et Issaïeva c. Russie, no 57950/00, § 161, 24 février 2005).

B. Sur le fond

1. Quant à l'applicabilité de l'article 4 et aux obligations positives

64. La Cour relève que le Gouvernement ne conteste pas que l'article 4 est applicable en l'espèce.

65. La requérante estime que l'exploitation dont elle a été victime alors qu'elle était mineure s'analyse en une méconnaissance de l'obligation positive qui incombe à l'État, en vertu des articles 1 et 4 combinés de la Convention, de mettre en place une législation pénale suffisante pour prévenir et réprimer effectivement les auteurs de ces méfaits.

66. Elle rappelle de manière détaillée la jurisprudence de la Cour en matière d'obligation positive en ce qui concerne les articles 3 et 8, à défaut de décisions en la matière concernant l'article 4 (arrêts X et Y c. Pays-Bas, 26 mars 1985, série A no 91, A. c. Royaume-Uni, 23 septembre 1998, Recueil 1998-VI, et M.C. c. Bulgarie, no 39272/98, CEDH 2003-XII).

67. Elle ajoute que dans les différentes affaires en cause la responsabilité de l'État défendeur a été retenue en raison de son omission, en application de l'article 1 de la Convention, de mettre en place un système répressif permettant d'assurer une protection concrète et effective des droits garantis par les articles 3 et/ou 8 contre les agissements de personnes privées.

68. Elle souligne que cette obligation recouvre l'hypothèse où les autorités étatiques se voient reprocher de n'avoir pas pris les mesures adéquates pour empêcher la survenance de la situation critiquée ou en limiter les effets. En outre, la portée de l'obligation positive de protection de l'Etat du fait des défaillances de son système juridique peut varier en fonction de facteurs tels que l'aspect du droit en cause, la gravité du méfait commis par la personne privée, ou encore la particulière vulnérabilité de la victime. Tel est précisément l'objet de sa requête, dans le contexte particulier de la protection des droits d'une mineure au regard de l'article 4.

69. La requérante ajoute que l'on ne saurait soutenir qu'une procédure civile permettant une réparation des dommages subis, en dehors de tout mécanisme répressif adapté pour prévenir et punir les auteurs directs des mauvais traitements allégués, aurait suffi pour lui assurer une protection adéquate contre d'éventuelles atteintes à son intégrité.

70. Elle considère que le droit de ne pas être tenu en servitude énoncé par l'article 4 § 1 de la Convention est un droit absolu qui ne souffre aucune dérogation en aucune circonstance. Elle rappelle que les pratiques prohibées par l'article 4 font également l'objet de conventions internationales spécifiques qui s'appliquent aux enfants comme aux adultes.

71. Dès lors, la requérante estime que les États ont l'obligation positive, inhérente à l'article 4 de la Convention, d'adopter des dispositions pénales concrètes, dissuadant de commettre de tels actes, s'appuyant sur un mécanisme d'application conçu pour en prévenir, constater et sanctionner les violations.

72. Elle fait encore observer que, le parquet général n'ayant pas cru nécessaire de se pourvoir en cassation au nom de l'intérêt général, la relaxe des époux B. du chef des délits prévus par les articles 225-13 et 225-14 du Code pénal était définitive. Dès lors, la cour d'appel de renvoi saisie après la cassation ne pouvait prononcer de déclaration de culpabilité ni, a fortiori, une peine, mais uniquement décider l'attribution de réparations civiles. L'intéressée considère que le simple constat du fait que les éléments constitutifs du délit prévu à l'article 225-13 du Code pénal étaient réunis et la condamnation à une amende et à des dommages et intérêts ne sauraient être tenus pour une reconnaissance explicite ou en substance de la violation de l'article 4 de la Convention.

73. Pour ce qui est d'éventuelles obligations positives, le Gouvernement concède qu'il semble qu'elles existent concernant l'article 4 si l'on transpose le raisonnement suivi par la Commission européenne des Droits

de l'Homme dans l'affaire X et Y c. Pays-Bas (précitée). Il rappelle toutefois que les États disposent d'une certaine marge d'appréciation lorsqu'il s'agit d'intervenir jusque dans les relations interindividuelles.

74. Il se réfère sur ce point à la jurisprudence de la Cour et notamment aux arrêts Calvelli et Ciglio c. Italie ([GC], no 32967/96, CEDH 2002-I), A. c. Royaume-Uni, précité, Z et autres c. Royaume-Uni ([GC], no 29392/95, § 109, CEDH 2001-V), ainsi qu'à la décision rendue dans l'affaire G.G. c. Italie ((déc.), no 34574/97, 10 octobre 2002) dans laquelle la Cour a relevé, concernant l'article 3, que « la voie pénale ne constitue pas le seul recours efficace dans ce type d'affaire, mais qu'une procédure civile, permettant d'obtenir une réparation des dommages subis, doit en principe être ouverte aux mineurs victimes des mauvais traitements. »

75. Le Gouvernement en conclut que, dans la présente affaire, une poursuite devant les juridictions répressives conduisant au versement de dommages et intérêts est suffisante sur le terrain de l'article 4 pour se conformer à toute obligation positive découlant de la Convention.

76. Subsidiairement, le Gouvernement estime que le droit pénal français répond en tout état de cause aux éventuelles obligations positives découlant de l'article 4 de la Convention. Il expose que le libellé des articles 225-13 et 225-14 du Code pénal permet de lutter contre l'ensemble des phénomènes d'exploitation d'une personne par le travail, au sens de l'article 4, et souligne que ce dispositif répressif avait déjà donné lieu, au moment des faits dénoncés par la requérante, à plusieurs décisions pénales formant une jurisprudence et a, depuis lors, donné lieu à diverses autres décisions allant dans le même sens.

77. La Cour rappelle qu'il a déjà été établi que, concernant certaines dispositions de la Convention, le fait que l'État s'abstienne de porter atteinte aux droits garantis ne suffit pas pour conclure qu'il s'est conformé aux engagements découlant de l'article 1 de la Convention.

78. Ainsi, en ce qui concerne l'article 8 de la Convention, elle a estimé dès 1979 que :

« Il ne se contente pourtant pas d'astreindre l'État à s'abstenir de pareilles ingérences : à cet engagement plutôt négatif peuvent s'ajouter des obligations positives inhérentes à un « respect » effectif de la vie familiale.

Il en résulte notamment que l'État, en fixant dans son ordre juridique interne le régime applicable à certains liens de famille comme ceux de la mère célibataire avec son enfant, doit agir de manière à permettre aux intéressés de mener une vie familiale normale. Tel que le conçoit l'article 8, le respect de la vie familiale implique en particulier, aux yeux de la Cour, l'existence en droit national d'une protection juridique rendant possible dès la naissance l'intégration de l'enfant dans sa famille. Divers moyens s'offrent en la matière au choix de l'Etat, mais une législation ne répondant pas à cet impératif enfreint le paragraphe 1 de l'article 8 sans qu'il y ait lieu de l'examiner sous l'angle du paragraphe 2. » (Marckx c. Belgique, arrêt du 13 juin 1979. série A no 31, pp. 14-15, § 31)

79. Elle a ultérieurement précisé cette notion :

« Les obligations positives de l'État sont inhérentes au droit au respect effectif de la vie privée au sens de l'article 8 ; ces obligations peuvent impliquer l'adoption de mesures même dans la sphère des relations des individus entre eux. Si le choix des moyens d'assurer le respect de l'article 8 dans le domaine de la protection contre les actes d'individus relève en principe de la marge d'appréciation de l'État, une dissuasion effective contre un acte aussi grave que le viol, qui met en jeu des valeurs fondamentales et des aspects essentiels de la vie privée, appelle des dispositions pénales efficaces. Les enfants et autres personnes vulnérables, en particulier, doivent bénéficier d'une protection effective. » (X et Y c. Pays-Bas, arrêt du 26 mars 1985, série A no 91, pp. 11-13, §§ 23, 24 et 27 ; August c. Royaume-Uni (déc.), no 36505/02, 21 janvier 2003 ; et M.C. c. Bulgarie, no 39272/98, § 150, CEDH 2003-XII)

80. En ce qui concerne l'article 3 de la Convention, la Cour a estimé à de multiples reprises que :

« combinée avec l'article 3, l'obligation que l'article 1 de la Convention impose aux Hautes Parties contractantes de garantir à toute personne relevant de leur juridiction les droits et libertés consacrés par la Convention leur commande de prendre des mesures propres à empêcher que lesdites personnes ne soient soumises à des mauvais traitements, même administrés par des particuliers. » (Arrêts A. c. Royaume-Uni 23 septembre 1998, Recueil des arrêts et décisions 1998-VI, p. 2699, § 22 ; Z et autres c. Royaume-Uni [GC], no 29392/95, §§ 73-75, CEDH 2001-V ; E. et autres c. Royaume-Uni, no 33218/96, 26 novembre 2002 ; et M.C. c. Bulgarie, précité, § 149)

81. Elle a précisé par ailleurs que : « Les enfants et autres personnes vulnérables, en particulier, ont droit à la protection de l'Etat, sous la forme d'une prévention efficace, les mettant à l'abri de formes aussi graves d'atteinte à l'intégrité de la personne. » (Voir, mutatis mutandis, les arrêts X et Y c. Pays-Bas précité, pp. 11-13, §§ 21-27, Stubbings et autres c.

Royaume-Uni du 22 octobre 1996, Recueil 1996-IV, p. 1505, §§ 62-64, et A. c. Royaume-Uni précité, ainsi que la Convention des Nations unies relative aux droits de l'enfant, articles 19 et 37)

82. La Cour estime qu'avec les articles 2 et 3, l'article 4 de la Convention consacre l'une des valeurs fondamentales des sociétés démocratiques qui forment le Conseil de l'Europe.

83. Elle relève que la Commission avait envisagé en 1983 que l'on pourrait faire valoir que la responsabilité d'un gouvernement est engagée dans la mesure où il a l'obligation de veiller à ce que les règles adoptées par une association privée ne soient pas contraires aux dispositions de la Convention, notamment lorsque les tribunaux nationaux sont compétents pour examiner les litiges relatifs à leur application (X c. Pays-Bas, no 9327/81, décision de la Commission du 3 mai 1983, Décisions et rapports (DR) 32, p. 187).

84. La Cour constate que le Gouvernement a admis à l'audience, en se référant à l'affaire précitée, qu'il semble que des obligations positives existent concernant l'article 4.

85. Elle note sur ce point que la Convention sur le travail forcé, adoptée par l'Organisation internationale du travail (OIT) le 28 juin 1930 et ratifiée par la France le 24 juin 1937, spécifie à son article 4 § 1 que :

« Les autorités compétentes ne devront pas imposer ou laisser imposer le travail forcé ou obligatoire au profit de particuliers, de compagnies ou de personnes morales privées. »

86. Par ailleurs, la Convention supplémentaire relative à l'abolition de l'esclavage, de la traite des esclaves et des institutions et pratiques analogues à l'esclavage, adoptée le 30 avril 1956 et entrée en vigueur en France le 26 mai 1964, prévoit à son article 1er que :

« Chacun des États parties à la présente Convention prendra toutes les mesures, législatives et autres, qui seront réalisables et nécessaires pour obtenir progressivement et aussitôt que possible l'abolition complète ou l'abandon des institutions et pratiques suivantes, là où elles subsistent encore, qu'elles rentrent ou non dans la définition de l'esclavage qui figure à l'article premier de la Convention relative à l'esclavage signée à Genève le 25 septembre 1926 : (...), le servage, (...), toute institution ou pratique en vertu de laquelle un enfant ou un adolescent de moins de dix-huit ans est remis, soit par ses parents ou par l'un d'eux, soit par son tuteur, à un tiers, contre paiement ou non, en vue de l'exploitation de la personne, ou du travail dudit enfant ou adolescent. »

122. En outre, concernant plus particulièrement les mineurs, la Convention relative aux droits de l'enfant du 20 novembre 1989, entrée en vigueur en France le 6 septembre 1990, prévoit à son article 19 § 1 :

« Les États parties prennent toutes les mesures législatives, administratives, sociales et éducatives appropriées pour protéger l'enfant contre toutes formes de violence, d'atteinte ou de brutalités physiques ou mentales, (...), de mauvais traitements ou d'exploitation, y compris la violence sexuelle, pendant qu'il est sous la garde de ses parents ou de l'un d'eux, de son ou ses représentants légaux ou de toute autre personne à qui il est confié. » et à son article 32 :

« 1. Les États parties reconnaissent le droit de l'enfant d'être protégé contre l'exploitation économique et de n'être astreint à aucun travail comportant des risques ou susceptible de compromettre son éducation ou de nuire à son développement physique, mental, spirituel, moral ou social.

2. Les États parties prennent des mesures législatives, administratives, sociales et éducatives pour assurer l'application du présent article. A cette fin, et compte tenu des dispositions pertinentes des autres instruments internationaux, les États parties, en particulier :

a. Fixent un âge minimum ou des âges minimums d'admission à l'emploi ;

b. Prévoient une réglementation appropriée des horaires de travail et des conditions d'emploi ;

c. Prévoient des peines ou autres sanctions appropriées pour assurer l'application effective du présent article. »

88. La Cour relève enfin qu'il ressort des constatations de l'Assemblée parlementaire (voir la partie « Le droit pertinent ») que « les esclaves d'aujourd'hui sont en majorité des femmes qui travaillent le plus souvent chez des particuliers, chez qui elles arrivent comme domestiques immigrées (...) ».

89. Dans ces conditions, la Cour estime que limiter le respect de l'article 4 de la Convention aux seuls agissements directs des autorités de l'État irait à l'encontre des instruments internationaux spécifiquement consacrés à ce problème et reviendrait à vider celui-ci de sa substance. Dès lors, il découle nécessairement de cet article des obligations positives pour les Etats, au même titre que pour l'article 3 par exemple, d'adopter des dispositions en matière pénale qui sanctionnent les pratiques visées par l'article 4 et de les appliquer concrètement (M.C. c. Bulgarie, précité, § 153).

2. Quant à la violation de l'article 4 de la Convention

90. En ce qui concerne la violation de l'article 4 de la Convention, la requérante précise d'emblée que le droit de ne pas être tenu en servitude énoncé par cette disposition est un droit absolu, de même que celui de ne pas se voir imposer un travail forcé ou obligatoire.

91. Elle souligne que, si la Convention ne définit pas les termes de servitude ou de « travail forcé ou obligatoire », il convient de recourir aux conventions internationales pertinentes en la matière pour cerner le contenu de ces notions et d'attacher une certaine importance dans l'examen du cas d'espèce aux critères d'identification des formes contemporaines d'esclavage et de servitude, intimement liées à la traite des personnes, dégagés aussi bien par les Nations unies que par le Conseil de l'Europe, ainsi qu'à la nécessité, reconnue internationalement, d'accorder une protection spéciale aux enfants en raison de leur âge et de leur vulnérabilité.

92. Elle rappelle que sa condition s'apparente à trois des quatre institutions ou pratiques serviles visées à l'article 1er de la Convention de Genève supplémentaire du 30 avril 1956, soit la servitude pour dettes, la remise d'un enfant ou d'un adolescent à un tiers contre paiement ou non, en vue de l'exploitation de son travail, et le servage. Elle précise qu'elle n'est pas venue en France pour travailler comme domestique mais qu'elle a été contrainte de le faire à la suite de la traite dont elle a été victime de la part de Mme B., avec l'accord de ses parents obtenu au moyen de fausses promesses.

Elle conclut que cette « remise » d'une mineure par son père en vue de l'exploitation du travail de celle-ci s'apparente à la pratique analogue à l'esclavage visée par l'article 1 d) de la Convention supplémentaire des Nations unies de 1956.

93. La requérante se réfère également aux travaux du Conseil de l'Europe sur l'esclavage domestique et rappelle qu'ont été retenus entre autres critères la confiscation du passeport, le défaut de rémunération ou une rémunération sans rapport avec le service fourni, mais aussi la séquestration ou l'auto séquestration, outre l'isolement culturel, physique et affectif.

94. Elle ajoute qu'il ressort des faits que sa situation ne présentait pas un caractère temporaire et occasionnel comme cela est normalement le cas en matière de « travail forcé ou obligatoire ». Sa liberté d'aller et venir était limitée, elle était privée de passeport, en situation précaire puis irrégulière, elle était de surcroît entretenue par les époux B. dans la crainte d'être arrêtée et expulsée. Elle estime que cela caractérise la notion d'auto séquestration décrite ci-dessus.

95. Rappelant ses conditions de travail et de vie chez les époux B., elle conclut que la situation d'exploitation qui lui a été imposée a compromis son éducation et son intégration sociale, ainsi que le développement et l'épanouissement de sa personnalité, que c'est bien son statut dans sa totalité qui a été investi, ce qui est un trait caractéristique de la servitude et n'est généralement pas le cas du travail forcé ou obligatoire.

96. Elle ajoute que la situation d'esclavage moderne se caractérise, en plus de l'exploitation non rémunérée du travail d'autrui, par une transformation de l'état ou de la condition de la personne du fait du degré de contrainte ou de contrôle exercé sur elle, sur sa vie, ses biens personnels et son droit à la liberté d'aller et venir et de prendre des décisions la concernant.

Elle précise qu'elle n'a pas qualifié sa situation de « travail forcé » dans le cadre de la procédure devant la cour d'appel de renvoi, mais que, dans ses conclusions, la partie civile avait fait valoir que « l'abus d'exploitation auquel Mlle SILIADIN a été assujettie (...) présente à tout le moins les caractéristiques du « travail forcé » au sens de l'article 4 § 2 de la Convention (...) ; que c'était en réalité une esclave domestique, recrutée en Afrique ».

97. Quant à la définition du « travail forcé ou obligatoire », la requérante rappelle la jurisprudence de la Commission et de la Cour et souligne l'évolution du droit international en faveur d'une protection spéciale à accorder aux enfants.

98. Elle relève que le droit pénal français ne comporte pas d'incriminations spécifiques de l'esclavage, de la servitude, du travail forcé ou obligatoire et encore moins une définition assez précise et souple de ces trois notions pour permettre une application adaptée à leurs formes contemporaines. En outre, avant la loi du 18 mars 2003, il n'existait pas non plus de texte réprimant directement la traite des personnes.

99. Dès lors, les faits dont elle a été victime sont tombés sous le coup des articles 225-13 et 225-14 du Code pénal, dans leur rédaction applicable à l'époque, textes non spécifiques de caractère plus général et qui avaient comme conditions préalables communes la vulnérabilité ou la situation de dépendance de la victime, notions aussi imprécises que celle d'abus de l'auteur, également exigé pour caractériser ces deux délits. Elle souligne sur ce point que tant la doctrine que la mission d'information commune de l'Assemblée nationale sur les diverses formes de l'esclavage moderne ont mis en exergue l'absence de critères légaux permettant au juge de

déterminer l'existence de ces situations, ce qui a abouti à des interprétations jurisprudentielles trop restrictives.

100. Ainsi, le délit prévu par l'article 225-13 du Code pénal incriminait l'exploitation abusive du travail d'autrui. Dans son appréciation de la vulnérabilité ou de l'état de dépendance de la victime, le juge pouvait identifier, parmi d'autres circonstances, certains indicateurs de la contrainte ou du contrôle exercé sur la personne, mais ceux-ci étaient relevés uniquement au titre des conditions préalables à l'exploitation et non en tant qu'éléments constitutifs de cette forme particulière qu'est l'esclavage moderne. Au surplus, cet article n'établissait aucune distinction entre l'employeur qui tire profit de la situation irrégulière de travailleurs immigrés se trouvant déjà en France et celui qui les place délibérément dans cet état en se livrant à la traite des personnes.

101. La requérante ajoute que, contrairement à l'article 225-13, le délit de l'article 225-14 supposait, et suppose toujours, pour être caractérisé, qu'une atteinte ait été portée à la dignité humaine, concept particulièrement imprécis et sujet à des interprétations aléatoires. C'est ainsi que ses conditions de travail n'ont pas été considérées par le tribunal comme caractérisant des conditions de travail incompatibles avec la dignité humaine, de même pour ses conditions d'hébergement.

102. Elle conclut que les dispositions pénales en vigueur à l'époque considérée ne l'ont pas suffisamment mise à l'abri de la servitude ou du travail forcé ou obligatoire sous leur forme contemporaine, qui sont contraires à l'article 4 de la Convention. Quant au fait que la procédure pénale ait abouti à l'allocation d'une indemnisation, elle estime qu'il ne saurait suffire pour absoudre l'État de son obligation de mettre en place un mécanisme répressif qui sanctionne effectivement les auteurs de ces méfaits et ait un effet dissuasif.

103. Quant à une éventuelle violation de l'article 4, le Gouvernement fait d'abord observer que la Convention n'a pas défini le terme de « servitude ». Il expose que, d'après la doctrine, la situation de « servitude » est proche de celle d'« esclavage » qui en est le degré extrême, cependant elle traduit un état d'exploitation ne nécessitant pas que la victime soit objectivée au point d'être ramenée à l'état de simple propriété d'autrui.

104. Pour ce qui est de la différence entre « servitude » et « travail forcé ou obligatoire », il conclut de la jurisprudence de la Commission et de la Cour que la servitude semble caractéristique de situations dans lesquelles la négation de la liberté de l'individu ne se limite pas à la fourniture

obligatoire d'un travail mais s'étend à ses conditions de vie sans possibilité d'y remédier, élément qui ne se retrouverait pas dans le « travail forcé ou obligatoire ».

105. Quant à la différence entre « travail forcé » et « travail obligatoire », le Gouvernement relève que si, d'après la jurisprudence, la définition du « travail forcé » comme étant effectué sous l'effet d'une

« contrainte physique ou morale » paraît relativement claire, celle du « travail obligatoire » l'est moins.

106. En ce qui concerne la situation particulière de la requérante, le Gouvernement ne conteste pas qu'elle relevait de l'article 4 de la Convention et souligne qu'elle a elle-même expressément qualifié sa situation de

« travail forcé » au sens de cet article.

107. Il estime toutefois que les autorités juridictionnelles nationales ont sans conteste remédié à la violation de la Convention en estimant que les éléments constitutifs de l'infraction prévue à l'article 225-13 du Code pénal étaient réunis.

108. Le Gouvernement rappelle enfin que le libellé des articles 225-13 et 225-14 du Code pénal permet de lutter contre l'ensemble des phénomènes d'exploitation d'une personne par le travail relevant de l'article 4 de la Convention.

109. La Cour constate que la requérante est arrivée du Togo en France à l'âge de quinze ans et sept mois avec une personne qui était convenue avec son père qu'elle travaillerait jusqu'au remboursement de son billet d'avion, mais que sa situation administrative serait régularisée et qu'elle serait scolarisée.

110. En réalité, la requérante travailla quelques mois chez cette personne avant d'être « prêtée » aux époux B. Il ressort des faits tels qu'établis que, chez ceux-ci, elle travailla sans relâche environ quinze heures par jour, sans jours de repos, pendant plusieurs années, sans jamais être payée, sans être scolarisée, sans disposer de ses papiers d'identité et sans que sa situation administrative soit régularisée. Elle était logée sur place et dormait dans la chambre des enfants.

111. La Cour constate qu'outre la Convention de nombreux instruments internationaux ont pour objet la protection des êtres humains contre l'esclavage, la servitude et le travail forcé ou obligatoire (voir la partie « Le droit pertinent »). Comme l'a relevé l'Assemblée parlementaire du Conseil de l'Europe, bien que l'esclavage ait été officiellement aboli il y a plus de

cent cinquante ans, des situations d'« esclavage domestique » perdurent en Europe qui concernent des milliers de personnes, parmi lesquelles une majorité de femmes.

112. La Cour rappelle que l'article 4 consacre l'une des valeurs fondamentales des sociétés démocratiques. Le premier paragraphe de cet article ne prévoit pas de restrictions, en quoi il contraste avec la majorité des clauses normatives de la Convention et des Protocoles nos 1 et 4, et d'après l'article 15 § 2 il ne souffre nulle dérogation, même en cas de guerre ou d'autre danger public menaçant la vie de la nation (voir, en ce qui concerne l'article 3, les arrêts Irlande c. Royaume-Uni du 18 janvier 1978, série A no 25, p. 65, § 163, Soering c. Royaume-Uni du 7 juillet 1989, série A no 161, pp. 34-35, § 88, Chahal c. Royaume-Uni du 15 novembre 1996, Recueil 1996-V, p. 1855, § 79, et Selmouni c. France [GC], no 25803/94, § 79, CEDH 1999-V).

Dans ces conditions, la Cour estime que, conformément aux normes et aux tendances contemporaines en la matière, il y a lieu de considérer que les obligations positives qui pèsent sur les États membres en vertu de l'article 4 de la Convention commandent la criminalisation et la répression effective de tout acte tendant à maintenir une personne dans ce genre de situation (voir, mutatis mutandis, M.C. c. Bulgarie, précité, § 166).

113. La Cour doit dès lors déterminer si la situation de la requérante relève de l'article 4 de la Convention.

114. Il n'est pas contesté que celle-ci a travaillé sans relâche chez les époux B. pendant plusieurs années, ni que ce n'est pas par sa propre volonté qu'elle l'a fait.

Il est également établi que la requérante n'a perçu aucune rémunération de la part des époux B. pour le travail qu'elle a fourni.

115. La Cour a déjà pris en compte les conventions de l'OIT – qui lient la quasi-totalité des États membres du Conseil de l'Europe, dont la France – et spécialement la Convention sur le travail forcé de 1930 pour interpréter

l'article 4 de la Convention européenne (Van der MUSSELE c. Belgique, arrêt du 23 novembre 1983, série A no 70, p. 16, § 32).

116. Elle a considéré qu'il existe en effet une analogie frappante, et qui n'est pas fortuite, entre le paragraphe 3 de l'article 4 de la Convention européenne et le paragraphe 2 de l'article 2 de la Convention no 29 de l'OIT. Or le paragraphe 1 du même article précise qu'« aux fins » de cette dernière, l'expression « travail forcé ou obligatoire » désigne « tout travail

ou service exigé d'un individu sous la menace d'une peine quelconque et pour lequel ledit individu ne s'est pas offert de son plein gré ».

117. Reste à savoir s'il y a eu travail « forcé ou obligatoire ». Cela évoque l'idée d'une contrainte, physique ou morale. Il doit s'agir d'un travail « exigé (...) sous la menace d'une peine quelconque » et, de plus, contraire à la volonté de l'intéressé, pour lequel celui-ci « ne s'est pas offert de son plein

gré » (arrêt Van der MUSSELE précité, p. 17, § 34).

118. La Cour note qu'en l'espèce, si la requérante n'était pas sous la menace d'une « peine », il n'en demeure pas moins qu'elle était dans une situation équivalente quant à la gravité de la menace qu'elle pouvait ressentir.

En effet, adolescente, dans un pays qui lui était étranger, elle était en situation irrégulière sur le territoire français et craignait d'être arrêtée par la police. Les époux B. entretenaient d'ailleurs cette crainte et lui faisaient espérer une régularisation de sa situation (paragraphe 22 ci-dessus).

Dès lors, la Cour considère que la première condition est remplie, d'autant plus que, la Cour y insiste, la requérante était mineure.

119. Quant à savoir si elle a accompli ce travail de son plein gré, il ressort clairement des faits établis qu'il ne saurait sérieusement être soutenu que tel était le cas. Il est au contraire flagrant qu'aucun autre choix ne lui était offert.

120. Dans ces conditions, la Cour estime que la requérante a, au minimum, été soumise à un travail forcé au sens de l'article 4 de la Convention alors qu'elle était mineure.

121. Reste à déterminer si la requérante a été en outre maintenue dans un état de servitude ou d'esclavage.

Il importe de ne perdre de vue ni les caractères particuliers de la Convention ni le fait que celle-ci est un instrument vivant à interpréter à la lumière des conditions de vie actuelles, et que le niveau d'exigence croissant en matière de protection des droits de l'homme et des libertés fondamentales implique, parallèlement et inéluctablement, une plus grande fermeté dans l'appréciation des atteintes aux valeurs fondamentales des sociétés démocratiques (voir parmi beaucoup d'autres Selmouni, précité, § 101).

123. La Cour relève d'emblée que selon la Convention relative à l'esclavage de 1927 « l'esclavage est l'état ou condition d'un individu sur lequel s'exercent les attributs du droit de propriété ou certains d'entre

eux. » Elle note que cette définition correspond au sens « classique » de l'esclavage, tel qu'il a été pratiqué pendant des siècles. Bien que la requérante ait été, dans le cas d'espèce, clairement privée de son libre arbitre, il ne ressort pas du dossier qu'elle ait été tenue en esclavage au sens propre, c'est-à-dire que les époux B. aient exercé sur elle, juridiquement, un véritable droit de propriété, la réduisant à l'état d'« objet ».

124. En ce qui concerne la notion de « servitude », elle prohibe une « forme de négation de la liberté, particulièrement grave » (voir le rapport de la Commission dans l'affaire Van DROOGENBROECK c. Belgique du 9 juillet 1980. Série B no 44, p. 30, §§ 78-80). Elle englobe, « en plus de l'obligation de fournir à autrui certains services, (...) l'obligation pour le « serf » de vivre sur la propriété d'autrui et l'impossibilité de changer sa condition ». À ce sujet, pour examiner un grief sous l'angle de ce paragraphe de l'article 4, la Commission a eu notamment égard à la Convention relative à l'abolition de l'esclavage (voir également la décision de la Commission du 5 juillet 1979 dans l'affaire Van DROOGENBROECK c. Belgique, no 7906/77, DR 17, p. 59).

124. Il en résulte, au vu de la jurisprudence existante sur la question, que la « servitude » telle qu'entendue par la Convention s'analyse en une obligation de prêter ses services sous l'empire de la contrainte et qu'elle est à mettre en lien avec la notion d'« esclavage » qui la précède (Seguin c.France (déc.), no 42400/98, 7 mars 2000).

125. Par ailleurs, aux termes de la Convention supplémentaire relative à l'abolition de l'esclavage, de la traite des esclaves et des institutions et pratiques analogues à l'esclavage, chacun des États parties doit prendre toutes les mesures réalisables et nécessaires pour obtenir l'abolition complète ou l'abandon des institutions et pratiques suivantes :

« d) Toute institution ou pratique en vertu de laquelle un enfant ou un adolescent de moins de dix-huit ans est remis, soit par ses parents ou par l'un d'eux, soit par son tuteur, à un tiers, contre paiement ou non, en vue de l'exploitation de la personne, ou du travail dudit enfant ou adolescent. »

126. En sus du fait que la requérante a été astreinte à un travail forcé, la Cour relève que ce travail s'effectuait sept jours sur sept et environ quinze heures par jour.

Amenée en France par une relation de son père, elle n'avait pas choisi de travailler chez les époux B.

Mineure, elle était sans ressources, vulnérable et isolée, et n'avait aucun moyen de vivre ailleurs que chez les époux B. où elle partageait la chambre des enfants, aucune autre forme d'hébergement ne lui ayant été proposée. Elle était entièrement à la merci des époux B. puisque ses papiers lui avaient été confisqués et qu'il lui avait été promis que sa situation serait régularisée, ce qui ne fut jamais fait.

127. De plus, la requérante, qui craignait d'être arrêtée par la police, n'était en tout état de cause autorisée à sortir que pour accompagner les enfants en classe et à leurs différentes activités. Elle ne disposait donc d'aucune liberté de mouvement et d'aucun temps libre.

128. N'ayant par ailleurs pas été scolarisée malgré ce qui avait été promis à son père, la requérante ne pouvait espérer voir sa situation évoluer et était entièrement dépendante des époux B.

129. La Cour conclut de ce qui précède que la requérante, mineure à l'époque des faits, a été tenue en état de servitude au sens de l'article 4 de la Convention.

130. Compte tenu des conclusions auxquelles elle est parvenue concernant les obligations positives au titre de l'article 4, la Cour doit maintenant rechercher si la législation en cause et l'application qui en a été faite en l'espèce ont été défaillantes au point d'emporter violation de l'article 4 de la part de l'État défendeur.

131. Selon la requérante, les dispositions du droit pénal français n'ont pas permis qu'elle soit protégée efficacement contre cette situation et que les auteurs soient punis.

132. Le Gouvernement soutient quant à lui que les articles 225-13 et 225-14 du Code pénal permettent de lutter contre l'exploitation d'une personne par le travail au sens de l'article 4 de la Convention.

133. La Cour relève que dans sa Recommandation 1523 (2001), l'Assemblée parlementaire du Conseil de l'Europe a « regrett[é] qu'aucun des États membres du Conseil de l'Europe ne reconnaisse expressément l'esclavage domestique (...) dans leur Code pénal ».

134. Elle note avec intérêt les conclusions de la mission d'information commune sur les diverses formes de l'esclavage moderne de l'Assemblée nationale française (voir la partie « Le droit pertinent »).

Concernant plus précisément les articles 225-13 et 225-14 en vigueur à l'époque des faits, celle-ci a relevé notamment :

« (...) Nous disposons d'un arsenal répressif loin d'être négligeable. Cependant, il n'est pas toujours pleinement utilisé et, à l'épreuve des faits, il s'avère insuffisamment dissuasif (...)

(...)

La notion commune aux articles 225-13 et 225-14 du Code pénal d'abus de la vulnérabilité ou de la situation de dépendance de la personne comporte des ambiguïtés préjudiciables à leur application.

(...)

Cela dit, et dans le silence de la loi, il appartient au juge de déterminer les limites du champ d'application de ces dispositions. À cet égard, l'analyse de la jurisprudence révèle des différences d'appréciations préjudiciables à l'uniformité de l'application de la loi sur le territoire de la République (...)

(...)

Il est donc manifeste qu'en l'absence de critères légaux permettant au juge de déterminer l'existence de l'abus de la vulnérabilité ou de la situation de dépendance, les dispositions des articles 225-13 et 225-14 du Code pénal sont susceptibles de recevoir des interprétations plus ou moins restrictives.

(...)

Qu'il s'agisse des peines prononcées ou des peines encourues, leurs insuffisances apparaissent clairement au regard de la gravité des faits caractérisant les situations d'esclavage moderne.

(...)

Compte tenu, d'une part, du rang constitutionnel des valeurs protégées par les articles 225-13 et 225-14 du Code pénal et, d'autre part, de la gravité des faits lorsqu'ils sont caractérisés, l'insignifiance des peines encourues par les coupables de ces infractions est surprenante et conduit à s'interroger sur les priorités du système répressif français. »

135. La Cour constate que, dans la présente affaire, les « employeurs » de la requérante ont été poursuivis sur le fondement des articles 225-13 et 225-14 du Code pénal, qui répriment respectivement l'exploitation d'une personne par le travail et la soumission à des conditions de travail ou d'hébergement incompatibles avec la dignité humaine.

136. Dans le jugement qu'il a rendu le 10 juin 1999, le tribunal de grande instance de Paris a condamné les époux B. pour le délit réprimé par l'article 225-13 du Code pénal. Il a estimé en revanche que les infractions prévues par l'article 225-14 n'étaient pas constituées.

137. Les accusés furent condamnés à douze mois de prison dont sept avec sursis, cent mille francs français d'amende chacun et, solidairement, à cent mille francs de dommages et intérêts envers la requérante. et relaxant les prévenus.

139. Sur pourvoi de la requérante uniquement, l'arrêt fut cassé en ses seules dispositions civiles et la cause renvoyée devant une autre cour d'appel.

140. Par arrêt du 15 mai 2003, celle-ci se détermina comme le tribunal de première instance et alloua à la requérante des dommages et intérêts.

141. La Cour relève que l'esclavage et la servitude ne sont pas en tant que tels réprimés par le droit pénal français.

142. Le Gouvernement renvoie aux articles 225-13 et 225-14 du Code pénal.

La Cour note toutefois que ces dispositions ne visent pas spécifiquement les droits garantis par l'article 4 de la Convention, mais concernent, de manière beaucoup plus restrictive, l'exploitation par le travail et la soumission à des conditions de travail ou d'hébergement incompatibles avec la dignité humaine.

Il convient dès lors de déterminer si, en l'espèce, ces articles ont permis de sanctionner effectivement les agissements dont la requérante a été victime.

143. En effet, la Cour a déjà estimé que les enfants et autres personnes vulnérables, en particulier, ont droit à la protection de l'Etat, sous la forme d'une prévention efficace, les mettant à l'abri de formes aussi graves

d'atteinte à l'intégrité de la personne (voir, mutatis mutandis, les arrêts précités X et Y c. Pays-Bas, pp. 11-13, §§ 21-27, Stubbings et autres, p. 1505, §§ 62-64, et A. c. Royaume-Uni, p. 2699, § 22, ainsi que la Convention des Nations unies relative aux droits de l'enfant, articles 19 et 37).

144. Par ailleurs, la Cour a jugé dans un cas de viol « insuffisante la protection du droit civil dans le cas de méfaits du type de celui dont Y a été victime. Il y va en l'espèce de valeurs fondamentales et d'aspects essentiels de la vie privée. Seule une législation criminelle peut assurer une prévention efficace, nécessaire en ce domaine ; de fait, c'est une telle législation qui régit d'ordinaire la question » (X et Y c. Pays-Bas, précité, p. 13, § 27).

145. La Cour constate qu'en l'espèce la requérante, soumise à des traitements contraires à l'article 4 et maintenue en servitude, n'a pas vu les auteurs des actes condamnés au plan pénal.

146. Elle note sur ce point que le procureur général ne s'étant pas pourvu en cassation contre l'arrêt de la cour d'appel du 19 octobre 2000, la

Cour de cassation n'était saisie que du volet civil de l'affaire et qu'ainsi la relaxe des époux B. est devenue définitive.

147. Par ailleurs, comme l'a relevé la mission d'information commune sur les diverses formes de l'esclavage moderne de l'Assemblée nationale française dans son rapport du 12 décembre 2001, les articles 225-13 et 225-14 du Code pénal en vigueur à l'époque étaient susceptibles d'interprétations variant largement d'un tribunal à l'autre, comme l'a démontré le cas d'espèce, qui a d'ailleurs été cité par la mission comme exemple d'un cas où une cour d'appel a refusé de manière surprenante d'appliquer les articles 225-13 et 225-14.

148. Dans ces conditions, la Cour est d'avis que les dispositions pénales en vigueur à l'époque n'ont pas assuré à la requérante, qui était mineure, une protection concrète et effective contre les actes dont elle a été victime.

Elle note que des changements sont intervenus dans la législation, mais que ces modifications, postérieures, n'étaient pas applicables à la situation de la requérante.

Elle insiste sur le fait que le niveau d'exigence croissant en matière de protection des droits de l'homme et des libertés fondamentales implique, parallèlement et inéluctablement, une plus grande fermeté dans l'appréciation des atteintes aux valeurs fondamentales des sociétés démocratiques (paragraphe 121 ci-dessus).

149. La Cour conclut en conséquence qu'il y a eu, en l'espèce, violation des obligations positives qui incombent à l'Etat défendeur en vertu de l'article 4 de la Convention.

II. SUR L'APPLICATION DE L'ARTICLE 41 DE LA CONVENTION

150. Aux termes de l'article 41 de la Convention,

« Si la Cour déclare qu'il y a eu violation de la Convention ou de ses Protocoles, et si le droit interne de la Haute Partie contractante ne permet d'effacer qu'imparfaitement les conséquences de cette violation, la Cour accorde à la partie lésée, s'il y a lieu, une satisfaction équitable. »

A. Dommage

151. La requérante ne demande rien au titre du dommage.

B. Frais et dépens

152. La requérante demande le remboursement de 26 209,69 euros au titre des frais de représentation, dont il y a lieu de déduire les sommes reçues au titre de l'assistance judiciaire.

153. Le Gouvernement fait observer en premier lieu que la requérante ne produit aucun justificatif attestant qu'elle s'est acquittée de cette somme. Il estime par ailleurs que cette somme est excessive et devrait être ramenée à de plus justes proportions.

154. La Cour estime que la représentante de la requérante a sans conteste fourni un travail considérable pour présenter et argumenter cette requête concernant un domaine où existe à ce jour très peu de jurisprudence. Dans ces conditions, la Cour alloue en équité à la requérante la totalité des frais demandés.

C. Intérêts moratoires

155. La Cour juge approprié de calquer le taux des intérêts moratoires sur le taux d'intérêt de la facilité de prêt marginal de la Banque centrale européenne majoré de trois points de pourcentage.

PAR CES MOTIFS, LA COUR, À L'UNANIMITÉ,

1. Rejette l'exception préliminaire du Gouvernement tirée de la perte de qualité de victime de la requérante ;

2. Dit qu'il y a eu violation de l'article 4 de la Convention ;

3. Dit

a. que l'Etat défendeur doit verser à la requérante, dans les trois mois à compter du jour où l'arrêt sera devenu définitif conformément à l'article 44 § 2 de la Convention, 26 209,69 EUR (vingt-six mille deux cent neuf euros soixante-neuf centimes) pour frais et dépens, plus tout montant pouvant être dû à titre d'impôt ;

b. que les sommes reçues au titre de l'assistance judiciaire seront déduites de ce montant ;

c. qu'à compter de l'expiration dudit délai et jusqu'au versement, ce montant sera à majorer d'un intérêt simple à un taux égal à celui de la facilité de prêt marginal de la Banque centrale européenne applicable pendant cette période, augmenté de trois points de pourcentage.

Fait en français, puis communiqué par écrit le 26 juillet 2005, en application de l'article 77 §§ 2 et 3 du règlement.

Stanley NAISMITH Ireneu C ABRAL BARRETO

Greffier adjoint Président

Table des matières

Achevé d'imprimer par Corlet Numérique - 14110 Condé-sur-Noireau
N° d'Imprimeur : 118195 - Dépôt légal : avril 2015 - *Imprimé en France*

www.ingramcontent.com/pod-product-compliance
Lightning Source LLC
LaVergne TN
LVHW021142061026
849535LV00002B/325